国际史学研究论丛
INTERNATIONAL HISTORIOGRAPHY FORUM
（第2辑）

陈启能　主编

2016

INTERNATIONAL

HISTORIOGRAPHY

FORUM

社会科学文献出版社
SOCIAL SCIENCES ACADEMIC PRESS (CHINA)

国际史学研究论丛

目 录
CONTENTS

CONTENTS

Civilization Studies

History Studies

Chinese History Studies

World History Studies

Historians

Feeling Sweden

Essays

Studies on the Renaissance

Concept Studies

Window of History

（本辑英文目录由姚朋译）

当前史学发展趋势

国际史学研究论丛

（第 2 辑）

"当前国内外史学发展形势分析"
学术研讨会纪要

2015 年 3 月 18 日，由《史学理论研究》编辑部、社会科学文献出版社、《国际史学研究论丛》编委会、中国国际文化书院联合举办的"当前国内外史学发展形势分析学术研讨会"在中国社会科学院世界历史研究所举行。来自中国社会科学院世界历史研究所、北京师范大学、东北师范大学、山东大学、南京大学、社会科学文献出版社等单位的 12 位学者就当前国内外史学发展的重要趋势、主要特点和重大理论问题进行了广泛而热烈的讨论。

会议分上午、下午两个专场。在上午的发言中，陈启能研究员（世界历史研究所）以"走出后现代"为题进行了发言。陈先生指出，后现代主义是在时代发展下应运而生的复杂的思潮，有其积极和建设性的方面，如强调多中心论、反对欧洲中心主义，关注边缘和底层的人群和现象，等等，因而不能一概否定。但近年来，后现代主义已逐渐退潮。退潮不是简单的消亡，而是合乎规律的继承发展。对史学研究由此产生的复杂情景需要详加研究。陈先生列出史学走出后现代的三种路径。一是理论上的突破，其中以德国史学理论家约恩·吕森（Jörn Rüsen）的"经验"概念为代表。二是合理的继承。继承本身也是一种突破，比如当前的史学研究在如何看待史料问题上，就继承了后现代主义认为史料是文本的观念，主张阐释文本的意义。三是创新，例如西方史学出现的"施为转向"（performative turn）。这一理论强调了历史行动者行为的外在施加性和变化等特征。它还将非人的生物作为研究对象，此即所谓的后人文主义现象。这些虽然在史学界存在不同解读，但还是很值得关注的。

王学典教授（山东大学）在发言中指出，当前的史学理论工作者不仅要继续反思文革史学，同样要反思改革史学。改革开放以来，中国史学和史学理论研究取得了长足进步，但缺乏对其的总结和反思。改革开放三十年来，史学研究者曾经达成的共识出现了分歧和偏颇，对其进行反思有利于史学的健康发展。王学典指出有以下四种现象值得反思。首先，史学研究出现了废弃以论带史、逐渐转向史料学的倾向，在拒绝教条主义的同时，也拒绝了一切理论、概念和抽象。其次，否定古为今用，强调为历史而历史，对现实的参与和关注不够。再次，从解构宏大叙述滑向史学的碎片化，在拒绝假大空的同时，也放弃了大问题和大脉络。最后，出现了从闭关自守到史学研究的本土化倾向。闭关自守表现为排斥西方的史学理论，本土化则反映了中国历史学家试图寻找中国历史的特殊性和自我认同。

王旭东研究员（世界历史研究所）从信息史学的角度，探讨了大数据（big data）给历史学带来的机遇和挑战。王旭东首先界定了信息史学的概念，指出信息史学可以让历史学走出传统非史学范式，成为一种跨学科的研究领域。王旭东进而分析了什么是大数据。大数据的核心能力是发现规律和预测未来，因为世界在本质上是由数据构成的。大数据给历史学带来了如下挑战：资料占有形式的变化；史学研究理论的变化；史学研究手段的更新。大数据有助于我们从全新的角度看待历史研究的三个主要问题。第一，历史的性质是什么：历史是基于资料的科学。第二，史料是什么：史料是数据。第三，历史存在的本质是什么：历史是以信息的方式存在。信息史学所带来的史学研究的新动向，必将改变人们对历史的认知和史学研究的性质，值得每一位历史研究者重视。

张旭鹏副研究员（世界历史研究所）从微观和宏观两个角度分析了近年来西方史学的一些新的趋势。张旭鹏认为，西方史学当前依然沿着微观研究和宏观研究，或者对历史的个体化研究和普遍性研究两种路径行进，两者并行不悖。在微观层面，出现了史学研究的个体化现象，研究者越发关注当下的感受和个人的体验，主要表现在记忆研究、口述史、传记研究上。在宏观层面，研究的尺度愈来愈大，且扩张到其他一些研究领域，比如对大历史的研究，就是目前来说时间跨度最大的宏观研究。此外，在思想史研究领域，出现了全球思想史这一新的研究领域，而以往的全球史是较少关注思想或观念领域的。张旭鹏还分析了产生上述情况的原因。首先是大众文化的影响。大众文化的特点是即时性和当下性，同时"自媒体"这一新文化现象的出现，使每个人都可以成为自己的历史学家。大众文化所带来的这种不确定性，加上当前人类所共同面临的环境、战争等问题，也反过来促使人们去寻找新的集体认同和宏大叙事。其次，在历史哲学层面，语言学转向的影响依然巨大，对历史的性质问题出现了新的认识，比如认为历史是关于"个体的科学"，关注的是特殊性而非普遍性。

张越教授（北京师范大学）对 20 世纪二三十年代的"社会史大论战"进行了反思。张越的反思主要集中在三个问题上。首先，社会史大论战中的革命话语和学术话语的关系问题。传统观点认为，社会史大论战的目的是为中国的革命寻找道路，涉及中国的未来发展，因此多从革命话语的角度对之进行分析。近年来，由于近代史研究中革命史范式的式微，许多学者强调从学术史的角度对这一问题进行新的研究，认为这场论战是中国史学研究向现代转向的标志。不过，仅从学术史的角度研究这场论战，许多问题很难界定，如参与论战者的身份和属性问题。其次，社会史大论战对马克思主义史学的影响问题。传统观点认为，社会史大论战标志着中国马克思主义史学的正式登场，并最终为后来马克思主义史学的主导地位奠定了基础。但实际上，当时中国几位重要的马克思主义史学家，如郭沫若并没有亲自参与论战。此外，翦伯赞、侯外庐和范文澜等马克思主义史学家，当时要么正在忙于完成其他著作，要么在这场论战之后才完成他们重要的马克思主义史学著作。因此，不能夸大社会史大论战对马克思主义史学的影响。最后，社会史大论战对中国史学形态的影响问题。这场论战使中国的历史学家开始运用唯物史观自觉分析中国社会的发展和性质，提出了种种宏大叙事，这些都不同于传统史学。不过，传统史学的经世致用的特点依然得到了展现和延续。

在下午的发言中，吴英研究员（世界历史研究所）以沃勒斯坦《现代世界体系》的新版序言和第四卷的出版为着眼点，讨论了世界体系理论的新发展。吴英结合自己翻译《现代世界体系》第四卷的体会和思考，首先谈到西方学术界对沃勒斯坦现代世界体系理论的批评。主要的批评者包括韦伯学派、"正统马克思主义"学派、大卫·李嘉图倡导的"比较优势规律"拥护者、新欣策主义（neo-Hintzian），以及后现代主义的"文化主义批判"。而沃勒斯坦的回应是，他是在坚持一种"整体主义的分析"（holistic analysis），把经济、政治、文化等领域全都纳入一个相互联系的整体加以剖析。吴英又对《现代世界体系》第四卷的得失提出了自己的看法。吴英指出，沃勒斯坦在第四卷中，尽力把作为现代资本主义世界体系核心区的西欧、北美地区在"延长的 19 世纪"期间在经济、政治和文化等领域发生的历史性变迁作为一个相互联系的整体运动来考察，显示了他倡导的"整体主义分析方法"的优势所在。这种方法论的创新探索值得赞赏，但是如果在整体主义分析方法中加上经得住检验的因果联系的逻辑起点（终极原因），必将使整体中的各个层面之间的有机联系更加清晰地呈现出来。

赵轶峰教授（东北师范大学）对韩国历史编纂中的民族主义问题进行了详尽的剖析。赵轶峰认为，民族主义在韩国近现代的历史编纂中起到了支配性的作用。在早期，民族主义史学主要针对日本的占领，提倡建立独立的民族国家。后来，民族主义又具有了去中国化的特点，强调了自我历史的独特性。20 世纪后半期以来，韩国出现了新的民族主义史学编纂，其主要目的是建立没有阶级斗争、团结的和平等的民族国家，对于韩国的现代化建设起到了积极的作用。不过，民族主义是一把双刃剑，它在推动韩国现代史学建立的同时，也产生了一些激进的和偏颇的思想，甚至有歪曲历史事实为政治服务的不良倾向。此外，针对韩国的现代性问题，赵轶峰还介绍和评价了"殖民现代性"这一概念对韩国近现代史学的影响。

景德祥研究员（世界历史研究所）介绍和评价了德国当代著名史学家于尔根·奥斯特哈梅尔（Jürgen Osterhammel）出版于 2009 年的大作《世界的变幻：一部 19 世纪的全球史》（*Die Verwandlung der Welt：Eine Geschichte des 19. Jahrhunderts*）。景德祥指出，奥斯特哈梅尔的这部书是德国史学界目前最具学术影响力和代表性的全球史著作，该书以一个延长的 19 世纪为视角，探讨了全球史研究的理论和方法，以及涉及世界各地的各种全球性的主题。该书是对美国历史学家 C. A. 贝利（C. A. Bayly）出版于 2003 年的全球史著作《现代世界的诞生》（*The Birth of the Modern World，1780 – 1914*）的回应。与后者不同的是，该书将全球史叙述的起点置于中国而不是印度，此外该书在理论和方法以及具体的历史实践上都有创新，也是对贝利一书不足之处的修正。在景德祥看来，作者之所以能够写出这样一部有影响、学术价值极高的全球史著作，与作者本人的学术背景有着直接关系。作者早年对中国历史的研究，以及他对欧洲史的长期积累，是他得以完成这部有分量的大作的保证。

沈汉教授（南京大学）介绍了英国著名政治思想史学者，思想史研究的"剑桥学派"创始人之一约翰·波考克（J. G. A. Pocock）的语言历史学理论。波考克与"剑桥学派"的另一位代表人物昆廷·斯金纳在方法上都注重语言分析方法的应用，把政治思想看作思想家参与的一场政治论说，以多重的政治论说来构建思想史，让政治思想史摆脱政治理论或哲学的统治，并描绘出历史论辩中具有范式形态的政治语言。沈汉同时指出，波考克的《古代宪政和封建法：17 世纪英国历史思想研究》相较于斯金纳的研究，更加有意义，因为它揭示了 17 世纪初期在反对斯图亚特王权的斗争中，一些知识分子通过对古代宪政文献文本和术语的解读，阐发资产阶级民主和宪政思想，采用了语言历史学的研究方法来解释思想史，这种研究非常重要。

黄艳红副研究员（世界历史研究所）介绍并评论了法国近三十年来史学研究的一些新趋势。首先是记忆研究。法国的记忆研究以皮埃尔·诺拉（Pierre Nora）主编的《记忆的场所》一书为起点，当前已经渗透到各个领域，包括文学和哲学，成为一种研究视角和方法。诺拉认为，从历史材料方面来说，记忆研究在很大程度上成为一种史学史范式，它关注历史中对某一现象的不同表述。黄艳红强调，认为记忆研究缺乏科学性进而对其进行质疑是不恰当的，记忆对某一历史事件的回忆出现明显的偏重，可能正是记忆研究有意思的地方。其次是对历史时间的研究。诺拉曾说，实证主义时代的民族史书写是未来主义的时间视角，但到了 20 世纪七八十年代，人们对不断进步和美好的未来不再有信心。最近弗朗索瓦·阿尔托格（François Hartog）指出，未来已经变得不可预测、不可控制，它无限开放，却没有明确的目的。现在也不再是过去与未来之间的过渡，它成为"膨胀的当下"。

马龙闪研究员（世界历史研究所）分析了当前俄罗斯史学中值得注意的若干动向。当前在俄罗斯占主导地位的社会政治思潮，是普京和"统一俄罗斯"党所奉行的所谓政治"中派—保守主义"。"中派—保守主义"实际上是混合着民族爱国主义、强国主义，主张公平、正义，以政治民主价值为依归的带有中派色彩的保守主义社会政治思潮。与这一思想体系和政治发展方向相适应，近年普京政府针对历史教学中的混乱状况采取了不少措施。其中最重要的步骤，是普京在 2007 年 6 月 21 日接见全俄人文及社科教师会议的代表。他要求必须保证教育标准，编订同时代要求相一致的新的教学参考书。普京二次执政后又确定 2012 年（俄罗斯建国 1150 年）为"历史年"，纪念与俄罗斯民族命运有重大关联的 1612 年（罗曼诺夫王朝成立）、1812 年（卫国战争）、1942 年（斯大林格勒保卫战）等几个重要年份；并在 2012 年年底成立俄罗斯历史协会，制定协会章程，确定历史研究领域的重要方针问题。所有这一切，都体现了普京和"统一俄罗斯"党主流的政治价值趋向，即加强俄罗斯国家和民族的一致性，强化爱国主义和强国主义教育，纠正过去在认知二战史等问题上的一些乱象。

会议最后，陈启能做了小结。他强调指出，学术研究的深入发展，主要是靠学者们的长期努力钻研，但同时也需要有良好的学术氛围。其中一个重要方面，就是学术研讨和学术交流，特别是有来自不同学科、不同领域、不同专业的专家参加的，各种形式的，面对面的学术会议。今天的会议就是一个很好的例子，可惜的是由于时间原因，没有展开讨论，希望今后能有机会改进。

（张旭鹏，中国社会科学院世界历史研究所研究员）

略谈当代史学理论和历史研究的分叉化

刘国菊

2016 年 7 月 19 日，美国罗文大学历史系王晴佳教授应邀在中国社会科学院世界历史研究所做了一场学术报告，题目是"略谈当代史学理论和历史研究的分叉化"。王教授的报告主要围绕两个问题展开论述，一个是当代国际史学理论的现状，另一个是历史哲学研究与史学家的工作。

一 当代国际史学理论研究的现状

王教授对当代国际史学理论现状的研究成果，主要收录在他与美国著名史学家格奥尔格·伊格尔斯合著的《全球史学史——从 18 世纪至当代》一书中，该书以考察 18 世纪末尚未受到西方影响的各种类型的历史思想和写作传统为起点，继而对通过贸易和帝国扩张而开始输出的西方历史观念产生的作用，以及 19 世纪和 20 世纪职业化历史学与"科学的"历史学在全球的兴起进行了剖析。最后，该书转而讨论了后现代主义和后殖民主义向西方史学的"客观性"和"进步"范式提出的双重挑战，并批判性地考察了这场挑战对历史学家的信念——以忠实地展现过去为使命——将造成多大的破坏。简言之，该书前面讲历史哲学的发展，最后一章讲当代历史哲学的发展走向。

王教授认为，在后现代主义史学的冲击下西方史学理论发生转向，不是整个潮流的变化，而是一种倾向，呈现分叉化的趋势。所谓的分叉化就是理论与实践的脱钩，实践的历史学家对理论研究的兴趣不大，但他们往往也关注一些重大的历史问题和历史现象。例如，由英国的威廉·贝纳特（W. Beinart）和彼得·科茨（P. Coates）合著的《环境与历史：美国和南非驯化自然的比较》一书，以人对自然的态度作为主线，以 19 世纪中期到 20 世纪中期为重点，从广阔的视角描述了荒野被驯化的过程，勾勒出现代环境主义兴起的脉络，也涉及土著与环境关系的变化。同时，该书努力平衡环境主义的思想倾向，强调"自然"概念的文化烙印以及环保政策对弱势群体的影响，关注以人为本和社会公正。美国史学家罗伯特·达恩顿（Robert Darnton）《屠猫记》写的法国文化史，截取的时间断面是 18 世纪。这个时间点的选择是很讨巧的，它正是在社会剧变之前，而通常社会变革总发生在文化自发变化累积到一定程度时，于是在这个时间切入点中我们可以看到变革的前兆，亦即后来的法国大革命的预征。尽管这是一本学术著述，但在作者以带有强烈文学趣味的随笔体例写作的策略下，读者绝对可以获得一次既有益又有趣的阅读经历。2004 年，西方汉学界一位权威学者伊懋可（Mark Elvin）出版了《大象的退却：一部中国环境史》一书，以"大象的退却"为切入点，讲述了中华大地上人与自然共同演绎的故事，并试图回答为什么中国人会以这样独特的方式与自然互动。在书中，作者建构的是一个包括人类和自然两大系统复杂关联的整体综合的历史叙事和解说框架，大象的退却所映照的并非某个方面或某个门类的历史，而是一部真正意义上的整体史。哈佛大学历史学教授斯文·贝克特（Sven Beckert）写作的《棉花帝国：一部全球史》（*Empire of Cotton：A Global History*），从棉花入手，讲述了一个看似无关紧要的商品与 19 世纪全球化的历史进程之间密不可分的关联：对当地经济与农业自给自足带来的摧毁性影响，推动着农业生产者走向商业生产。贝克特在书中展现了这段激烈且残酷的过程在全球视野下各洲的表现。与此同时，《棉花帝国》更深刻地反映了 19 世纪下的美国——奴隶制度、大量棉花制造、内战以及重建时期，是一部专注于 19 世纪美国史的重量级学术作品。以上著述是重要的史学著作，但是也反映了现今的西方历史研究少有人分析历史的因果关系，而是满足于描写、叙述历史事件，比较重视对实践的考察。

二　历史哲学研究与史学家的工作

从 20 世纪初以来，历史哲学研究的主流趋向已从历史规律论（"大写历史")转到了历史认识论（"小写历史"），也即从思辨的历史哲学，转向了分析的历史哲学。20世纪后期，后现代主义的观点慢慢进入历史研究的领域，虽然没有被全盘接受，但其对历史认识论的影响巨大。如果说当代哲学界和史学界的历史哲学研究已经放弃了对"大写历史"的探讨，那么这一转向，其实也与怀疑"小写历史"的科学性和客观性有所关联。人们对史学到底是科学还是艺术，史学是否等同于文学、美学等问题展开了争论。"语言学的转向"使史学家们感到，要想在历史叙述中排除主观的意见几乎不可能。史家治史，在追求真实性以外，似乎还有文学性等其他的东西需要考量。以西方文化为基础的"大写历史"和"小写历史"之走向没落，反映的是当代世界历史的重大变迁。

王教授说，那么，是否历史哲学这一传统的学问，已经在当今西方学术界式微了呢？如果要他回答，答案却可以是"是"，也可以是"不是"。因为虽然就教学与研究来说，从事历史哲学研究的人不多，但历史哲学所处理的问题，仍然在当今世界具有十分重要的地位，牵涉到人类文明的未来发展。况且，虽然在史学界和哲学界从事历史哲学研究的人士不多，一些有关的问题却得到了文学界人士的重视。"新历史主义"在西方史学界的兴起，便是一个显例。在文史哲以外，近年政治学界的研究人士，也对以往历史哲学所处理的问题做了令人瞩目的研究。王教授强调，易言之，依他之见，西方历史哲学自20世纪70年代以来正在经历一个重要的转化（transformation）。而这一转化，不仅涉及其研究人员的变化，而且反映在研究兴趣的变迁。

20世纪70年代以来，后现代史学理论在研究方向、历史思想和方法论乃至历史实践等方面的一系列理论问题上，对正统的史学观念提出前所未有的挑战。以美国学者海登·怀特（Hyden White）为代表，包括荷兰的弗朗克·安克斯密特（Frank Ankersmit）等多名历史学工作者在内，倡言历史叙事在历史书写、审美意识在历史认识中的重要价值，重视语言与修辞的功能，为"叙事主义历史哲学"推波助澜。《历史与理论》（*History and Theory*）的资深编辑理查德·范恩（Richard T. Vann）在总结怀特的影响时说，如果说在二战后初期，史家仍然将发现过去视为他们的首要任务，因此接下来的工作只是将这些发现"写出来"（writing up）而已，那么由于怀特的出现，这样的做法再也无法行得通了。易言之，"写出来"已经不是一件简单的事情了。的确，如果我们要概括最近20余年西方历史哲学的基本动向，那么有关史家写作的一系列问题成为研究的重点，便是一个最主要的特征。

继海登·怀特之后，弗朗克·安克斯密特教授推进了叙事主义史学理论的发展，他成为这一阵营中影响仅次于怀特的领军人物。安克斯密特在 2005 年出版了一本新著《崇高的历史经验》。他在该书的序言中开门见山地指出，二战后史学理论的发展，主要围绕两个问题，一个有关历史的真实性，另一个有关历史叙述中过去的"再现"（representation）。这两个问题，既有密切的关联，又呈现一个先后发展的顺序。有关前者的考量，使得理论家思索历史叙述能否再现真实的问题，由此而受结构主义和后结构主义的影响，转而集中探讨历史叙述中所含有的一系列问题，从而形成历史哲学中的"叙述主义"（narrativism）流派。近十余年来，安克斯密特又致力于开掘"历史经验"的概念，力图突破叙事主义理论范式而开辟史学理论的新境界。安克斯密特将历史经验分为主观的历史经验、客观的历史经验和崇高的历史经验三种类型，他最为推崇崇高的历史经验。历史经验最为明显的特征是它促使过去从当前分离出去，从而导致历史意识和历史编纂的产生；而历史经验又会通过超越过去与现在的距离或差异，恢复到过去从当前分离出去之前的状态。安克斯密特的历史经验论反映了当代哲学、历史哲学以及史学实践领域的变化，企图促成历史哲学的新转向，突破历史哲学与史学实践之间的隔膜。

但是专业的历史学家对于后现代主义的历史认识论，大都持有一种批评的态度。最为典型的就是艾普尔比（Joyce Appleby）、亨特（Lynn Hunt）和雅克布（Margaret Jacob）合著的《历史的真相》（*Telling the Truth about History*）一书。这三位作者都是美国专业史学家中思想颇为前卫的人士，但他们对后现代主义的理论，虽然有一些同情的理解，却无法全面接受。1999 年英国史家埃文斯（Richard Evans）出版了《为历史辩护》（*In Defense of History*）一书，对后现代主义持与艾普尔比、亨特和雅克布相似的批评态度。当代西方史学史研究的权威学者、中国学者熟悉的伊格尔斯，在其 1997 年出版、2005 年再版的《二十世纪的历史学》一书的结论处，也明确指出，虽然后现代主义有助于批判地审视启蒙运动的历史哲学，但如果因此而放弃理性主义，则会流向"野蛮主义"。近年来，对叙述主义历史哲学强调历史编纂的语言学特征而忽视其客观性、科学性的特点，一些历史理论学者提出反思。他们提出所谓的"后叙述主义"历史哲学，希望能够重新考察受语言学影响之前历史编纂的某些特征。

近期的《历史与理论》杂志反映两个倾向，一方面，历史学家在理论方面的概括比较时政化；另一方面，历史学家开始探讨史学研究的意义和史学理论如何复兴。历史学家受这两方面的影响，对社会的关怀以及生活背景给予关注。新的研究领域有"后人类主义的历史观"，研究人与动物的关系，把动物对人类的观察提炼为一种视角，例如人与狗的互动。王教授认为，有三个重要的问题需探讨：历史在后现代主义的冲击下如何重建有理性的一面、历史在重建后如何沟通、历史学家工作与历史理论有什么关系。

（刘国菊，中国社会科学院世界历史研究所博士后）

晚近历史哲学中的进步观念

〔美〕格奥尔格·伊格尔斯 著

张文涛 译

过去几十年中，历史哲学的方法论与历史意义观念经历了深刻的危机。

自启蒙运动以来，两个普遍接受的假定成为历史思想的标志。其一，能够通过经验理性的方法来理解人类历史。其二，历史研究揭示了人类进步发展的连续性。近几十年来，这二者正受到越来越多的质疑。

进步观念与经验理性的方法，这两个假定虽然逻辑上毫不相关，却在时间上有着相互关联的起源。毫无疑问，作为进步学说的一个基本要素，线性的历史观念起源于犹太教与基督教所共有的救世思想，这种思想与希腊循环学说形成鲜明对照，将整个人类历史看作一出宏大的目的论戏剧。或许除在"千禧年说"（joachites）情况下，基督教历史观念很难被看作进步的哲学学说，因其在世俗历史中排除了原罪人类的任何定性发展。历史中进步观念与经验理性的方法，只是随着 17 世纪西方知识世俗化与近代科学的兴起，才占据了主流地位。

不同的历史哲学尽管在界定进步的范畴、本质、结果及其产生的方式等方面各不相同，但一致认为，时段通常必然与定性的增长有关系，现代文明能够用科学手段追溯到原始状态的人类存在直接发展的最高点——尽管从来不是严格地进行的。从 17 世纪晚期远古与近代的争论到孔多塞，启蒙运动的哲学家认为，人的完美性主要在于本性知识化，其是意识知识化的结果，而不纯粹是固有的社会因果关系。现世的乌托邦所以可能，不在于其是历史力量不可避免的结果，而在于理性个体有意识的工作，个体由于不断开化，能够将社会建筑于人的理性所揭示的自然法则基础之上。浪漫主义理论家在抛弃源自抽象原则的蓄意行动的效力时，除在少数极端情况下之外，并未拒斥进步的社会变迁这一事实。伯克、赫尔德或萨维尼等人宁愿按照有机成长看待社会变迁，视之为固有因果的产物。智力不再被视为历史过程的主要动因，而仅仅被当成整个社会的一个方面。不过，即便历史研究的适当单位是一个社会而非人类总体，人类历史的连续性作为一个有意义的整体，其可能性也未必遭到抵制，如在黑格尔那里就是如此。

统治了19世纪历史哲学的进步观念，是我们将要讨论的作者所抵制的，其本质是浪漫主义运动观念与启蒙运动观念的结合。概言之，进步主义的理论家不限于哲学家或历史学家，也包括神学家、社会科学家以及自然科学家；从孔德到马克思、丁尼生与斯宾塞，他们接受了浪漫主义运动的社会有机性观念与社会变化内在性观念，同时接受了启蒙运动对我们称之为经验理性方法的信心与终结观念的信心。结果便是进步学说被看成科学。这种关于人类历史的一般观念，不仅是哲学家持有的理论，也不仅是流行的观念，而且是甚至连务实的历史学家都坚持的一种基本假定。这在显然非哲学的《剑桥近代史》导言中得到阐述，编者解释道："我们必须假设人类事务的进步，将之作为撰写历史的科学前提。这种进步不可避免地指向某种结局。"①

即使在19世纪，人们也并非毫无异议地接受这些历史解释。雅各布·布克哈特指出了历史哲学的不可能性。历史的意义超出了人类知识范围。历史学家只知道相对，只能研究"周期的、持续的、典型的东西"。②

针对方法和认识论的批评与针对进步观念的批评紧密相连。布克哈特、狄尔泰与克罗齐都指出，历史不是一门科学。因此科学方法并不充分。布克哈特在阐释一个时代的精神时，采用了艺术形式。狄尔泰将"如实直书"与自然科学加以区别，认为前者处理结局与价值问题，并充当自身的功能性理解，后者目的仅仅是描述与概念化。理解不可避免地卷入主观因素。这种对知识非理性来源的强调，在尼采与柏格森那里也可见到，成为欧洲20世纪早期相当大一部分知识分子的共同特性。

正是在这种知识氛围下，③ 循环主义理论家开始写作。我们这里不是

---

① 《剑桥近代史》（纽约，1902），第一卷第4页。也可见本书编者关于历史科学特性的讨论。

② Jacob Burckhardt, *Force and Freedom：Reflections on History*, trans. James H. Nichols（New York，1943），p. 81.

③ 知识语境对斯宾格勒影响的研究，参见 chaps. 2 and 3 of H. Stuart Hughes, *Oswald Spengler：A Critical Evaluation*（New York，1952）。

指一种运动，而是指过去 40 年中的一群作者，除达尼列夫斯基与布鲁克·亚当斯外。撇开彼此之间的巨大差异，使他们成为一体的是，他们努力超越对进步观念与科学历史学的批评，试图按照重复性法则而不是线性增长法则来对历史做出新的解释。奥斯瓦尔德·斯宾格勒与阿诺德·汤因比是他们中的佼佼者，当然还可以提到已故的 19 世纪亲斯拉夫主义者尼古拉·达尼列夫斯基、彼第里穆·A. 索罗金、尼科莱·别尔佳耶夫以及王尔德·舒巴特。

在本文短短几页纸内，任何调查和分析的努力都显得肤浅。我们要做的是指出他们基本概念上显而易见的共性，并指明某些可能的问题。

以上作者第一个共同的假定，是经验理性的方法在历史研究中不适用或不精确，即使他们不否认建构系统历史哲学存在可能性。这种反理性主义最为激进的形式，在斯宾格勒①与别尔佳耶夫那里。历史不容易服从于理性调查，尤其不容易服从于自然科学法则。在斯宾格勒看来，历史学家"贯彻因果客观联系"的传统努力没有意义，因为历史中发生的不是因果必要性，这是"理解与被理解的逻辑"，历史中只有命运，即"所有存在物有机的……启发性的梦中真实（dream-sure）逻辑"。一切精确的知识都没有意义。在最终分析中，世界历史是"一个无所不包的象征"。作为历史研究的客体，历史的"内在形式与逻辑"有一个深于意识层面的最终意义，其只能通过符号获得解释。② 根本不存在客观有效的科学，所有知识，甚至数学，都是由特定文化的主要符号决定的。③ 别尔佳耶夫同样认为，"历史不是经验的数据库"，而是一个"迷思"。只有通过"与历史客体

---

① 斯宾格勒讨论历史方法论的文章，参见"世界历史的问题。（1）相术的与体系的。（2）命运观念与偶然性原则"，载 *The Decline of the West*, trans. Charles Francis Atkison（New York, 1926 – 1928），Ⅰ，chaps. 3 – 4，117 – 160。

② Ibid., Ⅰ, 7, 117, 121, 163, 378.

③ 斯宾格勒坚持每种文化都有自己的科学（参见 11 章"浮士德的与阿波罗的自然知识"，Ⅰ，375 – 428），所有科学都预设了一个宗教的世界图景（Ⅰ，380. Ⅱ，13），不存在数学的数字，有几种数字世界，就有几种文化，就有几种数学（Ⅰ，59 – 60）。科学史的术语是个矛盾。"真正的科学所达到的是真理与谬误观念的有效性……真实的历史图景属于意义领域，关键词不是正确与错误，而是'深''浅'"（Ⅰ，96）。有关历史知识相对性的内容，参见该书Ⅱ，27，30；有关辅助性科学服务于历史，而非属于历史的内容，见该书Ⅰ，153 – 154。

间建立内在深邃的神秘联系"，历史理解才成为可能。① 达尼列夫斯基②、索罗金③、汤因比不那么激进，他们相信历史中科学方法的可能性，虽然只有汤因比在《历史研究》前六卷中，认为突出的经验性方法是可能的④——这是他在后四卷中又加以抨击的立场。索罗金表达了对其他循环主义理论家的赞同之意，承认"a. 19 世纪流行的纯粹感官经验的与理性实证的认识方法有巨大局限；b. 直觉在认识与创新中有极为重要的作用……"⑤

第二个背离的共识是拒绝线性的进步。布克哈特早就抵制把"世界历史描述为一个理性过程"⑥ 的可能性。我们的作者也拒斥把历史看作理性过程的观点。但与布克哈特不同，布克哈特避免系统化并否认有意义的历史哲学存在可能性，他们则用许多这类过程取而代之。

按照达尼列夫斯基的说法，近代历史学家未能理解，欧洲文明并不等同于一种不存在的、普遍的人类文明，而仅仅是一种文明或"文化历史形态"，不能将其基本原则传递给任何其他文明。⑦ 因此，将人类历史按照远古、中世纪、近代来划分阶段没有意义。⑧ 斯宾格勒写道："由于这种简单的直线进步式框架，我们不能理解西欧这块土地上，从日耳曼罗马帝国时期以来的历史在更高人类普遍史中的真正地位。"需要有一种将我们文明看作许多文明之一的"哥白尼式"的观点。事实上，"人类"这个术语没有历史意义。它仅仅是"动物学的表达，或者说一个空洞的词汇"。为了取代"线性历史的空洞臆造"，斯宾格勒将历史看作"一系列强大文化构成的戏剧，每一种都带有其土壤的原始力量，在整个生命周期中都受到其约束；每一种

---

① Nicolas Berdyaev, *The Meaning of History*, trans. George Reavey（London, 1936）, pp. 21, 22.

② N. J. Danilevsky, *Russland und Europa*, trans. Karl Notzel（Stuttgart, 1920）, pp. 41ff., 87. Robert E. MacMaster 在 "Danilevsky and Spengler: A New Interpretation," *Journal of Modern History* xxvi（1954）, 154 – 161 中，认为达尼列夫斯基相信科学中的进步。

③ 索罗金在 *Social and Cultural Dynamics*（4 Vols; New York, 1937 – 1941）一书中对文明进行研究时，过于依赖统计方法。

④ Cf. Arnold Toynbee, *A Study of History*（London, 1934 – 1954）, Ⅰ, 441 ff.

⑤ Pitirim A. Sorokin, *Social Philosophies of an Age of Crisis*（Boston, 1950）, p. 309.

⑥ Burckhardt, p. 80.

⑦ Danilevsky, pp. 35 ff.

⑧ Ibid., p. 47. Cf. Spengler, Ⅰ, 16 ff., 22; Sorokin, *Social Philosophies*, p. 279; Nicholas Berdyaev, *The End of Our Time*, trans. Donald Atwater（New York, 1933）, p. 11; cf. Toynbee, Ⅰ, 43 ff. 讨论了历史连续性与分期问题。

都用自己的图像在其物质上留下烙印；每一种都有自己的热情，自己的生命、意志与感觉，自己的死亡"。与之相比，"职业历史学家……将历史看作一个绦虫，勤奋地将一个时代与另一个时代进行累加"。① 按照索罗金的理解，"历史研究的单位是一种巨大的文化实体，或文化体系，或文明，其像一个真实的实体那样存在与运行"。② 对汤因比而言，他在《历史研究》前六卷中写到，"历史研究能被理解的单元既不是民族国家，也不是……整体的人类，而是一种特定的人群，我们可以称之为社会"，③ 是一个能被"孤立"地进行研究的"能被理解的领域"。④

意味深长的是，除去将文化理解为整体的与可清晰界定的单位，我们的作者在对文明数量的理解以及对各个文化的描绘方面，并不相同。⑤ 亲斯拉夫的达尼列夫斯基列举出 10 种创造性的文明。⑥（他认为俄国与西方对抗的根源，在于俄国在欧洲的或日耳曼罗马式的文明中没有身份）而斯宾格勒提到 8 种文化，包括欧洲的或浮士德的文化，⑦ 如同达尼列夫斯基⑧与舒巴特⑨提到俄国出现的可能性一样。⑩ 汤因比辨识出 26 种文明，其中 5 种已经停滞，10 种还活着——有东正教的俄国支流、伊斯兰、印度、远东社

---

① Spengler, I, 16, 18, 25, 21, 22.

② Sorokin, *Social Philosophies*, p. 275.

③ Toynbee, *A Study of History*, Abridgement of Volumens I-VI by D. C. Somervell（New York, 1947）, p. 11. Cf. unbridged edition, I, 44 – 45.

④ Ibid., V. 340. 不过汤因比审查了这个定义，他接受"只要特定的文明仍然在成长期，实际就没有资格"，"在研究瓦解阶段的文明生命时，'能被理解的领域'明显比直接的观察客体即单个社会的范围要宽广"。（ibid., V, 339, 340）

⑤ 见索罗金针对此不同意见的评价，*Social Philosophies*, p. 214。

⑥ Danilevsky, p. 57.（1）埃及文明；（2）中国文明；（3）亚述 – 巴比伦 – 腓尼基文明；（4）印度文明；（5）伊朗文明；（6）希伯来文明；（7）希腊文明；（8）罗马文明；（9）新闪米特文明；（10）日耳曼罗马或欧洲文明。

⑦ Spengler, I, 18：印度文明，巴比伦文明，中国文明，埃及文明，阿拉伯或古波斯文明，墨西哥文明，古典或阿波罗神的文明，西方或浮士德文明。

⑧ Danilevsky, pp. 278 ff.

⑨ Walter Schubart, *Russia and Western Man*, trans. Amethe von Zeppelin（New York, 1950）, p. 36 and passim.

⑩ Cf. Spengler, II, 192. "下一个千年将属于陀思妥耶夫的基督教"（ibid., II, 196）。有关"未来文化的期许"的详尽讨论，参见斯宾格勒的 *Preussentum und Sozialismus*（Munich, 1920）, pp. 92 ff.

会——除西方文明外，其他文明早已全部垮掉。[①] 索罗金独自承认西方文明从远古以来的连续性，[②] 但区分了 3 种社会文化形态——观念的文化、理想主义的文化与知觉的文化[③]——它们周期性地统治西方文明，尽管或许有一些不相关的价值与传统同时存在。[④] 舒巴特区分出 4 种有节奏地相随的文化形态：一种是和谐的，如我们的中世纪；一种是普罗米修斯般英雄式的，如 16 世纪以来日耳曼罗马从属的西方；一种是苦行僧式的；一种是救世主约翰式的。每一种都经历一个或多或少被严格界定的周期。对达尼列夫斯基[⑤]与斯宾格勒[⑥]而言，文化的生命周期严格地遵从生长与衰亡模式，类似于有机物。索罗金虽然不反对周期观念，但反对生物学的类比。[⑦] 汤因比批评斯宾格勒的模式是"不能使人获得教益的教条主义与决定论"。"照斯宾格勒看来，文明的发生、发展、衰落与沉没不变地服从一个既定的时间表，没有任何理由。"[⑧] 而且，文明的形成与成长是由于少数有创造性的杰出人物对连续性挑战的成功应对，文明的倒塌则是对新的挑战应对失败的结果。倒塌在文明史中早就开始了，例如希腊化或希腊—罗马化世界中的公元前431 年，我们的情况或许是 16 世纪的宗教战争。[⑨] 倒塌比成长更遵循标准化的模式。

---

① Cf. Toynbee，I，51 ff. 21 种文明是：埃及文明，安第斯文明，中国文明，克里特文明，苏美尔文明，玛雅文明，尤卡坦文明，墨西哥文明，希提文明，叙利亚文明，巴比伦文明，伊朗文明，阿拉伯文明，远东大陆文明，远东日本支流文明，印第安文明，印度文明，希腊文明，正教大陆文明，正教俄罗斯支流文明，西方文明。5 种停滞的文明是：爱斯基摩文明，土耳其文明，游牧文明，斯巴达文明，波利尼西亚文明。此外有 3 种流产的文明。

② 索罗金与斯宾格勒主义者有不同看法，他认为当前的危机不是西方文化与社会的死亡痛苦（*The Crisis of Our Age*［New York，1941］，p. 23），而是统治西方当代社会文化的文化与社会意识的根本形式在衰落。

③ "中世纪观念的（ideational）文化的主要原则是突出来世与信仰，指向上帝的超感觉本体并浸透着这种价值。理想主义文化（idealistic）的主要原则"，索罗金以 13 世纪、14 世纪欧洲文化与公元前 5、前 4 世纪的希腊文化为例，"部分地是超感觉的与信仰的，部分是现世的与世俗的。我们当代的知觉文化（sensate）则主要是现世的、世俗的与实用主义的。所有这些类型在埃及文明、巴比伦文明、希腊罗马文明、印度文明、中国文明以及其他伟大文明的历史中都有体现。（*The Crisis*，p. 21）Cf. *Social and Cultural Dynamics*，I，55 ff.

④ 西方社会与文化的社会文化现象总和从来没有被织进一个统一的体系（*The Crisis*，p. 26）。

⑤ Danilevsky，p. 39.

⑥ *Decline*，I，109 – 110.

⑦ *The Crisis*，pp. 23 – 24.

⑧ *Civilization on Trial*（New York，1948），p. 10.

⑨ Toynbee，*Study*，VI，287，316.

最后，这些作者都相信近代文明面临着危急状况——这是一种对所有人而言都具有反理性反民主含义的危机。后文艺复兴世界人文主义—人道主义的、经验主义的、个人主义的传统正在接近尾声，它将为一个以信任、阶层与社会团结为特征的新时代所继任。达尼列夫斯基认为，"精确的尤其是实用的应用科学"优势表明了欧洲文化迟暮的、已过秋季的特性，其领导地位将很快落在东正教的俄国手中，"民族的俄罗斯元素"拥有"较个人、个体更为巨大的优势"。① 斯宾格勒认为，城市的知识与金钱是凌驾于乡村之上、凌驾于贵族与僧侣所代表的基本力量之上的霸权，城市的兴起标志着文化的衰落，并在 19 世纪导致了文明的出现，这是以大都市、知识分子与重商主义为表征的"文化宿命"。当人们开始不再讨厌货币经济，预示着"血统权力"反抗都市理性主义时代的降临。恺撒主义击败了民主与货币经济学。"当文明开始缓慢地不易觉察地进入非历史阶段，时间划分不再意味着任何东西"，出现了另一种"虔敬"。② 汤因比看到，西方社会"麻烦的时代"紧随着其他文明的模式：首先，改革后的宗教战争预示着最初的衰败；随后是以 18 世纪启蒙运动"可忍受的原则"为标志的暂时喧嚣，这是一种基于"幻灭、忧惧、玩世不恭"之上的负面原则；③ 而且，自法国大革命的再次衰败以来，民族主义战争被民主与工业主义抬升到前所未有的残暴高度。留给自己的是，我们的社会必须期盼"麻烦的时代"在 20 世纪的普遍国家中终结，这是社会自我摧毁性一击的结果，将无法从中恢复。"如果我们……带着一颗破碎的心在悔悟中请求"，只有上帝才会恩赐给我们社会一个缓刑令。④ 别尔佳耶夫认为（他接受了斯宾格勒"文明"的概念，将之视为文化的老迈状态⑤），我们的世纪标志着正从衰亡的人道主义—世俗化阶段向新的中世纪转变。⑥ 舒巴特认为，英雄的普罗米

---

① Danilevsky, pp. 98, 129.

② II, 327 ff.; I, 31; II, 464, 465; I, 108, 409; II, 310, 435.

③ *Study*, VI, 317.

④ Ibid., p. 321. 在《历史研究》第九卷与 *Civilization on Trial* 二书中，汤因比充满希望地认为，西方社会如果能通过建立世界政府的宪政的、合作的体系，寻找在自由企业与社会主义之间的折中，更为重要的是将世俗上层建筑长期放回宗教基础之上，就能成功地应对内部战争、内部与非西方的社会不公以及世俗化的挑战，西方社会就能得救。（*Civilization*, p. 39; cf. *Study*, Part XII, "The Prospects of Western Civilization," IX, 406 ff.）

⑤ 别尔佳耶夫对《西方的没落》的讨论，参见 *The Meaning of History*, pp. 207ff。

⑥ Cf. ibid., pp. 177 ff.; *The End of Our Time*, chaps. 1 and 2.

修斯式的或后文艺复兴的文化，正在迈向命运的终点。[1] 索罗金认为，"我们似乎在两个时代的中间：正在死去的知觉文化与正在到来的观念文化，前者在过去五百年一直统治着西方文化，后者的例证是基督教的中世纪"。[2]

一种很强的反人道主义的与专制的调子出现了。舒巴特看到了理性、药物与普遍福利的失败。[3] 斯宾格勒的谴责指向福利、自由、人道理想的"琐碎肤浅的趋势"，谴责"为了最大多数人最大限度幸福"的学说，[4] 从战争中看到了"一切活着之物的主要政见"。[5] 别尔佳耶夫在国际主义中看到了"对普救说的可鄙嘲讽"，像斯宾格勒[6]一样将自由主义、议会主义与宪政主义看作历史的反动。[7] 索罗金温和地看到了内在观念自由取代了知觉自由，"主要兴趣在于对社会的、经济的与政治的处境进行外部重建——目的在于保证言

---

① Schubart，p. 17.

② *Social and Cultural Dynamics*，III，535. 索罗金在别处认为，理想主义的文化而不是观念的文化接替知觉的文化，这种可能性较小（*The Crisis*，p. 306；cf. pp. 298，300）。

③ Schubart，p. 285.

④ *Decline*，I，351. 斯宾格勒反复攻击被视为世界历史目标、可以通过进步的前进而达到的"启蒙""人性""世界和平"观念（ibid.，I，152；cf. *The Hour of Decision*［New York，1934］，p. 228）。他视1918年革命是肮脏的，并"渴望"1933年的"纳粹革命"（*The Hour of Decision*，p. ix），他几乎不带限制地热情欢迎纳粹的狂热、种族主义与反犹主义。他抨击社会改良主义，"一切改良者与世界公民都代表了农夫的观念"（*Decline*，II，186）。他尤其批评教会专注于社会改革。"真正的宗教绝不会把提高事实世界作为目标……宗教一旦把社会问题抓在手中，就不再成为宗教"（ibid.，II. 195；cf. 216 – 217，273）。

⑤ Ibid.，II，440. "战争是一切伟大事物的创造者"（ibid.，II，363）*Man and Technics：A Contribution to a Philosophy of Life*，trans. Charles Francis Atkinson（New York，1932）的一个基本主题就是，人是猎物（pp. 19，22，26，28；cf. *Hour of Decision*，p. 21），历史就是战争史（p. 70；cf. *Hour of Decision*，p. 227，*Preussentum*，pp. 52 – 53）。

⑥ 在《西方的没落》中，斯宾格勒将民主看成金钱统治文明的现象，认为将不可避免地导向恺撒主义（*Decline*，II，431 ff.，456，464）。议会主义在全面腐烂中，在20世纪将成为"空洞的虚饰"（ibid.，II，415，464）。《西方的没落》潜藏的政治主题是含蓄地反民主。"每个民族在历史上都是由少数人代表的"（II，172）。见第二卷论述国家的三章。文化衰落历史的标志就是政治权力从乡村最好的阶层、贵族与僧侣手中转移到金钱与知识的新贵手中。非阶层对政治事务的干预，如法国大革命，标志着文化向文明的转变。

⑦ *End of Our Time*，p. 86. 在新的中世纪，"政党与其领导将必定失去显然的重要性……必须去除议会：它们的生命是编造的，它们是政治肌体的寄生物，不能完成任何有机的功能……新的中世纪将不可避免地并在最高程度上是'民有'的，——但绝不是民主的"（ibid.，pp. 112 – 113）。从这一点上，别尔佳耶夫认为，法西斯主义是"当代欧洲政治唯一的创新"，属于中世纪，共产主义也如此（ibid.，p. 90）。

论、出版与思想的自由"，很少对"政治的与公民的权利感兴趣"。① 汤因比对待民主的态度也很难说是积极的。②

《历史研究》前六卷（研究文明的起源、生长与衰落）与后四卷之间的主要原则存在显著差别。后四卷是在八年之后的 1954 年出版，汤因比在此讨论了文明瓦解的方方面面，如普遍国家、教会、不同文明之间的联系。我们在后四卷可以看到，汤因比除受到深度心理学的冲击外，他与新正统运动的新教神学家的亲密关系，与其说在其折中的神学中，不如说在他的方法观念与进步观念中。与循环主义理论家一样，神学家巴特、布鲁纳、尼布尔与蒂利希都拒绝将简单的理性可理解性当作解读历史意义的钥匙。③ 尽管只有

---

① *The Crisis*, pp. 173 ff. ; see chap. 5, "The Crisis of Contractual Family, Government, Economic Orgnization, Liberty, and International Relations," ibid., pp. 167 ff.

② 虽然汤因比在早期的一卷中指出，工业时代的民主加剧了战争与民族主义的兴起，但他认为民主的实质是"一种友爱精神，其不知道约束，只知生命本身的爱"，尤其是"人道主义的"与"普世的"，而不是"战争的"与"狭隘的"。当这个有效的精神动力转向一个狭隘国家的体制时，民主变成了一种"恶意的监督"力量，因而堕落进民族主义中去（*Study*, IV, 156 ff., 162 – 163）。Cf. IV, 407："民族精神是民主用于狭隘主权之上而产生的私生子。"在最后四卷中，尽管仍然承认民主的基督教来源（VIII, 214, 497），汤因比将之与工业主义看作"最近产生的两个西方魔鬼"（IX, 444；cf, IX, 293），并主要在其对战争与民族主义的影响方面来谈及（Cf. IX, 8, 155, 272 N., 293, 427, 444）。在区分"复兴的有煽动力的希腊民主制度"（如 1789 年后的法兰西民族国家）与"代议制政府的西方本土制度"时，汤因比没说后者什么好话（IX, 165 – 166）。在早期的一卷中，他警告"议会之母"的"偶像化"（IV, 414 ff., 428），并预言"即将到来时代的政治创造者"将不可能是"议会之母"的英国崇拜者（IV, 428）。20 年后，汤因比在回顾"160 年令人失望的经历"时，看到西欧大陆"一棵邪恶的植物"在西方本土的议会主义中人为地复兴（IX, 155）。汤因比把公民自由贴上"消极的自由观念"标签，其与"自我献身于为集体博爱服务的积极的共产主义观念"相比而言，显得微不足道（IX, 622）。"可鄙的小偶像"自由主义与民主的致命错误在于它们的世俗化（IX, 623 ff.；IV, 184 ff.）。民主，不管是强调个人自由的美国形式，还是寻求社会正义的苏联界定，最终都不能达到人的博爱。"人的手足情谊是一个观念，即若不按照共同的上帝之父的救赎信念行动，人类不可能转化为事实；人类的社会问题只能通过将他们从社会中提升到宗教中才得得以解决，这个绝对真理在 20 世纪西化的世界中的正确性与其自耶稣变容（transfiguration）以来的普遍正确性一样"（IX, 594）。不过，应当注意的是，达尼列夫斯基在其泛斯拉夫主义与反自由主义中，确实抵制了单一国家的观念，并倡导一个斯拉夫联邦（p. 191）。关于文明发展中文化复数的需要，参见第二章与第四章"历史发展的法则"（p. 61）。

③ Reinhold Niebuhr, *Faith and History* (New York, 1949), pp. 49, 58 – 59, 140. Cf. "The Problem of Historical Knowledge," in *The Self and the Dramas of History* (New York, 1955), pp. 53 ff.; Paul Tillich, *The Interpretation of History*, trans. N. A. Rasetzki and Elsa L. Talmey (New York, 1936), pp. 117 – 118, 143, 146 ff. idem, "Reinhold Niebuhr's Doctrine of Knowledge," in *Reinhold Niebuhr, His Religion, Social, and Political Thought*, ed. Charles W. Kegley and Robert W. Bretall (New York, 1956), pp. 35 ff.

别尔佳耶夫接受循环主义思想，[①] 他们也像循环主义理论家那样，拒绝"由进步获得的救赎观念"。[②] 取而代之的是，他们用时间与永恒的二元观点来看待历史。[③] 只有当历史被看作救赎史时，历史才有绝对意义。[④] 作为世俗历史的一个完整部分，邪恶或恶魔的存在，排除了有意义的总体进步的可能性，或者在历史自身中理解历史的可能性。[⑤] 能力与权力之间的张力不可能在世俗历史中得到克服。[⑥] 基督教的来世论盼望历史的终结，自然史的状况在终结中就被理想化了。[⑦]

在后四卷中，汤因比从早期经验主义的立场急剧移开，这曾是循环论理论家中独一无二的立场。他仍然认同"调查的经验性方法，通常导致产生科学知识认可并确定的附加物"，但汤因比坚持"近代西方科学没有给人增加任何关于人的知识"。"既然是潜意识而非智力才是人精神生活好坏的元件"，这个领域的知识就必须通过直觉来获得。"自然法"的内在稳定性与持久性，使它们容易通向由人类集体智力实施的进步性探测过程。除自然法外，还有一个有效的"上帝法"，它由精神的自由所激发。精神的自由正是自然必要性的对立面，其规避了具体的知识。说到进步，当自然法明显描述无意的循环时，"上帝法揭示了个性智力与意志坚定追求的单一持续目标的规则性"。[⑧] 原罪的影响没有为世俗人性留下任何道德进步的余地，文明不过是原罪薄薄的掩饰。不过，"就通过世俗生活为现阶段的灵魂增加精神机会而言，现实世界肯定存在无尽进步的可能性"。因此，历史有着比文明兴衰更深刻的意义。汤因比承认，这还没有开始出现。他曾不加批

---

① Niebuhr, *Faith and History*, p. 1；Emil Brunner, *Chirstianity and Civilization*（New York 1949），pp. 36 – 37.

② 尼布尔讨论汤因比与斯宾格勒循环观念的文章，见 *Faith and History*，pp. 216 ff.，以及 *The Self*，pp. 50 ff.，尼布尔抵制将生物周期与历史周期进行类比。也可见 Brunner, *Revelation and Reason*，trans. Oliver Wyon（Philadelphia, 1946），pp. 402 – 403；Tillich, *Interpretation*，pp. 244 ff.。

③ Karl Barth, *The Epistle to the Romans*，trans. Edwyn C. Hoskyns（London, 1950），pp. 77 – 78. Niebuhr, *Faith and History*, pp. 136 ff.

④ Tillich, *Interpretation*, p. 98；cf. p. 283.

⑤ Niebuhr, *Faith and History*, p. 27. cf. 蒂利希关于恶魔（demonic）的观念，见 *Interpretation*，pp. 77 ff.蒂利希批评乌托邦主义"期望逼近的历史阶段没有恶魔般的权力"（ibid., p. 97）。

⑥ 见蒂利希"权力问题"的讨论（ibid., pp. 179 ff.）；cf. Barth, p. 77。

⑦ Niebuhr, *Faith and History*, p. 137.

⑧ *Study*, VII, 487, 490n., 500；IX, 171, 172（cf. p. 395），174.

评地断言，"获得他们自己的成就……目的是为羽翼丰满的更高信仰的诞生提供机会"。①

本文对这几位作者的评价，必须限定在对某些关键词汇的检验上。科学方法无疑产生出比孔德、马克思与斯宾塞所认识到的更为有限的知识。对历史事件意义尤其是时代精神的理解，需要采用非理性的认识形式，比如说移情。我们的作者所遇到的基本困难，不在于他们为之付出努力的目标，而在于他们试图在非科学的、直觉的基础之上建立科学体系——斯宾格勒与达尼列夫斯基如此，汤因比同样如此。很难不做出这样的结论，即在他们以忽略或误用经验的方式对世界历史所做的系统化解释中，循环主义理论家试图使他们对近代后文艺复兴世界人道主义价值与自由主义价值的拒斥合理化，这个时代对这些价值越来越没有把握。

历史不仅仅处理人类运动，还要处理价值与观念。正如克罗齐所指出，历史部分地是一种艺术形式，因此需要有比理性或经验观察更为广泛的认识基础。但我们的作者并不满足于研究上千种形式相对的真、善、美，如布克哈特那样。他们力图构建客观有效的体系，视之为严格的法则，如斯宾格勒那样。即使他们有时承认非经验因素，如科学思维中的洞见的作用，这一点也仍然需要加以证实。证实——比如针对生命周期观念——必须是可沟通的、可测试的。直觉作为证实手段，而非认识形式，需要被明确地表述——主观之间可理解的表述。

汤因比声称其体系建立在科学基础之上，由此规避了这个问题。不过与此同时，汤因比与其他作者一样，忽略了社会学方法。在阐述一般规律时（如环境变得艰难但还不是过于严酷，其对文明的刺激越来越强），汤因比在例中没有检查其他因素，这些因素或许刺激了社会，或许激发起如下好奇心：为什么其他在类似地理环境中的社会没有做出类似的反应？② 汤因比认

---

① Ibid., VII, 422；VIII, 273；VII, 564, 565（人的真正终结是赞扬上帝，并永恒地欣赏上帝），422. 这也是汤因比最近一本著作 *An Historian's Approach to Religion* 的主题（New York, 1956）。

② 汤因比运用经验的方法多次受到攻击。Pieter Geyl 在论文集 *Debates With Historians*（New York, 1956），pp. 91ff. 中重印的系列文章里，以及在 P. Geyl, A. Tonybee, P. A. Sorokin, *The Pattern of the Past：Can we Determine It?*（Boston, 1949）中（该书包含了他与汤因比之间的争论），详细检验了汤因比的方法论，指责汤因比所举例子常常不能证明前面的理论。John W. Blyth 在"汤因比与解释的类型"一文中也检查了汤因比归纳中的逻辑谬误，*Philosopical Review*，LVIII（1949），360 – 371。

为，硬地的马萨诸塞与普鲁士在文化上优于软地的狄克西与莱茵河地区。他忽略了经济的、宗教的、政治的、历史的以及其他多方面的因素，这些使得新英格兰社会不同于狄克西。在普鲁士案例中，他将政治的伟大与文化的创造性混同，忘记了莱茵文化在整个德国史中的伟大贡献。这样，由于"创造力的报应：短暂的自我偶像化"法则——一度创造伟大的人们或社会不能逃脱成为过去囚徒的命运，汤因比在许多案例中用此解释北卡罗来纳优于南卡罗来纳与弗吉尼亚，忽略了社会学或经济学因素，最终导致未能解释人们如何将这些州想象成一个社会的整体。

循环主义理论家的第二个矛盾，在于尽管他们不喜欢 19 世纪的科学与社会学，但还是接受了许多科学的与社会学的假定。他们对进步观念的主要批评，不是基于对其与进步哲学逻辑或经验不一的检验上，而是基于拒绝进步的连续性以及人类和价值的统一性上——比如科学的态度、理性、人道主义、技术——这是进步观念理论家认为在历史中呈现的。事实上，循环主义理论家与进步观念哲学家都相信，历史服从于简单的法则，不过循环主义者用多线取代了单线发展。因此，对进步观念哲学家的逻辑批评同样适用于批评循环主义理论家。

我们的许多作者——达尼列夫斯基、斯宾格勒、汤因比、舒巴特、亚当斯——从浪漫主义那里，更主要是从 19 世纪社会学家那里，继承了关于社会或文明是封闭的、有意义体系的观念。倘若检查达尼列夫斯基、斯宾格勒与汤因比所界定的文明，我们会发现，这些文明的空间疆域常常与语言群体、宗教或国家一致，只代表了总体文化的一定相位。既然西方文明从天主教教派到罗马天主教与正教中获得身份，[①] 波兰农民就与好莱坞公关经理属于同一种文明，在精神上与白俄罗斯农民所从属的文明很不一样。同样，由于时间限制，我们将看到，对斯宾格勒与汤因比而言，托马斯·阿奎那与尼采都是共同西方文明或浮士德文明的成员，而阿拉伯的亚里士多德学派属于祆教或伊斯兰文明。对汤因比而言，奥古斯丁属于希腊文明的晚期阶段。不过，比界定文明界限更为困难的问题，是建立其统一性。索罗金指出（《危机时代的社会哲学》，循环主义理论家出版物中最好的概览），文明是有必然意义的体系，这个观念是达尼列夫斯基、斯宾格勒、汤因比的"致命错

---

① Toynbee, *Study*, Ⅰ, 66.

误"，① 也是他自己未能彻底逃脱的错误。② 而且，他们所区分的任何一种文明，除包含一堆没有联系的材料外，还包含着大量不同的系统，从最简单的系统到特定的超级系统。因此，在文明中有大量不同时间或空间界限的系统——如犹太教、德系犹太教、美系犹太教、改革派犹太教；口语、英语、英国文学、当代诗歌、这一代的美国诗歌；等等。这些系统或许可以编织进边界大小不等的大系统中去。在中西部农场主中，人们能发现以下体系同时存在：英语、新教主义、共和党、孤立主义、特定的大众口味等。我们是否仍然能够按照因果关系谈及这些体系，是很成问题的。

这样，我们就遇到了历史哲学是否可能的问题。如果像黑格尔或斯宾格勒那样，历史哲学只是意味着将历史过程作为整体来进行有意义的解释，我们同意布克哈特的观点，就目前人类能力与人性而言，历史哲学超出了人类的知识。与 19 世纪的理论家将变化归结为一种或几种因素（如种族、经济环境）相比较，我们要更清楚社会变化的高度复杂性。不过，以更有限定的方式对历史与历史哲学进行研究，不仅是可能的，也是重要的。如果从科学的立场出发接近历史，我们看到的不是人性的确定性，而是对人性更广泛的理解，不论如何折中与具有尝试性。历史作为一种艺术，哲学地靠近之，仍然能引导我们通向有启蒙性与启发性的真、善、美。

（格奥尔格·伊格尔斯，美国布法洛大学教授；张文涛，中国社会科学院世界历史研究所副研究员）

---

①   Ibid., pp. 209 ff.
②   Cf. Geyl, *Debates*, pp. 130 ff.

"一带一路"研究

"'一带一路' 与亚洲文明的发展" 学术研讨会综述

黄艳红

2015 年 12 月 5 日，"'一带一路'与亚洲文明的发展"学术研讨会在中国社会科学院世界历史研究所举行。这次会议由中国社会科学院世界文明比较中心、中国社会科学院亚洲研究中心、中国社会科学院世界历史研究所、北京大学东方学研究院共同主办。在京各单位的 50 余人出席了会议。

中国社会科学院世界文明比较中心副主任陈筠泉研究员、陈启能研究员分别主持了上午和下午的研讨会。中国社会科学院世界文明比较中心主任汝信研究员、中国社会科学院世界历史研究所所长张顺洪研究员分别致辞。汝信在致辞中指出，随着"一带一路"战略的提出，相关领域的研究面临新的问题和挑战，"一带一路"沿线各地区的政治、历史、宗教、民族和文化等问题，都有待深入探讨。目前的研究状况与我国的实际需要仍有相当大的差距，亟待加强和提高。这次研讨会旨在引起学界对相关领域的更大的兴趣，推动对"一带一路"的研究。张顺洪在致辞中强调，这次会议的主题紧扣时代发展的主题。"一带一路"战略的提出，充分体现了我国引领亚洲复兴这一伟大历史进程的意愿，得到了各友好国家的欢迎。

随后十余位专家学者在会议上做了学术报告。现将报告的主旨做一简要介绍。

中国社会科学院世界宗教研究所研究员吴云贵的报告题为"'一带一路'建设与文明对话互鉴"。他指出，"一带一路"战略的公布已在国内外引起热烈反响。"一带一路"的字面意思是延续千年之久的海上丝绸之路和陆上丝绸之路。这个概念自诞生以来已有百余年，但当初的学者不会想到百余年后中国的"丝路之学"正在发生重大变化。"一带一路"战略旨在复兴丝路文明，但复兴的基本要义何在？吴云贵认为，除了战略平衡和提升竞争力等现实考量之外，还包括开放包容、互利互鉴、共享文化遗产等价值理念。这一战略的意义在于为经济交往提供方向，这是历史和现实的呼唤。规划中的项目都是基于双方的战略互信，旨在结成利益共同体，在互信的基础上实现合作共赢。而这一切都必须通过文明对话来实现。历史上的丝路不仅是商道，还是文明互通之路，它的历史对文明的本质做出了最令人信服的阐释。这段历史证明，西方学者宣扬的文明冲突论罔顾基本事实，丝路文明的交往并非冲突的历史，而是互学互鉴的历史，如佛教东传及其与东方文明的结合，如伊斯兰教在中国的传播，这些都展现了丝路文明海纳百川的胸襟。丝绸之路为域外宗教文化经西域传播到中国提供了方便，这些外来文化先后理顺了与儒家文化的关系。中国本土文化与外源文化的结合，产生了别具特色的中国文化，如佛教禅宗的形成；如伊斯兰教在中国传播并演变成十几个中国民族的民族文化，这就是伊斯兰教的中国化——如讲汉语的回族的形成。吴云贵还对伊斯兰教文化在中国的发展做了进一步的阐发，指出了伊斯兰教中国化之后在哲学方面的创造。伊斯兰教传入中国后，开始认同儒家文化，如三纲五常等伦理观念。这种和平交流是中国文明对"冲突论"的回应，后人应接续和传承这种传统并开创未来。吴云贵说，在现实关注方面，过去我国学界很重视欧洲，现在应该重视伊斯兰世界的潜力。历史上的丝绸之路很大一部分属于伊斯兰世界，"一带一路"沿线的47个国家中，有38个是伊斯兰国家，当前中国与它们的交流仍有局限性，如对传统伊斯兰经济伦理知之甚少。例如，《古兰经》中对利息是有限制的，特别是中小企业的放贷取息是被禁止的，但银行资本可以参与企业经营。伊斯兰教有时反对利息，但并不反对利润。因此宗教问题在对外交往中处于十分重要的地位。目前，我国宗教界对"一带一路"战略的积极性很高，因此应该注意加强民间人文精神方面的交流。

新华社高级记者詹得雄随后做题为"'一带一路'需要文化先行"的报告。他结合自己长期在中东地区工作的经验指出，绝不要把"一带一路"仅仅看成一个物流。中方的人员固然要"走出去"，但"走出去"没有文化是不行的。"走出去"容易，"走进去"难，"走上去"更难。中国的企业和中国的对外政策要在境外取得成功并不容易。关于文化问题，詹得雄援引季羡林的观点，认为东西方文明是"三十年河西，三十年河东"。西方文明有两大基本特点：个人主义，征服自然。但极端个人主义导致环境破坏。因此我们要把中国文化送出去，当今世界需要中国文化发挥积极作用。所以孔子的思想仍有现代价值，中国人应该感到自豪。中国在现当代取得巨大进步，中华文明有光明的未来，我们应该有这个自信。詹得雄还认为，文化包括五个方面的内容：一是政治文化，具体到"一带一路"战略，就是互相尊重，合作共赢，其目标是创建命运共同体；二是民族民俗文化；三是宗教文化；四是企业文化，如高科技企业跟传统企业就不一样，中国在海外的企业就在这方面遇到一些麻烦；五是个人文化修养。詹得雄最后提醒，传统文明的复兴是个世界性的普遍现象，但弄不好就是个累赘，我们在发扬传统时还要继往开来。

新华社高级记者唐继赞的报告题为"人文交流是中东推进'一带一路'的重要支撑"。他强调指出，人文交流是在中东推进"一带一路"战略的重要支撑。习近平总书记在一系列重要讲话中都强调，人心相通是推进"一带一路"建设的关键，因此人文交流不可或缺。中东地区是我国大周边的重要组成部分，是"一带一路"的必经之路。如果按照西方的"文明冲突论"，丝绸之路就不会取得这么大的成就。文明的正道是交融，而不是冲突。唐继赞说，中东地区是伊斯兰教徒的聚居地。目前全世界伊斯兰教信徒已达13亿人，我国亦有2200万伊斯兰教徒，这为人文交流提供了重要条件和广阔的空间。中国与中东的交流本来就有悠久的历史，如2000多年前张骞出使西域，如郑和下西洋；在阿拉伯方面，阿曼航海家阿布·欧拜德也在数百年前就来到中国，他的那艘没有铁钉的航船至今仍保存在阿曼的博物馆中。新中国成立后，周恩来总理与纳赛尔的历史性握手开启了中国与中东交往的新纪元。到1992年，中国已经与所有中东国家实现了关系正常化，从而迎来了人文交流大发展的新气象。以语言交流为例，在埃及，说中文的阿拉伯人、教授中文的机构越来越多，中国学习阿拉伯语的人数也很多。而且，中阿人文交流是多方面的，如中国派遣的医疗队深受阿拉伯人民的欢迎，中国有数十万劳务大军在阿拉伯世界工作。中国每年前往麦加朝觐的人数不断增加，2014年达1.4万人。赴阿拉伯世界旅游的中国人更是越来越多。因此中阿人文交流有着广阔的前景。唐继赞最后强调，阿拉伯人是温和的，目前的形势下，中方应该在争取民心方面多下功夫，夯实中阿双边关系的社会土壤。

中国社会科学院亚太与全球战略研究院研究员薛克翘在报告中指出，中国和印度的交往是丝路文化交流的主轴之一。2013 年中国"一带一路"战略的提出适逢其时。中方强调各方的"对接"，这就意味着该战略是以自愿和互利共赢为原则的。薛克翘认为，"一带一路"应理解为一个网络，而且应是一个面向全球的网络，日本、韩国、澳大利亚、新西兰等国都应包括在内。薛克翘强调，在这一交往网络中，中国和印度的关系是主轴之一。中印交往源远流长，张骞在大夏发现"蜀布"，就是历史文献中记载的早期中印交流的佐证，随后又有佛教东传，并在中国发展出因明学和魏晋玄学，中国哲学受印度哲学影响很深。季羡林等老一代学者已经对中印文化交流做出了卓越的贡献。但是，对于中国的"一带一路"战略，印度的反响并不热烈，这与两国的世界地位是不匹配的。因此两国的合作和交往领域仍有待进一步开拓。

中国社会科学院历史研究所研究员宋晓梅的报告富有考证色彩，报告题为"从'绵经绵纬'引发关于丝路各地发展本土传统手工业问题的思考"。她认为，"绵经绵纬"虽是个小题目，但它发生在一个广阔的自然地理、文化和民族背景之下。所谓"绵经绵纬"，是西域丝路沿线使用的一种纺织品材料，是相对于"丝经丝纬"而言的。现有的绵经绵纬主要发现于我国新疆和中亚一带，它是一种短纤维，质地较粗厚，而丝绸是一种长纤维，质地非常轻柔。宋晓梅认为，这种织物及其名称的来源，与中原文化的西传有关。西域各地曾见识过并渴望丝绸，但并不了解丝绸制作的细节，特别是其中的缫丝工艺，且囿于当地资源条件，只能就地取材，制作出具有西域特色的织物，这很可能就是绵经绵纬的来源，它的原料可能是羊毛。宋晓梅随后指出，当前的"一带一路"和西部开发等战略，并没有普遍惠及当地民众，而西域传统手工业正面临消亡。她呼吁保留并发扬这些传统工艺，这不仅有利于文化传承，也能部分解决当地民众的就业，丰富他们的生活，从而有利于边疆地区的稳定与发展。

中国社会科学院世界历史研究所研究员宋岘报告的题目是"从'五色盐''西马'东传看丝绸之路物质文化交流的形态"。他认为，在李希霍芬提出"丝绸之路"这个概念之前，中东的作家就已提到中西交流的大道，如"呼罗珊大道"。古代中国人也拥有十分广阔的世界地理概念。《大唐西域记》记载的一些地名远及巴比伦一带。语言学的证据表明，中国古代对中亚和西亚的了解很多，这方面需要进一步予以呈现。中亚布哈拉和南高加索的桑树则表明，丝绸之路这条文化交往之路早已存在。宋岘以中国古书中记载的"五色盐"为例做了进一步的说明。他认为，隋炀帝的使臣在西域接收的"五色盐"赠礼，很可能来自伊朗的法尔斯省一带，因为那里有一座彩色盐山，当地人就地取材制作器皿，并把这些制品当作赠礼。明代郑和到达霍尔木兹海峡时，也听到"三色盐"之说。宋岘提到的另一个例子是"西马"，这个词出现于元明时期，他认为所谓"西马"就是阿拉伯马。宋岘进一步指出，中国和中亚、西亚的交往是多方面的，例如，中国皇帝曾调解帖木儿的儿子和孙子之间的冲突，而中国历史文化中关于"汗血宝马"的传说、西亚各地清真寺的建制都是文化交流的痕迹。

文化部艺术研究院研究员王镛报告的主题是"丝绸之路与佛教艺术东渐"。王镛认为，丝绸之路不仅是经济贸易之路，更是文化交流之路，作为文化交流之路甚至更为重要，而印度佛教艺术的东渐便是其中的重要篇章。王镛随后梳理了佛教造像艺术的发展及其东传的历程，较为详细地介绍了贵霜王朝的犍陀罗艺术、笈多王朝的本土佛教造像的特点和东传路径，以及它们与中国本土艺术的结合。他还指出，佛教造像艺术的东传不只有西北一线，西南丝绸之路也是一条重要的传播路线，如佛教密教造像就是经这条路线传来。佛教造像传入中国和经历了中国化之后，又进一步东传到日本和朝鲜。

中国社会科学院历史研究所研究员耿昇长期从事中外交流史文献的翻译和研究工作，他的报告主题是"阿拉伯穆斯林史料与中外关系史研究"。耿昇认为，阿拉伯史料对"一带一路"的研究很重要，主要的史料是阿拉伯旅行家和航海家留下的记录。作为远东与欧洲之间文化交流的中继站，阿拉伯文化扮演着沟通东西的重要角色。耿昇介绍说，法国学界对相关历史的研究开展得比较早，并提出了一些颇有新意的观点，如19世纪末法国的阿拉伯学家加斯顿·马斯伯乐（Gaston Maspero）提出，中国人的源头是古埃及人。但国内对波斯阿拉伯的相关文献介绍较少，在这方面仍有很多工作需要展开。耿昇最后呼吁，社科院等研究机构应承担起严肃的研究责任，有关"一带一路"的历史研究应尽量避免外行的干预。

北京大学亚非系杨伟明博士的报告题为"略论中孟之间的文化交流"。她曾在孟加拉国工作多年，并在当地做过调查问卷。杨伟明介绍说，中孟交往历史悠久，2007年之后，中国成为孟加拉国的第一大贸易伙伴，两国之间的经济合作不断加深，文化语言交流进一步加强。她随后对两国交往的一些问题以及孟加拉国的风土人情做了说明。她认为，孟加拉国受印度、伊斯兰和西方文化的影响较深，文化、人种都比较多元。孟加拉国是个农业国，人民热情好客，乡村文化比较丰富，其影响力超过城市文化。孟加拉人的好奇心和求知欲很强，有富有感性的心灵，是个诗人的民族。杨伟明随后结合具体事实和数据对这些问题做了进一步的阐释，并援引了一些国际学者的解释。她最后总结说，两国之间的交往应从长计议，彼此都应秉持包容理解的立场，求同存异。

北京大学巴基斯坦研究中心唐孟生教授随后做题为"增进文化交流，丰富亚洲命运共同体的内涵"的报告。他介绍说，"一带一路"战略提出后，大家都以为就是企业"走出去"，文化交流谈得很少。但经济交流应以文化交流为平台，这样才能达到相互理解，合作关系才能站得稳，因此相互理解很重要，通人心很必要。唐孟生强调，文化交流应该先行。他举例说，目前中巴经济走廊就存在这些问题，大家都在谈项目、谈投资，但通人心和文化理解问题很少涉及。目前有关"一带一路"的讨论，商业运作太多，对文化交流重视不够，他呼吁加强这方面的工作。

中国社会科学院亚太与全球战略研究院研究员朱明忠报告题为"福建泉州——海上丝绸之路的起点"。他的报告涉及两方面的内容：一是泉州是丝路的起点之一，二是印度文明在泉州。他介绍说，泉州别称鲤城和刺桐城，宋元时期最为发达，马可波罗曾称赞它是东方第一大港。朱明忠认为，泉州还是世界宗教博物馆，留下了许多中印交往的遗迹，来自南印度泰米尔邦的商人特别多，一些碑铭上还有泰米尔文的铭文。

中国社会科学院哲学研究所研究员李鹏程在发言中阐发了"一带一路"所体现的国际关系新思路及其对于构建世界新秩序的意义。他认为，"一带一路"是中国人为构建新的思想交流场而提出的非常有创意的战略，这是对国际关系、亚洲秩序及世界秩序的新思维。首先它是新的区域经济合作模式，不同于以往服务于强国利益的合作关系。其次它必然是和平的秩序，其立意高于军事合作和经济合作，体现了光明磊落的"善"和推进文明建设的胸怀。这一战略强调合作的共同性，没有主客体之分，没有主导者和被动者之分，倡导信任包容，合作各方不是中心和边缘、宗主和边缘的关系。它强调社会责任共同体，彰显共同利益。这一切都隐含着经济发展并非整体文明发展的思想，它不同于以纯经济或纯军事为基础的合作关系，不局限于某种经济政治秩序，是高于政治、经济等子秩序的"文明的秩序"。他认为，

"一带一路"倡导的理念包括三个基本概念，即政治秩序、经济秩序、文明秩序，而文明秩序是总秩序。它旨在消解国际强权统治，以合作、和平、和谐实现沟通，必将受到亚洲广大人民的赞成和喜爱。这样理解"一带一路"，比将其理解为经济合作秩序或政治合作秩序更为可取，而这正是人文学者的紧迫任务。

在中国国际广播电台工作的孟加拉国学者穆罕默德－夏洛特先生最后发言。他认为，中国政府的"一带一路"战略是个宏伟的计划，孟加拉国能在这一计划中起到很大的作用。在孟中印缅经济走廊及海上丝路战略中，孟加拉国都占有重要地位。他指出，只有在文化交流的基础之上，这两个战略才能运转下去。孟加拉国国土面积虽然较小，但有1.6亿人口，而且很少发生教派冲突。它的大部分人口为穆斯林，很多文化元素来自阿拉伯世界，但宗教文化源于伊朗，随后西方人又给孟加拉国带来了新的文化。孟加拉国和中国很早就有交流，来自中国的茶叶已成为孟加拉国人民日常生活中的重要组成部分。孟加拉人很早就听说过孔子及其理论。他最后强调，"一带一路"的合作如果要深入发展下去，文化交流应该加强，而孟加拉国能在这一交流中发挥更大的作用。

总之，各位与会者在这次会议上畅所欲言，充分交流了意见。大家一致认为，"一带一路"战略的深入必须以加强文化交流为前提，我国学界应加强对这一问题的研究。

（黄艳红，中国社会科学院世界历史研究所研究员）

"一带一路" 建设与文明对话互鉴

吴云贵

　　"一带一路"是中国政府就未来经济发展和对外开放提出的战略决策。对外公布这一战略决策，虽然只有两年多的时间，但它已在国内外引起极其热烈的反响。党的十八届五中全会再次重申了"一带一路"发展战略。公报提出，推进"一带一路"建设，推进同有关国家和地区多领域互利共赢务实合作，推进国际产能和装备制造合作，打造陆海内外联动、东西双向开放新格局。"一带一路"发展战略就国家主导的经济合作、经贸活动做出规划安排，但它同时也与沿线国家不同文化、不同文明之间的交往交流和互学互鉴紧密相连、密不可分。特别是在经济全球化的格局下，如何在对外经济交往中体现和尊重人文价值、尊重人类文明的多样性、选择正确的文化战略，已经成为不容忽视的重大问题。

　　众所周知，"一带一路"的字面含义是指中国古代绵延千年之久的海上和陆上"丝绸之路"。海上"丝绸之路"把古代中国与东南亚、南亚、波斯湾乃至非洲连接起来，而陆上"丝绸之路"这条东西贯通的大动脉，则为古代中国同中亚、西亚、北非乃至欧洲的贸易提供了一条安全便利的通道。一百多年前，一位德国地理学家在一本名为《中国》的著作中，首次把古代中国与中亚河中地区以及与南亚印度之间，以丝绸贸易为主的交通要道称为"丝绸之路"。之后，一位德国历史学家又把"丝绸之路"的范围延伸至地中海西岸和小亚细亚一带，大体上确定了历史上"丝绸之路"的基本内涵。这些丝路文明研究的早期开拓者们，当年只是根据自己掌握的资料，对古代这些地域贸易的盛况做了一些描述，他们恐怕不会想到，一百多年后的

斯林思想家们同样主张以"认同"或"协调"的方式与中华文明进行对话交流。他们完全赞同"五常"之说，只是把"夫妇"关系提至"五常"之首，在顺序上排在君臣、父子、兄弟、朋友关系之前。中国伊斯兰教教义学家们另一重要的"认同"之举，是把伊斯兰教的"天道"与中国儒家的"人道"相结合，穆斯林完成五项宗教功课是"尽天道"，而践行仁、义、礼、智、信五种道德规范则是"尽人道"；天道与人道相结合，才能成为高尚的"完人"。所以，神圣的宗教与世俗的人伦不是"二元对立"，而是"和而不同"。

"一带一路"战略构想，使我们自然而然地联想到中国古代开通的丝路及其承载的丝路文明。今天我们重提丝路文明，无疑是希望我们这些后人接续和传承历史传统，并在弘扬传统的基础上开创美好的未来。历史上丝路经过的国家和地区数目众多，社情、民情和文化传统各不相同，今天大体上仍是如此。以往国人在谈论"丝路文明"时，大都更为重视丝路西段所连接的欧洲文明，因为近代欧洲工业文明的兴起确实对世界产生了广泛深远的影响。但作为世界上最大的发展中国家，我国在对外经济交往中也应当重视伊斯兰世界的巨大潜力和发展前景。伊斯兰世界面积辽阔，人口众多，资源丰富，战略地位极为重要。伊斯兰世界虽然并非一个统一的政经实体，其内部也有这样那样的矛盾和利益冲突，甚至还发生过像两伊战争那样长期的大规模战争，但以发展的眼光看，伊斯兰世界不论是否会构成独立的"一极"，都将是一支重要的力量。尤其值得注意的是，共同的宗教信仰，相似的文化传统、价值取向和近代历史遭遇，以及谋求和平与发展的共同诉求，像一条纽带一样，将伊斯兰世界的 57 个成员国紧紧地联系在一起。20 世纪 70 年代成立的伊斯兰会议组织（现易名为伊斯兰合作组织）就是这种泛伊斯兰团结、互助、合作精神的有力象征和重要体现。伊斯兰世界在国情、社情、民情、教情等诸多方面的同一性或相似性，是我国同伊斯兰国家进行国际经济交往与合作时应予以重视的重要因素之一。

历史上古丝绸之路所连接的国家和地区，有很大一部分属于我们今天所说的伊斯兰世界。今天的情况也基本如此。据统计，如今"一带一路"沿线的伊斯兰国家总共有 38 个，可以说主要的伊斯兰国家，包括中亚、西亚、北非、南亚、东南亚的伊斯兰国家，都是我国国际经济交往与合作的对象国。因此，通过真诚友好的文明对话来加深对伊斯兰世界的了解，具有重要的现实意义。应当看到，改革开放以来，我国与西方发达国家的经济联系日益密切，而与发展中国家的经济交往相对较少，彼此间的思想文化交流也有很多局限。例如，许多学者对传统伊斯兰经济理论原则和实践中形成的惯例就知之甚少，这种状况如不改变，也会对我国国际经济交往特别是对投资文化的理解造成不利影响。如许多阿拉伯国家受《古兰经》"利息禁令"的限制，要求面向中小企业家的伊斯兰银行不得放贷取利，但银行可通过投资建厂并与客户共同经营获取利润。此外，传统伊斯兰经济思想还涉及金融、保险、租赁、税收、社会公益事业等领域，需要合作方有所了解。

中华文明与伊斯兰文明的对话交往，古已有之，丝路的开辟就是最有力的历史见证。通过丝路贸易，中国的造纸、印刷、火药、指南针、制瓷、纺织等先进技术经阿拉伯传至欧洲，阿拉伯人的科技、文化也远播中国，内容涉及宗教、哲学、文学、数学、天文、医学等诸多领域。"学问即使远在中国，亦当求知"的"圣训"，表达了中国与伊斯兰世界互学互鉴的人文情怀和风范。到了近现代，交通的便利、社会的进步、思想文化的转型，特别是经济全球化大势，为不同文化、文明之间的对话交往提供了更充分的条件。

以往我国与伊斯兰世界的交往，主要有国与国之间的官方外交、经济交往与合作、文化教育领域的交流与合作等几种形式。总的说来，人文外交相对要弱一些，应当大力加强。当然，也不只是对伊斯兰世界，我国对世界各国的外交，都需要加强人文精神原则的指导作用。所谓人文外交，并非一种新理念，只是在"一带一路"战略构想中得到党和国家领导人的高度重视，经过他们精辟的阐释和论述，更加清晰地展现在世人面前，成为中国精神、中国国家形象的光辉体现。2013 年 9 月 7 日，习近平主席在哈萨克斯坦纳扎尔巴耶夫大学所做的演讲，提到愿与中亚国家共建"丝绸之路经济带"的战略构想。为此，习近平主席建议，欧亚各国为了扩大区域经济合作，应当努力实现"五通"，即加强政策沟通、加强道路联通、加强贸易畅通、加强货币流通、加强民心相通。这"五通"之中的"通民心"，就是要加强各国人民之间的友好往来，增进相互间的了解和传统友谊。为此，应当大力开展各国之间的人民外交和人文外交。2013 年 10 月 3 日，习近平主席在印度尼西亚国会所做的一次演讲中，提出中国愿与东盟国家共同努力，使双方成为兴衰相伴、安危与共、同舟共济的好邻居、好朋友、好伙伴，携手建设更加紧密的中国东盟命运共同体。为此，双方之间应当以诚信为本，坚持合作共赢、守望相助、心心相印、开放包容。这些中外交往基本关系准则的新境界，也都是中国人文外交精神的重要体现。2014 年 3 月 27 日，习近平主席在巴黎联合国教科文组织总部发表演讲,就推动文明交流互鉴的重要意义谈了三点见解。习近平主席指出,文明是多姿多彩的,人类文明因多样才有交流互鉴的价值。习近平主席坚信,文明是平等的,人类文明因平等才有交流互鉴的前提。习近平主席强调,文明是包容的,人类文明因包容才有交流互鉴的动力。习近平主席关于尊重人类文明多样性以及不同文明应当交流互鉴的重要论述,同他关于"一带一路"建设战略构想的精神实质是完全一致的。传承和弘扬"一带一路"的人文精神,也就是用文化包容的博大胸怀和科学态度去激励世界各国人民共建千姿百态、缤纷多彩的人类文明。

（吴云贵,中国社会科学院荣誉学部委员）

从"绵经绵纬"引发关于丝路各地发展本土传统手工业问题的思考

宋晓梅

一 从 "绵经绵纬" 说起

"绵经绵纬"作为一种丝织品的原材料，相对于"丝经丝纬"而言，两者有着不同的材料质地、不同的工艺形成过程，形成于不同的地域，其织成品的制造工艺、风格纹样各异。前者属于丝质短纤维，茧破蛾出后取绵纺线，织成成品，大约形成于公元 5 世纪末 6 世纪初，流行于丝绸之路南北线沿线的西域，如高昌、龟兹、焉耆、疏勒、于阗等地；后者属于丝质长纤维，经煮茧抽丝，织成成品，起源于我国内地的丝织业从一开始就采用此种工艺。

西域各地的丝织业发端于中原地区蚕种的西传，何以弃传统的"丝经丝纬"而不用，却用了"绵经绵纬"，硬是将长纤维变成了短纤维？文献记载、考古遗存有以下几个来源。

第一，《大唐西域记·瞿萨旦那国》载：

> 遂入瞿萨旦那国，止麻射伽蓝故地，方备仪礼，奉迎入宫，以桑蚕种留于此地。阳春告始，乃植其桑。蚕月既临，复事采养。初至也，尚以杂叶饲之。自时厥后，桑树连荫。王妃乃刻石为制，不令伤杀。蚕蛾飞尽，乃得治茧。敢有犯违，明神不佑。遂为先蚕建此伽蓝。数株枯桑，云是本种之树也。故今此国有蚕不杀，窃有取丝者，来年辄不宜蚕。①

---

① 《大唐西域记校注》，中华书局，1985，第 1022 页。

第二，斯坦因在丹丹乌里克寺院遗址发现的关于上述传说的版画，让人不得不将"不令伤杀""刻石为制"与佛教信徒的不杀生联系起来。

第三，"茧破蛾出"而取绵的习俗，在焉耆、龟兹亦得到流行。《周书·异域下》载：

> 焉耆养蚕不以为丝，唯充绵纩。①

第四，《续高僧传》载，有人亲问西域诸僧，答曰：

> 其龟兹于（阗）诸国，见今养蚕，唯拟取绵，亦不杀害。②

从以上记载不难看出，蚕茧自东而西传到西域，缫丝技术滞后于蚕种引入，对"不令杀伤"便有了充满佛教寓意的解释。这或许掩盖了一个简单的事实，即："唯充绵纩"不过是内地政权对西域诸国进行技术封锁的结果。西域各国对蚕中取丝的工艺完全不得要领，于是待"蚕蛾飞尽，乃得治茧"。笔者认为，西域当地在不了解内地传统丝织业栽桑、养蚕、缫丝、织造的全过程的情况下，自然而然地以自己熟悉的传统毛纺织业的经验，用处理羊毛的传统方式来处理蚕茧，采用了茧破蛾出、取绵纺线的工艺流程。

二 西域丝织产业所经历的三个阶段

以高昌为例。

1. 第一阶段：拿来的丝织品

此阶段大约相当于公元 5 世纪中叶以后。丝织品实物主要出土于前凉、北凉时期的阿斯塔纳和哈喇和卓墓葬，成品以绢类织物居多，兼有锦，多以纹路命名，均为丝经丝纬织成，如回文锦③、兽纹锦④。这一时期，受中原地区自东汉末年以来长期大规模战争的影响，饱受战乱之苦的士族和流民纷纷涌入河西地区，继而凉州又起战火，上述移民连同当地居民更向西迁，移

---

① 《周书·异域下》。
② 《续高僧传》卷三《释道林传》。
③ 新疆博物馆考古队：《吐鲁番哈喇和卓古墓群发掘简报》，《文物》1978 年第 6 期，第 8 页。
④ 新疆博物馆考古队：《吐鲁番新出土一批古代文物》，《新疆日报》1973 年 10 月 21 日。

徙高昌。① 高昌的丝织业就发端于这些移民，他们后来成了高昌的主体民族。凉州割据政权置高昌郡时期，高昌的丝织品主要以"拿来"为主，所谓拿来，指成品而言，大部分织绣品来自内地，即成品的主要产地。以丝经丝纬织就的绢和锦以经线显花的平纹组织为其主要特征。

2. 第二阶段：高昌地产织锦

公元 5 世纪中叶至 6 世纪初，高昌经历了从置郡到立国的历史阶段。由于高昌自身经济发展，丝绸之路贸易交往带动起来的丝织产品需求的增长，刺激了高昌丝织业的发展。吐鲁番文书中出现的属于这一时期的丝织品名称有厚绢、疏勒锦②、龟兹锦等。其中出自哈喇和卓 99 号墓葬的纪年文书，对一件高昌地产织锦做了详尽的描述："高昌所作黄地丘慈中锦一张，绵经绵纬，长九五寸，广四尺五寸。"③ 不难看出，这张具有固定长宽尺寸的锦，由高昌本地织作。出土文书中上述锦名的出现，特别是高昌地产织锦的出现以及同时期丝织品实物的出现，标志着，第一，至迟在公元 5 世纪末 6 世纪初，高昌已经有了属于本土的丝织业，表现出如下特征：绵经绵纬，绢、锦成品呈纬线显花，多为斜纹组织；固定的长宽尺寸；以张而记。西域其他地区织锦应该也体现了上述特点。第二，这一时期，丝绸之路南线和北线各地相继有了属于本地的丝织业，其中疏勒、于阗、丘慈（龟兹）、高昌等地已发展得相当成熟。第三，西域地产织锦有大、中、小之分，以张计之，不只有使用价值，同时具备交换价值。

3. 第三阶段：杂交优势出新品

公元 6 世纪中叶以后，高昌的丝织品发生了明显的变化，以传统的汉式经线显花的平纹织物逐渐淡出，代之以具有新的织制技术和不同图案风格的彩锦，引领这一时期丝织品的时尚潮流。出土的丝织品实物，以丝织工艺辨别之，可分为两类：一类为平纹纬锦，另一类为斜纹经锦。

平纹纬锦为纬线显花的平纹重组织。④ 受平纹经锦核心技术的启发，高昌丝织人继承中原丝织的传统工艺，采用中亚、西亚的传统毛织技术，以纬线起花完成平纹组织的织造。这一过程并非简单地在原有的内容当中加入一

---

① 《魏书·高昌传》。

② 《吐鲁番出土文书》第 2 册《高昌主簿张绾等传供账》，文物出版社，1981。

③ 《吐鲁番出土文书》第 1 册，文物出版社，1981，第 189 页。

④ 参见夏鼐《新疆发现的古代丝织品——绮、锦和刺绣》，《考古学报》1963 年第 1 期，第 68～74 页。

些外来元素，它代表了一种技术上的进步。首先，它以纬线显花的灵活性使织物呈现更多的色彩；其次，它发挥了纬线可以逐一穿入梭口的便利，而不必将经线先行固定在织机上，因而避免了过密或过疏带来的麻烦和不理想的效果；最后，因不必事先预留不同长度的经线，纬锦避免了某种颜色的经线因计算不周而提前用完的尴尬。平纹纬锦在丝织工艺上的处理可谓独具匠心，它打破了平纹经锦的丝织传统，极大地发挥了纬线显花的优势，又保留了平纹组织的长处，将两者和谐地统一起来。平纹纬锦的独到之处还体现在图案纹样的表现手法上，如在纹样中织入汉字，织起来会增加新的技术含量。① 从中不难看出，完成这一类织锦的作者，应该是谙熟中原传统丝织技术的高昌人，他们对它的优越性和不尽如人意之处都十分了解，因此，才能把基于平纹组织之上的纬线显花演绎得如此游刃有余。

斜纹经锦表面呈现由经线组织点构成的连续矢向斜纹线条，发挥了斜纹组织的特点：组织循环内的经纬线交叉次数少，浮线略长，不仅手感柔软而且显出了丝线的光泽，从而避免了平纹组织的交织点多，表面因过于紧密而无光泽的缺点。同时，由于采用了经线显花，正反两面都由经线形成支持面，又避免了斜纹组织坚牢度不够的弱点。斜纹经锦仅在织制技术上做了这样的改进，已经显示了它多姿多彩的风貌，更不消说图案纹样的丰富多彩。无怪乎当时的人们都以服用"杂色帛""杂色锦"为时尚。② 这种织物的艺术图案以联珠式装饰纹样最具代表性。以对立的禽鸟作为丝织品的主题纹样，在萨珊时期或更早些时候已相当普遍，③ 只是禽鸟形态更接近于凤或孔雀。这类禽鸟纹样的出现恐怕与当地出产孔雀有关。中亚织物禽鸟题材中的主题，其体态更像雁，颈短，体形肥硕。在品治肯特壁画上所描绘的一则寓言故事里，我们找到了它的原型。④ 丝织品上的雁，被称作粟特织物中最典型的禽鸟形象。此外，猪头亦常常作为主题纹饰出现。在属于公元 5~6 世纪巴拉雷克城堡遗址的壁画上，主人公所着外袍布满了粟特化了的猪头纹。⑤ 公元 6~7 世纪，即高昌出现平纹纬锦和斜纹经锦两种新产品时，粟

---

① 前引夏鼐文，第 67 页。

② 《吐鲁番出土文书》第 2 册，第 217 页。

③ P. Ackerman, "Textiles through the Sasanian Period," in *Survey of Persian Art*, 1964, Ⅱ, p. 698, Fig. 244, 245.

④ 参见姜伯勤《敦煌吐鲁番文书与丝绸之路》，文物出版社，1994，第 211~214 页。

⑤ 姜伯勤：《敦煌吐鲁番文书与丝绸之路》，第 154~156、174 页。

特本土的丝织手工业已相当发达，织制的联珠纹锦很有特色。有一种很受欢迎的安国织锦，以产地"赞丹尼奇"冠名而闻名一时。问题在于吐鲁番阿斯塔那出土的鸾鸟纹锦、猪头纹锦中的禽鸟和猪头主题属于哪一家，稍加对比就不难发现，阿斯塔那出土的斜纹经锦中的禽鸟纹和猪头纹与粟特化了的同类主题如出一辙。

出现于高昌后期的斜纹经锦，表明这些织锦的作者对以经线显花为纺织传统的中原纺织业相当熟悉，同时又十分了解以纬线显花为传统的中亚、西亚毛织技术。任何一个只了解某一传统，而对另一传统很隔膜的纺织人，都不可能如此娴熟地在作品中将这两者配合得如此巧妙，又贯彻得这样彻底。新产品粟特化了的纹样，融中原传统与中亚、西亚传统于一身的丝织工艺，显示该技术与粟特人有关。分布于中亚两河流域的粟特人是中亚地区中世纪历史上一支极具文化植入能力的群体，公元 5 世纪前半叶，即已进入高昌并形成属于自己的聚落。他们或着籍，或行商，或旅居，① 参与高昌几乎所有的经营门类。粟特人更善于动手，工于技艺。一件属于唐初的工匠名籍，在所涉及的工匠行业中，如缝匠、皮匠、画匠、油匠、木匠，都有粟特人参与。钉驼掌、皮革制作、制铜等特殊门类，粟特人也样样在行。② 可以说，推出具有新的丝织工艺、新的艺术风格的丝织品的重任，历史地落在粟特人肩上。至少，在催生这一新产品的过程中，粟特人起了不可替代的决定性作用。

三　唐西州的斜纹纬锦

贞观初年，唐平定高昌麴氏王朝，在高昌设西州。作为平纹纬锦和斜纹经锦的产地，西州仍然是丝织品的重要产地，不断有新的产品推出。西州作为唐朝的一个辖区，在更大范围内推广其丝织品亦更加便利。公元 7 世纪末 8 世纪初，唐朝织造的斜纹纬锦呼之欲出。纬线显花的斜纹织物实物出土于长安到大历年间的墓葬，其中阿斯塔那墓葬出土的花鸟斜纹纬锦，采取以散装花鸟围绕中心团花的纹样，此后成为唐代服饰的流行纹样。从所获得的织物的表面结构看，斜纹纬锦与高昌生产的斜纹经锦有内在联系。以织造工艺

---

① 《吐鲁番出土文书》第 4 册，文物出版社，1983，第 288~293 页。
② 陈娟娟：《新疆吐鲁番出土的几件唐代织锦》，《文物》1979 年第 2 期，第 449 页。

论，斜纹纬锦只是将斜纹经锦变换了一个方向——扭转了90度；以织机装置论，织造纬锦的装置要比织造经锦的装置简单。可以说，斜纹纬锦是在斜纹经锦和平纹纬锦的基础上发展而来的。可以得出结论，第一，公元6~7世纪高昌地区丝织新产品的出现，对唐朝及后世的影响是深刻而久远的，平纹纬锦和斜纹经锦不仅为唐人的服饰增加了新的面料，也让唐朝纺织人看到了斜纹组织和纬线起花的优点。公元8世纪以后，唐朝纺织人逐渐采用了斜纹纬锦的方法，后来几乎放弃了经锦而专用纬锦。高昌的功劳在于，拉近了内地与西亚传统纺织技艺之间的距离，缩短了传统丝织技艺为唐朝所用的时间。第二，作为昭武九姓的粟特胡人，久为华夏文化所染习，故其事业皆凭借粟特家世之奇技，取法中国的经典。丝织业为中国发明的古老行业，然能依托基础而实施创新，则不借粟特之工艺亦不为功。所以创新产品是两者结合的产物，缺一不可。第三，唐代丝织能达到精良的程度，同唐代文化能达到历史的巅峰一样，与它善于吸收异质文化的养料是分不开的。

四 关于发展本土传统丝织业的思考

桑树种植、蚕茧养殖、绵丝纺染、丝绸织制在塔里木盆地南北两缘有着上千年的历史，形成了具有独特的丝织技艺和艺术风格的丝织文化，在国内以及中亚、西亚有着很好的口碑。但由于种种原因，传统丝织工业的发展却不尽如人意，如桑树种植面积逐年减少，染匠、织娘后继乏人，丝织作坊举步维艰，等等。鉴于此，在丝绸之路南北两缘发展本土传统的丝织工业有着良好的前景和不小的空间。其优势在于，①社会基础实：可以分家庭传承、学校培训、师傅带徒三级发展。②进入门槛低：可以人尽其才，物尽其用。③产业链条长：可以调动大部分农村和城市人口参与其中。④产业布局广：可以点、线、面分步进行。⑤投入少，可操作性强。发展传统丝织产业需要全社会的参与，各级政府的支持，学者的参与，社会机构的扶助，只有这样，才可能让这棵小树成长起来。

（宋晓梅，中国社会科学院历史研究所研究员）

从"五色盐""西马"东传
看丝绸之路物质文化交流的形态

宋　岘

　　汉唐之际的国人对外部世界已具有广阔的视野，这是因为，在旧大陆各文明之间丝绸之路早已形成。当时的地中海几乎成了罗马帝国的内海，有关那里的知识被传递到了中国。比如，《山海经》里记述的兽身人面——奢比尸，正应该是今日仍矗立在埃及"胡夫"金字塔旁的狮身人面像——斯芬克斯（Sphinx）。《太平广记》记述的"拂菻海"出产珊瑚树，即地中海产出的珊瑚树，据阿拉伯《鸦鹘特地名辞典》，这种南越王赵佗首先获得的珊瑚树的原产地是非洲地中海畔，具体地点是今阿尔及利亚境内靠近突尼斯的小海湾。

　　玄奘在其《大唐西域记》里不仅记述了他亲身到过的地方，还记述了很多他未曾去过的地方。比如，他记载了一个东西两千里、南北一千里的大地方，即阿富汗地名——弗栗恃萨傥那（Farshisthana），它是今赫拉特、马扎里沙里夫（巴尔赫）、喀布尔、加兹尼及霍尔堡数城之间的全部地区。那里是古代周边地区民族的妇女所用沙丽（丝巾）的著名产地，是丝绸之路的必经之地。该书所载另一地名——苏刺萨傥那（Surasthana），梵文的含义是"神之所居"。它是幼发拉底河与底格里斯河流域的古地名，即萃利斯坦（神之所居），在阿拉伯语、波斯语中，它被读作"宿利斯坦"或"宿莱斯坦"（سورستان）。苏刺萨傥那就是波斯萨珊王朝的京城——泰西封，也就是《魏书·波斯传》提及的波斯国都城——宿利城。玄奘在其书中讲，它是波斯的京城，是世界最繁华、最富饶的地方。

公元 8 世纪，唐代和尚慧超在其书《往五天竺国传》内记述了大拂菻国与小拂菻国，即拜占庭罗马和叙利亚。唐代杜环的《经行记》提到他游历阿拉伯哈里发帝国，抵达了北非的摩邻国（سورستان）。显然，当时的中国人具有广阔视野和丰富的海外见闻。

波斯血统的阿拉伯文著作家阿布·赖汗·比鲁尼（البيروني الابوالريحان，973？-1048）在其书《古代遗迹》言，波斯安息帝国（年代相当于我国秦、汉）时期，原本在土兰尼安（阿姆河右岸的中亚）的武装集团条支父子（父王：طوج，其子：توز）相继回夺并统治美索不达米亚。因时人以姓名为国名，遂称之为 "条支" 国。因而中国约定俗成地把富庶的美索不达米亚呼作条支国。大诗人李白的先人于隋朝末年被 "谪居条支"（时为当涂县令的李白族叔李阳冰《草堂集序》语）。其实，是其祖定居、侨居在西亚的鱼米之乡。李白幼年在那里生活，西亚两河流域的人民的风情习俗和宇宙观影响了他的一生，才能产生 "放马天山雪中草，洗兵条支海上波" 这样雄浑壮阔的诗句。由此可见，是古老的丝绸之路上的各种文化，铸就了他光辉绚烂的才艺。

结论是，古老的丝绸之路使古代中国人视野开阔，增广了见识。

10 ~ 13 世纪的伊斯兰世界非常重视与东方的来往，在李希霍芬晚近提出 "丝绸之路" 以前，穆斯林们就如大潮一样，一波推一波、后浪推前浪地奔向世界的四面八方。其时，伊朗的马什哈德是琉璃器的生产重镇，是呼罗珊大道上的大商埠，凡是要去中国等东方地区的商队都要从这里出发。因此，阿拉伯文古书称它是 "东方走廊"。当时是海上丝绸之路最为繁忙的时期，阿拉伯半岛上的两个海港，即印度洋上的亚丁港和波斯湾的苏哈尔港，同时被呼作 "中国走廊"（دهليزالصيني），这是 1229 年之前的事。

一 "五色盐" 的故事

隋炀帝荣登大宝之际，派其大臣杜行满出使各国以宣示他的登基。当杜行满到了安国（今乌兹别克斯坦的布哈拉），安国国王送他的礼物叫 "五色盐"。笔者在想，这盐是一把？还是一兜子？一罐子？还是一疙瘩？还有，这 "五色盐" 的产地在哪？总之，它是何样貌，是何状态，让人猜想。《鸦鹘特地名辞典》言，伊朗法尔斯省的达剌卜吉尔德县（دارابجرد）有一座山，这山整个山体就是块岩盐。这盐的盐块无论大小都具有红、黄、绿、白、黑五种颜色，当地百姓将其雕凿成杯、盘、碗、罐等器皿，并当作礼品送往各地。念及安国所在地布哈拉不产此物，而产此盐的法尔斯及布哈拉皆在萨珊波斯帝国的疆域内，故可断定，隋代昭武九姓胡国之一的安国国主送给中国的五色盐，正是达剌卜吉尔德县的波斯土著的工艺品。可见，丝绸之路上的民族手工艺品的产销，其网络和路径皆已有悠久历史，形成了有一定辐射范围的经济带。

二 "西马""山达脂"在丝绸之路的陆路和海路都有出现

关于"西马"，据驸马帖木儿（瘸子帖木儿）呈给明太祖朱元璋的波斯文的《来文》可知，此"西马"不是别处的马，它是阿拉伯马（اسب تازى）的专名。明代的丝绸之路上，天方国（阿拉伯）将其"西马"输往中亚大国帖木儿帝国，即撒马尔罕国，其后，巴布尔帝国接续其事，仍为撒马尔罕国。以撒马尔罕为首都的中亚帝国的历代君主皆主其事，故《明实录》记录了这些人的大名，他们是：驸马帖木儿（تيمور），哈里（حليل），沙哈鲁（شاهروخ），兀鲁别（اروقبيك），把卜儿（ببور，即巴布尔）。这其中的兀鲁别，既是帝国的君主，又是位伟大的天文学家，今撒马尔罕市矗立着一座他建造的天文台——兀鲁别天文台，这是一座圆形的伊斯兰风格的建筑，其内有一个如中国河南省登封市的观星台一般的建筑，煞是有趣。《明实录》言及的"把卜儿"，意为"老虎"，他可是世界史上的大名人，他 12 岁在撒马尔罕即帖木儿帝国的皇帝位，在他 33 岁的 1515 年（明代正德十年）就向中国赠送马匹。他 1524 年始攻打印度，1527 年击溃印度诸侯联军，成为印度莫卧儿大帝国的第一代君主。我国商务印书馆出版的《巴布尔回忆录》正是这位大王的著作。

这些阿拉伯骏马万里迢迢运往东方，经呼罗珊大道，被转手给撒马尔罕的统治者，然后进入中国，直抵吐鲁番，再经河西走廊而抵达北京。

像很多的优质名品一样，西马于明代也出现于伊朗的忽鲁木兹港。另外，一种树脂——山达脂，既出现在海上丝绸之路，也行销于陆上丝绸之路。在忽鲁木兹港，它被中国人叫作"损都卢斯"，在陆上丝绸之路被呼作"松都鲁斯"（سندروس）。显然，中古时期，尤其是穆斯林商人走遍亚、非、欧各地的蒙古大帝国时期，大陆行商与航海贸易是交互的关系，各地各国互通有无，无往不利。

21 世纪是互联网的信息时代，人们应继承过往的积极经验，规避一切陈腐的意识，做好"一带一路"的伟大事业，促进世界和谐发展。

（2015 年 12 月 27 日）
（宋岘，中国社会科学院世界历史研究所研究员）

文明研究

国际史学研究论丛

（第 2 辑）

历史意识的危机和文明概念的逻辑—语言学的曲折变化

〔俄〕伊·尼·约诺夫 著

曹特金 译

文明概念在当代的情况下是十分矛盾的。一方面，有关俄罗斯的文明概念得到了半正式的地位，并在国际对话特别是和印度的对话方面起到了很大的作用。[①]

另一方面，在这些观点受到由 Ю. 舍惹尔、Г. И. 兹玮列沃依和 В. А. 施尼惹尔曼所表述的高度意识形态化的，经常是民族主义的甚至是种族主义的尖锐批判之后，它们往往会被视为某种固定的政治体系的本质属性，在它的帮助下就找到了"有助于对世界封闭的理由（'特殊道路'，'独特的文明'）"，有利于"封锁国家的现代化"。[②]

分析当代俄罗斯所走过的有关文明概念的漫长道路，发现存在五花八门的倾向，这些倾向是得出各种截然相反的评价和主张的基础。要弄明白它们，必须分清这些或其他历史的、历史—社会学的和哲学—历史学的研究以及那些它们在不同阶段所使用的逻辑—语言学的方式。同样重要的是要明白，这些方式往往不仅仅取决于研究者个人的倾向性，而且和当时对历史认识的具有现实特点的方式以及占有统治地位的争论密切相关，为此当代的学

---

① *Russian Civilization. Dedicated to the Official Visit of Russian President V. V. Putin to India in January*，2007. Editors A. Patnaik，A. Mohanty，N. S. Kirabaev，M. M. Mchedlova. New Delhi：FK Publications，2007. 240 c.

② Гудков А. Я. Природа "путинизма"，*Вестник общественного мнения*. 2009. No. 3 （101）июль-сентябрь. С. 14.

者对它们的评价有可能非常不客观。这种情况往往延续至今。

从社会形态到文明：历史形象的问题化和非体系化

从一开始，这个 20 世纪 80 年代的关注文明意识的运动，按其性质来说是相对主义的，与当时先进思想相呼应。这点尤其清楚地体现在 M. A. 巴尔格的著作中。巴尔格是俄罗斯文明研究的创建者之一。他是《文明》文集的创办人，并建立了"社会—经济地域"模式（未来的文明）。这一模式明显地表现出历史主义的间距化（спациализация）倾向，以及从进步主义角度理解的经济主义的某种相对化。在进步主义和经济主义的基础上，马克思—列宁主义的历史现象就成了统一的、包罗万象的体系。不仅如此，正是在对间距化和不同地域模式的历史分析的过程中，巴尔格看到了一种显现历史知识最优良性质的可能性，用以分析具体问题。据此，在他的著作中他更多地不是关注进步（的成果），而是发展（的过程）。他排列出的不是决定论的因果关系的结果，而是带有概率论性质的，经常是罕见地处于不同社会形态之间的模式以及一种社会形态内部相互作用的模式。在同一个体系内包含着不同区域的"形形色色和不平衡"，它们之间存在生产技术及社会—文化的"差距"，以及历史潜能的"落差"，这些内容都不可能在马克思主义社会学的理论体系下得以描述。

有时这种模式很难和社会形态的演进公式合拍。比方说，有这样的例子，即"体现同一种社会形态的不同变种的同样的发展阶段，它们所属的地区间的相互作用"。[①] 怎样才能描述这样的相互作用呢？要知道在苏联式教条主义的马克思主义的框架内要找到"客观"的理由来突出其中的一方是颇为困难的，而从历史学家的观点来看这往往是不可能的。因此我准备大胆假设，即巴尔格在面临类似的任务时，可能接近于采用一种对历史现实进行对称的、多方面描述的模式。这种模式照顾到对此感兴趣的各方面的不同立场和利益。K. 吉尔兹在 1973 年提出的概念中曾经说明过这个模式。他的概念充满了相互作用的观点构成的语境。吉尔兹关于法国殖民者、柏柏尔人部落和犹太商人在北非相互作用的经典性的描述，在某种程度上让人想起巴

---

① Барг М. А. Категория " развитие " в историческом исследовании （ Опыт системного анализа）. *История СССР*. 1998. No. 1. C. 89.

尔格关于社会形态间相互作用的观点。①

结果是，历史决定论（以其目的论形式出现）原则成为问题。对历史学家来说，这一观念，即把资本主义欧洲看作俄罗斯"外部的历史环境"的看法，成为重新思考西方派和斯拉夫派对俄罗斯历史立场的根据。

从文明思想的进一步发展的角度来看，具有特殊意义的是巴尔格关于转化、关于系统中这些或那些成分相互关系的转化，即所谓的"翻转"的见解。特别是，他写到那种形式，例如"某个过程的前提和结果"的"翻转"关系；或者，和同样的只不过是处于成熟状态下的因素（即在自己的基础已经运行的，这里指的是商业、金钱资本和地租）相比，这种某些因素须并列从属的程序现象的形成过程，被视为历史从属的次序。这里，历史事实和逻辑推理之间的关系是存在问题的。结果是历史事实在某种程度上从逻辑推理的束缚下解脱出来，并找到自己的特点和本质。所以巴尔格在同一页上并非偶然地强调说，类似的现象只有可能在"研究现实问题的史学水平上出现，而完全不可能在研究它的社会学水平上出现，就是说，它们不可能达到从整体上来看待社会—经济发展阶段的运动规律的水平"。②

当然，下面的推断有可能会显得极富争论性，尽管如此，我还是引用它：在当前的情况下巴尔格的逆转会不会起到那种不可靠的方法的作用，最后达到非结构性的结果，正如雅克·德里达在20世纪60、70年代之交就提出的"双重科学"方案那样？当然，巴尔格批判黑格尔的逻辑，但并没有取消它。不过，难道"翻转时期"本身不就是朝着这个方向运动的暗示吗？因为无怪乎德里达写下以下的话："我坚持大力和持续地强调这个翻转时期的必要性，但它有可能会被人试图过快地损害信誉。"③ 要知道，翻转的举动是和双重反对派"强力等级"相对抗的。它揭露并打破了管束它的行规，因此它可以哪怕暂时地表示知晓和解构翻转行动。"无视这个翻转阶段——德里达继续说道——意味着忽略了反对派内部的相互冲突和等级服从制

① Гирц К. "Насыщенное описание"：В поисках интерпреттивной истории культуры. Пер. с англ. Е. М. Лазаревой. Антология исследований культуры. Интерпретации культуры. Глав. ред. С. Я. Левит. 2-е издание. М. -СПб：Издательство Санкт-Петербургского Универстета，2006. С. 175 – 178.

② Барг М. А. Указ. произв. С. 92.

③ Деррида Ж. Позиции. Беседы с Анри Ронсон，Юлией Кри-стевой，Жаном-Луи Удбином，Ги Скарпетта. Пер. с Франн. В. В. Бибихина. М.：Академический проект. 2007. С. 49 – 50.

度。"① 在这种情况下巴尔格站在历史事实的一方反对对马克思主义的"僵硬等级制度式"的理解，反对教条主义拼凑的所谓"马克思主义"。他很好地感觉到二元反对派的等级制度性质，他们（指二元反对派）利用了黑格尔的历史哲学传统（包括卡尔·马克思的历史哲学）并企图找到阻碍这种倾向的途径。社会—经济区域"概念与文明"正是为此目的而创立的。

不言而喻，巴尔格关于历史的概念是和德里达的许多有关历史的理想范例相差甚远的，和分析哲学历史学家 L. O. 明克和 M. 韦伯的表意文字的方法，甚至和他的结构主义概念的理想典型都差别很大。韦伯的历史观点是受客观主义统治的，而巴尔格认为，韦伯的社会学类型达到了克服走进"醉心于研究罕见历史现象的死胡同"的结果，这以"抛弃历史主义的基本要求"为代价，因为在寻找"现象的'理想'特点时，建造者们有权不顾及历史时代的边界，不顾及事物的系统的本质，他们对此毫不在意"。② 但是，在他（指巴尔格——译者）组织的文明问题的讨论会——这个会是对社会发展形态理论持悲观失望情绪，而对各种社会形态内的差别热情探讨的一次马克思主义内部的争论会——上，巴尔格完全没有像以往那样以黑格尔的逻辑来对不同意见进行评论。

德里达也不否认马克思主义内存在的这种批判传统的意义（尽管他也指出了在当时情况下可使用的使之彻底翻转的力量的局限性）。

许多和巴尔格一起工作的比较年轻的学者，从各种不同的角度去理解这种复杂的形势。他们不是在已有的社会形态范式的运动路线上寻找历史的具体体现，而是在寻找新的（尽管经常还是马克思主义的）理论依据来对历史进行总的议论和判断。例如，本文的作者在 1987 年关注到"非此即彼"这样的历史选择，即"枯骨补肉"，"肉"指历史方案。③因此，走到第一位的成了把固定的与变化的公式主义对立起来的公式，并把重点放在后者。尽管 Э. С. 马尔卡梁当时已经把传统与创新的对立表述为一种相当对称的差别，即这两方面的相互关系和相互作用的场所。④在 20 世纪 80 年代末，开

---

① Там же. С. 50.

② Барг М. А. Указ. произв. С. 108.

③ Ионов И. Н. *Исторический процесс：варианты и альтернативы. Вариантность прошлого：методологические аспекты*（材料 конференции 27 – 29 апреля 1987 г. в Болшеве）. Ред. коллегия：А. Бицадзе，И. Шамшин. М.：МГУ，1989. С. 55.

④ Маркарян Э. С. *О генезисе человеческой деятельности и культуры*. Ереван：Издательство АН Армянской ССР，1973.

始了建立文明范式的科学方案的努力。①

俄罗斯文明的形象及其特点

政治和认知方面的形势在 1991 年发生了剧烈的变化，这一年的 5 月巴尔格去世了。共产主义思想体系的崩溃以及与其紧密相连的社会发展阶段体系的破产导致社会和历史理念的深刻危机。

在面临着手准备"文明范式"时，历史学家和哲学家产生了分歧。一方面，必须在文明的历史基础上创建使人类的历史重新"正常化"的图景。另一方面，必须批判性地重新认识俄罗斯的历史，使其能指出苏联瓦解的原因和规律性，指出共产主义经不起推敲的过去，这其中主要是——关于吕森写到的——俄罗斯文化的道德观念的弱点。克服"灾难性的"危机是重要的，但不是生命攸关的和必需的。俄罗斯的未来和克服"灾难性的"危机，与发现新的摆脱了苏联经验控制的自我识别能力密切相关，因此，在由巴尔格提出的创建文明理论的任务里，就包含创立批判俄罗斯文明史的任务，为的是"再次创伤"。

哲学家 A. C. 阿希耶泽尔结合非创伤说的策略的任务是通过改变历史反映"说"和"再次创伤"的道路完成的，他的那本《俄罗斯：历史经验的批判》，在 20 世纪 70 年代就已写成，1991 年成了知识界的畅销书。书中创立了标准的文明范式的两种不同表现形式，即自由派的和传统派的，后者是和受精神创伤"无先例的俄罗斯道路"相结合的。和留金一样，阿希耶泽尔把道德的规范（精神上的理想）作为历史图景世界的基础，而这些道德规范则体现在社会文明的法律上，破坏这些法律就不可能进行再生产活动并导致灾难，正如苏联所遭受的。并非偶然（也不仅仅是和姓氏有关），阿希耶泽尔的形象和著作的内容引起对《圣经》里的预言家对自己的人民的侮辱性的言辞的联想。这种现象属于一种传统。我则产生了与其说是被简略描述但印象深刻的阿合伊希洛姆不如说是伊萨依和伊叶泽基伊利的形象。

我不准备囿于细节去分析阿希耶泽尔的著作，我只想指出他的一些逻辑—语言学方面的特点。这些特点不仅把巴尔格和阿希耶泽尔的话语及逻辑

---

① Формации или цивилизации? (материалы "круглого стола"). *Вопросы философии.* 1989. No. 10.

表达得很隐晦，有时甚至是直接对立的。这首先和二元反对派有关，而这正是该书的中心：自由主义——传统主义。尽管这个反对派宣告其对称性质，但它从来就很少和经典的右翼自由主义的对称理想解释有相似之处，右翼自由主义曾不止一次在俄罗斯文化中产生过，包括 B. N. 契切林的"保守的"自由主义和司徒卢威的自由的保守主义。首先是，和自由主义相对立的不是保守主义，后者在 20 世纪 80 年代以新保守主义的形式成了自由主义的典范；而是传统主义，它妨碍了反对派建立对称的协同关系的土壤。况且有时传统主义还不止于自由主义，而是现代化、革新派（如马尔卡梁）。但是，这个方案不知为何也行不通。自由主义作为居高临下的一方出现，使传统派文明的圣像和传统派的道德典范建立在硬性的比喻话语上。

这些话语把其渊源引向市民大会制度甚至图腾信仰。这里所谓的理想与反理想，无论哪一边都对思想界的对话没有任何明显的好处（关于思想界的权力，以及自由主义和独裁主义的对话除外）。

因此，阿希耶泽尔不可能像"坚强的自由主义者"司徒卢威所号召的那样，把"清醒的保守主义"和"坚强的自由主义"综合起来。[1] 不可能像 K. 吉尔兹那样从不同的价值前景来看待历史进程。自由主义受原来社会理想很深的影响，只能理解为自由主义积极性的表现和"把当代自由主义文明扎下根"[2]的手段。传统主义被认为完全不可能进行对话。有意思的是，巴尔格对"翻转"思维的混乱、逆转都给予肯定的评价，认为是反对教条主义斗争的工具，而与此相反，现在却被说成是十分负面的、具有破坏性的现象，会导致已积累的文化经验和国家性的丢失（"逆转的镰刀"）。[3]

无独有偶，阿希耶泽尔在详细地分析那些把俄罗斯文明说成是奇异的、"过渡的"文明的虚假现象时，同样把它们与自由主义而不是传统主义的表现的变形联系在一起。[4]这里没有虚假的集体主义，没有虚假的平均主义，没有虚假的圣礼，其他学者们指出的许多苏联文化的特征在这里都没有。这表明，阿希耶泽尔的理论是教条主义的公式，其基础与其说是自由主义与传统主义的对立，不如说是自由主义与人类文化的所有其他内容的对立。在这

---

① Гайденко П. П. Под знаком меры（либеральный консерватизм П. Б. Струве）. *Вопросы философии*，1991，No. 12.

② Ахиезер А. С. *Россия*：*критика исторического опыта*. В 3 т. 3. С. XXI，162 – 163.

③ Там же，С. 152 – 153.

④ Там же. С. 266 – 284.

种具有两分法性质的对立的框架内，传统主义非历史化了，失去了历史维度，正因如此，借助这个概念可以看成图腾性的仪式，就如苏联社会的文化一样。在这里，反历史的类比话语变成了统治性的和压制性的。Г. И. 兹韦列娃指出了这点。她指出，具体的历史现象的称谓被系统地利用为跨历史的隐喻（17 世纪中叶俄国宗教的分裂运动、摩尼教、金帐汗国、俄国 16 世纪末 17 世纪初的混乱时期），[①]产生了不对称的二元的对立。它成为根据必然知识的榜样建立的语言中心主义公式的基础。

实际上，我们在这里拥有的是与形态相似的线性—阶段性的公式。其中实证主义的内涵被提到意识形态的未来（自由主义），而否定的一面被提到不可辨别的坏的过去（传统主义）。然而，这种"两分法"比起社会形态的"五分法"还要极为简单化。而且，在这"两分法"中还加入了含混的和短暂的现象。俄罗斯文明的"过渡性"曾引起巴尔格合理的学术兴趣（形态间的相互作用），在这里却成了批评的对象。这一提法被转说成相似于吕森关于世界的创伤性的观感，即"例外成了常规"，也被说成在苏联时遭受的惊恐（阿希耶泽尔年轻时在集体农场做过经济师）。

阿希耶泽尔在逻辑上的偏重很好地说明，他把自己追求"中间道路"的理想，与中世纪新柏拉图主义者、形而上学奠基者之一迈蒙尼德（Maimonides）的名字联系起来，也与黑格尔的名字联系在一起。黑格尔把差异首先解释为对立，并通过取消和综合来寻找它的两极的相互作用。[②]这点可说明他的逻辑中心主义原则，即他关于逻辑原则的作用独立于争论对象之外的观点。在这方面，把"超高中心"与"超低中心"做思辨的区分具有特殊的作用，即"超高中心"被看作对立面的正确方面，而"超低中心"直接被看作"不良的状态"。正是这两方面决定了文化的"结构上的紧张"和对立两面的相互关系。[③]虽然阿希耶泽尔同时提出了对话范例和中间文化范例，后者是这些不均等的思维的调解和相互作用的形式，[④]但是关于对话的概念和关于对巴赫金与皮勃列罗夫的思维在思维中产生的思想的概念本身

---

① Зверева Г. И. Цивилизационная специфика России: дискурсный анализ новой "историографии". *Общественные науки и современность*. 2003. No. 4. C. 103.

② *Ахиезер А. С. Россия*: *критика исторического опыта*. В 3 т. Т. 3. М. : Издательство ФО СССР, 1991. С. 53.

③ Там же. С. 40 – 41.

④ Ахиезер А. С. Об особенностях современного философствования. Взгляд из России. Ахиезер А. С. *Труды*. В2 т, Т. 1. М. : Новый хронограф, 2006. С. 431 – 446.

却是特殊的逻辑中心主义的。作为具有"不良的"思维的无知者，应该是学习的对象，应该"重新补充"自己。对话的结果是通过取消"超低中心"思维来发展"超高中心"思维。①

在阿希耶泽尔面前，不存在对话哲学创始人之一 Э. 列维纳斯的那些主要问题：对"他者"的责任问题，为了"他者"而解放和拒绝自己和自己的认同的可能性和重要性问题；对"他者"提出疑问的问题。也就是说，作为对话哲学的大部分问题都被他忽视了。尽管其基础是 20 世纪那些最令人伤痛的经验，包括阿希耶泽尔和列维纳斯同时思考的苏联的遭遇，首先是大屠杀和古拉格。②

阿希耶泽尔真正承认的唯一的对话形式，是苏格拉底的对话。它可把门外汉引向真理，而绝不是亚里士多德有关修辞和论题的著作谈到的平等者间的对话。实际上，这种对话形式在与别的见解冲突时就会退化为同一化的和负面的对话形式。它会使一方面的见解完全否定掉另一方面的。变化（不论在理论上，还是在实践上）不可能向着综合的、合成的和现象学的方向发展，也即两方面不可能取得一致。③

这与下面一点有关，即历史被从逻辑的普遍的方法（逆转的或调解的）中"排除"了，而又"需要"逻辑方法，因而获得了逻辑的透明性。事实知识、逻辑构造的物质内容的作用在逻辑作用之前退却了。在这里可以看到新柏拉图主义的遗产。它认为，现象的实质在于"观念"（эйдосы）的理想形式。与此倾向相反，亚里士多德认为平等者之间的对话不是获得精确知识的方法，而是通向在省略逻辑的特殊范围内的类似正确的知识的运动。在这

---

① Ахиезер 感到这一方法是如此地合乎情理，甚至把他归于 А. Я. 古列维奇。对后者来说，承认个人有资格成为中世纪的无知者是历史意识的重要因素。Там же. С. 50 – 51. Гуревич А. Я. Культура безмолвствующего большинства. М.：Иску-ство，1990.

② 列维纳斯讨论了古拉格，例如联系 В. С. 格罗斯曼《生活和命运》的内容时。Левинас Э. По другому чем быть，или по другую сторону сущности. пер. с франц. И. Полищук. Эмманюэь Левинас：путь к другому. *Сборник статей и переводов，по-священный 100-летию со дня рождения Э. Левинаса.* СПб：Издательство Санкт-Петербургского Университета，2006. С. 177 – 178. 191.

③ Кошмило О. К. Бахтин и Левинас：Высказывание. Диалог. Коммуникация. Эмманюэь Левинас：путь к другому. *Сборник статей и переводов，по-священный 100-летию со дня рождения Э. Левинаса.* СПб：Издательство Санкт-Петербургского Университета，2006. С. 160；*Западники и националисты：возможен ли диа-лог？* Ред. и сост. А. Трапкова. М.：ОГИ，2003.

里未曾料到的历史论据（топосы），事件的突然转变和"具有地域的与唯一的意义"的知识（它们破坏了逻辑形式的严密性）起了极重要的作用。在这样的情况下，逻辑形式的作用与争论对象的作用，与见解的具体的、历史的内容相平衡了。由此，也包括亚里士多德关于历史的概念。他认为，比起诗来，历史的综合能力要差一些。①

从这个看法可以看出，不考虑见解的具体的、历史的内容和话语的特点以及侵入其中的"新的意义"（топосы）（它们把历史现实的逻辑与纯粹理性的逻辑分开），就无法为文明做出类似正确的直接的结论。А. Ф. 洛谢夫把这个"辩证的""修辞性的""省略逻辑的""拓扑学的"逻辑定义为"对真理的追求，这种追求对没有能力去实现只是纯粹理性的要求的人是力所能及的"。②实际上，这是历史烦琐哲学的教条主义公式的问题化工具。洛谢夫在当代哲学概念内给予了它很大的意义。

在 17 世纪，亚里士多德的《论辩篇》（Топика）和省略逻辑的全部传统被笛卡儿的理性主义传统彻底推翻了。后者依靠从直觉感到可靠的公式中获得的演绎的结论，并提高到不需证明的自明的思想形式。然而，这样的证明的保证人只能是上帝的存在和万能。上帝可以给出所有清晰的、从内到外透明的思想。只是由于他的存在，这些思想才是客观真实的。③笛卡儿主义认为艺术应专门寻找逼真性。在 20 世纪，这一神学的证明形式不可避免地丧失了作用，但是在阿希耶泽尔支持者的圈子里，心智的直觉和不言自明性却有很高评价。无怪乎 И. Г. 雅科文科在回忆阅读阿希耶泽尔的书的第一印象时，强调了所读到的东西对真理性的直觉确认的极其深刻的作用。他写道："读者发现了……真理，与真理的相遇是由全部个性、存在主义地得到确信的。阿希耶泽尔的书是震撼性的。"④然而，要提醒的是，А. Г. 杜金的书也在支持者中间引起了相似的情绪。杜金提出了与"过渡的文明"思想相似的"古现代性"观念，并把它作为俄罗斯文明的属性之一，但他不从

---

① Лосев А. Ф. *История античной эстетики. Аристотель и поздняя классика.* М. ：Искусство，1975. С. 699，716－717.

② Там же. С. 719.

③ Декарт Р. *Рассуждение о медоте с приложениями*：*Диоптрика*，*Метеоры*，*Геометрия.* М. ：Издательсто АН СССР，1953.

④ Яковенко И. Г. Александр Ахиезер：человек и мыслитель. *Общественные науки и современность.* 2009. No. 5. С. 106.

消极方面评估这一"病态"，而将之看作为未来的完善而净化的征兆。①

我要强调，这些类似教条主义的、有时是烦琐哲学的历史理论，对世界科学来说已是陈旧的东西，却在俄罗斯历史意识危机尖锐化的时期具有一定的积极作用。在它们的帮助下，历史知识的新的轮廓和视野建立了起来。根据胡塞尔关于前提的知识是先验的直觉、前结构知识和它的潜在可能的概念，J. D. 卡普托写到，虽然它们只能得到对象的正面，并不是实质，但它们存在于实际存在的和潜在的两者之间的边界上；它们的作用是积极的，因为它们虽然不是很确定的，不是被证实的，甚至不是伪造的，但在原则上它们在推进可能的经验的视野的确定。②它们帮助我们去领悟新的东西。领悟了的对象不是直接被领悟的，而只有同时领悟与它放在一起的内外视野的边缘。③它们成了新的民族规范的基础。这些规范正转变为群众性的历史意识的基础。④

但是，形成教条主义的和语言中心主义的关于前提的知识的任务的现实性只存在于历史意识危机尖锐化的短暂时期。随着历史重获思维，而新的问题圈已被习惯，它的作用就明显地减少了，而主观主义和论述的非历史性就走到了前台。这一现象的时间界限在 2002～2003 年，当时出现了许多评论性的关于俄罗斯文明理论的作品。⑤但这不是形式上的转变。正是在这以后，教条主义的、标准的话语开始强化对历史知识增多的反对，而这些作者们对通过纯逻辑方法"清除"历史规律的信心表现在他们论断的任意性，即并不预先指向对话。特别是，像地方主义和个人主义如此不同的现象也被完全混淆在一起；俄罗斯文化被毫不怀疑地赋予了反民主主义的内涵，而知识分子被当作古老的和摩尼教的观点的传布者；斯大林对农民的镇压被肯定性地

① Дугин А. Г. Археомодерн. В поисках точки, где и модерн, и архаика ясны как парадигмы. http: //texts. pp. ru/archeomodern. html Дата размещения 10. 04. 2008.

② Caputo J. D. Husserl, Heidegger and the Question of " hermeneutic " phenomenology. *Husserl Studies.* 1984. No. 1. P. 164 – 165.

③ Ibid. P. 160.

④ Вжосек В. Классическая историография как носитель национальной (нацоалистической) идеи. *Диолог со временем.* 2010. Вып. 30. С. 5 – 13.

⑤ Scherrer J. Kulturologie: Russland auf der Suche nach einer zivilisatorischen Identitä to Wallstein Verlag, 2003; Зверева Г. И. Цивилизационня специфика России: дискурсный анализ новой" историософии ". *Общественные науки и современность.* 2003. No. 4. С. 98 – 112; *Национализм в мировой истории.* Под ред. В. А. Тишкова, В. А. Шнирель-мана. М.: Наука, 2007.

正常化了；等等。①在这个背景下，从这些批评中越来越不容易区分自由派和保守派，因为他们理论的方法论基础十分相像。如果把这些著作放到有关专家关于世界文明史的比较研究中，就会感到它们特别可笑。②在我看来，这些著作现在只能看作企图用僵死的、古老的和自相矛盾的眼光构建世界历史形象的奇异尝试。但是他们在自己的心态上是有依据的。历史意识的创伤，承认例外是常规，在它们那儿被普遍化和逻辑化了，并被扩大为全世界的历史形象。

文明研究领域的再度问题化

然而，与上述同时，出现了俄罗斯形象的积极的正常化，以及原先的概念的问题化，其中起了极大作用的——正如在巴尔格时那样——是倒转。"跨文明性"现象（既在地域意义上，又在阶段意义上），正如"跨形态性"在25年前那样，成了俄罗斯文明概念建立者们感兴趣的对象。陈旧的等级排列崩溃了，而范式的形而上学因素被冲垮了。走到前列的不是逻辑形式，而是对话的具体历史现象。主客体关系不再一开始就被定为必需的，而是与研究任务相适应去建构。

关于这种程序，Я. Г. 舍米亚金在纪念阿希耶泽尔的文章中，在分析跨文明界限概念和它的过渡过程时谈到过。在其中的墨守成规被重新思考了，一串文明的"超低中心"形象变成了历史叙事的范畴（топос）之一。与Ш. Н. 艾森施塔特的观点一致，墨守成规的形象经历了正常化的程序，并作为轴心期时代加以肯定地重新思考，并与建立当代科学知识的时代——第二个轴心期——相对比。在俄罗斯文化中存在的摩尼教倾向与其他现代化过程

① Ахиезер А. С., Давыдов А. П., Шуровский М. А., ЯковенкоИ. Г., Яркова Е. Н. *Социо-культурные основания и смысл большевизма.* Новсибирск： Сибирский хронограф, 2002. С. 251 – 251；Яковенко И. Г. Манихео-гностический комлекс руской культуры. Россия как цивилизация： *Устойчивое и изменчивое.* Отв. ред. И. Г. Яковенко. М.： Наука, 2007. С. 179 – 180；Пелипенко А. А. Печальная диалектика российской цивилизации. *Россия как цивилизация：Устой-чиное и изменчивое.* М.： Наука, 2007, С. 69 – 70.
② *Цивилизации в глобализирующемся мире. Предварительные итоги междисциплинарного проекта. По материалам научной конференции.* Отв. ред. В. Г. Хорос. М.： ИМЭМО РАН, 2009. С. 24 – 34.

中文化的摩尼教的组成部分有关。它们被说成多元的现代性。①

相似地，俄罗斯农民的负面形象——地方主义的支柱，建立大型的公民国家的反对者，村社的和反国家的理想的自古以来的体现者，最终是非历史化的"新石器时期的农民"②——引起了农民学家们强烈的反应。他们针对这些说法提出农民是建立自己类型经济的有用社会力量的看法。这一倒转极大地推动了专业化战略，③ 推动了对俄罗斯农民的宏观史的和计量史（клиометрические）的研究。

对阿希耶泽尔的"再度创伤化"的直接回答是正常化战略，体现在Б. Н. 米罗诺夫的"计量化"（клиомерания）和 А. С. 米洛夫对俄罗斯农民的辩护。他们着力于弄明白历史创伤的地域化及其出现的具体原因、实现现代化的具体形式的正面和负面作用以及农民的道德对国家生活的作用。④这些立场也是有争议的，引起一些专家的反对。在此基础上发生了历史家们的职业性的争论，被卷入的既有社会—人口理论问题（包括新马尔萨斯理论），也有史料学问题。村社农村的形象，过去被哲学家看作与俄罗斯农民的"新石器时期的"本质同义。现在越来越多地被看作与俄罗斯现代化的特点同义，包括亚历山大二世实行的农奴制改革方式，这次改革把土地给了村社，并把粮食运出境外"饥饿出口"。⑤

在这场卷入不同专业学者的争论展开的同时，从世界体系的立场对俄罗斯历史的文明问题的理论基础也在进行重新思考，其结果是提出了许多根本

---

① Шемякин Я. Г. Граница. （роцесс перехода и тип системности）. *Общественные науки и современность*. 2009. No. 5. С. 112 – 124.

② Пелипенко А. А. Печальная диалектика российской цивилизации. *Россия как цивилизация*：*Устойчивое и изменчивое*. М.：Наука, 2007，С. 67.

③ Рюзен Й. Кризис, травмы и идентичность. Цель времен. *Проблемы исторического сознания. Сборник статей памяти М. А. Барга*. Отв. ред. Л. П. Репина. М.： ИВИРАН, 2005. С. 59.

④ Миронов Б. Н. *Социальная история России периода империи*（*XVIII-начало XXвв.*）*Генезис личности, демократической семьи, гражданского общества и правовогообщества*. Т. 2. СПб. Дмитрий Буланин. 2003. С. 291 – 359；Милов Л. В. *Великорускский пахарь и особенности российского исторического процесса*. М.：РОССПЭН, 1998.

⑤ Нефедов С. А. *Демографически-структурный анализсоциально-экономической истории России. Конец XV-начало XX веков*. Екатеринбург：Издательство УРГУ, 2005. С. 242 – 284；Кульпин-Губайдуллн Э. С. Василий Докучаев как предтеча биосферно-космического историзма：судьба ученого и судьба *России. Общественные науки и современность*. 2010. No. 2. С. 106 – 109.

性的问题，而俄罗斯"批判史学"的逻辑—语义学空间遭到了彻底的"刨根问底"。[①]

文化学的公式及其指定的逻辑遭到了当代文化社会学的批驳。文化社会学把视野从文明的结构转到俄罗斯文化的文明方式的相互作用上。例如，Б. В. 杜宾把俄罗斯文化分成不同的有意思的领域（文明方式），如传布的—收集的、群众性的，可导向电视；品尝的、分层的小团体，可导向装帧考究的群众性的杂志；分散的或无实体的共同体，可导向俱乐部、沙龙、小组、小刊物或年鉴。它们逐渐彼此疏远，导致综合性难以形成。教条主义的文明公式培育出来的框框（中心—边缘、底层—高层、此岸—彼岸），被杜宾看作老古董，是俄罗斯人的特殊道路和特殊性格的神话学上的表现。[②]

*　　　*　　　*

这样，近 25 年内，俄罗斯在对历史理论的思考上改变着逻辑，建立了在纯粹逻辑基础上的必然知识的教条主义公式，并又摧毁它们。在这点上，巴尔格称之为"改变"、倒转的战略起了重要的作用。它帮助揭示了历史理论结构中的具体历史内容的作用，暴露了它们的问题。目前，到了尝试建立持久的范式的时候了。20 世纪 80 年代的"创造性马克思主义"的经验在这里可能会派上用场了。

（译文略有删节）

（伊·尼·约诺夫，历史学副博士，俄罗斯科学院世界历史研究所心智史中心研究员；曹特金，中国社会科学院世界历史研究所研究员）

---

① *О причинах Русской революции.* Отв. ред. Л. Е. Гринин，А. В. Коротаева，С. Ю. Малков. М.：Издательство ЛКИ，2010.

② Дубин Б. В. Формы социальности и типы культур в современной России. *Вестник общественного мнения.* 2008. No. 5（97）сентябрь-октябрьС. 80.

移情、多元文化与文明间的相互理解

〔加〕 布赖恩·埃文斯 著

张文涛 译

本文关注两个问题：文明如何才能在传统文化与现代化之间建立恰当的联系？以及，文明在面对全球化时，如何才能够保持其独一无二的文化特性？

世界面临许多挑战，如政府治理、教育、健康、环境、人口、经济、市民社会与人际关系等。一二十年前，有人开出了万能药方，这就是全球化。在推动公司经营权国际化、促进快速交流方面，全球化功不可没，将世界各国与它们的财富精英们连在了一起。不过，在我看来，全球化未能使世界不同文化之间加深相互理解。这就是说，人们没有真正理解其他国家和文明的语言、历史和文化。

作为一名北美人，我感觉自己任性地生活在消费主义的泡沫中洋洋自得，用美国文化的棱镜透视世界。我的印度和中国朋友们或许也感觉生活在他们自己的泡沫中，透过他们自己的文明棱镜观察世界。这是实现真正国际化、跨文化理解的一个障碍。

许多北美人知道这种困境，一些人也期望通过移情做点什么。这就是说，努力理解背景与你不同之人的处境与看法。经济学家杰里米·里夫金博士将移情概念提高到了一个新的高度，他是美国首都华盛顿的经济趋势基金会主席，同时也是宾夕法尼亚大学沃顿商学院的高级讲师。作为畅销书作家与专栏作者，他的作品体现了对和平共存的深刻理解。在新近的著作《移情文明：在危机世界中拥抱全球意识》① 中，里夫金检查了"一种关于人性

---

① Jeremy Rifkin, *The Emphatic Civilization*: *The Race to Global Consciousness in a World in Crisis*, New York: Jeremy P. Tarcher/Penguin, 2009.

的激进新观点，这种观点出现在生物学与认知科学中，并在知识界、商业社会与政府中造成了争论"。他认为，"脑科学与儿童发展研究的最新发现，迫使我们重新思考人之天性的固执信念，即人是攻击性的、物质主义的、功利主义的与自私自利的。人从根本上是有同情心的物种，这一新认识的浮现，对于社会而言有着深刻而长久的意义"。①

当然，这是美国中心论的视角，反映出源自欧洲、长自美国的价值。这种视角未必反映世界其他地区文明的看法。例如，里夫金认为亚洲文明发展出不同的价值，更加有同情心：

> 比如，美国文化有崇拜个人主义与个体自治的漫长传统，父母养育孩子的重点可能是提升孩子的个人自尊心。而在亚洲文化中，特别是在中国、韩国与日本，传统上对孩子的抚育较少注重塑造个人的自主性，更加重视使孩子在构成庞大社会的复杂关系中与人和睦相处，重点可能是在创造成熟的过程中鼓励自我批评，而不是自尊心。②

里夫金说："更技术化的高级文化已经将不同人带到了一起，加强了共同情感，拓展了人类意识。"他主张第三次工业革命已经走来，并提出一个关键性问题："为避免文明崩溃，我们是否可以及时实现全球移情，从而拯救地球？"③

从美国人的观点看，特别是当美国人越来越醉心于认为美国的未来是世界支配性强国时，这是很有意义的。但是它没有将其他文化中的同情证据计算在内。印度的印度教、中国的道教与儒教，体现了现代的同情概念。也就是说，认同并理解他人的处境、感受与动机。南美、北美、澳洲、非洲的土著居民也是如此，在他们的社会中，同情心显而易见。

为改善不同文明之间以及内部的关系，同情心当然必不可少。从国际趋势看，最需要理解同情心的国家在欧洲、墨西哥以北的美洲，以及澳大利亚与新西兰，所有这些国家不是之前是帝国主义者，就是帝国主义扩张与定居者的后裔。从对待移民的态度上就可以找到它们缺乏同情心的证据。对抗欧

① Jeremy Rifkin, *The Emphatic Civilization: The Race to Global Consciousness in a World in Crisis*, New York: Jeremy P. Tarcher/Penguin, 2009.
② Ibid. 135.
③ Ibid. 2, 3.

盟规则的法国就是在放逐罗马。意大利与西班牙力图对非洲移民的尴尬处境
不予理睬。持强硬路线的反对移民的党派在荷兰、瑞典已经显露力量。澳大
利亚不仅为亚洲移民的到来感到头疼，而且为南亚移民与白人社会之间艰难
的种族关系而备受折磨。美国的中美洲（特别是墨西哥）移民问题一直没有
得到解决。亚利桑那州通过的移民法表明，他们总体缺少同情心。英国的南
亚与中东移民一直是个问题，并且对于同是欧洲伙伴的波兰人的问题也未处
理好。

加拿大虽然自诩有良好的种族关系，但在不定期到达海岸的难民船只面
前，一直流露出排外情绪。甚至连日本这样一个通常并非移民目的地的国
家，在如何与新来者相处方面也是问题多多，随着人口老龄化以及经济对劳
工的需求，或许第一波大批移民将要到来。因为人们的意愿微弱，里夫金博
士所倡导的全球移情文明，似乎只有在非常遥远的将来才会实现。举例来
说，印度有种姓制度的遗产，巴基斯坦精英们对于农民们新近遭受洪涝灾害
的困境显得无动于衷，美国一直有分离主义的遗存，许多加拿大人对加拿大
土著和无家可归者的处境缺乏同情心，华尔街银行家们对于因金融危机招致
资不抵债的房主们的挣扎无耻地冷漠。同情似乎只有在经济状况对等的群体
间才会出现。

当前，全球移民与人口移动给一些国家带来的问题，涉及如何消化以及
形成新的居民身份等方面。这些人常常来自具有迥异的文化、种族、宗教与
历史经验的地方。如何和平地处理这些差异，不致造成暴力、国内混乱或主
要对抗，是 21 世纪政府面临的一大难题。因为各国内部环境存在差异，所
以没有统一的解决之道。在寻求解决方案的过程中，东道主国必须准备放弃
什么？新居民们又应当期盼什么？

在我看来，为最终实现里夫金的理念，一项基本而务实的步骤是推动多
元文化主义，其在某种程度上就是立法中的移情。我承认，作为一名加拿大
人，尤其是来自西部的加拿大人，我热衷于多元文化主义，热衷于它将不同
文明带到一起的可能性，以及保持独特文化特性的可能性。在像加拿大这样
的国家中，多元文化主义鼓励促进全球文化范围内的移情。

近年来，在诸如英国、法国、荷兰、挪威、加拿大与美国等国家中，多
元文化主义的概念被视为恐怖主义者行动的一个后果而受到严厉攻击。许多
评论者说，恐怖主义，特别是由土生土长的本国人实施的那些攻击行动，清
楚地表明了这项被称为多元文化主义政策或战略的失败。可笑的是，在试图

实行多元文化主义的国家中，多元文化被认为是恐怖主义的罪魁祸首；而在那些没有实行多元文化主义的国家中，恐怖主义被认为应对多元文化的缺席负责！如我这样的多元文化的支持者，被这些争论搞糊涂了，便想寻找维系这个概念的途径。

多元文化主义在不同国家有不同的含义。显然没有两个国家完全一致，故没有两个国家以完全相同的方式运用这个概念。加拿大的人口增长主要靠移民，多元文化主义作为一项官方政策，已经有近四十年历史（我们甚至有全国性的多元文化日，6 月 27 日）。在诸如英国、荷兰、法国与德国这些国家中，多元文化主义更多被当作一项社会战略设计，以便使移民集团融入传统的、根深蒂固的民族文化。在如日本这样的国家，所接纳的移民很少，多元文化主义仍旧是一个抽象的理念。即便如此，教育者们已经显示出对这个概念的兴趣，因为他们正在深思如何对待来自不同文化的移民。①

在讨论多元文化主义时，将之与多民族主义加以区别是很重要的。多民族国家本质上也是多元文化的国家，由根深蒂固的不同民族集团构成，各民族都有基于本民族历史与独特语言和文化的民族热望。典型的例子有苏联，它已经解体为各成员民族国家，南斯拉夫也是如此，捷克斯洛伐克分裂为捷克和斯洛伐克，伊拉克目前无论从哪点看似乎都是三个独立国家。有人认为还有包含魁北克省的加拿大，这一点恐怕有争议。许多魁北克居民梦想组成基于法语和他们独特社会与文化的独立国家。尽管如此，魁北克分离主义者未能达成心愿，所以加拿大仍旧是带有一些多民族特性的多元文化国家。

虽然多元文化主义是加拿大的官方民族政策，但我必须立即补上一句，加拿大是联邦制国家，各省和地区对于如何运用这项政策有不同的看法。如上面提到的魁北克省，它执行的政策是将移民融入在语言与社会方面占主流的法语文化。魁北克认为，多元文化主义是一项要将魁北克融入盎格鲁加拿大的危险举措。②更远一些的东部滨海省份，多元文化主义有不同的意义。这些省份居民多数说英语，不接受大量新移民。他们对积极主动的多元文化政策不感兴趣。

---

① 例如，参见 Stephen Murphy-Shigematsu, *Challenges for Multicultural Education in Japan*, in New Horizons for Learning, March 2003, http://www.newhorizons.org。
② 至少有一位魁北克学者说，魁北克的多元文化主义就是让移民融入法语文化。Stephan Levesque, *Rethinking citizenship and citizenship education: A Canadian perspective for the 21st century*, Paper delivered at Georgetown University, Washington, D. C., December 1999.

中部的安大略省，由于人口数量多、经济实力强，长期以来一直被视为加拿大英语或英国文化与传统的中心。安大略用多元文化主义的策略，鼓励并欢迎世界各地来的大量移民，不过它一直将自己看作英语文化的标准承担者。滑稽的是，安大略用多元文化主义来合并不同的移民文化，而魁北克抵制这项合并政策，只因为魁北克的法语文化与加拿大其余地区的英语文化相比，是少数派。在全加拿大，原住民与多元文化政策的关系仍旧很复杂。为反击批评，加拿大政府设立了文化遗产部门，专门拨出预算，帮助提高非英语和非法语人群的语言和文化水平。

加拿大 1982 年宪法所包含的权利与自由一章，大大强化了多元文化主义的概念。这一章保障所有加拿大人权利平等。在发生冲突的事件中，比方说个人自由与宗教实践之间的冲突，材料最终可以被送达最高法院。人权立法进一步支持这章内容，法律反对散布仇恨。

多元文化主义为尊重地方文化提供了机会，但与此同时，加拿大文化与社会也是现代的和非常北美式的。同一个家庭的代际摩擦与张力出现了，通常祖父母所代表的文化保守主义，受到年青一代在学校与工作场所获得的新文化的挑战。这是小说、电影、电视剧等的材料与情节，也是所有加拿大人尤其是那些生活在城市地区的人持久的生活面貌。通过多元文化主义来管理多样性，是正在发生的加拿大人生活的事实。街头帮派展示出的不能干好一项工作、犹太社区的增长、家庭暴力导致谋杀、警察的种族定性、荣誉处决、监狱中非白人数量的不成比例，以上的一切也存在于加拿大当下的社会中。

尽管加拿大的多元文化主义是一项进展中的工作，它仍切实地为本文开始的两个问题提供了有洞察力的回答：文明如何才能在传统文化和现代化之间建立恰当的关系？在新的时代，如何才能在保持独特文化性的同时，实现其发展？

19 世纪与 20 世纪的大部分时间，是恐惧、无知与独尊的时期。有迹象表明，恐惧正在被移情代替，无知正在被理解代替，独尊正在被宽容代替。我赞同里夫金的看法，这是 21 世纪的挑战，将见证这种转变完成。

于加拿大阿尔伯特省埃德蒙顿市

2012 年

（布赖恩·埃文斯，加拿大阿尔伯特大学历史与古典系教授；张文涛，中国社会科学院世界历史研究所副研究员）

难谙中国古典及其现代含义：国际关系中西方国家对中国的理解之难

〔加〕查尔斯·伯顿 著

姚 朋 译

我们身处一个全球权力转移的时代，即权力平衡从英语国家向中国及东亚乃至新兴发展中国家倾斜。

卡尔（E. H. Carr）在他 1939 年成书的、关于战争国际关系的《二十年危机》中写道："国际道德规范理论从来都是支配集团用自身的认同来规范作为整体的共同体……同理，国际道德规范即支配国家或国家群理论的泛化。过去数百年来，尤其自 1918 年以来，英语国家构成世界的支配国家和民族，因此，其国际道德规范显然是其霸权和主导权的体现和延伸。"

在这种观察维度下，有失东亚文化的价值考量，以及，有失考量东亚文化在塑造今后国际道德规范中的地位。

如此说来，顺理成章地，考虑到东亚经济在全球经济中所占比例的大幅提升，古典中国哲学理应在西方学术研究中占有越来越重要的位置。然而，事与愿违，尽管中国政府资助的孔子学院在世界各地近些年来呈现扩张的趋势，但在绝大多数西方大学的哲学系中，"中国哲学"没有单独开设，而是混迹于所谓的东亚研究系（近年来也趋于取消）和宗教系（宗教研究隐喻，不像历史或哲学富于学术性）中。

如此事实表明，西方主流学术机构继续轻视东亚文明，以及无视东亚文明的重要性。并且，因为西方学术界从来没有严肃对待与众不同的东亚思想体系，从而造成了西方学术圈用西方的学术分类和范畴来粗浅地对待和理解来自中国的古典警句、名言，其相应的英译无疑是问题重重。

比如《道德经》，有不下 250 种外文译本，其中绝大部分为英译（即中译英），尽管有些译本有一定学术权威，但是，绝大部分英译相当粗陋，甚至其含义与原文所表达的东亚名言大相径庭。有的英译则试图将道家文本转译成西方犹太教—基督教规范语言及思想，比如：

> 道可道，非常道；名可名，非常名。无，名天地之始；有，名万物之母。

在早期的一个英译版本中，这句话被翻译成：

> 神（即永远伟大的原动力之源、天地万物的起始和造物主）无法被界定或命名；如果一定要给一个名，那么，只能用造物主一词；此伟大造物主，即天地之始，即我们理智所能认知。

那么，如此英译，当我们从英译再回溯到汉语的时候，不难想象，该英译和老子中文原文的含义相距有多遥远。

同理，也有一种趋势，即将西方经卷翻译成中文。比如基督教《圣经》之《福音书》（《约翰福音》）中的第一章，中国的新教教堂自 1919 年使用的和合本《圣经》如下翻译：

> 1：1 In the beginning was the Word, and the Word was with God, and the Word was God.
>
> 太初有道，道与神同在，道就是神。

> 1：14 And the Word was made flesh, and dwelt among us (and we beheld his glory, the glory as of the only begotten of the Father), full of grace and truth.
>
> 道成了肉身住在我们中间，充充满满的有恩典有真理。我们也见过他的荣光，正是父独生子的荣光。

此处的英文文字"Word"（"道"）已经是希腊逻各斯版的标准英译了，

即希腊版的"Logos"变成了"道"，以此唤醒中文《圣经》读者对英文《圣经》的理解，然而，必须指出，这里的"道"（即中国人理解的"道"）和西方早期基督徒出于希腊传统所理解的"道"已然相去甚远。这就是说，圣约翰所阐释的"道"系出自斯多葛的"道"的概念：

1：3 All things were made by Him；and without Him was not any thing made that was made.

所有事物均出于他，而且，如果没有他，那么所有的事物都不复存在。

此处的英文"道"，即造物，远非老子在其《道德经》第42章所阐释："道生一，一生二，二生三，三生万物，万物负阴而抱阳，冲气以为和。"

如此辩理，可以更加准确地将希腊经典中的"Logos"（"道"）翻译为"理性"。当然，将"Logos"本着"语言就是约定俗成"翻译成"道"，倒是可以让讲中文的基督徒理解吸收。然而，翻译问题始终还是存在的，并且是对《福音书》的曲解。

本文作者最初阅读到孔子是通过公理会派驻到中国的传教士理雅各（James Legge）的译本，当时我还只是多伦多大学宗教系的一名本科生，我被指定阅读六卷本的《中国圣贤书》，其译者正是理雅各（该英文译本应该成书在1861～1885年）。

理雅各在翻译《论语》的时候，总是在关键的英文词汇选择方面借道英文的犹太教—基督教传统，比如在翻译关键中文词汇"义"、"德"和"仁"的时候，他将"righteousness"比附"义"，将"virtue"比附"德"，将"benevolence"比附"仁"，等等。由此，关键的中国哲学词汇对等西方哲学词汇，作为一个思想系统，理雅各的译本有着高度内部一致性。然而，其翻译赋予孔子之道一丝天生的基督教特色亦是不争的事实。

从多伦多大学毕业后，我入学剑桥大学的东方学系学习古典中文，目的就是能够阅读中国古典哲学著作原文。当时（20世纪70年代中期），对于古文中文学生而言，最主要供阅读研习的是1913年法文版的《中文古文词典》，其作者顾赛芬（Couvreur）是一名从法国远赴中国的耶稣会士，无独有偶，他对关键中文古典哲学概念的翻译和理雅各一样，带着同样的基督教理念偏差。

之后，我拿到奖学金到中国留学。在很长一段时间里，当我在上海复旦大学哲学系从事"古代中国思想史"项目研究时，尽管其实《论语》对应有着诸多注疏，但是，我总是依着理雅各和顾赛芬的 19 世纪基督教传统阐释去理解中国儒学。也就是说，当我读到中文的"仁"，在我的脑海里面显现的是英文的"benevolence"，以至于到最后，我的脑海认知到中文的"仁"和英文的"benevolence"有着含义上的明显区别，事实上，中文的"仁"的含义无法用英文的"benevolence"来完全表达，其无法调和的差异直击东西方文化内核的不同。

这种翻译上出现的问题即在此，不管是中译英还是英译中，翻译显然是译者的一种理解上的自觉。在东亚和西方的沟通中，基于不同的当代文化底蕴，如果那些关键的字和思想被错误理解，那么显然，两者之间的沟通就会出现问题。

因此，人们相信，在当代东亚和西方关系的双向理解中，出于各自对对方文化理解的差异，可能存在上述理解困境问题。

更有甚者，有识之士指出，其实自法国大革命以来，西方的"自由、平等、博爱"等理念并非与大革命之前的文化、社会和政治传统一脉相承，对东亚亦然。

但是，这些法国大革命以来的思想传统已经在当代广泛获得共识，比如，1948 年的《世界人权宣言》有如下表述：

> 人人生而自由，在尊严和权利上一律平等。他们赋有理性和良心，并应以兄弟关系的精神相对待。

这种表达无论在英文国家还是在中文国家，都已经成为信条，并且为所有的现代人所认同。

不管是东亚还是西方国家，都签署了联合国有关人权，以及有关政治、经济、社会和文化权利的条款，这表明在当代，在对于这些关乎良好政府治理和人类尊严的权利原则认同方面，有着极高的共识度。

但是，在自由、平等的理想被充分理解的当代，博爱作为三位一体价值观的独立部分，却少有讨论。人们可以这样理解博爱，即在这个星球上，不同的政治威权和不同的民族、国家之间，应该有相互信任，有关涉民生和真挚情感的关怀。

今天，纵览当代世界，显然，人与人之间存在越来越多的不诚实。这些毫无疑问会导致自由和平等的衰退，因为民众作为公民从社会共同体的积极参与者，在现代技术的帮助下，变成了政治和社会上的自我关注和冷酷无情者。尽管物质主义被否定，但是，不争的事实却是，在大众传媒和互联网的裹挟下，物质主义在全世界的大众文化中流行，随之带来公共道德和社会风气的毒化。非常遗憾的是，这种趋势在当代似乎已经变得不可逆转。

伴随这种物质主义趋势的，还有大众对于伟大传统经典思想和典籍的拒斥，而这些被拒斥的思想和典籍恰恰是世界文明伟大成就的具体体现。传统价值观的培养，比如通过阅读古代经典来进行自我修养，这些在战后的东方和西方都急剧地衰退了。作为表象可以看到，在西方，拉丁文和希腊文作为传统学校课程已经完全消失；在东亚中国，则是文言文教学的衰退。

那种通过研习和遵循传统经典来提升自我修养的文科教育，在抵消当代大众文化的糟粕和负面社会效应方面，有着明显的丰富自我精神世界的作用。不管在东亚还是西方，那些不是人云亦云的大众思想领袖一定有着真知灼见。他们看到，通过研习和遵循给我们赋予不朽美德的传统经典，不但会带来更加智慧的政府，还会带来更加高洁的领导力，由此，我们将可以抵御当代盛行的、小气狭隘的民族主义。显然，后者经常会给国际关系带来破坏性的冲突。

然而，这恐怕是一厢情愿和令人沮丧的，对于当代绝大多数正在接受教育的年轻人而言，那种通过学习经典时代的典籍而获得教益的行为已经不复存在。因此，我们也只能哀叹，不管在东亚还是西方，伟大的古代传统让位给了由现代技术驱动而带来的缺乏灵魂和被贬低的现代性。

2012 年 12 月 19 日改定于加拿大圣凯瑟琳斯

（查尔斯·伯顿，加拿大博洛克大学政治学系教授；姚朋，中国社会科学院世界历史研究所加拿大研究中心副主任）

史学研究

国际史学研究论丛

（第 2 辑）

历史学如何走向近代?

——渊源、特点和影响

王晴佳

一 "走下神坛" 的史学

在人类历史上,"近代化"或"现代化"(modernization)虽是一个长期、复杂的过程,但极其重要,因为我们当今的历史,仍然受其影响。从历史著述的观念、形式和内容着眼,更是如此。在当今世界,不管何处何地,史家写作历史,均采用了大致相同的形式,即叙述体,对写作的内容进行分章分节的综合描述、分析和解释。对于历史的态度和思考,以及历史写作所应当涵括的内容,在最近的几百年中有明显的变化,但其变化的程度又与古代不可同日而语。换言之,近代以来,史学虽有变化,但其基本框架没有根本性的更动。那么,史学是如何走向近代化,并带有哪些基本的特征呢?

史学的近代化,与历史本身的近代化密切相关。不过,有关近代历史的开端,学者们有点莫衷一是,争论较多。比如有人主张始自 17 世纪中叶的英国革命,而另有人主张以 1789 年的法国革命为开端。也许是有鉴于此,当今的史家对此倾向于采取模糊处理的方式,不再就近代史的开端多花笔墨。但就史学的近代化而言,史学史家的意见就相对比较一致。他们都会注意文艺复兴和宗教改革时期,历史著述以及人们对历史的态度所产生的一系列变化,并指出这些变化的历史意义和深远影响。

要深入了解在文艺复兴和宗教改革时期,史学到底产生了哪些重要的变化，我们就必须将之与在这以前世界各地已经形成的史学传统，做一对比。欧洲自西罗马帝国被蛮族灭亡以后，进入了"中世纪"，但原来的东罗马帝国，即拜占庭帝国，一直持续到 1453 年，所以中世纪欧洲在政治上并不划一。不过就历史写作而言，基督教在那段时期长足进展，影响了欧洲的文化，史学也不例外。大致而言，古代希腊罗马时期所创立的史学传统，在中世纪的欧洲有所中断，主要表现在以下几个方面。第一是在对待历史的态度上。西方古典时期，历史写作的目的主要是记录和描述史家认为值得记载的丰功伟绩。这些丰功伟绩，主要是在人世的范围内，也即人事活动的产物。而到了中世纪，由于基督教信仰的流行，史家则注重将人事的活动与神意相连，并将人世与天国对立，以显示天国的神圣和上帝的伟大。第二是在形式上。中世纪欧洲的史学，有传记，更有编年史。前者以圣徒传为主，但也为世俗社会的伟大人物做传。而编年史的流行，则是因为与古典史家相比，基督教视历史为上帝的创造物；历史在各个时代的变动能体现和凸显上帝的造化和意志。而因为中世纪史家认为上帝造世，其意志无所不在，因此中世纪的编年史和其他史学作品，常有"世界史"或"普世史"的规模和视野，不但记述基督教会的发展，也记录所谓"蛮族"（barbarian）的历史，也即在欧洲文化之外的各族的历史。第三是在内容和方法上。中世纪的欧洲史学特别注意神意的展现，因此记载了较多的奇迹或神迹，并常用这些不可理喻、不可解释的现象来阐述历史事件的发生、发展和结局。总之，在中世纪欧洲，历史被视为一面镜子，反照出尘世的丑陋和险恶，又显现了天国的完美和神圣。

这种将历史视为镜鉴的看法，在欧洲之外的传统文明中，都有不同程度的体现，中国自不必说。在中东的伊斯兰文明传统中，同样有视史学为镜的传统。比如波斯文明中，就有一种称为"君主之鉴"（Fürsternspiegel/ mirrors for princes）的著述形式，其形式十分广泛，但大致是史学作品，特别是有关政治智慧和制度，以较为通俗的方式来规训在位和待位的君主。这一著述形式，也在西方传统中存在。同时，与西方基督教文明相似，中东的伊斯兰文明中的史学，也有编写"世界史""普世史"的传统，同时注重圣徒传，特别是写作伊斯兰教创始人穆罕默德及其后继者的传记，并用一些神迹来解释历史的演变。而以波斯文化为主导的伊斯兰文明，又在 13 世纪影响了印度次大陆，其中包括写作人物传记、王朝史和族群史的传统。综合上述，在近代化以前，世界各地的史学传统有一些共同的特点：虽然史学在文化中的地位有高有低，但大致被视为一门有用的学问，是人事活动的资鉴；史学写作的形式和内容多种多样，不过与纯粹的文学作品（譬如诗歌）又有显著的区别，因为史学著述一般是以事实为基础，虽然那时的史家对事实的理解比较宽泛，常常包括道听途说得来的故事、传说甚至神话。

上述这些特点，在史学近代化的过程中，都有不同程度的保留，但有些则被渐渐摒弃了。史学近代化的开端，与文艺复兴相关。在中世纪晚期，借助长程贸易（包括与亚洲的贸易往来），意大利半岛逐渐兴盛，在 14 世纪开始形成一些经济强盛的城市，如佛罗伦萨和威尼斯等。在这些城市中，商人的地位相对其他地方有许多提高，比如佛罗伦萨的梅迪奇家族，就曾主宰佛罗伦萨的政治达几代之久。而相对应地在封建社会的传统下，教士和武士的地位应该远高于商人。商人地位的提高和商业活动的发达，造成人们对世俗生活的重视，而对于灵魂的升华及身后进入天堂等宗教的教诲，开始显得冷淡。长程贸易的发达，也给意大利半岛和整个欧洲带来了灾难，那就是黑死病的迅速传播，使得欧洲人口在 14、15 世纪大幅减少。传染病的突袭及其严重后果，或许也造成了人们生活态度的改变，让人怀疑上帝的无所不在和无所不能，因此也就削弱了基督教会的影响力。

与其他传统文化一样，欧洲的基督教会主张人们克制俗世的欲望，反对个人主义和世俗主义，让人们将生命的意义视为一种赎罪的过程，以求在死后灵魂得到超生和解脱。这种观念统治欧洲社会数百年，但在文艺复兴时期，渐渐为人所怀疑甚至挑战。意大利半岛成为文艺复兴的起源地并非偶然，因为文艺复兴的原意就是古典文化的重生，而意大利半岛是古罗马帝国的核心地区，其遗迹到处可见、俯拾即是。以前人们对之熟视无睹，而商品经济的发达，使得人们注意到这些古物的价值，不但出钱收集，也对罗马和整个古典文明产生了好奇心。另外，1453 年拜占庭帝国为土耳其人所灭，许多希腊学者逃到意大利半岛和欧洲南部，也带来了在拜占庭帝国时期所保留下来的古典学问。如此种种原因，使得意大利的商业城市佛罗伦萨等地成了文艺复兴的起源地。

对于罗马所代表的古典文明的热切向往，彼特拉克可以说是一个代表。他曾感叹："所有的历史不就是为了赞美罗马吗?"他在获得李维的《罗马建城以来史》之后，废寝忘食，对其做注解，并纠正其各种流传版本的错误。他还给李维、西塞罗写信，表达他的敬意。他甚至对李维说，他希望他能生活在李维的年代，或者李维能生活在他的时代。①这些表现，如果从历史观念上来考量，可以看出几层意义。第一点自然是彼特拉克崇古的心态，由此可以解释为什么他在当时是人文主义的代表，还被称为是一位博古学者（antiquarian），即热衷收集、整理和研究古物、古书的人。可是彼特拉克并不崇拜所有的过去，特别是他对欧洲中世纪，评价很低，称之为"黑暗时代"。他所崇拜的是古典时代的希腊和罗马，所以就有第二点，那就是他超越了"古今不分"（anachronism）的意识。他希望自己生活在李维时代的罗马，就是一个典型表现。对"古今不分"观念的超越，以后成为近代历史学的理论基点。在传统文化中，史学的生存意义，就是能鉴往知来。我们上面提到的"君主之鉴"的写作就是一个例子。而跳出"古今不分"的观念，便让人质疑这种时代一样、人心不变的传统观念，而看出历史是变化的，有新、旧时代之分。第三点与此相连，因为走出了"古今不分"观念的窠臼，于是就产生了历史不断演变的观念。譬如彼特拉克认为古典时代高于中世纪，而自己所处的时代又有别于中世纪，因此就孕育了历史发展从古代经中世纪到近代的三段论观念。当然，彼特拉克本人也并没有清晰地表达上述这些观念；我们的讨论，或许是一种后见之明，参考了近代史学以后的发展。不过没有疑问的是，彼特拉克被人称为"文艺复兴之父"，并非空穴来风，因为他的所作所言，具有划时代的意义。

彼特拉克主要是一位诗人，因为在古典时代，曾经有不少著名的诗人值得他模仿。但彼特拉克又是一位学者、一位人文主义者，乐意用他的古典知识，来质疑和纠正中世纪流传下来的一些文献。"人文主义"的确切定义是一门专门研究古典希腊和罗马文化、文献的学问，其方法是批判比较各种传世文献、鉴定其真伪，希望求得真相。比如彼特拉克有一次应神圣罗马帝国皇帝查理四世所请，对奥地利的治权归属问题提出了意见。奥地利地区的贵族们引用一份文件，说是罗马统治者恺撒在古代就让他们这个地区自治。但彼特拉克依据他对恺撒和罗马史的精湛知识，指出这份文件根本就是一份赝品。彼特拉克在给查理四世的回信中，举出了许多理由，来论证他的观点，显得颇有说服力。当然，彼特拉克虽然热衷古罗马研究，不但考察文本，也收集各种钱币、服饰等作为研究的对象，但他也有搞错的地方。不过重要的

---

① 参阅 Kelley, *Faces of History*, p. 131 和 Burke, *The Renaissance Sense of the Past*, New York：St. Martin's Press, 1970, p. 21ff。

一点在于，他采取了举例说明的方法，来证明自己的观点。这一做法，以后成为历史研究的范例。

人文主义者与博古学者的研究兴趣相似，都专注古典文化。但后者的兴趣更为广泛，不仅注意文献的整理，而且热衷古物的收集。在西方文化的背景里，人文主义者、博古学者与史家有共同之处，那就是喜好研究过去。但史家研究过去，主要目的是希望将自己对过去的认知，叙述成书，以飨后人。换言之，并不是所有喜好古代的人都会成为历史学家，但历史学家又必须像人文主义者和博古学者一样，对过去有浓厚的兴趣。他们的区别还表现在治学的态度和方法。人文主义者注重文献、博古学者收藏古物，他们都是研究者，其兴趣在于鉴别古物、古书的真伪，也有商业的目的掺杂其内，因为博古学者大都又是古董的收藏者，他们需要知道如何区别赝品，以保持收藏的价值。文艺复兴时期商业经济的发达、商人地位的提升，是博古运动（antiquarianism）在那时兴起的一个重要原因。

人文主义和博古运动在那时兴起，自然还有其他原因，比如对宗教的热忱和对学术研究本身的兴趣。那时的许多文献，都与基督教会有关。一些学者鉴定这些文献的真伪，与他们对教会的态度也有关系，有的是为了维护教会的尊严，有的则是为了揭露、攻击教会的虚伪。不过，不管出于什么动机，商业的、政治的抑或宗教的，一位真正的学者必须勇于揭示和忠于自己研究的结果，甚至为此冒一定的风险也在所不辞。这一学术研究风气在文艺复兴时期，开始慢慢形成了。洛伦佐·瓦拉（Lorenzo Vala，1407–1457）是一个很好的例子。与彼特拉克一样，瓦拉是一位出色的人文主义者，对罗马时代的拉丁文学特别偏好。由此偏好，他甚至攻击希腊文和希腊文献，这与其他人文主义者有所不同。但也正因为他独好拉丁文，因此造诣很深，能区别拉丁文语法的历史演变。大约在1439年，瓦拉所在地区阿拉贡的主公与梵蒂冈教会在领土归属上产生了纠纷，瓦拉应邀考察《君士坦丁赠礼》这份教会文献，因为教皇据此来论证梵蒂冈的领土权。经过一年多的仔细研究，瓦拉发现这部号称出于公元4世纪的拉丁文献，其所用的语言和文法都与同时期的文献颇为不同。他在发表的《〈君士坦丁赠礼〉辨伪》一文中，用大量的事实证明，这部传世多年的文献，从行文和语法来看，至多是公元8世纪的产物，不可能产自公元4世纪即君士坦丁在位的年代，因此所谓教会持有世俗领土权的说法，也就不攻自破了。瓦拉的这项研究，明显带有政治含义——他的研究成果，有利他的主公而不利教会。但瓦拉本人是一个虔诚的教徒，并没有特别反教会的意思。他公布他的研究成果，应该说主要是他愿忠实于他的研究发现。成果公布以后，学者也大都承认他的结论。因此，人文主义运动和以后更为发展的博古运动在方法上有助于史学的近代化，因为由于这些学者的研究，史学写作逐渐成为一门近代意义上的学问。不过，这是一个渐进的过程。

文艺复兴时期的学者对于古典文化的兴趣，促使他们钻研、探究有关过去的知识，为的是让古典文化重生。这一兴趣同样使得他们对古典时期的史学著作充满兴趣，并加以模仿。彼特拉克刻意模仿古罗马的诗人，而他的弟子布鲁尼（Leonardo Bruni，1370 - 1444）则希求重振古希腊罗马的史学。古希腊的史学自然是西方史学的源头之一，但它作为一个传统不是划一的，而是以两种类型的写作为代表。一种是希罗多德式的，其特点是视野广阔、包罗万象、叙述生动。而另一种是修昔底德式的，其特点是主题专一而鲜明，以政治、军事事件为考察对象，而在方法上更注意事实的考证，在叙述上则注重因果分析。简单而言，希罗多德式的史书，可以称为文化史，甚至与中国传统学问中的地理志相仿，而修昔底德式的史书，则是政治军事史，结构相对完整，以解释历史动因为重。罗马时代的史学，对这两类史书，都有继承。比如塔西佗的《日耳曼尼亚志》，虽然规模要小得多，却是希罗多德式的著述，而李维的《罗马建城以来史》，则大致继承发扬了修昔底德的风格。

布鲁尼的《佛罗伦萨人史》，从题材上看，模仿了李维的《罗马建城以来史》。有趣的是，布鲁尼的生平与李维甚至修昔底德也有相似之处，即他对他所处理的史事，有切身的了解。他曾担任佛罗伦萨的长官，而他在任的时候，佛罗伦萨又卷入了战事，所以他有实际的行政和战争经验。这些经验显然有助于他写作《佛罗伦萨人史》。布鲁尼交代，他"希望他的这部书，能记载佛罗伦萨人在内战和与外敌交战时的艰苦斗争，重述他们在平时和战时的卓越成就"。与希罗多德、修昔底德一样，布鲁尼治史是为了保存记忆。他认为佛罗伦萨人的历史，值得后人记得，所以才动笔记述。他还指出，佛罗伦萨的兴起，特别是它如何征服匹萨，与罗马的崛起和征服迦太基有许多相似之处。以上种种，都看出布鲁尼对古典史学传统的继承和模仿。

布鲁尼的《佛罗伦萨人史》，又被人誉为"第一部近代史书"，其原因在于他的历史分期、历史解释和批判方法。受到他老师彼特拉克的启发，布鲁尼认为佛罗伦萨的历史，经历了三个阶段，即古代、中世纪和近代，并在书中加以详论。他同时指出，"历史著述必须对所述的史事，提供一个连续不断的叙述，并对一些个别的事件，做出因果分析，且在适当的时候，对某些现象做出评判"。还值得一提的是，布鲁尼希望能忠实于史实。他承认他有关佛罗伦萨城市的起源的叙述，是他个人研究的成果，与一般流行的看法或许有所不同。但他认为他依据的是事实，而不是道听途说。[①] 如上种种，是布鲁尼《佛罗伦萨人史》获得近代学者肯定的主要原因。

二　历史与政治

布鲁尼的《佛罗伦萨人史》，只是当时复兴古典史学的一个代表。另外还有不少类似的城市史、地区史和族群史的著作。应该知道的是，就这些体裁本身来说，还无法显现出史学的近代化，因为虽然彼特拉克认为中世纪欧洲是一个文化上的"黑暗时代"，其实古典文化的影响，仍然没有完全中断。我们知道，中世纪欧洲有以"城市"为主题的著作（如奥托的《双城史》），也有像格雷高里的《法兰克人史》这样的族群史名著。但重要的是，尽管题目相似，它们的内容和处理的方式却有明显的不同。布鲁尼的著作，注重从人事变迁的角度解释历史现象的产生及其结果。这种以人世的角度分析历史演化的方法，直接继承了修昔底德、波里比阿和李维的传统。

以后世人的眼光来看，在意大利文艺复兴的时代比布鲁尼更为有名的是马基雅维利，但后者的有名，主要是因为他是《君主论》的作者，而不是他的《佛罗伦萨史》。不过就"君主之鉴"的传统而言，马基雅维利的这两本书，其实可以归为一类，即都希望为统治者提供政治智慧。西塞罗有句名言——"历史是人生之师"（Historia est Magistra Vitae），在古代至文艺复兴时期，都很流行。其实这句话又与古希腊迪奥尼修斯的"历史是以事实为训的哲学"（History is Philosophy Teaching by Example）相仿，都主张人们可以通过研究历史，来获取人生的智慧，用以应付现实。孔子所言"我欲载之空言，不如见之于行事之深切著明也"，与上述警句也有异曲同工之处，可见各地文化的传统，其发展常常有类似的轨迹。

与布鲁尼一样，马基雅维利对李维的《罗马建城以来史》情有独钟，

---

① 此处的引文，出自 Leonardo Bruni, *History of Florence*, 引自 Kelley, *Versions of History*, pp. 239 – 240。

认为该书是了解古代罗马的捷径。他在写作《佛罗伦萨史》以前，将他阅读《罗马建城以来史》的笔记出版，在当时引起了李维研究热。马基雅维利的《论李维》一书，其实是以古代经典为营养，希图汲取其中的智慧，以嘉惠今人。因此从目的来看，《论李维》更像是"君主之鉴"的著作。马基雅维利生长在佛罗伦萨，其政体是共和政体，而李维的著作，主要叙述罗马共和政体的生长与消亡，对于当时的意大利城邦，有具体的借鉴意义。马基雅维利通过研究李维的罗马史，得出了一个似是而非的结论，那就是虽然共和政体是一个理想的政体，能最大限度地保障公民的自由，却又极容易为野心家所控制，从而转化为专制政体。可马基雅维利并不认为专制政体，一定是一件坏事。若要保持共和政体的长治久安，有一个条件就是公民道德素质的提高。不过，马基雅维利尽管知道并指出了这一点，他又认为让公民培养并维持很高的德行，绝非易事。他的这些观察，会让现代人略感迷惑，不过细究起来，马基雅维利说的又都是实在的观察，因为人类的命运、社会的变化，受控于许多因素。

重要的是，马基雅维利对历史走向的思考虽然显得粗糙，所谈的大致基于他直觉的观察，但至少他的分析，摒弃了上帝掌控人世的天命论，也不罗列一些怪异的神迹和超常的异象来解释人事的变迁，而是大多从人事活动的角度分析。在写作《佛罗伦萨史》的时候，马基雅维利以历史为鉴，继续了他对政治制度兴衰的探讨。从材料上来看，他的写作主要参考了布鲁尼等人的类似著作，所以在史学方法上，没有呈现太多批判性。马基雅维利《佛罗伦萨史》的主要成就，还是在于其总结的历史智慧，继承了"历史是人生之师"的传统。不过马基雅维利总结的历史教训，没有超出他的《论李维》一书。他通过大量史实说明，共和政体和专制政体，各有利弊，而又轮回转换。他在《佛罗伦萨史》中这样总结：

> 在兴衰变化规律支配下，各地区常常由治到乱，然后又由乱到治。因为人世间的事情的性质不允许各地区在一条平坦的道路上一直走下去；当它们到达极尽完美的境况时，很快就会衰落；同样，当它们已变得混乱不堪、陷于极其沮丧之中、不可能再往下降时，就又必然开始回升。就是这样，由好逐渐变坏，然后又由坏变好。究其原因，不外是英勇的行为创造和平，和平使人得到安宁，安宁又产生混乱，混乱导致覆

亡；所以乱必生治，治则生德，有德则有荣誉、幸运。①

　　这种历史循环论的分析，不仅是古希腊时期历史观的特点，在其他传统文明中也可以发见。作为文艺复兴时期的人物，马基雅维利有这样的历史认识，并用来分析佛罗伦萨历史的盛衰，并不奇怪，因为这些结论，在某种程度上代表了世界各地传统文明智慧的结晶。

　　不过从西方史学的背景来看，马基雅维利提出这些看法，在当时还是有不小的意义。历史循环论在一个层面上，是对人类历史的直观总结，所以展现的是一种人文主义的史观，有别于中世纪欧洲的基督教天命史观。马基雅维利的《佛罗伦萨史》，叙述详细，交代了大量的现象，描述了不少历史人物，现在人读来显得有点琐碎。但这种琐碎的叙述，又正好体现了马基雅维利希望从人事活动的角度分析历史事件发生、发展的意图。比如他在书中的第二卷第八章中描述了雅典公爵沃尔特利用佛罗伦萨的战事和城邦内部的派别纷争，成为该城的君主，然后实施专制的暴政，最后引起了佛罗伦萨居民的反抗，在他当政十个月之后，就齐心协力地把他赶走了。马基雅维利写到，公爵对城民的"压迫已到如此严重程度，不只佛罗伦萨人忍受不了，他们虽然未能保住自己的自由独立，但也不能忍受奴役，就是世界上最驯顺的人民也会奋起反抗，为恢复自由而战斗"。②这一判断，貌似直观，其实是对人心共性的一个概括，并剔除了任何神意的因素。同样，《佛罗伦萨史》描述了当时在意大利半岛发生的许多战争，佛罗伦萨常被卷入战火，但马基雅维利对战事的分析和描述，没有丝毫神意史观的痕迹。相反他对每一个战争起源的分析，均举出各种各种的理由，读来让人觉得有点琐碎，却充分展现了他用人性而非神意分析历史因果的手法。

　　意大利各城邦历史纷争的一个重要原因，在马基雅维利看来，就是教皇势力在意大利的长期存在。他在书内的第一卷第三章就指出，其实原先教皇势力并不大，但后来由于罗马帝国的分裂和纷争，使得教皇得以扩充其势力。此后，教皇经常在各宗主国之间挑拨离间、拉帮结派，造成意大利半岛和整个欧洲的动乱局面。马基雅维利写道："几乎所有由北方蛮族在意大利境内所进行的战争，都是教皇们惹起的；在意大利全境泛滥成灾的成群结伙

① 〔意〕马基雅维利：《佛罗伦萨史》，李活译，商务印书馆，1996，第231页。
② 马基雅维利：《佛罗伦萨史》，第108页。

的蛮族，一般也都是由教皇招进来的。这种做法仍然在继续进行，致使意大利软弱无力、动荡不宁。"换言之，在马基雅维利看来，自罗马帝国灭亡开始，教皇就是欧洲历史动乱不宁的根本原因。他写作《佛罗伦萨史》，就是想揭露教皇的恶行。他交代道：

> 笔者今后叙述从那个时代至今的大事时，将不再描写帝国的衰亡；只记载教皇势力的增长，统治意大利诸王公的兴起直至查理八世的到来。我们将看到：教皇如何首先用申斥的办法、后来又用申斥和武力，有时夹杂着赦罪的办法，逐步使自己成为既可敬又可怕的人物。他们又是如何由于滥用这两种办法而丧失了影响，只是依靠别人的意愿，帮助他们进行战争。①

阅读《佛罗伦萨史》会让人感到，教皇的干预是意大利半岛纷乱的渊薮；佛罗伦萨所卷入的数次战争，都与教皇的介入有关。马基雅维利的这些观察，同样是直观的、经验的，却无疑又是人文主义的和世俗主义的，体现了文艺复兴的时代精神。

马基雅维利的《佛罗伦萨史》终于 15 世纪末期，正好是号称"豪华者梅迪奇"的洛伦佐·梅迪奇死亡、其家族随后在佛罗伦萨失势的时代。从这个结构来看，马基雅维利其实是想通过历史事实来证明他在《论李维》里面发现的观点：共和国虽然美好，但最终往往会被一个强人控制，比如"豪华者梅迪奇"和他的父亲老科西莫·梅迪奇。但他又指出，这样的更替，其实并不一定是坏事，因为这些强人政治也会带来繁荣。他在书中对梅迪奇家族的统治，特别是对"豪华者梅迪奇"，多有称赞。顺便说一下，马基雅维利的看法，在当时并不奇特，因为洛伦佐·梅迪奇凭借他的财势，推动了文艺复兴时期艺术的发展，赞助了达·芬奇、米开朗基罗等著名艺术家。

马基雅维利的《佛罗伦萨史》终卷的时期，正是圭恰迪尼《意大利史》开卷的时代。圭恰迪尼（Francesco Guicciardini，1483－1540）比马基雅维利年轻一辈，是后者的忘年交，两人对历史和意大利政治，都有类似的看法。圭恰迪尼对于梅迪奇家族的领导，也持有肯定的态度。从对古典文化的

---

① 马基雅维利：《佛罗伦萨史》，第 15 页。

模仿来看，如果马基雅维利欣赏李维，那么圭恰迪尼则崇拜修昔底德。他的《意大利史》，从主旨和结构上看，与修昔底德的《伯罗奔尼撒战争史》相似，希求描述、分析和揭示佛罗伦萨及整个意大利半岛的衰落过程和原因。与修昔底德的相似之处还有，圭恰迪尼所述的史实（1490～1534 年），大致都是他亲身经历的，所以他的著作几乎是修昔底德历史的一个翻版。正因为涵括的时期不长，圭恰迪尼的《意大利史》内容丰富、分析详尽。在史学方法上看，圭恰迪尼向修昔底德看齐，力求忠于史实，但又在史料的运用上有所超越。他曾在佛罗伦萨政府中担任要职，也曾出使外邦，积累了大量的第一手知识。在写作《意大利史》的时候，圭恰迪尼注意运用一些他收集的政府档案材料，由此使他的著作成为近代史学的一个样板。借助丰富的知识和史料，圭恰迪尼在书中对人物的行为做了详细的心理分析，以致现代有学者称他为心理史学的一位前驱。

圭恰迪尼的这种做法，实践了他的人文主义史观。与马基雅维利一样，他认为意大利半岛在 16 世纪上半叶所承受的灾变，是人为的结果：

> 从无数的例子可以看出，人事变化无常——如同大海随风起浪一般。统治者贪婪虚名、胡作非为，因而判断失误，其造成的后果虽然让他们咎由自取，但又一定会嫁祸于平民。他们（这些统治者）身居高位，本来应该为公谋利，却行为草率和野心勃勃，忘记了时势的无常，因而伤害了他人。[①]

更重要的是，修昔底德在分析伯罗奔尼撒战争为希腊半岛带来的灾难时，同样从人事变化的角度来分析。所以圭恰迪尼的著作，是古典史学重生的一个标志，展现了文艺复兴的真正含义。从写作的形式来看，马基雅维利和圭恰迪尼的著作，都记载了许多演说词，用以丰富叙述，把读者带到历史的现场，产生切身之感。毋庸赘言，这一做法也是修昔底德著述的一个特点。上面已经提到，在文艺复兴时期，有一个修昔底德热。这一现象一直有所持续。在 17 世纪的英国，托马斯·霍布士将修昔底德的《伯罗奔尼撒战争史》译成英文出版，便是一个例子。霍布士是一位政治理论家，其著述对近代政治制度的形成有深远的影响。而他的理论基础，与他的历史知识显

---

① Francesco Guicciardini, *History of Italy*, 引自 Kelley, *Versions of History*, p. 299。

然有关。从这个意义上说，历史作为"君主之鉴"的观念，在近代一直有所持续。

三　历史是什么？

其实，修昔底德在著作中引用了大量的演说词，这一直是近代史家关注的问题。这一问题的焦点就是，修昔底德力求在书中描述历史的真实，但他所引用的演说词，许多又显然不是他能完全记录下来的，那么修昔底德的治史，是否有一潜在的矛盾？文艺复兴时期，马基雅维利等人模仿修昔底德，也在书中征引了一些他们个人无法真实无误记录下来的言论和演说，他们难道不考虑历史的真实性吗？这些疑问，让我们有必要探讨一下近代以前历史学的性质问题。饶有趣味的是，在文艺复兴时期，也有不少人对这一问题有兴趣，并发表了一些看法。本节就会描述一下文艺复兴时期人们对历史的看法及其转变。

如果说修昔底德的治史，可能有其内在的矛盾或张力，并不奇怪，因为这一张力在当代史学中仍然存在，即史家既要忠于史实，又希求表述逼真动人。两者之间，如何平衡？何者更为重要？当代人的回答一定是前者，但在古典乃至文艺复兴时期的西方，或许后者显得更为重要。我们在讨论罗马史学的时候，已经注意到那时的历史写作承受一种"修辞的压力"。而由于这一压力，罗马史家写作历史，一般也与希腊史家一样，引用演说和言论；波里比阿、塔西佗等人的著作中，都可见这样的例子。换言之，古典史家更为注重历史的修辞和表达。更确切地说，在近代以前的西方传统中，历史写作其实是修辞学（rhetoric）的一个分支。历史学家在叙述中举出各种先例，其作用就是为了提高说服力，与修辞学家用华美的语言和精湛的表述说明、论证某种观点，具有异曲同工的效果。历史学具有修辞学的特性，也体现在欧洲大学的学制建设上。欧洲最早的大学课程有所谓"七艺"，由语法、修辞和逻辑的"三艺"加上算术、几何、音乐和天文的"四艺"组成；史学从属于修辞。

为什么历史著述要注重表达呢？其原因又与史学的性质和功用有关。如同上述，在世界各地的文明传统中，都有类似的"君主之鉴"的著述，其中历史类、传记类著作的写作，具有较重要的地位。欧洲文明亦是如此。西方古典史学产生了两大传统：希罗多德的包罗万象和修昔底德的政治中心。

而在文艺复兴时期产生了修昔底德热，因为同其他地区的文明一样，欧洲文明同样希望能以史为鉴，通过研究古典时期的历史事件，为现实的政治提供资鉴。马基雅维利和圭恰迪尼的历史著作，都是这方面的显例。换句话说，文艺复兴时期的史家看待历史，与古典时期的前辈们相仿，即视历史为政治说教或道德训诲的手段，他们抱持如此目的，就必然会重视历史的表述及修辞的优美。

我们可以看一些例子。同为佛罗伦萨人的皮埃尔·维吉里奥（Pier Paolo Vergerio，1349－1444）尝言，史学应该属于"通才教育"（liberal studies），与道德哲学和修辞（他用的是 Eloquence，直译为善辩）并列。但他认为，史学与后两者相较，具有更重要的地位，因为历史知识对学者和政治家都有吸引力。维吉里奥指出，哲学讲的是大道理，即人们应该做什么，而史学则让人们看到前人做了什么，其中有什么有益的教训可以让人吸取而嘉惠于现在。一个世纪以后的德国人亨利·阿格里帕（Henry C. Agrippa，1486－1535）则将史学与道德训诫的关系，说得更为透彻。他说"史学就是要彰善抑恶，用生动的描述，以时空为框架，为我们展现以往重大事件的教训、过程和结果及君主和贵族的功绩。由此缘故，几乎所有的人都指出历史是人生之师，并从中获益。通过举出各种各样的前例，历史不仅能称颂以往的丰功伟绩，用以激励优秀的人物，而且能劝诫恶人，让他们害怕遗臭万年而不致犯下恶行"。①这些说法，与其他文明中有关历史功用的认知，并无二致。

由此来看，文艺复兴时期兴起修昔底德热，有多重原因，而首先就是修昔底德写作历史，不仅是像希罗多德那样为了保存记忆，而且为了汲取历史教训，希求以史为镜。其次，修昔底德的《伯罗奔尼撒战争史》具有浓厚的悲剧意识；近三十年的战争，使得希腊半岛满目疮痍、尸横遍野。而自14 世纪至 15 世纪意大利半岛的历史，与其有相似之处：虽然商业繁荣、城市发达，但自 15 世纪后半叶开始，各城邦之间又纷争不断、战祸连绵。这一情形，也反映在当时人的历史思考中。路易·勒鲁瓦（Louis Le Roy，1510－1577）在他被誉为"近代第一部文明史"的《论宇宙中各事物的差异和变迁》中指出，他所生活的时代，艺术繁荣、科技发达，在发明和创造上胜于前代。他认为在这些发明中，印刷术和指南针最为重要。但勒鲁瓦

---

① 引自 Kelley，*Versions of History*。

的历史观，又是悲观宿命的。他写到，从历史的经验来看，一个时代的繁荣常常只是一个暂时的现象，因为接踵而来的就是衰世甚至衰亡。"今天的秩序和完美将为混乱所取代，粗俗会取代优雅，无知会取代博学，野蛮会取代斯文。"① 这就是勒鲁瓦的总结。有趣的是，他的论证基础就是他对罗马帝国衰亡历史的丰厚知识。这样的循环论甚至倒退论的史观，与修昔底德和李维，都没有太大区别。不少文艺复兴的史家转向历史著述，带有一种悲天悯人的心情，希图人们能吸取历史教训，避免类似的灾难发生。

其实，文艺复兴既然在本义上是古典文明的重生，则那时的学人有类似于古典作家的观点和看法，并不特别奇怪。但毕竟时代不同了。文艺复兴时期的史学，并不仅是古典史学的再生而已，而是具有一些新的特质，为史学近代化开辟了道路。为了解释这一点，我们还须看一下当时出现的修昔底德热。为什么当时的人对这位古典史家情有独钟呢？修昔底德希求以史为鉴，自然是个原因。但还有其他的原因。在古典史家中，修昔底德对于掌握史实的真实，最为重视也用力最深。如前所述，对于古典文明的兴趣，促成了人文主义和博古运动。受到这些思潮的影响，文艺复兴时期的史家，对于如何在他们的著述中展现历史的真实，比前代人的体会更为深刻。由此，那时的学人不但用经世致用的态度重述历史，也开始通过细致的研究，重构历史的真实。弗拉维奥·比昂多（Flavio Biondo, 1392 - 1463）是其中一个杰出的代表。首先他在史观上，接受了彼特拉克的三段论变化的论点，认为西方的历史从古代经中世纪，正在走向一个新的时代。但更重要的是他用了新的方法来研究、写作历史。与当时的许多人一样，比昂多对古代罗马充满好奇，为此想通过对各种遗迹的研究，重现罗马古城的原貌。他的博古学研究，涉及了多个方面，不仅研究古罗马的建筑和城市建设，从而测绘出古城的地形，而且收集古罗马的钱币、墓志铭和各种古物，以增进他对罗马历史的认识。在这些研究的基础上，比昂多写作了几部有关自罗马帝国衰亡以来的欧洲历史，有的像地理志，对欧洲各国疆域的变迁做了详尽的描述，有的则是比较纯粹的历史著述，但主要采用的是实物史料，而非古人著作的残本。

比昂多的历史著述，是西方史学走向近代化的一个重要标志，是对传统史学的一个突破。这一突破，表现在以下两个方面。第一是对历史证据的重视和新的认识。传统史家自然也希图求真，但他们同时尊崇古人的著作，并

---

① 引自 Kelley, *Versions of History*, p. 271。

引以为据。这在文艺复兴的时代，仍然有所表现。比如马基雅维利的《论李维》，就是以古人的论著为据，阐述自己的体会。而他的《佛罗伦萨史》，则基本以李维、塔西佗等人的著作和他当时人的同类作品为据写作而成。换言之，马基雅维利的历史论著，以寻求历史教训为目的，但较少自己研究的成果。从历史观念上分析，马基雅维利还是以古书为权威，而比昂多及其他人文主义学者，则希望从证据出发来重构历史。

从证据出发写作历史，是比昂多史学实践的第二个方面。基于他对罗马历史和文化的深入研究，比昂多已经看出古罗马史家的著作并不具有权威性，而他所收集的钱币、碑文和铭刻以及他对罗马建筑和城市的认知，或许比前人的著作更具权威，更能反映历史的真实，因而更应该引以为据。他把实物史料引入历史研究领域的做法，影响深远，为以后许多史家所效仿。①比如圭恰迪尼的《意大利史》，在史观上没有比马基雅维利有更多新颖之处，但他注意引用了政府的文献，因而在史学方法上有了创新。比昂多和圭恰迪尼所用的史料自然是不同的，但他们有一个共同之处，那就是注意从第一手史料出发写作历史。第一手史料可以是古物，亦可以是原始文献。而古代史家的作品，则可能是第二手的史料。总而言之，从比昂多开始，历史写作开始力求以研究发现的第一手史料为证，不再完全以古书为据，由此而形成了博古学研究和历史写作的一种交会。这一交会，在当时只表现出一些端倪，将在以后的几个世纪中不断发展、完善。

文艺复兴时期的部分学者不但注意到第一手和第二手史料的区别，他们也扩大了对史料的认识。修昔底德希图以事实为据的做法仍然为他们所尊奉，但从研究古物和古文的需要出发，他们也对希罗多德式的历史著作产生了兴趣，因为正是这一类包罗万象、巨细无遗的作品，能提供他们所需要的有关古代法律、制度、风俗和习惯的知识，为他们鉴定、考证古物和古文的真伪，提供了重要的帮助。因此，那时人对历史知识的兴趣，也渐渐超越了政治、军事活动的范围，而转入了文化史的领域。上面提到的勒鲁瓦的《论宇宙中各事物的差异和变迁》一书，就是一个例子。尽管作者对历史的认知略显陈旧，但他所描述的内容，则林林总总、无所不包，远非"君主之鉴"的作品可以相比拟。

勒鲁瓦那样的作品，在当时并非孤例。他的老师纪尧姆·比戴

---

① 参见 Breisach 的评语，第 161 页。

（Guillaume Budé，1467 - 1540）就是一位知识渊博的学者，精通拉丁文和希腊文，并出版了有关罗马法和希腊文法的著作。比戴利用他精湛的语言学知识考证、鉴定古书，并以此来重建和纠正对古代历史的认识，因此他是一个西方的"历史文献学家"（philologist）。同中国清代的考证学家一样，比戴与他的同行和学生，都以精通古代语言著称，对语言（语法、修辞等）的发展演变有深入的认识，并有深厚的历史素养，因此他们能检验古文献的真伪。这一历史文献学（抑或考证学）①，渊源于人文主义的研究，因为比戴的研究与上面提到的瓦拉对《君士坦丁赠礼》的研究，在方法上有不少相似之处。但历史文献学家不单考察语言的转变，还注意历史的背景。比如比戴除了研究语言，还注意收集古物，对古代的钱币和各种器皿颇有研究，并出版了著作，因此比戴不但是一个历史文献学家，更是一个一流的博古学家。总之，以人文主义为起始，发展出历史文献学和博古学、考古学等学科，由此变化，历史学逐渐从以训诲为目的转为以研究为目的。

当然，即使是以研究为目的、以扩充知识为方向的历史著述，也无可避免地带有功用的目的。就比戴而言，他研究了各种学问，但以诠释、订正罗马法为中心，并由此而声誉卓著。罗马法研究能引起如此重视，自然是因为这一研究最能经世致用。当时注重研究罗马法的还有不少人物。②但研究罗马法的渊源和变化，必须结合其他历史知识，了解罗马社会的文化和习俗等各个方面，无法只重视政治和军事人物的言行。因此，他们就必须慢慢突破修昔底德式的史学。比如瑞士学者克里斯多菲·米尤（Christophe Milieu）在 16 世纪中期出版了《事物全史》（*Writing the History of the Universe of Things*）一书，并宣称"历史是所有人类的知识宝藏"，所以应该无所不包。米尤的"大历史"眼光，让他把历史研究的范围概括为五个层次，分别是自然史、制度史、统治史、知识史和文献（学）史，并认为这几个层次之间，呈现一种递进的关系。由此米尤把文化的发展，视为历史发展的高级阶段抑或进化的结果。③对人类在文化领域的成就的重视，也在吉奥杰奥·瓦

---

① "Philology"一词一般译为"语言学"，比如傅斯年创立的历史语言研究所，其英文的称呼就是 Institute of History and Philology。但从其研究内容来看，西方的 philology 与中国的考证学或考据学传统有很多相似之处，并非"语言学"一词能概括。此处译为"历史文献学"，是一个折中的办法，目的是对中西文化有所区别。

② Kelley, *Foundations of Modern Historical Scholarship*.

③ Kelley, *Faces of History*, pp. 154 - 155.

萨利（Georgio Vasari，1511 - 1574）的名著《艺苑名人传》中得到充分体现。通过写作他那个时代各种艺术家、建筑师的传记，瓦萨利为读者展示了文艺复兴时代在文化艺术领域所获得的巨大成功。瓦萨利本人也获得了两个"第一"的荣耀：他的《艺苑名人传》是第一部艺术史，而他也是第一个正式使用"文艺复兴"这个词语的作者。

综上所述，文艺复兴时期的史学，经历了从古代到近代的逐渐转化。古典史学的传统，在那时获得重生。而在同时，对古典文化的崇敬，又催生了一些新的学问，有助更新人们的历史观、扩大对于史料的认知，进而改进历史写作的方法。有必要一提的是，美洲新大陆在那时的发现、印刷术的普及等，都是这些学术发展的重要背景。譬如新大陆的发现，让人们看到中世纪的世界史和普世史的缺陷，而印刷术的运用，让人们更注意版本的真伪，从而大大推进了历史文献学、博古学等类学问的发展。这些学科的进展，为保障历史著述的真实性提供了一个比较坚实的基础。

四　宗教改革与修史热潮

16 世纪初叶，文艺复兴运动正进行得如火如荼，而在这个时候，又发生了欧洲历史上一场划时代的变革，那就是宗教改革运动。1517 年，马丁·路德，一个虔诚而又执着的基督徒和神学教授，提出了《九十五条论纲》，对教会兜售"赎罪券"提出质疑，由此而引发了人们对教皇和教会权威的讨论。这场争辩（以后又让欧洲布满战火）的结果，不但改变了历史，也改变了历史学。就历史而言，欧洲基督教团体分裂，形成了天主教与新教的对立，并引起了民族之间、王国内部和王国之间的对抗，欧洲历史从此翻开了新的一页。而在史学发展的层面，宗教改革的冲击同样重大。在争辩、对立中，各方都引经据典，以历史知识为武器，论证自己的立场，从而掀起了一场重新修史的热潮。

宗教改革对历史学有如此重大的冲击，并不奇怪，因为马丁·路德引发的论争，其实就是一场有关教会史的论争，其核心问题就是教会和教皇是否在历史上享有无上权威，从而可以无所不为。马丁·路德本人虽然不是历史学家，但对历史研究充满热忱。他尝言：

> 著名的罗马人瓦罗曾说过，教学的最好办法就是在解说一个字的时

候，给一个例子或者插图，两者能让人清楚地理解和牢记。如果说理而不给例子，不管这个道理如何恰当和精彩，它都无法让人清晰理解并铭记在心。历史因此具有很高的价值。……一个会思考的人，便能看到，历史的叙述是一个活水源泉，几乎所有的法律、艺术、贤行、忠告、警示、恐惧、慰藉、力量、教诲、精明、智慧、慎思和各种德行，都源自于此。①

路德提出的《九十五条论纲》，基本都是一些论点，但又以其历史的知识背景为基础。路德在大学时代受过人文主义的训练，对古典文献有所研究。当然，他所注意的是教会史的文献。作为一个虔诚的教徒，路德的史观带有浓厚的宗教色彩。比如他指出历史是各种知识的活水源泉，正是因为他认为历史活动的一切都与上帝的意志有关，反映了上帝的神谕和判断及其对人类前途的整体规划。②这种宗教热忱可以让历史著述充满神迹，但也可以让史家更为尊重历史，从而努力追求其真实性。

就当时而言，路德及其支持者对于上帝和上帝之子耶稣的极端热诚、唯此独尊，激发了他们对教皇和教会权威的挑战。这对他们来说其实是不得已之举，因为兜售"赎罪券"是教皇允准的，因此反对"赎罪券"就是违逆了教皇的命令。那么，教皇是否一直就应该享有如此权威呢？要解答这个问题，必须研究教会的发展史。如此，路德及其支持者在对待教皇的态度上，与意大利人文主义者如马基雅维利等批评教皇，在目的和手段上取得了一致。他们都不满教皇的专横跋扈，又都诉诸历史，希图通过研究和解读历史，来揭示和说明自己的观点。路德在阐说历史的功用时，引用罗马学者瓦罗的话，便能帮助我们认识到文艺复兴与宗教改革的内在关联。如果说人文主义者是为了恢复古典文化，那么路德等新教徒则想恢复古典基督教。不过有趣的是，恢复古典基督教历史的工作，当时也有天主教徒参与其内，如尼德兰人伊拉斯谟（Erasmus，1466－1536），就是一个显例。伊拉斯谟并不支持路德，宗教改革发生以后，仍然没有脱离天主教会。但他用人文主义的手段，考订了拉丁文和希腊文的《新约圣经》等教会历史文献，让教徒们重新认识了基督教的历史渊源和传统。伊拉斯谟因此获得"基督教人文主义

---

① 引自 Kelley, *Versions of History*, pp. 214－215。
② 见 Kelley, *Faces of History*, p. 162。

者"的美誉。同其他古典文献一样，在漫长的中世纪，教会的文献也有遭篡改、增补和假冒的毛病（瓦拉批驳《君士坦丁赠礼》便是一例）。伊拉斯谟等人的成就，使得当时的人渐渐获知早期基督教及其历史演变。

如果对基督教发展的历史稍有了解，那么就很容易看出教会的无上权威和教皇的不可一世，都是后来衍生出来的东西，与耶稣及其早期信徒的行为相差甚远。因此即便伊拉斯谟没有离开教会，他仍然对教皇的骄奢淫逸提出了严厉的批评。所以路德和他的信徒很快就认识到，要想真正驳倒教皇，必须重构历史，剔除所有他们称之为"人为的传统"（human traditions）的东西，也即后人所建立的教会机制及其理论解说，而与上帝和上帝之子耶稣直接沟通。所以新教徒的宗教实践，便以"唯独圣经"和"唯独信心"（相信自己的内心）为特征。他们强调信仰，即与耶稣和上帝在心灵上的交流，不想接受中介物（教会）和中介人（教父）的太多干预。

新教徒提倡这样的宗教实践，以他们对早期基督教的历史的理解为基础。毋庸赘言，在基督教发展的早期，自然不会有像后来那样规模庞大、等级森严的教会制度，教友们之间也享有比较平等的地位。这样的宗教生活，被路德及其追随者视为理想的状态，并用历史事实加以证明、说明。路德的第一个信徒马丁·布塞尔（Martin Bucer，1491 – 1551），便研究了有关早期基督教的历史。他揭示了基督教的发展经历了不同的历史时期，而在早期的阶段，教徒常常仰君主的鼻息而求得生存，根本没有以后教皇所享有的威望和权力。而路德的另一位得力助手和同事菲利普·梅兰希顿（Phillip Melanchthon，1497 – 1560），不但系统阐说了新教的教义，且在各大学讲述基督教的发展史。他还与女婿合作，在一部德文旧作的基础上，用拉丁文编写了卷帙浩繁的《编年史》，细致地重构了他们所知、所信的人类社会的演化史。与中世纪的编年史不同，他们的著作恢复了圣奥古斯丁的传统，将尘世与天国（基督传教及教会的发展史）的历史分开处理。不过，当年奥古斯丁写作《论天国》是为了将基督教的兴起，置于历史长河考察，而梅兰希顿的区分尘世与天国，则是上面提到的新教徒希望剔除"人为的传统"的做法的一种延伸和实践。

梅兰希顿的《编年史》虽然篇幅宏伟，但还不足以成为当时修史热潮的典型。马提阿斯·弗拉奇乌斯（Matthias Flacius，1520 – 1575）是马丁·路德的又一位支持者。他致力多年编写的《马格德堡世纪史》（*Magdeburg Centuries*），从耶稣开始，更为系统、更为详尽地重构基督教会的演变史，篇幅更大。弗拉奇乌斯也有鲜明的观点，认为自耶稣以后，基督教会的演变是一个不断退化、不断堕落的过程。而且他指出，这一退化、堕落的过程，是如此循序渐进，没有什么转折、突变之处，因此他写作《马格德堡世纪史》，只能以世纪为顺序，故此书有此俗称。但他的出发点，主要是为了称颂和赞扬早期基督徒的牺牲、贤德和高尚，以求与以后教皇权力的上升和相应的腐败相对照。有必要一提的是，同为路德的亲密盟友，弗拉奇乌斯与梅兰希顿后来在阐说新教教义时产生纠纷，双方各持己见，损害了他们之间的友情。但在新教徒中，这种分歧和分裂，又十分常见。因为新教提倡"唯独信心"，反对权威和正统，因此新教往往教派林立，不像天主教那样等级有序、律令森严。

新教徒之间虽有争执和纠纷，但他们与天主教会之间的斗争，则更为势不两立。宗教改革以后，基督教会的一统天下被打破（此处开始改称教会为天主教会，以示区别），自然引起天主教徒的不满和仇恨。弗拉奇乌斯的《马格德堡世纪史》认定教皇是反耶稣的，因此首当其冲，成为天主教人士攻击的主要对象。意大利红衣主教、天主教的博学之士切萨尔·博洛尼斯（Caesar Baronius，1538 – 1607）在 16 世纪末开始写作《教会编年史》（*Annales Ecclesiastici*），巨细无漏地反驳《马格德堡世纪史》所述的教会史。博洛尼斯的立场十分明确，那就是用历史来证明，教会的存在和发展都是为了更好地阐释、解说和实践基督教的教义。他沿用传统的编年史来写作此书，已经说明了他的守旧立场。但有趣的是，博洛尼斯为了批驳《马格德堡世纪史》，必须具列可信的历史事实，因此也就需要依赖人文主义的手段，运用经过核实考订的可靠史料为依据。《教会编年史》出版以后，新教人士又质疑博洛尼斯所叙历史的真实性；为了反驳的需要，他们还须从考订、核实史料出发。于是，虽然立场不同，天主教和新教的史家在那时不约而同地采用了人文主义、历史文献学的手段写作历史，使得考订和研究史料成为历史著述的出发点。

不过两派的研究手段虽然相近，但提倡宗教改革的新教人士，在历史观上则显现出明确的不同。更确切地说，路德等人对历史的态度，体现了一种新的历史认识论，那就是看到了时间之变和历史之异。路德及其信徒大致上接受早期基督教教父的学说，但上面已经提到，他们与奥古斯丁等人又有明显的不同。比如说奥古斯丁综合异教和基督教、尘世与天国，其最终目的是证明基督教会的永恒性和超时性。中世纪出现的多部世界编年史，基本都遵循这一思路。而新教人士则大力强调早期基督教和以后教会传统的不同，认为后者是添加的、人为的，由此而引入了一种历史断裂、时代不同的观念和态度。①在这点上，他们与彼特拉克等人文主义者纠正"古今不分"的观念，有异曲同工之处。他们都指出，过去和现在有本质的不同；现代人考察、研究过去，写成史书，是为了重构过去，而不是视过去为永恒、过去与现在为一体。这一新的历史认识论，以后成为近代史学的理论前提。

五　民族史的雏形

文艺复兴、宗教改革的开展，使欧洲基督教的一统天下，由此产生裂变。这一根本性的变动，既产生于欧洲内部，又有外来的因素，那就是美洲新大陆的发现。因此欧洲人的历史观在那时出现明显的变化，并不让人讶异。就历史著述的层面而言，这些变化的直接结果，就是质疑中世纪流行的世界编年史及其背后的普世史的理念。美洲的发现，不但让一块崭新的大陆突然呈现在欧洲人眼前，还让欧洲人知道那里的居民，即居住在美洲的、被欧洲人统称为印第安人的新人类。向来认为上帝创世和造人的基督徒，必须设法将这些新人类容纳于他们认知的世界版图之中。而其中的一个难题，就是如何重新为世界历史纪年，并将世界各种人类都囊括其中。毋庸置疑，这样的世界纪年，是写作普世史的前提。美洲新大陆的发现，让不少学者看到，中世纪史家的历史观和世界观虽然也力求号称普世，但其知识基础非常狭隘。16 世纪初，欧洲人当时在美洲势力的主要代表、西班牙国王查理出任神圣罗马帝国的皇帝，更使得如何解释美洲大陆的存在和美洲居民的（精神或宗教）归属，也即印第安人与其他人种之间的关系问题，被提上了议事日程。当然，要想重构世界编年、重写普世史，还有待时日。但毋庸怀疑，这是一个新的开始。

同时，人文主义和历史文献学研究的深入开展，也暴露了中世纪编年史的纪年问题。比如尼德兰学者约瑟夫·斯盖里格尔（Joseph Scaliger，1540－1609）以博学著称，他对历史文献的熟悉掌握和详尽考订，让他看到中世纪学者对于古代历史和年代的知识大多取自《旧约圣经》，以希腊和

---

① 参见 Anthony Kemp, *The Estrangement of the Past: A Study in the Origins of Modern Historical Consciousness*, Oxford: Oxford University Press, 1991。

罗马为限，而无视了波斯、埃及、巴比伦和犹太文化。结合当时哥白尼在天文学上的新发现，斯盖里格尔希图重建世界纪年的系统。构建新的世界纪年法，其实也就是对传统纪年的否定，至少是做一些必要的调整。而修正和否定传统的基督纪年，也就自然要重塑传统的普世概念。其实，新教学者希图区分尘世与天国的历史，将两者置于不同的范畴考察，就是在这方面所做的努力。

新教学者区别尘世与天国、俗人与教会的历史，在历史观上提出了一个新的挑战。以往的神学史观，认为尘世的存在与演化，无非是为天国的降临铺路。但两者一旦被区别开来，那么尘世历史（也就是一般意义上的人类历史）的变化，究竟具有何种意义、又受何种力量支配呢？于是，有关历史的性质和意义的讨论，便成为当时的一个重要课题。法国学者博丹（Jean Bodin，1530－1596）的《理解历史的方法》（*Methodus ad facilem historiarum cognitionem*）一书，便应运而生了。这本书的篇幅不算大，却对近代史学的形成产生了至少两方面的影响。首先是博丹对历史学的性质、功用和种类的思考。博丹本人是一个法学家和政治思想家，他从自身法律实践的角度出发，论证了历史的功用，认为历史研究的确是"人生之师"、智慧之源泉。换言之，他不认为历史知识只是为了修饰文辞和演说，而是具有独立的、不可替代的价值。博丹指出，历史学范围广大，可以概括为三种，分别是人类史、自然史和神圣史。人类史的主题是人的社会活动，自然史探讨自然界隐藏的规律，然后神圣史记录上帝的无所不能和不朽的灵魂。对他而言，这三种历史有其各自的特征：人类史受控或然率，自然史受控必然率，而神圣史则是神意的展开。于是，认知人类史是为了获得判断力，认知自然史是为了增长知识，而认知神圣史是为了增强信仰。

其次，尽管博丹认为以上三种历史知识有互补的作用，即人类史让人认识好坏、自然史让人辨别真伪和神圣史使人分清虔敬与虚伪，但他写作此书的重点，是探究人类史背后的规律。由此出发，博丹形成了他对历史的基本看法。他的做法是解释过往历史，总结出一些现象。而他探究的手段，则主要是从政治和军事的角度入手。比如他看到，自古代以来，由于气候、环境等因素，北方的民族就一直比较强悍，经常成为入侵者，进犯南方的领土。以英法长年的交恶为例，英国人常能进犯法国，而法国人若不被邀请，则少有能进入英伦三岛的。同样，处于南部的英格兰，虽然貌似强盛，却无法征服处于北方的苏格兰人。由此出发，博丹挑战了中世纪一直流行的但以理的

"四大王朝说"。但以理指出，在天国的人间代理——基督教会——掌控天下之前，尘世由巴比伦人、波斯人、希腊人和罗马人先后称霸统治。重要和有趣的是，博丹批评但以理，不仅因为他有自己阐发的历史发展理论，而且因为但以理的说法得到了路德、梅兰希顿等的赞同，而博丹虽然不满教皇，却没有脱离天主教会。更为重要的是，路德等人支持但以理的理论，是因为他们身为德意志人，认为神圣罗马帝国是古代罗马帝国的再生，而作为法国人，博丹的否定同样杂有民族主义的情感。

其实，宗教改革的蓬勃进行，与民族主义在欧洲的萌芽不无关系。在中世纪的欧洲，教皇以"君临天下"之势，收取各地教徒的什一税，充实自己的金库。教皇虽然号称欧洲乃至天下教徒的首领，但其实教皇的选举，到了中世纪后期，常在南部欧洲人之间轮转。北部的欧洲人，由于地处偏僻、交通不便，则常常被排除在外。宗教改革爆发以后，新教在北方的王国中得到不少支持，便是这个道理。最后，基督教为天下裂，大致以南北为界，就是证据。由此来看，博丹的影响的确是多重和深远的。他不仅帮助提高了历史学的学科地位，而且探索了历史解释的方法。他对政治、军事活动变迁的重视，使得历史研究在走出神学史观之后的很长一段时间内，一直以政治史、军事史和外交史为主流。而他的民族主义情感，让他看到欧洲各民族的不同历史渊源和文化特征，有助推动当时慢慢兴起的民族史学。

以打破天主教会的威权来看，英格兰国王亨利八世由于婚姻问题而与教皇决裂，导致英国教会脱离梵蒂冈而独立，在当时算得上是一件大事。这件事一方面是教皇一统天下局面破裂的有力证据；而另一方面也显示，在这以前教皇权力之无所不及：根据中世纪后期教会的规定，一旦结婚，教徒就不能离婚，贵族王公离婚须经教皇核准。不管国王的动机如何，英国教会借此契机与教皇脱离了关系，为新教在英格兰的普及铺平了道路。由此，英国出现了一些当时颇为闻名的新教史家。他们在接受新教的史观以后，又转而专注记载英国的历史，成为民族史写作的先驱。约翰·佛克斯（John Foxe，1516 - 1587）便是当时的一个代表。他以《殉道者之书》（*Acts and Monuments*）闻名。该书出版以后，英国的新教徒，也即圣公会教友，几乎人手一册。阅读此书让他们看到早期基督徒如何为了信仰，不甘屈服、不惜牺牲的英勇事迹，因而激起他们挑战天主教会的决心和动力。佛克斯写作此书，有宗教的和民族的两方面的原因。就前者而言，佛克斯本人是一位坚定的新教徒，在求学期间接受新教教义以后，也曾受到迫害，但他没有丝毫动摇。他研究殉道者的事迹，就是为了与当时教皇的骄奢淫逸形成鲜明对照，希望基督徒以这些早期的殉道者为榜样，而不是盲目尊奉、服从教会的规则和教皇的指令。同时，佛克斯写作有关殉道者的事绩，又以自 14 世纪以来英国的（新教）殉道者为主。当然，在宗教改革以前，那些人只能称作新教的先驱。而佛克斯注重本国殉道者的做法，使得他的著述成为民族史写作的一个尝试。

在佛克斯同时，还有一位更加注重英国历史的学者，那就是约翰·莱伦德（John Leland，1503－1552）。莱伦德一生的研究，都侧重英国的地方文化、地理和历史，被称为"英国地方历史和文献之父"。他能获得这个荣誉，是因为他多次环游英格兰和威尔士等地，考察人文历史、收集和考订文献、测绘地貌地形，并进行考古研究。他在考察途中做了详细的笔记，以后将之出版。莱伦德的多卷本《游记》（*The Itinerary*）既成为后人研究英国历史发展的重要资料，本身也是历史的著述。它的叙述从中世纪初开始，一直到亨利八世，其中内容丰富、包罗万象，因为莱伦德的意图是编一部《古代不列颠志书》。在他的考察旅行中，莱伦德还发现了罗马的钱币和铭文，虽然他本人未能全部识读，但他的发现和收集至少让人看到，在古代文献的零星记载之外，还有实物史料证明那一段罗马人进驻英格兰的古代历史。

英国民族史的著述，在威廉·坎姆登（William Camden，1551－1623）那里走向成熟。与莱伦德一样，坎姆登是一位博古学家，对古代史充满兴趣，他也是一位历史学家，著有《伊丽莎白一世编年史》。但坎姆登最著名的著作，是他编纂的《大不列颠风土志》（*Britannia*），从罗马时代一直写到他生活的时代。由此，坎姆登堪称英国民族史学之父。坎姆登的著述，不但基于文献史料以及前人如莱伦德的研究，更利用了大量实物史料，充分展现了他广博的博古学知识。坎姆登的口号是"重建不列颠的古代，也让古代拥有不列颠"。他的做法是，变史学著述为一种研究、一门学问，由此而走出史学写作从属修辞学的传统模式。坎姆登的成就，是 16 世纪欧洲学术史发展的一个经典代表。

民族史学逐渐兴起的又一个特征，是当时的学者固然精通拉丁文乃至希腊文，但他们也开始用地方语言写作。换句话说，打破天主教会的一统天下，也包括突破拉丁文的"垄断"，使之不再成为唯一的学术语言。当然这是个渐变的过程。像上述的莱伦德和坎姆登等人，他们常常先用拉丁文写作，然后再由他们自己或他人译成英文出版。值得一提的是，这一尝试并不限于信奉新教的史家。早在 16 世纪初期，后来以《乌托邦》一书而扬名天下的托马斯·莫尔（Thomas More，1478 – 1535），就用拉丁文和英文写作了《国王理查三世史》。莫尔是伊拉斯谟的好友，具有深厚的人文主义素养。他的《国王理查三世史》，文辞优美、叙述流畅、人物鲜明，其人文主义史学的成就，与马基雅维利和圭恰迪尼等人的著作相比，毫不逊色。而莫尔却是个虔诚的天主教徒。他曾是英王亨利八世的秘书，但他强烈反对亨利离婚，因此也反对英国的宗教改革，甚至不惜为此走上断头台。英国的宗教改革，起伏多变，但用英文写作的风气，则已成不可逆转之势。到了 17 世纪晚期，另一位政治上的保守派爱德华·海德（Edward Hyde，1609 – 1674），即克莱伦敦伯爵，写就了一本英文的史学名著——《英国叛乱及内战史》。虽然作者立场落伍保守，但他的英文造诣却为后人所称道。因此在英国和欧洲其他地方，17 世纪之后，拉丁文"一统天下"的局面，已经是明日黄花了。

英国之外，以本民族为题材的历史著述也在欧洲其他地区同时出现。最初涉足这一范畴的史家，以新教徒为多。毋庸赘言，与天主教徒相比，新教的学者在当时是属于创新者，更注重彰显地方和民族的文化及语言特色。除了史学之外，马丁·路德将《圣经》译成德文，为近代德文的形成奠基，便是一个显例。以后欧洲各国都有学者模仿路德，将《圣经》译成他们的语言，以致拉丁文的《圣经》在近代欧洲不再流行，即便是天主教徒也不例外。这些不同欧洲语言版本的《圣经》的流行，自然有政治力量的介入。历史著作的写作，亦是如此。生于卢森堡，后来在欧洲各地游学、任职的史家约翰·斯莱顿（Johann Sleidan，1506 – 1556），是一位与梅兰希顿齐名的新教史家。如马基雅维利写作《君主论》是为了献给梅迪奇家族，证明自己的识见和才智，斯莱顿写作《宗教改革史》，是为了让事实说话，让反对宗教改革的神圣罗马帝国皇帝查理五世，看到宗教改革的渊源发展和历史意义。为此目的，斯莱顿努力采撷可靠的史料、细心铺陈史实，以求历史的真实性。他多年在欧洲各国从事外交活动的经历，让他享有独特的机会，掌握不少旁人无法获知的资料，为他的写作提供了很大的帮助。斯莱顿尽力做到不偏不倚，因此他的著作，甚至让一些新教徒不满，而又得到一些天主教学者的认可。他的《宗教改革史》，以后被译成各种欧洲文字，成为后人了解宗教改革的重要途径。

斯莱顿的做法，与他对神圣罗马帝国的态度有关。虽然皇帝查理五世反对宗教改革，但斯莱顿对查理皇帝仍然颇为恭敬，并视其统治下的帝国为标志尘世历史的四大王朝之罗马帝国的延续。其他出生于德意志地区的学者，无论宗教信仰如何，更是对德意志的历史充满骄傲和兴趣。毕竟，德意志地区是日耳曼人的发源地，而古代史家塔西佗又著有《日耳曼尼亚志》，为这些学者提供了研究古代德意志的重要线索。因此，德意志学者探求该地区的古代文化，往往从评注塔西佗的《日耳曼尼亚志》开始。康拉德·策尔蒂斯（Conrad Celtis，1459 – 1508）、亨利希·倍贝尔（Heinrich Bebel，1478 – 1512）和安德里奥斯·阿尔沙莫尔（Andreas Althamer，1500 – 1539）等都以注释塔西佗闻名，并通过这种人文主义的研究，重建德意志地区的历史。阿尔沙莫尔声称"我们的塔西佗"是"描画、赞赏和称颂德意志"的第一个也是最好的作者。而比图斯·瑞纳努斯（Beatus Rhenanus，1485 – 1547）则想通过评注《日耳曼尼亚志》和写作《德意志史》证明，"德意志人一直享有完全的自由"。[①]

　　如果德意志由于有一本古书而让人骄傲，那么法兰西因在古代曾经是罗马帝国的一个行省，更让法兰西的人文主义学者引以为荣。前述博丹在其论著中，已经透露出民族主义的情绪；博丹对新教史家梅兰希顿和斯莱顿推崇以德意志为主的神圣罗马帝国，表示了不满。博丹的情绪并非毫无根据，因为在他以前，罗贝尔·盖甘（Robert Gaguin，1433 – 1501）就著有《法兰西人的成就与渊源》（*Compendium super Francorum origine et gestis*）一书，记载了法兰西的古代文化。的确，如果日耳曼人有崇尚自由的传统，那么法兰克人的文化似乎也与之相近——在罗马帝国的时代，他们都同样被视为未开化的"蛮族"。法朗索瓦·奥特曼（François Hotman，1522 – 1590）的著作，就以回溯法兰克王国的历史和制度为中心。但与著有《法兰克人史》的格雷戈里不同，奥特曼是一位学养深厚的人文主义者；他的著述剔除了神迹，用事实来重构法兰西的起源，赞赏法兰西法律的传统。奥特曼本人是一位坚定的新教徒，但与斯莱顿一样，他对法兰西历史的叙述，则尽量客观，不夹杂强烈的宗教偏见。不过，他对法兰西民族和历史的热爱，在书中亦纤毫毕露。同样，雅克－奥古斯图·德·图（Jacques-Auguste de Thou，1553 – 1617）是一位天主教徒，与奥特曼亦熟。他写就的欧洲当代史——《我们时代的历史》，用详细的笔墨描述自 1546 年至 1607 年的历史，但以法兰西

---

① Kelley, *Faces of History*, pp. 174 – 175.

的历史为主线。德·图也尽量避免在写作中流露自己的宗教立场，因此受到天主教人士的批评。对此他的回应是："历史学的首要原则就是要揭露假象，其次要勇于揭示真相。"德·图认为唯此才能对后代负责，其著作才会垂诸久远。他在史学上取得的成就，被后人认为代表了当时欧洲的最高水平。①总之，以人文主义和宗教改革的开展为背景，有关法兰西民族的历史著述，层出不穷。除了上述人物之外，艾提艾涅·帕基耶（Étienne Pasquier，1529－1615）对法兰西政治制度的详尽研究，也是推进法兰西民族史学发展的一个坐标。由于这些研究的出现，他们的同代人路易·勒克伦（Louis Le Caron，1534－1613）感叹："法兰西人不用借助希腊和罗马；法兰西自己就有足够的历史来证明其光荣。"②

　　毫无疑问，突破了教会"大一统"的统治，以民族的历史为中心的史学，在16世纪欧洲各地都有显著的进展。但这并不等于说，传统文化已经完全被取代。举例而言，中世纪编纂世界编年史的传统，一直到17世纪末仍有传人，其成果也引人注目，流通甚广。譬如英国那时的有名人物沃尔特·雷利爵士（Sir Walter Raleigh，1552－1618），是英女王伊丽莎白一世的红人，在政界、军界和文学界，都闻名遐迩。不过女王死后，他曾被即位者詹姆士一世长期囚禁。雷利在狱中写就的《世界史》，从上帝创世开始一直写到马其顿王国的衰亡，在形式上与许多中世纪的史著颇为接近，但文采斐然。法国的雅克－贝尼尼·博须埃（Jacques-Benigne Bossuet，1627－1704）则更决意继承、发扬中世纪的史学传统。他历时多年写就的《世界史论述》，亦从上帝创世开始，经七个时期，一直写到查理曼大帝时代，在形式上几乎是圣奥古斯丁《上帝之城》的再版。这两本著作，虽然内容陈旧，但文笔流畅，因此受人欢迎。不过，即使是这些貌似复古的作品，也开始反映时代的变化。比如博须埃论述世界史，已经比较重视人的作用力，也较多地承认人世的进步。毋庸置疑，这些都是史学近代化的痕迹。

（王晴佳，美国罗文大学教授，中国北京大学长江学者）

---

① Kelley, *Versions of History*, pp. 363－365.

② 见 Kelley, *Faces of History*, p. 177。

《近代史家批判》与近代史学批评的兴起

孙立新

一般认为，德国史家利奥波德·冯·兰克（Leopold von Ranke，1795 - 1886）著《罗曼和日耳曼民族史，1494～1514》在 1824 年的出版标志着西方历史科学的开始。然而，至今尚未引起学界足够重视的是，西方历史科学的发轫并非缘于该书正文中的历史叙述，而是该书号称《近代史家批判》的附录①；借助这一附录，兰克不仅在西方史学界首开史学批评之风气，也为史料考证树立了榜样，为历史研究的专业化和职业化开辟了道路。

在《近代史家批判》出版之前，西方人普遍把历史编纂看作文学创作的一个分支，历史编纂者也多为社会各界的业余爱好者，其写作目的或者是褒善贬恶、激励后世，或者仅仅为附庸风雅、博得美名。而在具体写作方面，虽然大都强调记实，但在实际上只有很少一部分人有能力广泛收集和批判地利用史料，揭示历史事实真相；大多数人则习惯于相信权威作者和他们提供的史料，依赖先前作家的作品来炮制自己的史书，也更多地注重人物、事件和情节描写，强调文采、优雅和可读性；还有一些人为了迎合时尚，不惜杜撰、虚构、篡改史实，大肆渲染趣闻逸事和神话传说。很少有人反思前人修史之得失，更没有人把批判地利用前人研究成果视为历史编纂的必要环节。宗教改革时期，新教历史编纂者为了揭露天主教会的腐败和虚伪，论证

---

① 该附录也在 1824 年以单行本的方式，由 G. 莱默尔（G. Reimer）出版社出版发行。中译本见〔德〕利奥波德·冯·兰克《近代史家批判》，孙立新译，北京大学出版社，2016。

新教的正确性和合法性，曾对天主教会的历史编纂进行了严厉抨击。然而，这种史学批评带有强烈的教派偏见，不是客观公正的评论，而是教派论战。

兰克首开全面系统的史学批评之风。他在《近代史家批判》中以"求真务实"为评价标准，运用语言学批判方法，对近代早期意大利、西班牙、德意志和法兰西诸国六十余位历史编纂者进行了深入考察，一方面肯定他们为历史研究所付出的巨大努力，另一方面也指出他们著述活动的不足，并为未来的工作指明了方向。

意大利佛罗伦萨城市贵族，曾任佛罗伦萨城市共和国驻西班牙宫廷使节、天主教会高级官员的弗朗切斯科·圭恰迪尼也是一位历史编纂者，他所写的《意大利史》甫一问世，立即引起极大关注，"几乎完全左右了后人的见解"①，"被看作与古典作品并列的不朽之作"②。对于这部权威著作，兰克不惜笔墨，用三分之一多的篇幅进行了透彻剖析。在他看来，该书根本不配享受人们以往赋予它的荣誉，根本称不上是具有原始资料价值和经过细致研究的杰作。它仅仅是一种加工，并且是一种谬误百出的加工。它的许多内容是作者近乎复制般地从其他著述中抄来的，其中有些内容是错误的，另外一些内容则是值得怀疑的。圭恰迪尼还经常错误地利用甚至歪曲原始资料。他虚构了若干演讲词，篡改了一些条约内容，忽略了许多重要史实，甚至用信仰者的言辞来讲述类似于"奇迹"的事情。就连对他本人的活动的记述也是值得怀疑的。

那么，圭恰迪尼著《意大利史》为什么能够获得巨大成功呢？对此，兰克也做了认真分析。在他看来，圭恰迪尼穿插在行文中的若干议论十分精彩，既彰显作者的胆略和睿智，又是其他人应付类似情况的良好建议。圭恰迪尼颇具天赋地把他本人的亲身体验与适当的一般性反思联系起来，他在解释某一人类行为在多大程度上产生于人与生俱来的激情、虚荣心和自私自利思想方面是一个真正的天才和大师。当时大多数历史著作都是区域性的，自然带有地方特征，是作者根据特定立场和家乡利益而写作的。圭恰迪尼却想在佛罗伦萨建立一个机构完备、设施健全的共和国，使意大利摆脱所有"野蛮人"的统治，消灭世界上的教士专制。他的视野开阔，理想远大，并在自己的著作中对非佛罗伦萨的事件进行了详细论述，对并不直接涉及共和

---

① 利奥波德·冯·兰克：《近代史家批判》，第10页。
② 利奥波德·冯·兰克：《近代史家批判》，第58页。

国的军事行动也加以突出强调。圭恰迪尼还摆脱了所有从教会史角度考察现实世界关系的做法，适应了一种现代精神的发展趋势，而这一趋势在 18 世纪时促成了一种普遍信仰。然而，圭恰迪尼关心的更多是原因和推论，而不是事实本身。他并不讳言自己的实用主义，自视为一个控告者而不是见证人。圭恰迪尼著《意大利史》的确是一部杰出的历史著作，只是其若干叙述未能如实地反映客观事实。

与备受推崇的圭恰迪尼不同，意大利史家保卢斯·约维斯（也称作乔维奥）却在生前身后饱受诟病，被许多人视为说谎者和谄媚者。兰克力排众议，通过考察约维斯对于他的恩人，如教皇利奥十世、哈德良六世和克莱门斯七世的评论，证明他并非谄媚迎合或蓄意诽谤之辈。约维斯还是一位真正能够反映历史实际的作家。他利用身处罗马教廷的便利条件，通过广泛的交际和孜孜不倦的研读，搜集了大量珍贵的原始资料。约维斯还曾特别勤奋地运用地方图绘制学知识，对苏格兰、英格兰、匈牙利、波兰、俄罗斯、波斯和土耳其等地的习俗进行了生动描写。他对拉丁文的娴熟运用令十分挑剔的詹巴蒂斯塔·维柯也深表赞叹。

约维斯的不足之处在于他对事物的认识不够深入，缺少尼科洛·马基雅维利那种敏锐精神。在其著作中，公共事务状况从未被加以探究，政治空空如也。特别是他过分注重可读性，沉湎于雕琢文字不能自拔，而过度修饰经常遮蔽了事实真相。为了保持某种风格，他甚至不惜故意打乱先后顺序。尽管如此，约维斯大大小小的著作包含有大量出自一手、值得信任和非常独特的笔记，构成了认识 16 世纪前半叶的一套完整的百科全书，是作者所研究的那个三分之一多世纪的一座辉煌纪念碑。

兰克还十分推崇西班牙史家格罗尼莫·组里塔，认为他对西班牙档案进行过很彻底的研究。他的著作完全来自公使、战地指挥官、参加者的报道，是真正原始文献性质的，具有证书般的可信性。他的《天主教徒费兰多国王的故事》（完成于 1579 年）相比于其他同类著作是最富有教益的。

组里塔的不足则在于他只把他所掌握的报道汇总了起来，没有进一步使之变成前后贯通、首尾相应的统一体。他忠实于他所掌握的原始文献，以至于把一些极不相同的东西堆积在了一起，把趣闻逸事也编写到法国、西班牙、佛兰德斯和意大利等国最重要的历史事件之中。组里塔还坚决拥护绝对君主制，无条件地支持西班牙国王的各项政策，包括驱逐犹太人的政策。与之相反，他对教皇和神职人员却毫不宽容，认为"反对土耳其的战争和反对教皇的战争完全一样，都是神圣的"①。在论述镇压摩尔人的军事行动时，他有时会谴责希梅内斯，但从未谴责过国王。虽然组里塔没有歪曲、美化或隐瞒事实，但上述也反映了明显的政治倾向。

与意大利和西班牙等国相比，德国的历史编纂要落后得多，人们若想对一些重大事件有所了解，必须去查阅外国人的著作，向外国人"乞讨"本民族的历史。对于造成德意志史学落后的原因，兰克也做了相当深刻的分析。在他看来，原因主要有以下三点：一是德意志人很少参与当时欧洲的重大事务，也不知道自己会从这些事件中受到多么大的影响；二是各邦国诸侯在处理公共事务时，惯于保守秘密，普通民众没有机会参政议政；三是宗教改革使整个民族分裂成两个相互敌对的部分，全民族的注意力都集中于自身而无暇他顾。然而，在德国有价值连城的档案文件、书信、传记、编年史等资料，不仅对于编写民族历史至关重要，对于编写近代欧洲一般历史也不可或缺。因此，兰克大声疾呼："需要有这样一个人，他拥有一定知识，怀揣足够多的推荐信，并且身体健康，愿意走遍德国各地，孜孜不倦地去探寻一个行将没落但又触手可及的世界的残留物。我们为了追寻某些尚不为人所知的禾本科植物不惜深入利比亚沙漠；在我们自己的国家中，我们的祖先们的生活不是同样值得怀着这种热情去探寻吗？"②

在《近代史家批判》1824年单行本前言中，兰克开宗明义地写道："写作本书，我有三个意图：其一是为我在论述罗曼人和日耳曼人历史时所采取的运用史料的方式和方法进行辩护；其二是告诉那些想要全面了解近代历史开端的人，从哪些书中可以找到他们所需要的东西，从哪些书中找不到；第三个，也是最主要的、纯粹学术性的意图，就是尽我所能，为近代历史搜集一些未掺假的资料，对现存有关近代历史的较早著作的性质和价值做认真细致的鉴定。"③ 由此可见，兰克主要是从搜集历史资料的角度开展史学批评的。他也凭借丰富的语言学、文学、神学和历史学知识，运用排比、联想、推测等手段，对涉及近代史开端的若干史料进行了严格甄别，不仅找出了一些真正能够反映事实真相的原始记录，还提出了一整套辨别史料真伪的方法，为近现代史料考证学奠定了基础。

---

① 是为组里塔引用西班牙史家贡扎尔的一句话，见利奥波德·冯·兰克《近代史家批判》，第190页。
② 利奥波德·冯·兰克：《近代史家批判》，第251页。
③ 利奥波德·冯·兰克：《近代史家批判》，第111页。

兰克指出："在考察那些被我们一致视作史料提供者的描写实际发生的事件的历史编纂者的时候，需要提出的第一个问题就是：他们是不是事件的参与者和目击者，或者他们仅仅是同时代人而已。"而在利用其著作之前，"人们必须问一问，它所提供的情报是不是最原始的？如果是借用的，又是利用什么方法借用的？是以何种研究方式把借用的资料吸收消化的？"① 兰克相信见证人的报道——如日记、书信、使节报告等——是最重要、最可靠的史料。他也经常引用这些史料，反驳各种各样的错误观点。

但也应当看到，兰克并不是无条件信任事件参与者和目击者，而是主张根据其写作动机和写作方式判断其著作的史料价值。例如圭恰迪尼身居要职，参与过许多重大事件，有条件对已发生的事件进行直接观察，但他倾向于理论思考，热衷于探讨政治原则，在写作历史著作时，并不考虑真实性问题，也没做任何调查研究，因此，他的著作并无多大史料价值。

即使是一些被人引用的原始文献本身也需要进行考证，以便确定其真实性。在此，兰克运用了一系列方法进行史料内证，得出了许多令人惊叹的结论。首先是语言文字、修辞方式和具体内容分析。兰克把圭恰迪尼著《意大利史》与加利亚佐·卡普拉著《米兰公爵弗朗西斯光复原位记事》两相对比，发现圭恰迪尼对某些历史事件的描写与卡普拉的描写完全相同，几乎是逐字逐句地把后者的拉丁文翻译成了意大利文。就是在与卡普拉有出入的地方，圭恰迪尼也以后者的著作为叙事的基础。而在抄袭而来的内容中，有的无疑是错误的。

兰克还看到，许多人将西格蒙德·冯·比尔肯在 1668 年编辑出版的《奥地利大公世家的荣誉见证》视为汉斯·雅科布·富格尔的原著。但是通过考察，兰克发现，比尔肯著作中的部分语句均是 17 世纪的惯用语，由此断定此书出自 17 世纪而非 16 世纪，也就是说并非富格尔的原著。

在讲述"弗拉施滕兹战役"时，皮尔克海默尔对海尼·沃尔雷本做了如下描述："手持叫作 halapardam 的长柄双刃斧，斜抵敌人的长矛，使他们很长时间都难以脱身，直到被很多长矛刺穿，最终倒下。"② 但在兰克看来，这是经过文学加工改写的阿诺尔德·温克尔里德的历史，绝不是对于沃尔雷本阵亡情况的真实写照。

---

① 利奥波德·冯·兰克：《近代史家批判》，第16页。
② 转引自利奥波德·冯·兰克《近代史家批判》，第196页。

又如内布里萨在写作涉及天主教国王费兰多一系列活动的《十卷书》时，运用了许多维吉尔诗句。他还以古代文学家描述埃帕米农达之死的方式，详细讲述了帕谢科的死亡过程。鉴于此，兰克指出，此类描写不是历史编纂，而是文学创作。

兰克还根据常理和已知事实，揭露伪造的史料。费兰特·贡扎加写给他远在曼图亚的兄弟的书信可谓最重要的原始文件，但在兰克看来，这些书信根本靠不住。因为兰克看到，贡扎加称其兄弟为 Eccellenza vostra（阁下），并且他在信中只讲了一件事，这是不符合常理的。兰克质疑道："费兰特怎么会用这样一种精致典雅的风格写信？因为有许多许多事情等待处理，他怎么会只讲那一件事而对其他事不闻不问呢？"①

贡扎加写于 8 月 4 日的第三封信包含有最重要的内容，但它讲的一些事情与已知事实不符。他说，"前天"，也就是 8 月 2 日，"坎乔·奎尔乔出来面见奥拉尼的诸侯并且再次被派进去，然后又出来了"②。但实际上诸侯已在 1 日离开了营地，2 日已经到了达皮斯特亚。这些事实足以证明该信是伪造的。

兰克还根据情理和可能性，推测成因，判断真伪。他看到，在由鲁谢利编辑出版的《王公书信》中有三封注明作者为卡耶坦的红衣主教（即托马斯·德·维奥）的信函。萨比努斯和施莱丹均以这些信函为依据来描写卡洛斯一世当选"罗马—德意志人国王"事件。但仔细阅读这些信函，人们可以发现，红衣主教向教皇利奥十世汇报的尽是教皇本人肯定早就熟知的事情。一位通晓世事的红衣主教竟敢向同样通晓世事的教皇半真半假地汇报这些尽人皆知的事情，这是完全不可能的。仅此一点就可以说明这些书信纯属伪造。

皮特鲁斯·马提尔编辑出版的书信的原始性也值得怀疑。兰克指出，这些信件，尽管是写给不同的人，却没有特别的重复和间断，而是以一种连贯性来叙述事件。马提尔像一个预言家那样，能预先看到一些事情的结局。甘地亚的公爵是在 1497 年 7 月被谋杀的，然而马提尔似乎早在 1497 年 4 月就知道了此事，并讲了出来，甚至还讲了此事产生的后果。这些书信大概是经过了加工，作者在加工过程中把原因和结果有机地联系了起来，并且，凡是

---

① 利奥波德·冯·兰克：《近代史家批判》，第132页。
② 利奥波德·冯·兰克：《近代史家批判》，第133页。

他认为重要的事情，都通过用比较重的语气和措辞，加以突出强调。无论作者想在什么时候写和怎样写，这些书信绝不可能是在当时写的，也绝不可能是如此写的。

马利纽斯·西库鲁斯著有 21 卷本著作《西班牙难忘之事》，在书中列举了若干长篇大论的演讲词。西库鲁斯还声称自己满足于把亲身参加过战斗的贡扎尔·德·阿维拉和约翰·洛赫伯丁的报告从西班牙文翻译成拉丁文，以示其描写的真实性。但在兰克看来，即将奔赴前线的勇士们根本不可能构思出这些演讲词，纯粹是历史编纂者的修辞学装饰。

对于当时历史编纂者经常在自己的书中插入一些演讲词的做法，兰克推断，这样做主要是出于对古人的模仿。在当时的高级和低级学校内外，人们热衷于练习写作和发表谈古论今的演讲。学者们也十分迷恋古人的写作方式，主动迎合李维的风格，在历史著作中添加许多演讲。有的人则通过杜撰的演讲词，表达对时局的见解，煽动民众拥护自己的主张。无论怎样，它们均与记录历史事实的历史文献毫不相干，纯属编造和虚构。

孤证不为成说。兰克在否定或肯定某一观点时，大都列举多种见证人意见一致的记录，有时还列举有说服力的旁证，以便加强自己见解的说服力。例如在驳斥圭恰迪尼把加利亚佐·圣塞韦里诺描绘为懦弱的背叛者（1499年征服米兰事件）时，兰克就不仅参阅了洛多维科·斯福扎本人写的一份报道，而且参照了罗斯米尼在《特留尔乔的生平事迹》一书中公布的书信和另一份材料。按照这些见证人的报道，加利亚佐自始至终都在其主人的鞍前马后，并且当所有事态都发生了出人意料的变化时，他不顾个人生命安危，勇敢地骑马冲到他的国王前面，不幸在帕维亚战役中身亡。兰克指出："对于这样一位历史人物，我们必须去掉所有恶意的攻击。"①

对于圭恰迪尼自我陈述的他在一些事件中发挥的重要作用，兰克也根据贝莱、卡珀桑、卡珀拉、那尔第、瓦尔奇、内尔利和约维斯等多人的记录，提出了严重质疑。

兰克学识渊博，洞察入微，探究深入，辨析细密，评判合理，其史学批评和史料考证体现了高度的学术见识和学术水平，不仅受到人们的普遍认同，也逐渐形成一种历史研究规范。时至今日，中外史家已在许多方面对史

---

① 利奥波德·冯·兰克：《近代史家批判》，第42页。

学批评或"史学评论"达成了共识，承认史学批评是"史学发展的内在动力"①，对于历史研究和历史编纂具有重要的"调节、规范、引导"② 作用。任何人，要想成为合格的历史学家，都必须接受严格的专业培训，掌握丰富的历史知识，熟悉前人研究成果，具备史料考证技能。而在写作某一历史著作时，也必须首先进行全面系统的学术梳理，提出有价值的研究课题，充分积累经过核查的可靠资料。历史研究由此成为主要由专业人士构成的活动领域。历史著作也由此获得了高度的权威性和神圣性，足以抵御业余爱好者的拼凑作品或普及读物的侵犯。

（孙立新，北京师范大学历史学院教授）

---

① 吴泽：《史学概论》，安徽教育出版社，1985，第 332 页。
② 李振宏：《历史学的理论与方法》，河南大学出版社，1999，第 443 页。

中国史问题研究

国际史学研究论丛

（第 2 辑）

关于"新清史"的对话

赵轶峰 等

美国史学界提出的具有考察清代历史的视角与方法性质的一系列论说，在美国和中国学术界引起愈来愈多的关注，评论者一般将这种研究取向和相关学者统称为"新清史"（New Qing History）。近来，中国学术界对"新清史"的评论明显增多，被视为"新清史"学者的柯娇燕（Pamela K. Crossley）、欧立德（Mark C. Elliott）也以不同方式做出了一些回应。近日，东北师大的一些师生就"新清史"以及相关的评论做了专门研讨。现将研讨过程中涉及的在我们看来具有理论方法方面意义的话题，以对话形式整理出来，希望与更大范围内关注此类问题的学者进一步交流。

一 "新清史" 新在何处？

宋兴家：罗友枝（Evelyn S. Rawski）于 1996 年当选美国亚洲研究学会主席之时发表演说，批评何炳棣关于清朝汉化的观点，随后何炳棣撰文进行反驳。这次争论之后，美国学界在清史研究中对于满洲因素持续关注，出现了一批强调清王朝的满洲特性，以满洲为中心视角研究清史的论著。卫周安（Joanna Waley – Cohen）在对相关著作进行评述时将之称作"新清史"，欧立德也将自己的研究称为"新清史"。此后这一用法为美国和中国学者所沿用，成为指代这些学者及其著作的通用称谓。"新清史"研究与之前的清史研究相比，有哪些根本性的差异？

常文相：一般认为，强调"满洲因素"和运用满语文献是"新清史"

的突出特点。但是，正如一些学者指出的，强调清朝历史的独有特性在前人研究中已经有所体现，"新清史"学者也不是发掘、利用满语文献的最初倡导者。除此之外，"新清史"所使用的概念与克服欧洲中心主义、全球史、新文化史、征服王朝论有关，也涉及关于帝国、国家、民族主义的一些理论，其个别主张甚至与近现代日本为分割中国张目的"满蒙独立"说相近。这样看来，"新清史"的"新"体现在何处，的确是需要推究的。相较于中国学者通常采用的中国历代王朝延续、民族融合的视角而言，"新清史"通过刻意批判清朝的"汉化"而突出了清代与传统中国的断裂以及"帝国"扩张的性质，这能否构成"新清史"异于其他学术派别的要点？

赵轶峰："新清史"是一些评论者用来指称美国 20 世纪 90 年代以来罗友枝、欧立德等人代表的清史研究方式的称谓。欧立德本人认可这个称谓，但被普遍认为同属这种研究范式代表者的柯娇燕则明确表示不认同这个称谓。柯娇燕认为她的研究与欧立德的研究有重要的区别，统称为"新清史"可能会导致忽视这种区别。她似乎也不愿意看到自己的研究被冠上一个易于导致简单化理解的标签。我们应该尊重这种申明，注意"新清史"学者的学术主张并不是完全没有差别的。不过，在我看来，柯娇燕与罗友枝、欧立德、米华健（James P. Millward）等"新清史"代表人物学术理路和主张的共性显然存在，而且共性大于差异。关于"新清史"的评论、访谈已经很多，"新清史"学者自己也做过很多说明，所以要归纳其共同的主要学术主张，并不复杂，但要判断这些学术主张在何种意义上构成新的创见，就要将其放置到清史研究的长期历程中，甚至放到现代历史学发展的历程中考量，才能比较明晰，这是比较复杂的。

罗友枝就职美国亚洲研究学会主席时发表的题为"再观清代"（"Reenvisioning the Qing：The Significance of the Qing Period in Chinese History"）的讲演，可以被视为"新清史"的标志性言说——柯娇燕不久前在看到徐泓先生对"新清史"的批评性评论之后再次表示支持罗友枝的言说，她和其他一些美国清史研究者将一如既往地追随罗友枝来研究清史。此外，我们迄今没有看到任何一位"新清史"学者对罗友枝的那篇讲演提出批评或者表示有保留意见。罗友枝那篇讲演的核心是反对以"汉化"来理解清朝的"成功"，主张更换视角，把清朝的"满洲性"作为理解清朝"成功"的基本原因和理解清代历史的基点。学习满语、注重使用满语文献，其实是前述主张必然的文献学路线。欧立德前不久也在台北中研院做了一次题为"A

Reflection and Response to the New Qing History”的学术讲演。他将“新清史”主张概括为：①清朝统治的内亚维度（Inner Asian dimensions of Qing rule）；②使用非汉语文献（Use of non-Chinese language sources）；③比较世界史语境（Comparative world historical context）。同时，他否认批评者指出的“新清史”曾经将清代历史仅仅归于满族的历史而忽视汉族的思想文化在整个中国的主体作用，甚至走到清朝不等于中国的极端的说法。但是，至少罗友枝1996年的就职演说的确是明确提出清朝不等于中国的，甚至连中华民国疆域的合法性也不认可。该演说现在很方便读到，中国评论者在这一点上并没有误解她。她本人也没有就相关的批评出面解释。欧立德在台湾讲演之后，听众中有人指出，“新清史”的主张并没有超出日本学者早已提出的主张范围之外，欧立德没有否认，并且当即指出，“新清史”提示学术界关注日本学者在20世纪前期提出的一些看法是有意义的。这实际上表明了“新清史”与20世纪二三十年代日本学者的中国观有直接的渊源关系。

在发前人所未发的意义上来理解“新”，基于“新清史”的代表作以及上述情况看，“新清史”不是崭新的研究理论或取径，而是一种融汇起来的研究方式。在中国历史研究中关注现在“新清史”所说的“内亚”区域，在晚清时期就已经展开，民国时期大有进展。拉铁摩尔（Owen Lattimore）于20世纪30年代完成的《中国的亚洲内陆边疆》（*Inner Asian Frontiers of China*）是那个时代西方学者中国研究中专注“内亚”区域的诸多著作中的代表作。费正清（John K. Fairbank）主导哈佛大学亚洲研究的时候，一直在中国历史研究中纳入“内亚”视角，直到他在1994年出版的最后一部著作《中国新史》（*China：A New History*），“内亚”依然是他解读中国历史变迁多重视角中的一个。魏特夫（Karl A. Wittfogel）的“征服王朝论”中的那些所谓征服王朝，也是从“内亚”走出来的。在美国亚洲学会会刊《亚洲研究》（*The Journal of Asian Studies*）中，“内亚”研究长期以来是书评部分的一个专门板块。日本学者的中国史研究，也早就与对亚洲腹地的研究相关联。所以，“内亚”视角，既不是“新清史”率先提出的，也不是“新清史”率先实践的。不过，我们还是应该看到，“新清史”之前，中国史研究学者们以从中国视角看“内亚”为主，用拉铁摩尔的话说，“内亚”是中国的“亚洲内陆边疆”，而“新清史”则把整个清朝纳入“内亚”，“内亚”视角支配中国视角。即使没有前述罗友枝在那篇讲演中明确地表达清朝不等于中国的观点，“新清史”的其他研究也大大弱化了清朝历史的中国历史属性，并且在许多方面将相关的描述大大细化了。在这种意义上，"新清史"与前代学者不同，"新清史"主张中最具争议的地方，也在这里。

"新清史"倡导使用非汉语文献，本身也不是创见。中国新史学兴起之初，就强调新史料的发现是史学进步的重要助力，凡有助于发现和澄清历史事实的资料，都应尽量取用，包括传世的与出土的、域内的和域外的资料与实物，都应纳入视野，其中自然包括满文文献。日本学者很早就关注满文文献，中国台湾学者在 20 世纪曾做过大量满文文献的翻译整理工作，我自己在 20 世纪 80 年代也曾学习满语，到第一历史档案馆翻译档案，只是不及其他许多人坚持得好。一些学者指出"新清史"学者自己的研究中并没有如他们倡导的那样大量有效地使用满文文献，这基本是事实，但也无须视为什么问题。满文文献既然有助于清史研究，即使提倡注重者自己做得不够，也不至于使其倡导本身构成问题。当然，这里要注意到两点。一是"新清史"提倡使用非汉语文献的主张，与他们刻意淡化清朝的汉文化色彩有关；二是对于清史研究说来，汉语文献与非汉语文献都是重要的，而且任何人穷其一生都不能把相关的汉语文献读完，所以过分强调使用非汉语文献可能导致对汉语文献的忽略。

至于"比较世界史语境"，主要是指将清史置于世界史中与其他对象做比较及关联的审视。这当然也不是一种新颖的研究方法。清史对于中国历史学家说来是本国史，如同战后美国史对于美国历史学家说来是本国史一样；而对于美国历史学家说来，清史是外国史的一部分。各国史学界无论在研究还是在教学体系中，都把本国史单独突出，加细研究；对于外国史，则区别其重要性，归为比国家更大的区域单位——如东亚、东南亚、"内亚"、西亚等来研究，有时干脆把外国史笼统作为世界史。美国学术界对中国历史的研究，就一直比中国学术界对中国历史的研究更大程度上取区域史乃至世界史的方式。而且，在斯塔夫里阿诺斯（Leften S. Stavrianos）、麦克尼尔（William H. McNeill）等人的全球史研究中，中国史更被置于世界历史普遍关联的视角下来考察。这并不是在说"比较世界史语境"缺乏意义，只是说这并不是"新清史"的创造。

二 "汉族中心" vs "满族中心"

谢进东：罗友枝在她的美国亚洲研究学会主席就职演说以及所著 *The*

Last Emperors：*A Social History of Qing Imperial Institutions*（中文译本为《清代宫廷社会史》）中提出，清朝之所以成功，原因在于它在许多方面采取了与汉族统治王朝相反的政策，把征服者与被征服者分别开，依靠一套让各不同群体相互监督的政策来进行统治。与此同时，罗友枝在书中也提到了清朝统治中的汉族因素，比如清统治者以汉族皇帝为榜样来塑造自己的君主形象、建立汉族风格的王朝、求助汉族精英来统治明朝的疆域、采用汉族的继承原则和汉化的官僚政治原则、采纳儒家的礼仪等。既然看到了汉族因素，罗友枝为什么还特别强调，是非汉族因素成就了清朝统治的成功？那种以汉文化为中心，过于强调满族汉化而忽略满族特质在清代统治中作用的做法固然欠妥，但"新清史"以满族为中心，过于强调满族特性而缺乏整体的中华文化观照的研究路数是不是陷入了"满族中心论"？文明史的研究方法是否能够在突破欧洲中心论、中国中心观、满族中心观纠结方面取得进展？

常文相："新清史"的一个核心论点是，清朝政权建立在征服精英的非汉族特征基础上，以满洲为中心而拒绝和抵制"汉化"，有效保持自身的满洲认同，并利用与"内亚"部族比较密切的关系，以不同的行政方式管理不同的民族和地区，因而获得巨大的成功。这一看法在促使中国学界避免清史研究中的"汉族中心主义"偏见，重新审视少数民族在中国历史上地位的同时，无疑又模糊了对于中华文明发展共时性与历时性相统一历史趋势的理解。"新清史"学者似乎过分固化与凸显了某一特定历史时空下少数民族与汉族在文化和信仰系统上的差别，夸大了少数民族发扬本族文化与接受汉族文化的矛盾性，而忽视了将两者放置在同一个文明体系中从而对其演进历程进行长时段动态考察的必要性。其实何炳棣也指出，汉化是一个持续的进程，中国人不断吸收外来文化，丰富了汉文化的内涵。而今天的中国学者也往往表示应该以统一多民族国家即中华民族共同体而不是单一"汉化"的视角来看待此类问题。当下重提"汉化"是否是清朝成功的关键这样的问题是不是仍然有意义？

李小庆："新清史"与其批评者的分歧之一，在于对"汉化"的不同认知。"新清史"反对"汉化"视角的论说过于偏颇，但是"汉化"视角本身是否也存在问题？因为"汉化"容易让人产生其他民族被汉族同化的感受。在历史上，所谓"汉化"并非全然是单向性的，而是交互影响的过程。只是汉族文明程度较高，因而能够在吸收并深刻影响其他文化的同时，保持自身文化的独立演化路径。如果用"汉化"论来概括中国中古历史演变进程确实存在一定的问题，那么，是否存在一种基于史实而不是像"新清史"那样依托理论建构来有效阐释中国历史演进历程的概念体系或理论？

刘波：罗友枝在《再观清代》中认为，汉文文献中的皇帝具有儒化君主的形象，但通过满文文献的梳理，可以看出他们更加真实的一面，即清代君主采取了内外有别、分而治之的政策，它表现在对内采取官僚体制进行管理，对"内亚"地区则采取宗教认同和结成同盟的措施。如何理解罗友枝指出的清朝统治者统治中原与"内亚"地区的政策差异？

赵轶峰：中国史研究中存在强调汉族主体作用、忽略少数民族作用的现象。这与中国传统史学一直有一种正统意识相关，与现存历史文献绝大多数以汉文书写相关，也与汉族聚居区在历史上始终处于经济、文化、社会发展的核心区地位相关。在这种情况下，适当地加强对边疆地区和聚居于边疆地区人群的研究，是学术研究深入、细化的表现，是理所当然的。其实，中国大陆学术界主流，早就不使用"汉化"概念，而是用多民族共同历史的概念来阐释中国历史的变迁。白寿彝先生总主编的多卷本《中国通史》开篇第一章就是"统一的多民族的历史"。近年的清史研究，也愈来愈注重满族和其他边疆少数民族的角色和作用，成果也很显著，持续下去，自然会趋于周至。"新清史"主要基于美国中国史研究的语境发论，直接针对何炳棣先生早先强调"汉化"在清史中作用的论说，采取近乎将观察视角颠倒过来的方式，把满洲因素作为一种统摄概念来透视整个清代历史，结果更大幅度失离了历史的真实。学术界在这方面对"新清史"所做的批评，虽然包含一些过激的言辞，总体上却非无的放矢。"新清史"之所以采取这样的方式，与前面提到的美国学术界更倾向于把中国史纳入世界史的方式有关，与现代学术过分强调新意而不够注重笃实有关，也与 20 世纪后期以来后现代主义史学等新思潮过度强调历史学的解释性有关。此外，则与 20 世纪日本史学界一些人，如内藤湖南等，为解构中国而发表的关于中国历史的言论之影响有关。内藤湖南等人关于中国历史的言论在诸如《剑桥中国史》相关卷次中被大量征引、参照，在"新清史"学者的著述中经常可以看到，欧立德不久前在台湾的讲演甚至重申了这种渊源关系。他们完全没有正视内藤湖南等人中国观中的问题。内藤湖南等人用似乎为学术性的文辞，从中古时期描述下来，建构了一种论证清朝崩溃以后其疆域应该被分割的主张，其学术理路缺乏实证基础也混杂着许多逻辑谬误，显然是为日本侵略中国合法性张目而刻意构造起来的主观性极强的说法。关于这个问题的深入分析，可以参看东北师大黄艳博士最近完成的学位论文《内藤湖南"宋代近世说"研究》，这里不去详论。此前，学术界对内藤湖南代表的论说体系也有批评，但并没有进行彻底的剖析。"新清史"学者或者是没有能够看透此种言说的学术谬误与现实意图，或者是服膺其说，或者是虽然看透却因某种考虑依然将其承续下来。

　　无论汉族中心论，还是满洲中心论，在清史研究中都是从出发点就偏颇的取向。这在一般意义上，已经多位学者反复论说，无须再讲。问题是，研究清史采取怎样的视角可以有效地避免此类偏颇？在这一问题上，我主张采用中国历史的文明史观，相关的主张，在我和赵毅共同主编的《中国古代史》的序言和体系安排中已经表述出来。该书出版后，我又发表过几篇论文深化相关的看法。概括地说，中国是以中华文明为基础形成的国家——并不是所有国家都是如此。我们在审视和讲述现代以前的中国历史时，更多地将之视为一个文明，即一个规模宏大并延续长久且具有独特文化精神的社会共同体。这个共同体在文明形成的早期就形成了一个经济、文化和社会组织性比周边更发达的核心区，后来的发展长期处于此一核心区与周边区域互动的关系中，相互依赖、竞争、往来，而其基本趋势是融合。中华民族、中国国家组织体系、中华文明文化精神与特色，都在这种核心区与周边区互动的格局演变中不断地发展变化。到了清代，中华文明核心区与周边区被纳入一个统一的政府权力管理系统，形成了清代中国这样一个包容多民族的国家——社会共同体。"新清史"在提出以满洲性解释清代的"成功"时，是首先提出"汉化"不足以构成中国历史上疆域趋于扩大的根本原因，进而提出满洲性为清代中国拥有广大疆域并统治两百多年之根本原因说的。他们似乎偏向于单一因果作用思路，而没有去考虑结构性的多元相互作用关系。在文明研究的视角下，清代中国是一个文明覆盖区域与行政管理体系基本重合的社会共同体。这个共同体当然是一个国家，而不是一个中原王朝与一个内亚帝国连体的怪物。这个国家自然也不是单一民族国家，而是一个"族群国家"，即相互关联、依赖的多个狭义民族组成的文明共同体国家。注意我这里所说的这种"族群国家"中"族群"之含义，与"新清史"所说的被翻译为"族群"的 ethnic group 不同。后者是单一民族或部族共同体，而我说的则是多民族、部族构成的共同体。这种在大文明共同体长期互动、融合运动中逐步推演而形成的族群国家如果持续长久，其公共权力就只能是多民族共同参与的，否则就成为某一单一民族的强力统治体，就不可能长久。清朝统治上层的确是满洲占优越地位的，这个集团在明后期政局混乱局面中提供了一种组织机制，但其建立统一权威的过程伴随着无数与达成社会稳定局面所必需的社会势力之间的妥协，而其中最重要的是获得汉族社会的逐步认可。此间必需的条件是认同中华文明核心价值体系和基本组织方式，保留一些满洲文化习俗和行为方式是自然的，在边疆区域采用因地制宜的制度和政策体系也是自然的。在这样的过程中，梳理、呈现、分析满洲特色的作用，是合理且必要的；一定要判定满洲性是清朝"成功"的根本原因，则是机械化和预设支配的。

三 全球化视角、帝国、民族国家与民族主义

谢进东：欧立德等在《21 世纪如何书写中国历史："新清史"研究的影响与回应》一文中指出，"新清史"学派的一个重要方法论就是强调全球化的视角，即主张将清史纳入世界历史或是"全球史"的范畴来研究，将其作为一个帝国与世界同时代的其他帝国进行比较分析。但他们呈现的，是一个将清朝与中国拉开，片面强调满洲人的族群认同，避而不谈满洲人中国认同的画面，这种缺乏中国关照的全球化视角是可取的吗？

梁曼容：欧立德指出，"新清史"的独特任务"是挑战大汉族中心主义的叙述，以其他的范式（如帝国主义和殖民主义）去探索过去，以及从边缘的观点审视历史发展……这个理论倾向，让新清史对中国这个'国家'而言，具有潜在的颠覆性，从中开启了'什么是中国''成为中国人是什么意思'等问题。但也就是借着提出这些问题，新清史因而可以超越陈旧的汉化解释，更深入满洲统治中的重要问题"。"新清史"为什么提出"什么是中国"这样的问题？帝国主义和殖民主义这类概念在清史研究中是有效的吗？

闫瑞：罗友枝认为，清朝的统治是一种融合了"内亚"地区和汉族地区意识形态等因素的新的统治方式，这种方式是清朝取得巨大成就的关键。在《新清帝国史：清朝在承德所建立的内亚帝国》（*New Qing Imperial History：The Making of Inner Asian Empire at Qing Chengde*）论文集中，米华健、欧立德等人也将清朝看作一个内亚帝国，承德在实际上和象征意义上是"内亚"的首都，有与北京比肩甚至重于北京的政治地位。"新清史"有意

将清朝描述成内亚与中国内地（China Proper）两部分的组合，但是，清代的东北、蒙古、西藏、新疆是否融合成了一个联系紧密度与清朝内地各省之间关系密切程度相媲美的实体，内亚是不是一个真实的历史实体？清代皇帝在承德处理与蒙古、西藏等地相关的政务就意味着承德是内亚象征意义上的都城吗？此外，"新清史"学者多认为中国学者的研究有民族主义色彩，质疑其研究的客观性。罗友枝就认为何炳棣是个"无可救药的不自觉"的民族主义者。欧立德认为中国的历史研究在20世纪30年代是多元阐释的，后来被一个中国主要政党维护新国家领土统一的民族主义声音掩盖，"新清史"就是要把研究回归到历史多样性和偶然性的话语中。但是，民族国家是现代世界的现实，人生活在不同国家，便自然会对自己归属的国家有特殊的感情。完全客观的历史研究不可能存在，学者必有其学术以外的一些预设。问题是，怎样才能把握民族主义在历史研究中的合理界限？

常文相："新清史"认为，清朝作为一个帝国的统治目标不是构建一种由民族到国家的统一认同，而是允许不同民族的多元文化在一个松散的人格化帝国内共存。清朝管理体系包含有八旗、郡县等多种模式，从而把不同地区的不同人群纳入同一个中央集权政府控制下。由于缺少较高层次的民族与国家认同，满汉之间一直存在根深蒂固的紧张关系。乾隆皇帝尽管在处理汉族事务中遵循了儒家思想，但只是一种策略性的运用，并没有把儒家思想当作统治的主导思想和文化基础。事实是否如此？在清朝皇帝的心目中，中国与天下是否是相互区隔的概念？继承儒家文化与首崇满洲是否构成冲突？超越了中国文化的帝国政治实体概念是否有潜藏被抽空、解构的危险？

赵轶峰：历史研究可以运用多种视角，不同视角有不同的透视潜力，也有各自的盲点和弱点，因而历史研究者要在取用某种视角的时候，把握其适用范围，不能以为某种视角能够透视一切，优于所有其他视角。全球史是一种宏观的世界史研究视角，偏重于从人类历史普遍联系的基点出发，考察各个文化、社会、文明、人群在历史演变中的相互关系。这种方式，在研究早期历史时不及研究晚近历史时有效。因为早期人类历史中的全球性关联是微弱的、断续无常的，关于类型和相似性的分析要多于关于直接关联互动的分析。晚近时代，尤其是14世纪以后时代，人类历史快速地联结成为互动网络，全球视角的分析效能就大大增强。20世纪以后，"地球村"这种比喻词汇应运而生，全球化视角对当代世界的研究就更重要了。但是，即使在"地球村"的时代，不同地区、国家的历史固然受普遍联系的影响，但毕竟基于内部基础、传统，受内部文化、经济、政治、民族等多种因素的影响，各有各的历史，难以用一种视角全部看清。清代中国，已经处于世界各区域社会、文明互动网络形成的时代，以全球化视角对之研究，当然是有意义的，但如果在忽略清代中国内部因素的情况下运用全球化视角，只做或者主要做外部观察和关系考察，盲点过大，会遮蔽了解清代中国更重要的内部因素、结构、过程，一定会导致偏颇。

帝国，现在说来是一个有些诡异的概念。这个概念主要包含两层含义，一是广义帝制国家体系——包括皇帝、可汗、极权的国王等为最高统治者的国家体系，二是通过征服、扩张、强控制而实现对文化他者聚居区统治的政治体系。人类历史上很早就出现了具有这两重特征的政治统治体系。现代以前的世界，并没有形成公认的国际关系准则和对国家主权高度尊重的国际秩序，强大民族、国家的扩张乃至对文化他者的征服是司空见惯的现象。当现代历史学家谈论现代以前的帝国的时候，一般也不强调这个词汇本身的严格道德贬义，对一个帝国政策和特性的评价，要通过更具体的史事叙述和分析来呈现。翻开任何一部世界史，在南亚、东亚、西亚、北非、美洲、亚洲腹地、欧洲历史叙述中，都会看到帝国这个词汇，有很多政权自称帝国（empire）。现代历史学家谈论现代国际关系准则确立以后时代的帝国时，则一般在这个概念中带有鲜明的侵略、扩张、强权等道德贬义，并且把具有前述属性的对外政策与意识形态称为帝国主义。这里要注意，历史上存在一些不以对外扩张为基本国策的帝制政权，在历史叙述中把这类政权视为帝国容易造成一些含混不清。同时，也有一些具有扩张性但不明显的国家，存在一些中间状态的政权。在这种意义上，可以把帝国视为历史上很多政权可能具有的一种特性，而不一定是某些政权专有的属性。中国历史上的王朝，有疆域扩展的时期，其间也动用武力，其强盛时期，具有帝国的特性；也有疆域萎缩的时期，对外处于守势，不具有帝国的特性。如宋朝不具有帝国特性，明朝只具有较弱的帝国特性，清朝前期则帝国特性相对明显一些。不过，如前所说，中国中央政权控制版图的延伸背后，是中华文明圈融合与整合运动的深层趋势，是以内地与周边区域之间长期的相互依存、交互影响为基础的，在很大程度上以稳固核心区本身的疆域与民生安全为基本目标，并且限制在中华文明共同体空间范围之内。这与欧洲的海外殖民有很大的区别，与西方殖民时代建立的全球性大帝国有更大的区别。在这种意义上看，"新清史"把清朝视为一个帝国来分析，虽包含一些未经阐释的含混成分，但并非全然不可。问题是他们利用帝国这个概念，把清朝做了根本意义上的切割，把内地与东北、蒙古、西北广大区域区分成为两个想象的权力体系，并且沿着这个方向，把许多基本事实做了曲解。其中包括明显地淡化满洲对中华文化的认同，夸大满洲和八旗与汉人之间的文化心理矛盾。这些方面的细节我们不去说了，相关的证据和逻辑问题随处可见。一些"新清史"学者把承德描绘成统治内亚的另一个首都，似乎清朝在北京不处理关涉所谓"内亚"的事务一般，也不顾军机处、理藩院等管理边疆区域事务的机构就设在北京，这从历史学所要求的实证精神意义上说，主观随意性令人瞠目结舌。

至于一些"新清史"学者提出"什么是中国"这样的问题，无论动机如何，效果肯定是把中国相对化，只要你跟着讨论下去，就会把中国说成涉及各种歧义的对象，说成一个人为的概念。其实，前些年中国国内也有一些学者谈这个话题，倾向于把中国说成是一种"方法"，跟随这种说法的人不多，也就无须在这里多做分析了。

民族主义是现代人讨论民族认同心理的一个词汇。这个词汇的基本含义是对自己所归属的民族共同体之文化、传统、命运的归属感，有民族就有民族认同和归属感。现代人将"主义"两字冠在其后，就使之意识形态化了，包含着自己归属民族利益至上的含义。其实，除非与某种普遍宗教或政治意识形态纠结到一起，对于大多数普通人说来，民族认同和归属感是自然生发的，是温和的；本民族利益至上的意识则是少数激昂思想者和社会活动家的主张，一般跟随着一些现实的用意。现代许多研究者倾向于认为民族是随着现代化社会的形成而形成的，把民族与民族国家的概念粘连在一起，但这理由并不充分。我自己认为民族在人类历史上很早就形成了，当一个具有较大规模的人群构成的社会在发展历程中达到一种状态，其成员普遍明确地辨识自己归属的社会共同体之文化特质的时候，民族就形成了。当然，文化愈来愈复杂、精密，文化特质的辨识也随着历史的发展而变得愈来愈复杂。而且，民族是历史的，在社会生活与历史演变中不断地聚散离合。汉族就是一个不断变化而历史悠久的民族。民族国家是现代历史的产物，是指构成主权国家的民族。作为观念的民族国家意识是把对于自己归属的民族之认同与对于自己归属的国家之认同归并起来的概念。这种意识在现代世界历史上曾经发生非常强劲的社会组合作用，与现代思想中国家神圣的观念密切结合，因而曾经是各国现代整合与发展的强有力思想基础。这个过程当然也伴随着人的类归属感的割裂，即作为人与所有他人同属于人类意识一定程度的遮蔽。对民族主义的批评的根本指向，其实就在于强烈民族主义具有排斥性和非理性色彩。同时，对民族主义的批评与对所有"主义"的批评一样，很容易蜕变成为一种现实立场驱动的意识形态化的言说，成为将被批评者脸谱化的帽子。现代中国并非没有民族主义情结，这一点我在评论现代韩国历史编纂学的两篇文章中有过不算详尽的分析。在国家构成现代世界社会共同体基本分野的情况下，完全摆脱本民族特有的思考方式和文化意识，如同提着自己的头发要离开地球一样，是不可能的，历史学家所持温和的民族文化本位意识，不过是社会存在的反映，是自然的。正因为如此，看待一种历史观、历史学言说的时候，永远需要梳理论说者的社会背景及其言说的渊源、理路。激烈的民族主义则可能屏蔽历史认识的客观性，每时每刻都要对之保持警觉。而且，影响历史学研究客观性的不仅是民族主义，还有各种可能导致主观性的立场、文化传统、现实利益关联与用意、知识局限。"新清史"研究并非没有成就，但客观性肯定不是其特征。何以如此？"新清史"学者应该有所思考，我们也要思考。

四　"新清史"与美国中国学的范式转变

李媛："新清史"兴起的源流，似乎与美国史学界从欧洲中心观向中国中心观进而再到所谓去中国中心观的转变有关。如果是这样，"新清史"是不是理论、观念先行而非基于对清朝基本史实的梳理形成论说？

李小庆：有评论者认为，"新清史"是美国学术界中国观从"冲击—反应"及"传统—现代"范式向"中国中心观"转变趋势中的一种"地方性策略"表现，同时受到诸如族群、帝国主义等理论的影响，也在一定程度上受到日本"满蒙学"的影响。这种对"新清史"研究范式来源的分析是否允当？

刘波：费正清以"近代化"为尺度，把晚清以后中国社会的变动归因于西方冲击。柯文则主张"在中国发现历史"，根据中国社会与文化的内在动力因素来解释中国帝制晚期的历史。"新清史"重点从满洲元素及其独特性质来解释清朝历史的特征。如何理解柯文的"在中国发现历史"与"新清史"的满洲性说法间的关系？

赵轶峰：费正清主持哈佛大学亚洲历史研究的时代，西方汉学正从欧洲转向美国。费正清那一代人实际上把传统的"汉学"研究很大程度上引导到了更注重长时段透视与带有很强现实感和社会科学方法意识的历史研究轨道。费正清用"刺激—反应"模式叙述和解释近代中国的变迁,其中包含了近代以前亚洲历史停滞的预设,在20世纪70年代后开始受到普遍的批评。但是,费正清是一个我愿意称之为伟大历史学家的人。这不仅是因为他创立哈佛学派并影响了半个世纪中国史研究历程的业绩,具有非常宏阔的视野和深邃的对于人类事务的洞察力,更在于他作为学者的胸襟。对"刺激—反应"模式的批评,其实是费正清的学生提出来的,费正清坦然接受了其中的一些内容,不断地对早年表述的中国史进行修正,但也并没有因为批评而做基本观点的翻转,依然平静地坚持他所坚持的,其中也有合理的要素。"刺激—反应"模式的根本问题是西方中心主义,而西方中心主义的渊源是由来已久的东方主义。费正清时代的西方学者几乎没有什么人完全不受东方主义的影响,这是历史学家受自己时代精神影响的反映。美国学术界20世纪70年代末以后对西方中心主义的批评,也不仅仅是纯学术进展的体现,而是与美国社会对越南战争带来的挫折感有关,与当时正在兴起的对现代社会的普遍批判性思潮的启示有关。柯文(Paul A. Cohen)的批评,很深入地揭示了"刺激—反应"模式和其他类似模式的缺陷,提出了"在中国发现历史"的命题,意义无疑是巨大的。但是,柯文在如何落实"在中国发现历史"的主张方面的论述,并没有清晰地提出具有高度实践性的方案,他本人及其追随者也都没有写出像费正清作品那样统摄全局的中国史。20世纪80年代以后,社会学、人类学、后现代主义、后殖民主义等思潮对历史研究的影响日深,美国中国研究的方法论其实是多元化了,远非从费正清到柯文,再到"新清史"这样简单。"新清史"学者肯定是了解柯文主张并受到一定影响的。但"新清史"是一种"在中国发现历史"范式的实践吗?我看不是。从费正清到柯文,都把中国视为研究的一个基本单元,"新清史"则试图将之分解。这不是"在中国发现历史",也不是从域外看中国,而是把中国模糊化来看清朝。从理路看,与这种方式最接近的其实正是20世纪前期日本学者的中国观。日本学者那个时代的主流中国观本身是受现实意图支配的,后来从来没有得到彻底的学术性清理,在美国的中国研究中一直在脱去政治色彩的语境中保持一定的学术影响力,有人据以生发、重述、延伸,并不奇怪。至于看到清朝统治具有满洲特点,本来不错,"新清史"的问题是片面强调满洲性而忽视清朝统治的其他特性。这带有单一因素决定论的色彩，是比较初级的偏差，与前述美国中国研究的范式没有关系。此外，许多学者指出了"新清史"历史叙述的主观性，这在史学观念的意义上说，与后现代主义思潮关系不小。后现代主义本来是非常具有批判精神的深邃社会思潮，但是着落在历史学领域的时候，却因为过度否定历史事实的可认知性而引发了历史学家放纵解释的倾向。"新清史"研究普遍不顾反证，选择性地运用史料，把建构醒目的说法作为目标，用实证的原则去查验，自然漏洞很多。对这类研究的评析，应该包含对后现代主义史学反省的维度。在这一方面，我主张历史研究取用"新实证主义"的基本观念。相关的论证尚未完成，稍后会逐步展开。

五　清朝的"成功"

闫瑞：罗友枝与何炳棣争论双方都认为清朝成就伟大，其统治时间长，疆域辽阔，分歧在于对"清朝成功的关键"的看法。罗友枝认为何炳棣的答案是满洲早期统治者系统的汉化，而她则认为关键在于清朝统治者能够利用与内亚非汉民族的文化联系，用不同的方式加以治理。这带来一个问题，评价一个王朝成功与否，除了"统治效果"之外还应注意什么？

赵轶峰：何炳棣 1967 年发表《清代在中国历史上的重要性》（"The Significance of the Ch'ing Period in Chinese History"）一文的时候，核心主张是注重清朝历史地位，呼吁对清史进行更多的研究。虽然他的确比较强调清统治集团的汉化在其实现统治中的作用，但那篇文章的核心并不在于用汉化一个因素来解释清朝"成功"的原因。"新清史"则更大程度上偏重于对清朝"成功"原因的解释，并把满洲因素作为根本原因。他们都没有对清朝"成功"的含义做特别细致的说明。的确，现代历史学在谈论一个王朝"成功"的时候，其实需要做一些谨慎的推敲。

"新清史"谈论清朝的"成功"时，主要着眼于清朝统治时间达两百多年，而且统治了广大富于差异的区域。这是一种王朝政治中心的判断——把政权统治能力作为核心尺度的判断。自从现代史学兴起以来，各国历史学家都超越了旧史家以王朝"国运"为核心尺度的价值判断，把人民福祉、社会进步作为评价一个政权历史地位的更重要尺度。这些不同的尺度带来不同的历史理解和叙述。强大的统治力可能基于符合社会经济、文化诉求的政策，可能基于暴力甚至血腥的镇压，可能基于征服或对他者的掠夺，也可能基于某种愚民的手段，所以统治力所指向的"成功"，能表达统治者的成功，却不能表达人民和社会的命运，不能完整体现一个政权在历史上的地位。清朝在历史上的地位肯定是非常重要的，但对这个时代以及这一政权的历史评价，却是更复杂的事情，从统治力意义上谈论其成功远远不够，而且会造成误解。

六　"新清史"评论的延伸含义

李媛：中国学术界对"新清史"的回应，似乎改变了以往常见的对海外中国史研究倾向推崇的态度，批评声音很高。即便是赞同者，也是出于借鉴其对一些具体问题深入研究的启发性提出的。这是"新清史"评论的特殊现象，还是反映了中国史学研究者评价海外汉学研究姿态的一种转变？

赵轶峰：学术为天下公器，原不必存国家你我之分。但是所有的人都受本国文化学术传统较重的影响，形成历史认知的一些差异的原发倾向。从史学家群体角度看，对每一个人说来，所受教育、学术交流与相互影响的范围，最经常化地也在本国范围，会自然地凝聚成不同的学术共同体。学术共同体各有学术风格、话语、论题指向的传统，不同国家间常有很大的差别。所以，中国学者与美国学者之间有时发生的争鸣，既与本人学术特点有关，也与所属学术共同体背景有关。随着国际交流的常态化，各国学术界之间界限分明的争论会减少。其实，近期围绕"新清史"的争鸣中，中国学者也并非皆对"新清史"持批评态度。我在这个现象中比较注意的问题是，中国学者对域外学术的一般心态，在此次争鸣中的确有调整的迹象。20世纪50年代到70年代，西方学术成果在中国主要被视为受资产阶级思想观念支配，批判是基调。80年代以后，开放的大环境使得大量域外学术资源、信息更易获取，促进了中国学术进步。与此同时，国内学术界逐渐铺展开来的学术评价体系促使中国学者急于出成果，有些人就大幅度依托域外有影响力的论说来进行自己的研究，批判性的审视常常不够。甚者，生吞活剥地裹挟一些域外学者的言语来说话，写一篇普通的文章也要带出十几个或更多域外名人来。影响所致，中国学界对域外学界成果介绍多、推崇多、深入评析少。这次关于"新清史"的评论中，我们可以看到较多有深度的文章，包括大陆学者和台湾学者的文章。这可能会启发青年学者在未来的学术研究中，多做一些自己的判断，减少一些人云亦云。同时，我们也要注意防止出现中国学术界对海外汉学了解与交流的诉求转为盲目的批评。

（2016 年 6 月 14 日定稿）

（参加本次讨论者：宋兴家，东北师范大学明清史专业博士研究生；常文相，东北师范大学明清史专业博士候选人；赵轶峰，东北师范大学亚洲文明研究院教授、《古代文明》执行主编；谢进东，东北师范大学亚洲文明研究院讲师；李小庆，东北师范大学明清史专业博士候选人；刘波，东北师范大学明清史专业博士研究生、《古代文明》编辑；梁曼容，东北师范大学明清史专业博士；闫瑞，东北师范大学明清史专业博士研究生；李媛，东北师范大学亚洲文明研究院副教授、《古代文明》编委。）

病之外：汉代人对疾病的文化理解

彭 卫

人对疾病的认知，一方面，以人的生理和病理机能为框架展开；另一方面，它涵盖了一个时代人们对"疾病"的社会"作用"和"结果"的理解和判定，因而意义更为宽阔。汉代是古代中国社会的重要时期，在这个以皇权为中心、中央与郡县官僚制度为基本依托的早期帝制时代，关于疾病的理解呈现了一些引人注目的表现。本文拟就这一学界注意不多的论题进行探讨，需要说明的是，由于论题较大，本文主要集中于现象的描述，未藎之处，期待指教。

一　关于疾病成因的三种非医学理解

学界以往论及这个时期的疾病成因观念时，援引的资料通常是《素问》《灵枢经》和其他医学文献的表达，在这种"医学表述"中，人们可以清晰地看到致病的三组因素：包括风、寒、暑、湿、燥、火等在内的自然因素，包括饮食不节、劳逸不当在内的生活因素，包括喜、怒、忧、伤、悲、恐、惊在内的情绪因素。然而，这三组因素能否代表当时人关于疾病成因的一般看法？除医学说明外是否还有其他解释？对这些内容的厘清，有助于我们理解汉代人关于疾病的文化观念。

十分明显，汉代人对病因的医学理解并不限于医学界。如王充将疾病的发生归因为"风湿与饮食"。① 曹植则嘲笑瘟疫出现后"愚民"不知这是"阴阳失位，寒暑错时"所致，却"悬符厌之"的行为。② 他们均是使用当时的医学语言解释疾病的发生。但更多的迹象则显示，对病因医学解释的认同基本上只存在于知识阶层的一部分人中。在知识阶层的另一些人以及其他群体中，病因的医学解释并不是唯一和终极解释。例如，瘟疫或其他疾病发生后，普通百姓、政府官员乃至皇帝皆祈求于某种神秘力量控制病情，这是常见之事，③ 从某种意义上说这也是一种"时代精神"。两汉时期，对疾病成因的非医学理解大致遵循三个走向。

其一，政治化的解释。这种解释体系可上溯到何时还难以确定。在文明早期阶段，一些部落或部族酋长对本族落人的健康和疾病负责，古代中国是否如此？《墨子·兼爱下》说商汤因大旱祷云："今天大旱，即当朕身履，未知得罪于上下，有善不敢蔽，有罪不敢赦，简在帝心。万方有罪，即当朕身，朕身有罪，无及万方。"④ 这虽不是疾病的例子，但因疫也是一种灾，早期统治者为去疫而祈祷并非不可能之事。事实上，先秦时期的一些事例和说法已显示出疾病与政治举措的关联。关于善政和恶政与疾病的关系，如《墨子·天志中》说："天子为善，天能赏之；天子为暴，天能罚之；天子有疾病祸祟，必斋戒沐浴，洁为酒醴粢盛，以祭祀天鬼，则天能除去之。"⑤《墨子·天志下》说："天子赏罚不当，听狱不中，天下疾病祸福，霜露不时，天子必且犓豢其牛羊犬彘，絜为粢盛酒醴，以祷祠祈福于天。"⑥ 在这

---

① （汉）王充：《论衡·辩祟》。黄晖：《论衡校释》卷二十四，中华书局，1990，第 1010 页。

② 《太平御览》卷七四二引曹植《说疫气》。

③ 汉代人祈祷神灵以求解除的疾病主要以致命性、蔓延性和迁延性为核心，包括瘟疫、残疾残障、多种慢性疾病等。瘟疫如《太平御览》卷七四二引《刘根别传》："颍川太守，到官，民大疫，掾吏死者过半，夫人郎君悉病。府君从根求消除疫气之术，根曰：'寅戌岁泄气在亥，今年太岁在寅，于听事之亥地，穿地深三尺，方与深同，取沙三斛着中，以淳酒三升沃其上。'府君即从之，病者即愈，疫疾遂绝。"残疾残障如（汉）应劭《风俗通义·怪神》"李君神"条记目盲者祈神事（吴树平：《风俗通义校释》，天津人民出版社，1980，第 342 页）。慢性疾病如《汉书·李寻传》云哀帝久寝疾，夏贺良陈说："汉历中衰，当更受命。……今陛下久疾，变异屡数，天所以谴告人也。宜急改元易号，乃得延年益寿，皇子生，灾异息矣。"哀帝从其议（《汉书》卷五十七，中华书局，1962，第 3192～3193 页）。《后汉书·方术列传下·许曼》：许峻"自云少尝笃病，三年不愈，乃谒太山请命"（《后汉书》卷八十二下，中华书局，1965，第 2731 页）。

④ （清）孙诒让著、孙以楷点校：《墨子间诂》卷四，中华书局，1986，第 113 页。

⑤ （清）孙诒让著、孙以楷点校：《墨子间诂》卷七，第 190 页。

⑥ （清）孙诒让著、孙以楷点校：《墨子间诂》卷七，第 190 页。

两段文字中，政治与疾病是正相关联系，承受疾病者包括君王本人和其他人。《韩非子·十过》讲述晋平公安听只有有德之君才能欣赏的清徵之乐和黄帝泰山之上合鬼神所作的清角之乐，而致晋国大旱，本人癃病的故事。[1]《史记·赵世家》苏历遗赵惠文王书云："臣闻古之贤君，其德行非布于海内也，教顺非洽于民人也，祭祀时享非数常于鬼神也。甘露降，时雨至，年谷丰孰，民不疾疫，众人善之，然而贤主图之。"[2] 在这两段文字中，统治者的德行是防止疾病尤其是瘟疫发生的保障。由于政令的制定和实施是君王职责，因此我们也可以将之转化为君王与疾病的关系。简言之，具有中国古代文化特点的疾病和政治的关联框架至晚在战国时期即已形成。

值得注意的是，《墨子》和《韩非子》都提到了正常或异常的自然现象与君主政治行为以及疾病的关系。《吕氏春秋》"十二纪"提供了一个较为系统的框架，这个内容在《淮南子·时则》和《礼记·月令》中有极为相近的表述（见表1）。"十二纪"被汉代人称为周代王制的明堂月令，是西汉施行月令的重要来源。[3] 这三者之间，或者有着相继的继承关系，或者可能共本于成书时代更早的一个祖本。

表1 《吕氏春秋》"十二纪"、《淮南子·时则》
和《礼记·月令》疾病发生框架

季节	反常类型	疾病类型	其他异常
孟春	行夏令	无	风雨不时，草木早槁，国乃有恐（风雨不时，草木早落，国乃有恐）（雨水不时，草木蚤落，国时有恐）
孟春	行秋令	民大疫	疾风暴雨数至，藜莠蓬蒿并兴（飘风暴雨总至，藜莠蓬蒿并兴）（猋风暴雨总至，藜莠蓬蒿并兴）
孟春	行冬令	无	水潦为败，霜雪大挚，首种不入（水潦为败，雪霜大雹，首稼不入）（水潦为败，雪霜大挚，首种不入）
仲春	行秋令	无	其国大水，寒气总至，寇戎来征（其国大水，寒气总至，寇戎来征）（其国大水，寒气摠，寇戎来征）

---

① 梁启雄：《韩子浅解》，中华书局，1960，第69～70页。

② 《史记》（点校本二十四史修订本）卷四十三，中华书局，2014，第2188页。

③ 杨振红：《月令与秦汉政治再探讨——兼论月令的源流》，《历史研究》2004年第3期。收入氏著《简牍与秦汉社会》，广西师范大学出版社，2009，第211页。

续表

季节	反常类型	疾病类型	其他异常
仲春	行冬令	无	阳气不胜，麦乃不熟，民多相掠（阳气不胜，麦乃不熟，民多相残）（阳气不胜，麦乃不熟，民多相掠）
仲春	行夏令	无	国乃大旱，暖气早来，虫螟为害（其国大旱，烦气早来，虫螟为害）（国乃大旱，暖气早来，虫螟为害）
季春	行冬令	无	寒气时发，草木皆肃，国有大恐（寒气时发，草木皆肃，国有大恐）（寒气时发，草木皆肃，国有大恐）
季春	行夏令	民多疫疾	时雨不降，山陵不收（时雨不降，山陵不登）（时雨不降，山林不收）
季春	行秋令	无	天多沉阴，淫雨早降，兵革并起（天多沉阴，淫雨早降，兵革并起）（天多沉阴，淫雨蚤降，兵革并起）
孟夏	行秋令	无	苦雨数来，五谷不滋，四鄙入保（苦雨数来，五谷不滋，四鄙入保）（苦雨数来，五谷不滋，四鄙入保）
孟夏	行冬令	无	草木早枯，后乃大水，败其城郭（草木早枯，后乃大水，败坏城郭）（草木蚤枯，后乃大水，败其城郭）
孟夏	行春令	无	虫蝗为败，暴风来格，秀草不实（螽蝗为败，暴风来格，秀草不实）（蝗虫为灾，暴风来格，秀草不实）
仲夏	行冬令	无	雹霰伤谷，道路不通，暴兵来至（雹霰伤谷，道路不通，暴兵来至）（雹冻伤谷，道路不通，暴兵来至）
仲夏	行春令	无	五谷晚熟，百螣时起，其国乃饥（五谷不熟，百螣时起，其国乃饥）（五谷晚熟，百螣时起，其国乃饥）
仲夏	行秋令	民殃于疫	草木零落，果实早成（草木零落，果实蚤成）（草木零落，果实早成）
季夏	行春令	国多风欬①	谷实解落，人乃迁徙（谷实解落，民乃迁徙）（谷实鲜落，民乃迁徙）
季夏	行秋令	乃多女灾②	丘隰水潦，禾稼不熟（丘隰水潦，禾稼不登）（丘隰水潦，禾稼不熟）

① "鲜落"，孔颖达："鲜少堕落。"第 460 页。（清）孙希旦撰，沈啸寰、王星贤点校：《礼记集解》卷十六，中华书局，1989。高诱注："民病风欬上气。"第 322 页。

② 高诱注："生子不育也。"第 322 页。《礼记》郑玄注："含任之类败也。"第 460 页。

季节	反常类型	疾病类型	其他异常
季夏	行冬令	无	寒气不时，鹰隼早鸷，四鄙入保（寒气不时，鹰隼蚤鸷，四鄙入保）（风寒不时，鹰隼蚤鸷，四鄙入保）
孟秋	行冬令	无	阴气大胜，介虫败谷，戎兵乃来（阴气大胜，介虫败谷，戎兵乃来）（阴气大胜，介虫败谷，戎兵乃来）
孟秋	行春令	无	其国乃旱，阳气复还，五谷不实（其国乃旱，阳气复还，五谷无实）（其国乃旱，阳气复还，五谷无实）
孟秋	行夏令	民多疟疾	多火灾，寒热不节（冬多火灾，寒热不节）（国多火灾，寒热不节）
仲秋	行春令	无	秋雨不降，草木生荣，国乃有大恐（秋雨不降，草木生荣，国有大恐）（秋雨不降，草木生荣，国乃有恐）
仲秋	行夏令	无	其国旱，蛰虫不藏，五谷复生（其国乃旱，蛰虫不藏，五谷皆复生）（其国乃旱，蛰虫不藏，五谷复生）
仲秋	行冬令	无	风灾数起，收雷先行，草木早死（风灾数起，收雷先行，草木早死）（风灾数起，收雷先行，草木蚤死）
季秋	行夏令	民多鼽窒①（民多鼽嚏）	其国大水，冬藏殃败（其国大水，冬藏殃败）（其国大水，冬藏殃败）
季秋	行冬令	无	国多盗贼，边境不宁，土地分裂（国多盗贼，边竟不宁，土地分裂）（则国多盗贼，边竟不宁，土地分裂）
季秋	行春令	无	暖风来至，民气解堕，师旅必兴（煖风来至，民气解堕，师旅并兴）（暖风来至，民气解惰，师兴不居）
孟冬	行春令	无	冻闭不密，地气发泄，民多流亡（冻闭不密，地气发泄，民多流亡）（冻闭不密，地气上泄，民多流亡）
孟冬	行夏令	无	国多暴风，方冬不寒，蛰虫复出（则多暴风，方冬不寒，蛰虫复出）（国多暴风，方冬不寒，蛰虫复出）
孟冬	行秋令	无	雪霜不时，小兵时起，土地侵削（雪霜不时，小兵时起，土地侵削）（雪霜不时，小兵时起，土地侵削）
仲冬	行夏令	无	其国乃旱，气雾冥冥，雷乃发声（其国乃旱，气雾冥冥，雷乃发声）（其国乃旱，氛雾冥冥，雷乃发声）

① 高诱注："鼻不通也。"陈奇猷校释：《吕氏春秋校释》卷九，学林出版社，1984，第478页。

续表

季节	反常类型	疾病类型	其他异常
仲冬	行秋令	无	天时雨汁，瓜瓠不成，国有大兵（其时雨水，瓜瓠不成，国有大兵）（天时雨汁，瓜瓠不成，国有大兵）
仲冬	行春令	民多疾疠（民多疾疠）（民多疠疾）	虫螟为败，水泉减竭（蝗虫为败，水泉咸竭）（蝗虫为败，水泉咸竭）
季冬	行秋令	无	白露蚤降，介虫为妖，四邻入保（白露蚤降，介虫为妖，四邻入保）（白露蚤降，介虫为妖，四鄙入保）
季冬	行春令	胎夭多伤，国多固疾	命之日逆（命之日逆）（命之日逆）
季冬	行夏令	无	水潦败国，时雪不降，冰冻消释（水潦败国，时雪不降，冰冻消释）（水潦败国，时雪不降，冰冻消释）

注：前一个括号内文字为《时则》，后一个括号内文字为《月令》。

　　《吕氏春秋》"十二纪"谈到发生疾病的月份、背景和疾病类型是：孟春行秋令则民大疫；季春行夏令则民多疫疾；仲夏行秋令则民殃于疫；孟秋行夏令则民多疟疾；季秋行夏令则民多鼽嚏；仲冬行春令则民多疾疠；季冬行春令则胎夭多伤，国多固疾。即在一年中，有七个月可能出现因不当政令引起百姓疾病，疾病的类型主要是疫疾，此外还有鼻疾、疠、流产或婴儿早夭、残疾等。这七个月分别为夏历的正、三、五、七、九、十一和十二月，大致相当于公历的二、四、六、八、十、十二和一月。其中有的疾病可能与季节有关，如孟春、季春是呼吸道传染性疾病高发期，仲夏是消化道传染疾病的高发期，而疟疾在夏秋季发病最多。但另一些疾病如仲冬行春令则民多疾"疠"，季冬行春令则"胎夭多伤"，国多"固"疾的现实依据不强。"疠"通常指包括麻风病在内的某些皮肤疾病，而这类疾病并没有明显的季节性。流产、婴儿早夭和残疾也是如此。按照阴阳五行学说，季冬是"藏"的季节，其反时节的行春令即提前了"生"，就会带来"胎夭多伤"的后果。就此而言，《吕氏春秋》等的相关表述是经验总结与先验演绎（阴阳五行学说）的结合。

　　"十二纪"月令系统不仅在政治、农事、军事、日常生活秩序等领域对汉代社会生活有着深刻影响，[①] 而且在一些疾病发生的预判上明确提出主张。但我们注意到，首先，行令不合时节所引起的疾病范围有限；其次，它与国事和政治虽存在关联，但就疾病来说，这种关联性还不够明显。换言之，在这个框架中，政治并非总与疾病发生联系。承袭了"十二纪"理论并在此基础上进行更详致解释的是以公羊学为基础的董仲舒的天人感应说[②]（见表2）。表2所显示的疾病发生因果关联的要点是：疾病的发生与否由上天掌握，上天视君主行为确定是否将疾病降临人间。其对应规律如下：

君主纵欲无度→百姓皮肤和腿足疾病

君主混乱秩序→百姓浮肿、出血和眼疾

君主欺凌亲族、奢侈无度→百姓黄疸病和舌疾

君主好战→百姓咳嗽、鼻衄

君主欺祖枉法→百姓水肿、痿痹

最高统治者某种行为引起相应疾病的结构此后衍生出若干种亚模式。在《汉书·五行志》所辑刘向传《洪范》中，疾病与政治的一般关系是：言之不从，时则有口舌之痾；视之不明，时则有目痾；听之不聪，时则有耳痾；思心之不，时则有心腹痾。[③] 在《韩诗外传》中，君主行为的影响对象是其本人："人主之疾，十有二发，非有贤医，莫能治也。何谓十二发？曰：痿、蹷、逆、胀、满、支、膈、肓、烦、喘、痹、风，此之曰十二发。贤医治之何？曰：省事轻刑，则痿不作。无使小民饥寒，则蹷不作。无令财货上流，则逆不作。无令仓廪积腐，则胀不作。无使府库充实，则满不作。无使群臣纵恣，则支不作。无使下情不上通，则膈不作。上振恤下，则肓不作。法令奉行，则烦不作。无使下怨，则喘不作。无使贤伏匿，则痹不作。无使百姓歌吟诽谤，则风不作。夫重臣群下者，人主之心腹支体也。心腹支体无

[①] 邢义田：《月令与西汉政治——从尹湾集簿中的"以春令成户"说起》，（台北）《新史学》1998年第9卷第1期。杨振红：《月令与秦汉政治再探讨——兼论月令的源流》。

[②] 董仲舒的一些意见就是"十二纪"的摹本，如《春秋繁露·五行变救》云："火有变，冬温夏寒，此王者不明，善者不赏，恶者不绌，不肖在位，贤者伏匿，则寒暑失序，而民疾疫。"

[③] 《汉书》卷二十七中之上、卷二十七中之下、卷二十七下之上，第1376、1405、1421、1441页。

疾，则人主无疾矣。"① 在《太平经》中则经历了民——君——民的转变："人民兴则帝王寿，帝王寿则凡民乐，凡民乐则精物鬼邪伏矣。精邪伏则无夭病死之人，无夭伤人，则太平气至矣。"② 这里，我们注意到一个现象是，百姓和君王都可能成为君王行为的受害者，但作为维护国家政治秩序重要力量的王朝官吏却不在此范围中。从逻辑上说，这个多少有些让人难以思议的情形或是"民"相对于君王一人而言，是广义的，官吏实际上已包括在所谓"民"范围之中。但实际上这个假设是不能成立的。《汉书·顺帝纪》述云：永建元年正月司徒李郃免。李贤注引《东观汉记》："李郃以人多疾疫免。"《续汉书·五行志三》注引《梁冀别传》曰："冀之专政，天为见异，众灾并凑，蝗虫滋生，河水逆流，五星失次，太白绝天，人民疾疫，出入六年，羌戎叛戾，盗贼略平，皆冀所致。"在这两则例子中，官员或因其妄为或因其不作为要承担百姓疾疫的罪责。因此，在汉代人的思维框架中，君和官是一方，百姓是另一方，前者秉掌着权力，是造成包括瘟疫在内的灾异出现即上天警示的责任方，而民众则是显示上天警示的受害方。这种模式折射出了汉代人对汉国家体制的一种理解，即不仅存在君—民的对立，也存在官—民的对立，并且君与官是与民相对的共同体，这正是汉代国家的政治和社会本质。

表 2　董仲舒疾病与人事对应说

属性	季节	性质	致病原因	疾病表现
木	春	生	人君出入不时，走狗试马，驰骋不反宫室，好淫乐，饮酒纵恣不顾政治，事多发役以夺民时，作谋增税以夺民财	民病疥搔温体，足胕痛
火	夏	成长	人君惑于谗邪，内离骨肉，外疏忠臣，至杀世子，诛杀不辜，逐忠臣，以妾为妻，弃法令，妇妾为政，赐予不当	民病血，壅肿，目不明
土	夏中	成熟百种	人君好淫佚，妻妾过度，犯亲戚，侮父兄，欺罔百姓，大为台榭，五色成光，雕文刻镂	民病心腹宛黄，舌烂痛
金	秋	杀气之始	人君好战，侵陵诸侯，贪城邑之赂，轻百姓之命	民病喉咳嗽，筋挛，鼻鼽塞

① （汉）韩婴撰、许维遹校释：《韩诗外传》卷三第九章，中华书局，1980，第91页。
② 王明编《太平经合校》卷一百十五至一百十六"阙题"，中华书局，1960，第648页。

属性	季节	性质	致病原因	疾病表现
水	冬	藏至阴	人君简宗庙，不祷祀，废祭祀，执法不顺，逆天时	民病流肿、水张、痿痹、孔窍不通

资料来源：《春秋繁露·五行顺逆》。

政治行为与疾病相应是有规律可循的。《春秋繁露》所遵循的是阴阳五行的特定联系。表 2 所胪列的疾病表现，在性质上均相应于五行性质。《韩诗外传》所遵循的是具有巫术色彩的思维方式。在"十二发"中，与痿、蹶、逆、胀、满、支、膈、肓、烦、喘、痹、风相应的行为，均合于弗雷泽所说的相似法则[1]。其他一些人的表达也与之近似，如京房《易传》"辟历杀人，亦象暴政"，[2] 即是如此。可以说这是当时通行的思维和认知方式。在已知汉代的巫术思维中，相似关联比接触关联的运用似乎更为普遍。如《论衡·四讳》所谈到的东汉民间忌讳："讳厉刀井上"是因为"'刑'之字，井与刀也，厉刀井上，井、刀相见，恐被刑也"；"毋反悬冠"是因为"似死人服"；"毋偃寝"是因为"其象尸也"；等等。[3] 这样我们就看到了疾病成因政治解释的基本模式：君王的所有行为都与百姓或君王本人的健康有着固定化的联系，君王的行为自然并不都是政治性的，但由于其所占有的特殊位置，使得其行为都具有政治意义。君王行为对现有国家秩序的破坏，也相应地转化为对人的健康秩序的破坏。后者既是前者的结果，也是对前者的警告。这就是对疾病政治化解释的全部意义，尽管在政治生活的实践中，它并没有得到彻底的贯彻，但其影响力之存，其威慑力之在，则是不争的事实。[4]

---

[1] 相似法则即相似律，遵循"同类相生"或"果必同因"，被弗雷泽视为巫术赖以建立的思想原则。参见〔英〕弗雷泽（J. G. Frazer）《金枝》，徐育新等译，大众文艺出版社，1998，第 19 页。

[2] 《后汉书·蔡邕传》李贤注引《汉名臣奏》张文上疏引。《后汉书》卷六十下，中华书局，1965，第 1995 页。

[3] 黄晖：《论衡校释》卷二十三，第 980 页。

[4] 两汉时代，皇帝多次因发生瘟疫下诏自责，如《汉书·文帝纪》后元元年（前 163）春三月诏曰："间者数年比不登，又有水旱疾疫之灾，朕甚忧。愚而不明，未达其咎。意者朕之政有所失而行有过与？乃天道有不顺，地利或不得，人事多失和，鬼神废不享与？"（《汉书》卷四，第 128 页）《汉书·成帝纪》鸿嘉二年（前 19）三月诏曰："朕承鸿业十有余年，数遭水旱疾疫之灾……朕既无以率道……意乃招贤选士之路郁滞而不通与，将举者未得其人也？其举敦厚有行义能直言者，冀闻切言嘉谋，匡朕之不逮。"（《汉书》卷十，第 315 页）《后汉书·桓帝纪》延熹九年（166）春正月诏曰："比岁不登，民多饥穷，又有水旱疾疫之困。……灾异日食，谴告累至。政乱在予，仍获咎征。"（《后汉书》卷七，第 317 页）

其二，超自然力量的解释。鬼神怪为祟或犯触致人患病的观念由来弥远，江苏邳县（今邳州市）刘林新石器时代遗址 M152 女性，40 岁左右，颈部向后折曲，将头压在背后，面向下，此人骨盆内发现一个七八个月的胎儿骨骼。[①] 这种特殊的葬式可能反映了华夏先民鬼祟致人死亡的观念。战国秦汉时期这种解释仍甚为流行。《论衡·辨祟》对此陈说甚明。睡虎地秦简《日书》之《诘咎》篇谈到鬼怪为祟的后果，其中一些内容与疾病有关：

（1）哀鬼惑人，"令人色柏（白）然毋气，喜契（洁）清，不饮食"。甲种 34 背壹—36 背壹

（2）阳鬼惑人，令"女子不狂痴，歌以生商"。甲种 47 背贰

（3）棘鬼出现，令"一宅中毋故而室人皆疫，或死或病"。甲种 37 背壹—38 背壹

（4）有鬼，令"一宅之中毋故室人皆疫，多瞢（梦）米死"。甲种 40 背壹—41 背壹

（5）有鬼，令"人毋故一室皆疫，或死或病，丈夫女子隋须嬴发黄目"。甲种 43 背壹—44 背壹

（6）有疠鬼，令"一室人皆养（痒）（体），居之"。甲种 52 背叁

（7）有不辜鬼，则人生子未能行而死，"恒然"。

（8）有会虫，令"一室人皆凤（缩）筋"。甲种 39 背贰—41 背贰

（9）有爰母，令"一室人皆（垂）延（涎）"。甲种 50 背叁

上述疾病中，（1）可能是神经官能症或神经衰弱，（2）可能是人格异常，（3）（4）（5）是瘟疫，（6）可能是疥疮或其他皮肤传染病，（7）是婴幼儿高死亡率，（8）和（9）不能确认。这些疾病的特点是若是个体则为精神方面的疾病，若是群体则为传染性疾病或怪病。类似的说法在战国其他典籍中也有所体现。如《楚辞·天问》云："伯强安处？惠气安在？"王逸注："伯强，大厉，疫鬼也，所至伤人。"《吕氏春秋·知接》：齐桓公有宠臣常之巫，"审于死生，能去苛病"。高诱注："苛，鬼病，魂下人病也。""魂下人病"即精神方面的疾病。马王堆帛书《五十二病方》中的"蛊"病也与鬼为祟有关。因此，尽管我们不清楚《诘咎》篇是否就是当时人对鬼神怪

---

① 南京博物院：《江苏邳县刘林新石器时代遗址第二次发掘》，《考古学报》1965 年第 2 期。

为祟致病的全部看法，却不妨将之视为当时人对鬼神怪与疾病关联的主要定位。在这种关联中，鬼神怪与某些疾病形成了特定的对应。

《诘咎》模式在汉代乃至以后的一些时期的日常观念和医学观念中仍有重要位置。汉代人认为，瘟疫流行是"五瘟鬼"、"疫鬼"、"厉鬼"或"黄父鬼"肆虐的结果。[①] 疟疾在后代被认为是鬼为祟所致，荆州周家台秦墓简牍中有用巫术治疟的简文，[②] 暗示了疟疾与鬼魅的某种联系，因此秦汉时已有鬼致疟的观念不是不可能的。而某些突发疾病、疑难杂症或身体某些部位的疾病也被当时人看作鬼之为祟。如相传东汉汝南郡侍奉掾郑奇与鬼妇过夜后很快因"腹痛"而死。[③] 信都令家中妇女轮流生病，管辂筮曰："君北堂西头，有两死男子，一男持矛，一男持弓箭，头在壁内，脚在壁外。持矛者主刺头，故头重痛不得举也。持弓箭者主射胸腹，故心中县痛不得饮食也。昼则浮游，夜来病人，故使惊恐也。"[④] 头发突然脱落也是鬼魅为祟的结果。[⑤] 精神异常或病重时出现的谵妄状态，通常被认为与鬼有关。睡虎地秦简《诘咎》篇所说"人卧而鬼夜屈其头"，汉代民间所说"卧枕户砌，鬼陷其头，令人病癫"，[⑥] 以及《论衡·解除》说"病人困笃，见鬼之至，性猛刚者，挺剑操杖，与鬼战斗"，即是指此而言。有学者认为在汉代人看来癫疾是越过了人与鬼的界限而发生的疾患，[⑦] 实则毋宁说在汉代人心目中包括癫疾在内的精神疾患以及瘟疫的发生是人与鬼接触的结果。对某些疾病的超自然解释也存在于医学领域，时下不少论者强调传统医学在汉代开始不断增强的理性一面却忽略了其中的神秘因素，这种理解至少是不完整的。在《素问》《灵枢经》等汉代经典医学著作中，都有一些将鬼魅神灵作祟作为病因的解释。我们还可以在后世一些医学著作中看到类似的表达，典型的如

---

① "五瘟鬼"见《重修纬书集成》卷六《龙鱼河图》。"疫鬼"见《论衡·解除》（黄晖：《论衡校释》卷二十五，第 1043 页）。"厉鬼"见《太平御览》卷二三引《风俗通义》。"黄父鬼"见《后汉书·栾巴传》李贤注引《神仙传》（《后汉书》卷五十七，第 1842 页）。

② 湖北省荆州市同梁玉桥遗址博物馆：《关沮秦汉墓简牍》，中华书局，2001，简 376。

③ 《风俗通义·怪神》。吴树平：《风俗通义校释》，第 353 页。

④ 《三国志·魏书·方技传·管辂》，《三国志》卷二十九，中华书局，1982，第 814 页。

⑤ 《风俗通义·怪神》云：鬼魅为祟"其厉者皆亡发失精"。吴树平：《风俗通义校释》，第 353 页。

⑥ 《风俗通义》佚文，吴树平：《风俗通义校释》，第 437 页。

⑦ 〔日〕山田庆儿著、廖育群译：《夜鸣之鸟》，载刘俊文主编《日本学者研究中国史论著选译》第 10 卷，中华书局，1992。

《诸病源候论》将言语错谬、啼哭惊走、癫狂昏乱、喜怒悲笑之类的精神异常表现解释为"鬼物所为病"、"鬼物所魅"、"与鬼交通"和"梦与鬼交通"。①《三因方》认为各种精神异常"皆神鬼及诸精魅附着惑人"。② 我们可以揣度古人在理解疾病时的某种心态，即由于难以对精神上的异常表现和一些群体性发病做出圆满解释，将其归于非常见的因素是方便且可以为大众所接受的有效途径。总之，鬼祟祸人所导致的疾病有其特定的范围，并在传播性、神秘性和突发性之间伸缩。

这里应当专门提到在传统中国社会中被认为与鬼神作祟有密切关系的疾病——"中恶"，它可以作为我们进一步了解这种观念的实例。有学者指出，"中恶"是一种突然发作的消化系统疾病。③ 按，《神农本草经》述三十六大病中有"中恶霍乱"，中国古代医学所说"霍乱"通常以呕吐腹泻为主要表现，《神农本草经》将"中恶"与"霍乱"合为一种病，则是将"中恶"看作消化系统突发疾病，确有依据。然细察相关文献，此说不尽妥善。《三国志·吴书·妃嫔传·吴主权潘夫人》云：孙权宫人伺孙权潘夫人昏睡，共缢杀之，"托言中恶"。这是见于两汉三国非医学文献对"中恶"的唯一描述，故事虽简单，由此却可知"中恶"可令人突然死亡而并非单纯的消化系统疾病在汉末三国民间已是常识。后世文献对"中恶"症状的描述不尽相同。《肘后备急方》卷一"救卒中恶死方第一"云："救卒死，或先病痛，或寝卧忽然而绝，皆是中恶。"又云："扁鹊云：中恶与卒死、鬼击亦相类。"据此，中恶涉及晕厥、假死和猝死。《诸病源候论》主要有三处论及"中恶"。卷二十二《中恶霍乱候》云："冷热不调，饮食不节，使人阴阳清浊之气相干而变乱于肠胃之间，则成霍乱。而云中恶者，谓鬼气卒中于人也。其状卒然心腹绞痛，而客邪内击，与饮食寒冷相搏，致阴阳之气亦相干乱。肠胃虚则变吐利烦毒，为中恶霍乱也。"卷二十三《中恶候》云："其状，卒然心腹刺痛，闷乱欲死……余势停滞，发作则变成注。"卷四十二《妊娠中恶候》云："人有忽然心腹刺痛，闷乱欲死，谓之中恶，言恶邪之气中伤于人也。"据此，中恶不仅包括《肘后备急方》所言诸症，还有某些消化系统疾病。"中恶霍乱"显然是急性肠炎，而《妊娠中恶候》所

---

① （隋）巢元方：《诸病源候论》卷二《鬼邪候》《鬼魅候》，卷四十《与鬼交通候》《梦与鬼交通候》，文渊阁四库全书本。

② （宋）陈元：《三因方》卷十。

③ 姜春华：《〈神农本草经〉主治释义》，载《姜春华论医集》，福建科学技术出版社，1986。

说的"中恶"没有谈到冷热不调、饮食不节等因素，似不同于"中恶霍乱"。现代医学对"结肠激惹综合征"的描述是腹泻、腹痛、腹胀，与患者心理和情绪因素有关，[①]《妊娠中恶候》之"中恶"，似与此相类。我们不清楚汉代人所言"中恶"的外延，但有一点大约可以明了，即古代医家所言"中恶"的诸种表现的共同之处是，它是一种突发性的可以给人造成痛苦感受甚或引起死亡的疾病。虽然在古代医学著作中"中恶"的分类相当零乱，但它所具有的内在神秘性统摄了外在的零乱，就古代医学家的思维模式而言，是自有其逻辑的。

其三，道德解释。这一思路将健康或疾病同个人品德联系在一起。在先秦文献和后世追述的相关故事中，我们看到秦汉以前人观念中品行与健康之间的某些关联。顾颉刚根据《尚书》之《无逸》《高宗肜日》《召诰》等篇认为在当时人的观念中，寿命的长短是依了人的好坏而定。[②]但道德与健康或疾病关系的系统化，自汉代而始。

首先，充满道德感的时代是人类疾病消弭健康长寿的时代——在汉代人看来，这个时代只出现于遥远的上古。丧失了道德感的时代，人类则疾病丛生，生命短促。《韩诗外传》卷三云："传曰：太平之时，无瘖聋、跛眇、尫蹇、侏儒、折短……"《论衡·齐世》云："语称上世之人……坚强老寿，百岁左右；下世之人，短小丑陋，夭折早死。何则？上世和气纯渥……下世反之……"文中"传曰"显示的是士林意见，"语称"大约包括了一般民众的看法。可见这种观念在汉代是相当普遍的。

其次，个人的品行善恶可以直接影响其生命，这种观念在民间可能相当流行，所以司马迁、王充等专门揭其荒谬。[③]在荀悦看来，"仁者寿"不仅是一个可能的命题，也是一个合理的命题："或问仁者寿，何谓也？曰：仁者内不伤性，外不伤物，上不违天，下不违人，处正居中，形神以和，故咎

---

① 上海第一医学院等：《临床精神病学》，湖南科学技术出版社，1986，第566页。

② 顾颉刚：《淞上读书记》"寿之长短与人之善恶"条；《东山笔乘》"年寿与道德相结合"条。《顾颉刚读书笔记》，（台北）联经出版事业公司，1990，第596、1086页。

③ 在《史记·伯夷传》中司马迁质疑，"盗跖日杀不辜，肝人之肉，暴戾恣睢"，却能够寿终，他又遵循了什么道德？（《史记》卷六十一，第2585页）《论衡·寒温》云："人有寒温之病，非操行之所致也。遭风逢气，身生寒温。变操易行，寒温不除。"（黄晖《论衡校释》卷十四，第629页）《三国志·魏书·袁绍传》注引《英雄记》曹操《董卓歌》云："德行不亏缺，变故自难常。郑康成行酒，伏地气绝；郭景图命尽于园桑。"（《三国志》卷六，第195页）其立意亦与王充相同。

征不至而休嘉集之，寿之术也。曰：颜、冉何？曰：命也。麦不终夏，花不济春，如和气何，虽云其短，长亦在其中矣。"① 不过在一般人的观念中，仁者之所以能够长寿乃是缘于神灵对其"阴德"的回报。《汉书·丙吉传》（以下简称《传》）所记事迹可谓典型个案。《传》云丙吉抚养受巫蛊事牵连的皇曾孙（即后来的宣帝），宣帝即位，丙吉重病，宣帝忧吉疾不起，夏侯胜说："此未死也。臣闻有阴德者，必飨其乐以及子孙。今吉未获报而疾甚，非其死疾也。"这就是说，有"阴德"者在未得到应有报答的情形下，是不会病死的。王吉上书宣帝说"臣愿陛下承天心……驱一世之民济之仁寿之域"，表达的也是相同意思。②

值得注意的是，汉代人似乎并未由此延伸出"不仁者夭"的判断——至少在现存著述中没有这样的表述。究其因或在于他们认为"不仁者夭"已包含在"仁者寿"的命题之中。品行是否与特定的疾病发生关联？目前虽不能给出完整答案，却多少可以窥见其中的端倪。白起蒙冤，叹曰："我何罪于天而至此哉？"复云："我固当死。长平之战，赵卒降者数十万人，我诈而尽坑之，是足以死。"③ 李广不达，望气者王朔的解释是李广曾诱杀降羌八百余人，而"祸莫大于杀已降"。④ 王充曾抨击人有寒温之病乃操行所及之说；⑤《三国志·吴书·程普传》注引《吴书》述程普杀叛者百余人，皆使投火，"即日病疠，百余日卒"。则是在当时一般人的观念中，事业的阻滞、瘟疫、恶疾及早死均与操行关系密切。汉末太平道让病人叩头思过，复以符水饮之；⑥ 五斗米道与之相似，令病人处静室中思过。⑦ 文本笼统而言"病人"，合理的理解是包括了所有疾病。早期道教以疗病为收拢教徒的重要手段，连带着将品行与疾病的关系推到极端，不过品行致病观念扩大化所具有的宗教背景使我们有理由认为它与汉代社会对疾病与品行关系的一般认知是有距离的。

---

① 《申鉴·俗嫌》，文渊阁四库全书本。
② 《汉书·王吉传》，颜师古注："以仁抚下，则群生安逸而寿考。"《汉书》卷七十二，第3063 页。
③ 《史记·白起传》，《史记》（点校本二十四史修订本）卷七十三，第2838 页。
④ 《史记·李将军传》，《史记》（点校本二十四史修订本）卷一〇九，第3474 页。
⑤ 《论衡·寒温》，黄晖：《论衡校释》卷十四，第 629 页。
⑥ 《后汉书·刘焉传》注引《典略》："初，熹平中，妖贼大起……光和中东方有张角……角为太平道……太平道师持九节杖，为符祝，教病人叩头思过，因以符水饮之。病或自愈者，则云此人信道，其或不愈，则云不信道。"（《后汉书》卷七十五，第2436 页）
⑦ 《后汉书·刘焉传》注引《典略》，《后汉书》卷七十五，第2436 页。

二　疾病的文化心理意义

人们对疾病的认知只是一个方面，而不同的疾病对人的生理和社会及文化所产生的影响大有不同。

相应于疾病预后程度，对汉代人心理打击最大的是瘟疫，原因在于与其他疾病对人的危害不同，瘟疫可以在短时期内造成大量死亡。在其他疾病中，个人可以只是一个旁观者，而在瘟疫袭击下，所有人都可能进入受害者名单。《续汉书·五行志五》引张衡《上封事》描述了瘟疫发生时的社会心理："人人恐惧，朝廷焦心，以为至忧。"正因为如此，汉代政论家将"民不疫疾"看作太平盛世的重要标准。① 对于死亡的恐惧是人类所有恐惧中最根本和深刻的，可以动摇甚至摧垮既有的道德关系和价值观念。东汉后期是历史上瘟疫发生率最高的时期之一，大疫的频繁发生，对东汉社会及其人文价值观念产生了重要影响。

在人类历史上，疾病曾经是引起集体恐惧的重要因素。距汉代不远的晋代即发生了两起疾病恐慌事件。《宋书·五行志二》记录了其始末：

晋元帝太兴四年，吴郡民讹言有大虫在纻中及楝树上，啮人即死。晋陵民又言曰："见一老女子居市，被发从肆人乞饮，自言：'天帝令我从水门出，而我误由虫门。若还，天帝必杀我。如何？'"于是百姓共相恐动，云死者已十数也。西及京都，诸家有楝纻者伐去之。无几自止。……

永昌二年，大将军王敦下据姑孰。百姓讹言行虫病，食人大孔，数日入腹，入腹则死。治之有方，当得白犬胆以为药。自淮、泗遂及京都。数日之间，百姓惊扰，人人皆自云已得虫病。又云："始在外时，当烧铁以灼之。"于是翕然被烧灼者十七八矣。而白犬暴贵，至相请夺，其价十倍。或有自云能行烧铁者，赁灼百姓，日得五六万，愈而后已。四五日渐静。

这两起事件的共同之处是：其一，恐慌来自传闻中的疾病而非实际存在

① 《汉书·晁错传》，《汉书》卷四十九，第2293页。

的疾病；其二，传闻中的疾病可以置人于死地；其三，恐慌具有极强的传播性，迅速波及较大地区，但也很快消止。正史所见两汉时期的群体性恐慌有成帝建始三年（前 30）九月长安发生的水灾恐慌、哀帝建平四年（前 3）正月至秋天二十六郡国和京师发生的祭祀西王母迷狂，① 却未见到与疾病有关的群体恐慌行为。但这并不能说明汉代没有类似恐惧。应劭谈到东汉人在夏至日"着五采辟兵，题曰'游光'，厉鬼知其名者无温疾"习俗起源时指出，永建年间京师洛阳大疫，"云疬鬼资野重游光。亦但流言，无指见之者。其后岁岁有病，人情愁怖，复增题之，冀以脱祸。今家人织缣新，皆取着后嫌绢二寸许系户上，此其验也"。② 据《后汉书·杨厚传》顺帝永建四年（129）六州、京师发生蝗灾，"疫气流行"，应劭所言当即此疫。"其后岁岁有病"可能指的是桓、灵时期频繁出现的瘟疫；"人情愁怖""冀以脱祸"云云，反映的正是人们在瘟疫面前的恐惧。另一条值得注意的资料是《搜神记》卷五"蒋子文"条所说蒋子文为祟故事：

> 蒋子文者，广陵人也。……汉末，为秣陵尉，逐贼至钟山下，贼击伤额，因解绶缚之，有顷遂死。及吴先主之初，其故吏见文于道，乘白马，执白羽，侍从如平生。见者惊走。文追之，谓曰："我当为此土地神，以福尔下民。尔可宣告百姓，为我立祠。不尔，将有大咎。"是岁夏，大疫，百姓窃相恐动，颇有窃祠之者矣。文又下巫祝："吾将大启祐孙氏，宜为我立祠；不尔，将使虫入人耳为灾。"俄而小虫如尘虻，入耳，皆死，医不能治。百姓愈恐。

值得注意的是，应劭说疬鬼出行只是传言，这与晋元帝太（大）兴四年（321）和晋明帝太宁元年（323）虫病讹言有相似的地方，但引起群体性恐惧的真正原因是实际存在且连续出现的疫情，这又是和虫病讹言不同之处。蒋子文故事具有两重性，一方面它是真实存在而非想象中的瘟疫；另一方面它以"虫"的形式出现，表明东晋虫病讹言可能有更早的渊源。总之，就现有资料而言，汉代社会发生的疾病恐惧出现在东汉后期，它以连续性而

---

① 事见《汉书·成帝纪》《汉书·哀帝纪》《汉书·五行志下之上》。《汉书》卷十，第 306 ~ 307 页。《汉书》卷十一，第 342 页。《汉书》卷二十七下之上，第 1474 ~ 1475 页，第 1476 ~ 1477 页。
② 《风俗通义》佚文，吴树平：《风俗通义校释》，第 414 页。

非爆发性的形式呈现，不同于后世某些忽焉而来转瞬又逝的疾病谣言恐惧。应劭所述还表明，东汉后期对疾病的集体恐惧还伴随着对可以控制瘟疫者的信奉。先是对某种物的崇拜（即着五采、题游光），而后似乎转变为对某类人的崇拜。如"善为巫术"的徐登和"能为越方"的赵炳，在汉末"疾疫大起"时"遂结言约，共以其术疗病"，"所疗皆除"，百姓奉若神明。① 于吉"制作符水以治病，吴会人多事之"，及至于吉被孙策处死，"诸事之者，尚不谓其死而云尸解焉，复祭祀求福"。② 当然物与人的区分并非泾渭分明。③ 在中国传统社会中，解除疾病恐惧的方式不外禳除导致疾病的物与人，或崇奉可控制疾病的物与人，这些方式的应用到东汉后期已表现得颇为圆熟了。

瘟疫的连续发生导致人们对生命关注的增强。张仲景在《伤寒论》序中写道：上层社会"曾不留神医药，精究方术，上以疗君亲之疾，下以救贫贱之厄，中以保身长全，以养其生，但竞逐荣势，企踵权豪，孜孜汲汲，惟名利是务，崇饰其末，忽弃其本，华其外，而悴其内"，"卒然遭邪风之气，婴非常之疾，患及祸至，而方震栗，降志屈节，钦望巫祝，告穷归天，束手受败，赉百年之寿命，持至贵之重器，委付凡医，恣其所措"，"幽潜重泉，徒为啼泣"，"不惜其命，若是轻生，彼何荣势之云哉！"④ 应当说张仲景对传统社会风尚的愤激之言部分反映了当时上层社会观念的变化。东汉末年养生辟谷服气之风大盛，以致每一个自称有异术之人都能引起轰动效应，人们"竞受其补导之术"。⑤ 对此，曹丕大为感叹："人之逐声，乃至于是。"⑥ 这正是瘟疫的社会副产品。

相应于病因的政治化解释，包括生育、发育、生理和死亡等多种异常被纳入上天警示之列。《汉书·五行志下之上》《续汉书·五行志五》《后汉书·方术列传》《风俗通义》等收入的这类表现以及所象征的结果分别是：

---

① 《后汉书·方术列传下》，李贤注云："越方，善禁呪也。"《后汉书》卷八十二下，第2741页。
② 《三国志·吴书·孙讨虏破逆传》注引《江表传》，《三国志》卷四十六，第1110页。
③ 如《后汉书·刘焉传》注引《典略》云：太平道师"持九节杖，为符祝，教病人叩头思过，因以符水饮之"。
④ （汉）张仲景著、（晋）王叔和撰次、（宋）成无己注、（明）汪济川校：《注解伤寒论》，人民卫生出版社，1996，第7页。
⑤ 《后汉书·方术列传下》注引曹丕《典略》，《后汉书》卷八十二下，第2748页。
⑥ 《后汉书·方术列传下》注引曹丕《典略》，《后汉书》卷八十二下，第2748页。

马生人→战争和动乱①

出现巨人→君王无道②

男化为女→亡子嗣或宫刑滥或有易代之事③

女化为男→贱人为王或妇人行政④

死者复活→不遵父道或下人为上⑤

出现怪胎→政治混乱、社会动荡⑥

多胎→兵戈起⑦

---

① 《汉书·五行志下之上》："史记秦孝公二十一年有马生人，昭王二十年牡马生子而死。刘向以为皆马祸也。孝公始用商君攻守之法，东侵诸侯，至于昭王，用兵弥烈。……京房《易传》曰：'方伯分威，厥妖牡马生子。亡天子，诸侯相伐，厥妖马生人。'"（《汉书》卷二十七下之上，第1469页）《后汉书·灵帝纪》灵帝光和元年（178）："鲜卑寇酒泉。京师马生人。"（《后汉书》卷八，第342页）《续汉书·五行志五》："灵帝光和元年，司徒长史冯巡马生人。"刘昭注引《风俗通义》："巡马生胡子，问养马胡苍头，乃好此马以生子。"（《后汉书》志第十七，第3345页）

② 《汉书·五行志下之上》："史记秦始皇帝二十六年，有大人长五丈，足履六尺，皆夷狄服，凡十二人，见于临洮。……始皇初并六国，反喜以为瑞，销天下兵器，作金人十二以象之。遂自贤圣，燔《诗》《书》，坑儒士；奢淫暴虐，务欲广地；南戍五岭，北筑长城，以备胡越，堑山填谷，西起临洮，东至辽东，径数千里。故大人见于临洮，明祸乱之起也。"（《汉书》卷二十七下之上，第1472页）

③ 《汉书·五行志下之上》："史记魏襄王十三年，魏有女子化为丈夫。京房《易传》曰：'……丈夫化为女子，兹谓阴胜，厥咎亡。'一曰，男化为女，宫刑滥也。"又云："哀帝建平中，豫章有男子化为女子，嫁为人妇，生一子。长安陈凤言此阳变为阴，将亡继嗣，自相生之象。"（《汉书》卷二十七下之上，第1472页）《续汉书·五行志五》汉献帝建安七年（202）："越巂有男化为女子。时周群上言，哀帝时亦有此异，将有易代之事。"（《后汉书》志第十七，第3349页）

④ 《汉书·五行志下之上》："女化为男，妇政行也。"又引京房《易传》云："女子化为丈夫，兹谓阴昌，贱人为王。"（《汉书》卷二十七下之上，第1472页）

⑤ 《汉书·五行志下之上》引京房《易传》曰："子三年不改父道，思慕不皇，亦重见先人之非，不则为私，厥妖人死复生。"又云："一曰，至阴为阳，下人为上。"（《汉书》卷二十七下之上，第1473页）

⑥ 《汉书·五行志下之上》引京房《易传》曰："厥妖人生两头。下相攘善，妖亦同。人若六畜首目在下，兹谓亡上，正将变更。凡妖之作，以谴失正，各象其类。二首，下不壹也；足多，所任邪也；足少，下不胜任，或不任下也。凡下体生于上，不敬也；上体生于下，媟渎也；生非其类，淫乱也；人生而大，上速成也；生而能言，好虚也。群妖推此类，不改乃成凶也。"（《汉书》卷二十七下之上，第1473~1474页）《续汉书·五行志五》灵帝光和二年（179）："雒阳上西门外女子生儿，两头，异肩共胸，俱前向……自此之后，朝廷霉乱，政在私门，上下无别，二头之象。后董卓戮太后，被以不孝之名，放废天子，后复害之。汉元以来，祸莫逾此。"（《后汉书》志第十七，第3347页）

⑦ 《后汉书·方术列传下·唐檀》安帝永宁元年（120），南昌有妇人生四子，太守刘祗问唐檀变异之应，"檀以为京师当有兵气，其祸发于萧墙。至延光四年，中黄门孙程扬兵殿省，诛皇后兄车骑将军阎显等，立济阴王为天子"。（《后汉书》卷八十二下，第2729页）

头生角→反叛①

应当说对人体生理异常表现的恐惧并非古代中国所独有，例如我们从塔西佗《编年史》一书中看到，在古代罗马怪胎同样可以引起人们对国政的担忧。② 但在中国传统社会，这种观念被系统而固定地与政治结合在一起，成为一种刻板的认知模式，这与中国古代对宇宙的整体理解即阴阳的区分、阴阳位置的尊卑确定和阴阳位置的不可改易性有着显而易见的联系。而两汉时期正是这种认知模式的确立时代。

相应于对病情的破坏性理解，人们在深深的恐惧情绪中力图将某些疾病阻挡在社会之外，患者也因此受到严厉的惩罚。我们看到的最为典型的例子是"疠"（即麻风病）。关于"疠"的发生原因传统医学没有明确说明。睡虎地秦简《日书》甲种 60 背贰云：

人毋故而（发）挢若虫及须（眉），是是恙气处之。

马王堆帛书《五十二病方》"冥（螟）病方"条云：

冥（螟）者，虫，所啮穿者口，其所恒发处，或在鼻，或在口旁，或齿龈，或在手指口口，使人鼻抉（缺）指断。③

两处疾病表现与麻风病相似。《日书》反映或部分反映了民间观念，《五十二病方》性质略异，但也有民间观念为依托。"恙气"或"螟虫"都是当时医学对疾病成因的解释，则在战国以来人们的眼中，"疠"的发生与其他疾病并无本质之别，并不具有神秘色彩。然而，人们对待"疠"的态度则与大多数疾病有很大差别。睡虎地秦简《法律答问》和《封诊式》涉及对麻风病人的法律解释。其一云，某里里典将本里某人送到官府，声称怀

---

① 《汉书·五行志下之上》："景帝二年九月，胶东下密人年七十余，生角，角有毛。时胶东、胶西、济南、齐四王有举兵反谋，谋由吴王濞起……角，兵象。"（《汉书》卷二十七下之上，第 1474 页）

② 〔古罗马〕塔西佗（Tacitus）：《编年史》，王以铸、崔妙因译，商务印书馆，1981，第 75 页。

③ 马王堆汉墓帛书整理小组编《马王堆汉墓帛书（肆）》，第 43 页。

疑此人患有麻风病，官府令医诊断，证实该人确实患有疠疾。① 其二云，犯罪的麻风病人应如何处理？结论是淹死，不能活埋。其三云，某人有罪，尚未判决发现患有麻风病，应如何处理？结论是迁往收容麻风病患者的"疠所"，也可在疠所中淹死。其四云，正在服刑的麻风病人应如何处理？结论是迁往疠所。② 值得注意的是，其表达是用"爱书"（法律文书）和"诣"（押送）这样的法律字眼来说明发现麻风病患者的过程，这意味着患有麻风病是一种违反当时法律秩序的行为。尽管就目前的资料看，疠疾患者如果没有其他犯罪行为可以不被处死，但迁往疠所则意味着被整个社会抛弃。麻风病在古代似乎并不是常见疾病，况且当时还有其他传染性更强烈、发生更普遍、危害更严重的疾病，秦律文书对疠说明如此之细，确乎十分罕见，它直接表达了当时人对这种疾病的特殊看法。正如有的学者所指出的，在古人心目中，水有消除罪责的净化力，以淹杀为处置手段具有阻挡凶恶力量或消除有毒物质的意义。③ 一般而言，接触和处理疾病之法与疾病的成因密切相关。隔离疠者观念表明，疠疾患者是祸害整个人群的有毒物质的携带者。我们不妨推测，在更早时期，疠疾曾经是一种被赋予神秘起因的疾病，疠者被认为是携带灾难的有害人群。战国以后，疠疾的神秘起因淡化消失，疠者群体的有害性却依然存留。

进一步看，对麻风病的恐惧是古代世界的普遍现象，溺杀和放逐也是经常采取的方法。就此而言，秦律的上述规定可能是长期以来所形成的习惯法的国家表达，也与古代世界的一般情形契合。秦以后的法律没有淹死有罪麻风病人的规定，后世则多将麻风病人驱逐出去。或据此以为其间发生了不小变化。④ 照笔者看来这种变化似乎并不大。秦律并未规定将未犯罪（包括在服刑期间被发现的）的麻风病人处死，确定为死罪的只是先患有麻风病后又犯罪的人。关于是何罪可以做一些推测。《法律答问》说：某人完为城旦，尚未判决发现患有麻风病，或迁往疠所，或在疠所淹杀。这是一个含混

---

① 睡虎地秦墓竹简整理小组编《睡虎地秦墓竹简·封诊式·疠》，第 263 页。

② 睡虎地秦墓竹简整理小组编《睡虎地秦墓竹简·法律答问》，第 203～204 页。

③ 参见〔德〕格茨（Hans-Werner Goetz）《欧洲中世纪生活》，王亚平译，东方出版社，2002，第 18 页。曹旅宁：《睡虎地秦简中的"定杀"与"毒言"考释》，载中国法律史学会主办《法律史论集》第 4 卷，法律出版社，2002。又，有学者认为水溺生埋麻风病人是害怕有污血溢出而传播此病（陈吉棠、李牧：《古代对麻风病传染性认识年代的探讨》，《浙江中医学院学报》1995 年第 5 期），这似是以今人的观念理解古人，不取。

④ 曹旅宁：《睡虎地秦简中的"定杀"与"毒言"考释》。

的处理，不妨假定完为城旦是量刑的临界点。已知有两种犯罪行为可定完为城旦，即偷盗、与人殴斗拔其胡须眉毛或割其头发，这两种犯罪行为的共同特点是对他人的侵害。尤其是第二种较为严重，因为在早期思维中，胡须和头发均是身体上有特殊意义的物质，破坏性巫术常将他人发须作为施术的媒介。因此，对有罪疠者的惩罚，实际上是对其恶意扩展有害物质行为的惩罚，而不仅仅是或者不主要是着眼于其犯罪行为。还可以进一步推测，《法律答问》提出了迁疠所和在疠所淹杀两种处理意见，量刑程度相差很大，这两种方法可能是针对不同的犯罪行为，偷盗行为因为没有向他人散播有害物质可能只处以迁疠所，而破坏胡须眉毛头发则由于相反的原因可以被重判。秦律针对麻风病患者的基本精神不是杀戮，而是将其从人群中驱逐出去，这一点在后世同样明显。不妨说，在本质上后代社会态度与秦律原则是一脉相承的。

不过汉代社会与前代对包括麻风病在内的恶疾的态度似乎有某些差别。按照经学解释和前代史实，患有恶疾者至少应在两个方面受到限制，一是放弃婚姻，二是不得为后。① 这种训诫在汉代并未得到严格实行。据《汉书·宣元六王传》，楚王刘嚣患有恶疾，不仅没有被因此废除王位，而且入朝，并得到成帝表彰："盖闻'天地之性人为贵，人之行莫大于孝'。楚王嚣素行孝顺仁慈，之国以来二十余年，孅介之过未尝闻，朕甚嘉之。今乃遭命，离于恶疾……朕甚闵焉。夫行纯茂而不显异，则有国者将何勖哉？"这意味着如果一个患有恶疾者拥有良好的品德，可以减弱或抵消恶疾对其社会行为的限制。

与之相似的另一个例子是"毒言"。与"疠"不同的是，"毒言"者对自己无害，他们的存在只伤害他人。睡虎地秦简《封诊式》的一件"爰书"提供了具体案例：某里20人将该里男子某押送官府，声称该男子"毒言"，经过审讯，得知该男子的外祖母早年曾因"毒言"而被流放，同里其他人在祭祀时都不愿与该男子共用食具，该男子声称自己没有"毒"，也没有其他过失。如此众多的人将"毒言"者押送官府，大约事先经过了共同体内

---

① 《大戴礼记·本命篇》："世有恶疾不娶，弃于天也。"《史记·楚世家》："熊渠卒，子熊挚红立。挚红卒，其弟弑而代立。"《正义》引宋均注《乐纬》云："熊渠嫡嗣曰熊挚，有恶疾，不得为后，别居于夔，为楚附庸。"《列女传》卷四《贞顺传》"蔡人之妻"条赞扬蔡人之妻虽丈夫有恶疾而不改嫁，这表明丈夫恶疾并非妻子必须离婚的理由。这自然是男性的视角和话语，就一般情形而言，妻子与患有恶疾的丈夫离异应是习见之事。

某种形式的议论并得到有声望的里父老的认可。看来，"毒言"者在聚落中引起的震动和恐惧并不亚于甚或超过了疠者。值得注意的另一点是，"毒言"者的外祖母也是一个"毒言"者，这暗示"毒言"可能具有家族性。通常认为，"毒言"亦即《论衡·言毒》的如下描述："太阳之地，人民促急，促急之人，口舌为毒。故楚、越之人，促急捷疾，与人谈言，口唾射人，则人脈胎（胀），肿而为创。南郡极热之地，其人祝树树枯，唾鸟鸟坠。"也有学者以二者内容不同（前者不能共用食具，后者则以口唾射人）以及对"毒言"者的较轻处理（流放），推测"毒言"案例可能与村落共同体的认同有关。① 实际上，唾沫禁忌是初民巫术的常见内容。如奇洛特印第安人常收集敌人的唾沫，放在土豆中，以烟熏烤，土豆干瘪则为敌人消瘦而亡之征兆。② 汉代行巫、蛊术者常借助于"唾"。如《史记·外戚世家》长公主进谗景帝："栗姬与诸贵妇人幸姬会，常使侍者祝唾其背，挟邪媚道。"《灵枢经·官能》："疾毒言语轻人者，可使唾痈咒病。"《五十二病方》解（蝎）毒、治烧伤和漆疮祝法以"（唾）之"相佐。其中治男子漆疮要唾七次，女子要唾十四次。后代文献中还有鬼畏唾之说③、用唾辟邪毒④之事。"唾鸟鸟坠"当属此系统。⑤《灵枢经·官能》说让能"毒言"之人"唾痈咒病"，则是将"毒言"者纳入了医疗体系。就《封诊式》这件案例而言，可以肯定的是"毒言"者的出现意味着违反了社会和法律秩序，无论他（她）是否将此施之于人，都要以司法手段予以解决。《封诊式》"爰书"说该里众人不同"毒言"人共食，说的是该人只是"毒言"携带者，而非有意施毒于人，因此《封诊式》与《论衡》的陈述似乎并无矛盾。退一步讲，即使秦时"毒言"者的施"毒"方式与王充所言有别，也只是地域或时代上的表面差异，其本质完全相同。因"毒言"被放逐，与我们

---

① 曹旅宁：《睡虎地秦简中的"定杀"与"毒言"考释》。

② 〔英〕弗雷泽（J. G. Frazer）：《金枝》，徐育新等译，第 353～354 页。例外者亦有。如东非查加兰人吐唾沫是紧要关头的一种祝福（〔美〕路威（R. H. Lowie）：《文明与野蛮》，吕叔湘译，三联书店，1984，第 1 页），不过这种情形比较少见。

③ 《搜神记》卷十六南阳宋定伯事云，鬼自言无所畏忌，"惟不喜人唾"，唾则令其现形。

④ （宋）陶毅《清异录》卷上"唾十三"条："《厌胜章》言：枭乃天毒所产，见闻者必罹殃祸，急向枭连唾十三口，然后静坐存北斗，一时许可禳。"

⑤ 《灵枢经·官能》又云："爪苦手毒为事善伤者，可使按积抑痹，各得其能。"则汉代诅咒体系似尚不止于"言毒"。方以智《通雅》卷十八《身体》："手毒，手心热者。……何子元曰：'手毒可使试按龟，五十日而龟死手甘者复生。'盖人手心有火，故能运脾助煖，有极热者，按物易化。"其说可参。

前面提到的对麻风病患者的处理相同，都是将危害正常人群者驱赶出去，并不能说是一种轻微的处理。对"毒言"者的惩处，必然存在于整个社会而不只是乡村中，其目的与其说是增强共同体的认同感，倒不如说是维持和保护正常的生活秩序。

在中国古代社会，结核病尤其是肺结核病是被赋予某种特殊文化意义的疾病。因其具有较强传染性，"中者病如前人，非死不可。一传十，十传百，展转无穷"，故有"义疾"之名。[1] 又因后果严重，故引起了极大恐慌。[2] 更可注意的是，肺结核病与行为不端产生了若隐若现的联系。宋人洪迈《夷坚甲志》卷二"崔祖武"条说，崔祖武自言"少好色，无日不狎游，年二十六岁，成瘵疾将死"。同条又说崔祖武与洪迈之父曾为太学同学，则洪迈的转述大约并非虚妄。《夷坚支戊》卷三"卫承务子"条说卫某"年少，好狎游。忽得疾，羸瘦如削，众医以为瘵"。《夷坚支庚》卷一"鄂州南市女"条说某少女暗恋一美男子，"积思成瘵疾"。宋人王明清《投辖录》"江彦文"条说江彦文"少年美风仪，尝得瘵疾"。这三个故事虽系传闻，但可进一步证明瘵病与狎游的明确或潜在对应是一种刻板化了的社会认知模式。结核病与狎游或性幻想的关联在明清文学作品中更多有所见，此处不赘。如前所述，包括肺结核病、淋巴结核病在内的结核传染病是汉代社会的常见疾病，但汉代人却未赋予其特定的文化含义。是什么原因让结核病附加了文化意义？其转变出现在何时？这些都是值得研究的有意思的问题。其实，类似后世结核病这样具有隐喻意义的疾病在战国秦汉时期业已存在。据现存文献，虽有多种疾病与此有关，然究其因不过有二。其一，源于身体本身的欲望，包括对异性和美食的渴望，表现为内热或内寒。《素问》和《灵枢经》有三处提到其表现：

> 岐伯曰：是阳气有余，而阴气不足，阴气不足则内热，阳气有余则外热，内热相搏，热于怀炭，外畏绵帛近，不可近身，又不可近席。腠理闭塞，则汗不出，舌焦唇槁，腊干益燥，饮食不让美恶。[3]
>
> 此人必数醉若饱，以入房，气聚于脾中不得散，酒气与谷气相薄，

① （宋）陶毂：《清异录》卷下"义疾"条。
② 《太平广记》卷二百二十引《稽神录》云：一渔人妻得"劳瘦疾"，"传相传染，死者数人。或云取病者生钉棺中弃之，其病可绝。顷之其女病，即生钉棺中，流之于江"。
③ 《灵枢经·刺节真邪》。

热盛于中，故热遍于身，内热而溺赤也。夫酒气盛而慓悍，肾气有衰，阳气独胜，故手足为之热也。①

帝曰：有病口甘者，病名为何？何以得之？岐伯曰：此五气之溢也，名曰脾瘅。夫五味入口，藏于胃，脾为之行其精气津液在脾，故令人口甘也，此肥美之所发也，此人必数食甘美而多肥也。肥者，令人内热，甘者令人中满，故其气上溢，转为消渴。治之以兰，除陈气也。②

《史记·仓公列传》淳于意医案则提到了一个实例：

济北王侍者韩女病要背痛，寒热，众医皆以为寒热也。臣意诊脉，曰："内寒，月事不下也。"……得之欲男子而不可得也。……肝脉弦，出左口，故曰欲男子不可得也。

虽然淳于意医案说的是女性，但《素问》和《灵枢经》没有特别提出性别，按其行文惯例，应是两性均有。"热"和"寒"是中国传统医学中的常见概念，有外感和内生两种，"内热"和"内寒"自然是内生所致。由上引文可知，"内热"和"内寒"造成的疾病大致包括现代医学所说的糖尿病、神经衰弱、月经不调等。其二，某种生物的影响。具体说又可分为三类。一是"蜚"虫为祟，一是"蛊"或"短弧"为祟，一是"蛊"为祟。这三种致病因素，前文已有说明。这里要特别指出，其共同特点是它们与不正常或过于旺盛的性行为有关。与"蜚"虫、"蛊"或"短弧"对应的是"南越盛暑，男女同川泽，淫风所生"，"淫女为主"。与"蛊"对应的是性欲旺盛。医和谓晋平公云："女，阳物而晦时，淫则生内热惑蛊之疾。"出谓晋臣赵孟云：蛊者"淫溺惑乱之所生也"。结论是："疾不可为也。是谓近女，室疾如蛊。"③"蛊"的含义自战国以来虽有很大变化，但此义遗痕犹存，且有某些延伸。④ 不过，在汉代人思维中，除去消渴病与贵族生活方式

---

① 《素问·厥论篇》。
② 《素问·奇病论篇》。
③ 《左传》昭公元年《传》。
④ 如《后汉书·刘瑜传》刘瑜奏桓帝云："今女婢令色，充积闺帷，皆当盛其玩饰，冗食空宫，劳散精神，生长六疾。"此言即出自《左传》昭公元年所记医和语。《后汉书·张衡传》张衡赋云："载太华之玉女兮，召洛浦之宓妃。咸姣丽以蛊媚兮。"李贤注："谓妖丽也。"

相关外，"内热"、"内寒"和"蛊"虫等为祟并未附加上后世肺结核病所具的那种意义，笔者的推测是，肺结核病是常见于青春期的疾病，[1] 这个年龄段的人在生理上逐渐性成熟，在心理上则对异性萌动，而"内热"等却没有明显的年龄分布。年龄因素的缺乏使得"内热"等疾病无法建立起与"性"有关的联系。

到了东晋，"蛊""蚀"诸虫所具有的淫乱意义逐渐消失，葛洪《肘后备急方》论及此类疾病时，只是描述致病原因和疾病表现，并不涉及其他。而包括了肺结核的"传尸"病依然没有与品行不端发生联系。这种情形一直延续到宋代以前。

肺结核病刻板模式形成的时间大约是在宋代，除去前面提到的例子外，"瘵"字之义的变化是一个重要根据。在汉代字书中"瘵"只是对疾病的泛称，[2] 至唐"瘵"之旧义未变。在宋代医学著作中，"瘵"始成为肺结核病（可能也包括神经官能症）的特指语词。《济生方·诸虚门·劳瘵论治》云："夫劳瘵一症，为人之大患，凡受此病者，传变不一，积年染注，甚至灭门。"试比较"劳瘵"与汉唐医书所言之"尸注"病，可以很清楚地看出两者的相似性，而所异者在于"尸注"只有"传变"即疾病的传染性，而"劳瘵"则强调了此病"劳"和"传变"的双重性质，这种差异可能正是肺结核社会意义发生变化的主要原因。[3] "劳"是战国秦汉形成并发展的医学概念，泛指内在或外在因素造成的身体虚弱，其中内因又是决定性的。

---

[1] 结核病人群患病率和死亡率有三个高峰期，第二个高峰期是 15～25 岁的青少年（另两个高峰期是婴幼儿和老年人），造成青少年易罹患肺结核的主要原因是性成熟引起的内分泌紊乱造成了免疫力的下降。又据统计，1949 年以前，中国城市 15 岁以下青少年结核感染率 85%，人口死亡率 2‰～3‰，居各种死因之首。参见黄铭新主编《内科理论与实践》第 3 卷，上海科技出版社，1982，第 889 页。又见该书编委会主编《新中国预防医学历史经验》，人民卫生出版社，1988，第 187 页。

[2] 《尔雅·释诂》云："瘵，病也。"郭璞注："今江东呼病曰瘵。"（《尔雅·释诂上》，上海古籍出版社 1983 年影印郝懿行《尔雅义疏》本，第 75 页）《说文》"疒部"："瘵，病也。"段玉裁注："《小雅·菀柳》毛《传》同。"（段玉裁：《说文解字注》，第 348 页）

[3] 《东坡志林·技术》"论医和语"条云："女为蛊惑，世之知者众，其为阳物而内热，虽良医未之言也。五劳七伤，皆热中而蒸，晦淫者不为蛊则中风，皆热之所生也。医和之语，吾当表而出之。读左氏，书此。"（文渊阁四库全书本）"蒸"即骨蒸，为结核病的典型表现。《东坡志林》将"劳""蒸"与医和所言"女为蛊惑"联系在一起，与《济生方》观念相类，可知到了宋代专业医学和民间均有此共识。又宋话本《西山一窟鬼》："在日看坟害劳病死的鬼。"（《京本通俗小说》，古典文学出版社，1954，第 42 页）此处的"劳病"应即明清时"痨病"同音转字。

《金匮要略·血痹虚劳病脉证并治》对"劳"做了如下归纳：

> 男子脉虚沉弦，无寒热，短气里急，小便不利，面色白，时目瞑，兼衄，少腹满，此为劳使之然。
>
> 夫失精家少腹弦急，阴头寒，目眩（一作目眶痛），发落，脉极虚芤迟，为清谷亡血，失精。脉得诸芤动微紧，男子失精，女子梦交，桂枝加龙骨牡蛎汤主之。
>
> 虚劳里急，悸、衄，腹中痛，梦失精，四肢痠疼，手足烦热，咽干口燥，小建中汤主之。

这些症状大概包括了现代医学所说的贫血、神经衰弱、心血管疾病和糖尿病等，值得注意的两点是文中"手足烦热，咽干口燥"和"男子失精，女子梦交"，前者与肺结核病表现有相类的地方，后者则明确点出欲望在这个疾病中的位置。肺结核病宋人谓之"劳瘵"，明清人谓之"痨"，[1] 显示了"劳"对此概念形成的重要性。《肘后备急方》卷一"治尸注鬼注方"还提到此病"又挟诸鬼邪为害"，此说为《诸病源候论》和《千金要方》所继承，而"鬼邪为害"也是后人观念中肺结核病发生的诱因之一。可以说，在汉唐医学观念中，已经蕴伏了后世肺结核病社会喻义的医学基础。后代所增加的要素是人们注意到了这类疾病常见于少男少女中。汉代及至唐以前肺结核病之所以未从"尸注"病中独立出来，可能是因为当时人只看重它的传染性，当这种疾病与"劳"建立起联系后，当人们观察到"劳"多出现在青少年中时，这种疾病的致病原因和表现开始向与之对应的社会含义转变，最终形成了对肺结核病的刻板化社会认知。

肺结核病在西方疾病历史上没有获得它在中国古代这般独特的地位，相似的位置由痛风占据。西方从古代到近代对痛风病人的刻板认知是生理或品行偏离正轨：希波克拉底说不放纵情欲的青年男子不会患上痛风；盖伦将此

---

[1]　有学者认为肺结核病称"痨"始见《正字通》（朱正义：《关中方言古词论稿》，上海古籍出版社，2004，第 208 页）。按，《正字通》，明末张自烈撰。或题清廖文英撰，一般认为系廖文英购张自烈原稿，并署己名。《西游记》第二十回"黄风岭唐僧有难　半山中八戒争先"说："你那个徒弟，那般拐子脸、别颏腮、雷公嘴、红眼睛的一个痨病魔鬼。"《西游记》大约成书于明代嘉靖年间，此虽未必是肺结核病称"痨"最早见诸文献者，但可证《正字通》始称肺结核病为"痨"之不确。

病归咎于"放荡"和"酗酒"；希登哈姆（Sydenham）更明确写道："痛风一般是累及这样的老人：他把毕生大部分时间都用于享乐，纵情声色，酗酒无度。"[①] 前面提到，汉代医学著作也猜测历节关节疼痛（痛风？）与饮酒有关，但这类疾病表现没有与不良品性搭桥挂钩。出现这种差异的原因在于古代东西方对这种疾病在认知上存在差异。

同样令人感兴趣的是报应观念与疾病的关系。汉代以后观念中报应与疾病似乎具有特定联系，其特点是受报人和施报人曾有生死恩怨，受报人所患之疾多为不治之症或怪异之病，如唐宋时期一些疾病被认为与虐食行为关系密切，可称为"虐食者受报疾病"，通行的模式是施虐者疾病的表现是其施虐行为或其后果的翻版，所患疾病奇特且难以治愈。清代亦有患疡、瘕受报的说法。佛教传入之前报应之说在中土已经存在，但在汉代人观念中，特定的疾病与报应却没有明显联系，原因何在尚需研究。

应当指出的是，某些发育异常或残缺性疾病，在许多地区成为神异力量的征兆。在一些原始部落人看来，独眼、独腿、独臂、独耳、只有一个睾丸，或跛足、驼背的"半人"具有可以施惠也可加害于人的神秘力量。[②] 只用一只眼视物的"邪视者"可以引来灾祸。[③] 患有皮肤溃疡、金钱癣、鳞状癣等慢性皮肤病的男子只能成为巫师。[④] 这些疾病在秦汉人的心目中，则不具有如此怪异的魅力。不过汉代人对发育异常或某些疾病也赋予了政治文化意义，重瞳子和瘿瘤是相关事例。

舜有重瞳子的传说可能颇为悠久，可知至少在战国晚期重瞳子即与某种政治征兆联系在一起。《史记·项羽本纪》"太史公曰"写道：舜也是重瞳，项羽或者就是舜的后代，但项羽何以如此残暴？从司马迁这个疑问中可以看到当时人与现代医学相同，没有把重瞳作为病态，只是作为生理上的异常现象，且赋予这种生理异常正面意义，暗示有重瞳者是圣人。《论衡·讲瑞》云："假令不同，或时似类，未必真是。虞舜重瞳，王莽亦重瞳……如以骨

---

① 〔美〕Deeson Mcdermort Wyngaarden 主编《希氏内科学》，王贤才译，内蒙古人民出版社，1986，第9分册，第112页。

② 〔美〕根室（John Gunther）：《非洲内幕》，伍成译，世界知识出版社，1957，第442页。〔日〕吉田祯吾：《宗教人类学》，王子今、周苏平译，陕西人民教育出版社，1991，第173～176页。

③ 〔英〕弗雷泽（J. G. Frazer）：《金枝》，徐育新等译，第186页。

④ 〔美〕米德（M. Mead）：《三个原始部落的性别与气质》，宋践等译，浙江人民出版社，1988，第78页。

体毛色比，则王莽虞舜。"王莽重瞳之事《汉书》未载，唯言其"露眼赤睛"。这里不外有如下几种可能：王莽确为重瞳，但班彪父子为刘氏正统在叙史中以"露眼赤睛"恶貌诋毁之；或是王莽为证明新朝政权合理性，制造重瞳谣言；或是王莽重瞳只是民间传闻，史家未采。我们虽无法确知哪一种可能是真实的，从中却能清晰地看出重瞳在汉代人心目中的意义。《易林》卷一"泰之第十一"既济所言"重瞳四乳，聪明顺理。无隐不形，微视千里。灾害不作，君子集聚"；《太平御览》卷三六六引《春秋元命苞》云："舜重瞳子，是谓滋凉。上应摄提，以象三光。"其意也相同。《神仙传》卷七"蓟子训"条说蓟子训因有神异，众人谓其"当有重瞳"，则是成仙得道者亦有重瞳之相。汉代以后依然将重瞳子作为具有积极意义的预兆。如鱼俱罗因有重瞳而为隋炀帝所忌惮，五代梁康王朱友孜目有重瞳自以为当为天子。[①] 古代西方认为重瞳者目有凶光，注视可使人、物死亡。[②] 这与中国传统正好相反。类似的情形还有眉毛、耳朵和胸乳异常。曹植指出："世人固有身瘰而志立，体小而名高者，于圣则否。是以尧眉八彩，舜目重瞳，禹耳参漏，文王四乳。"这些异常的相同之处多是身体某个部分的同类增加，或许在古人思维中，这种增加也意味着能力的增强。

瘿瘤的情形比重瞳复杂。一般来说，瘿瘤是身体的赘生物，而汉代人对于类似的赘生物向来感到不安（详后），但在下面的故事中我们看到了例外。《后汉书·耿纯传》说两汉之际真定王刘扬作谶纬称："赤九之后，瘿扬为主。"按照此谶纬，身体长有瘿瘤者可以称为天下之主。固然，刘扬本人患瘿，造此谶是为自己制造政治舆论，但用一种被人们厌恶甚或恐惧的疾病作为工具，意味着瘿瘤在人们的观念中可能被转换成正面之物，否则其宣传恐怕只有负面效果。前面提到古人在承认重瞳的无效性时（如项羽或王莽），并不否认其本质上的有效性；瘿瘤例子同样如此。看来，汉代人在面对某些具有预示性的发育异常和疾病时，其态度颇为灵活和实用。

相应于病情的日常生活理解，一些对人的身体没有致命威胁的疾病，受到另眼看待。哑、聋、跛、盲、秃、侏儒病和巨人症等残疾和发育异常就属于这类疾病。

公正地说，自先秦以来一些舆论提倡对残疾人的照顾，建议为他们设置

---

① 《隋书·鱼俱罗传》，《新五代史·梁家人传》。
② 钱锺书：《管锥编》，中华书局，1979，第 301 页。

合适的工作。如《管子·入国》指出："聋、盲、喑、哑、跛躄、偏枯、握递，不耐自生者，上收而养之疾官，而衣食之。"《礼记·王制》也说："喑聋、跛躄、断者、侏儒，百工各以其器食之。" 政府在日常生活上对残疾人的优抚也不断加强。但残疾人的发展空间是十分有限的。汉高祖十一年（前196）颁布的著名的进贤诏中明确规定"癃病，勿遣"，[①] 将身体有残疾者排除在贤才之外。武帝立太学，残疾人也不在收录之列。[②] 对于社会上层来说，残疾可能成为影响仕途或爵位继承的因素。[③] "喑者不言，聋者不闻，既喑且聋，人道不通。"[④] 对于普通百姓来说，残疾者能够糊口已属难得，他们从事的多为正常人所不屑的贱业，或成为供贵族享乐猎奇的玩物。

由于给生活带来诸多不便，康复无望，且给体貌造成不良影响，汉代人深以患有此类疾病为耻。《洪范》"五福"之五曰"考终命"，桂馥认为汉代人所说的"考终命"指容貌美好至老无残毁，[⑤] 所言是。在此社会氛围中，有的患者家庭不惜"破家求医，不顾其费"。[⑥] 身体残疾者心理自卑，社会舆论则轻蔑藐视。杜钦（字子夏）一目盲，时人称为"盲杜子夏"，杜钦恼怒之余自创小冠，让人们改称其为"小冠杜子夏"；夏侯惇中箭伤左目，军中称其为"盲夏侯"，夏侯惇"恶之，每照镜恚怒，辄扑镜着地"。[⑦] 健全人在谈到残疾人时多使用歧视性语言，如桑弘羊嘲笑盲人"口能言黑白，而目无以别之"。[⑧]《易林》"师之第七"和"谦之第十五"用讥讽的口气分别写道："耳目盲聋，所言不通；伫立以泣，事无成功。""右目无瞳，偏视寡明；十步之内，不知何公？"极端者甚至认为瞽者是"纣之遗民"。[⑨]

---

① 《汉书·高帝纪下》。

② 《汉书·儒林传》武帝纳公孙弘奏议，"太常择民年十八以上仪状端正者，补博士弟子"。

③ 《汉书·杜周传附子杜钦》：杜钦因目盲"故不好为吏"。《汉书·杜周传附玄孙杜业》云杜业批评许商"被病残人，皆但以附从（翟）方进，尝获尊官"。又据《汉书·韩安国传》，武帝本欲任韩安国为丞相，因其摔伤致残，遂改以他人为相。《汉书·王子侯表上》载，武帝时东莞侯刘吉因"瘑病不任朝，免"。《太平御览》卷五一九引《三辅决录》载东汉人张宇"以父功当封，自言两目失明，天子信之，乃封弟恭"。

④ 《淮南子·泰族训》。

⑤ （清）桂馥著、赵智海点校：《札朴》卷一"考终命"条，中华书局，1992。

⑥ 《淮南子·泰族训》。

⑦ 杜钦事见《汉书·杜周传附孙杜钦传》；夏侯惇事见《三国志·魏书·夏侯惇传》。

⑧ 《盐铁论·能言》。

⑨ 《韩诗外传》卷三。

《淮南子·氾论训》"今夫盲者行于道，人谓之左则左，谓之右则右，遇君子则易道，遇小人则陷沟壑"，以及《续谈助》四引《笑林》"平原人有善治伛者，自云：'不善，人百一人耳。'有人曲度八尺，直度六尺，乃厚货求治。曰：'君且卧。'欲上背踏之。伛者曰：'将杀我！'曰：'趣令君直，焉知死事'"的描写虽非实指，但其比喻和挪揄更能反映此类事情的普遍。此外，对头秃者家族的嘲笑，[1] 对跛者家庭的另样眼光，[2] 对残疾者"不成人"的评价，[3] 均直接或间接地反映了对残疾者的社会歧视。

癣、疥、疮之类的皮肤病是让汉代人甚为厌烦的疾病。从《易林》"身多癞疾，谁肯妇者"的描写看，[4] 当时一些患上皮肤疾病的男性难以结婚。《太平广记》卷二一八引《独异志》云：汉末"有女子极美丽，过时不嫁，以右膝常患一疮，脓水不绝"。这条材料虽然晚出，但参照男性类似状况，汉代女性因患严重皮肤疾病不能完婚的情形也应存在。由于上述这些皮肤疾病四时发作，甚至连"孝妇"都不愿照顾患有此病的长辈。如《易林》"涣之第五十九"所说："疮疡疥瘙，孝妇不省。"《南史·宋前废帝纪》刘宋前废帝骂武帝为"奴"。"奴"即酒渣鼻，汉代已见此疾，却未有类似的厌恶心理记录，但以汉人对皮肤疾病的轻蔑态度，对酒渣鼻的歧视并非没有可能。

巨人症的情形比较特殊。我们在前面提到，在汉代人解释疾病的模式中，出现巨人有时暗示着君王无道。但按照汉代文化观念，身材高大的男子通常被赋予正面和积极评价。此外，《史记·周本纪》说周祖先姜氏"行见巨人迹，心忻然说，欲践之"，以及相传"巨公"欲见汉武帝故事传达的也

---

[1] （北齐）颜之推：《颜氏家训·书证》："或问：'俗名魁偭子为郭秃，有故实乎？'答曰：'《风俗通》云："诸郭皆讳秃。"当是前代有姓郭而病秃者，滑稽戏调，故后人为其象，呼为郭秃。'"王利器集解《颜氏家训集解》，上海古籍出版社，1980，第 453 ～ 454 页。

[2] 《三国志·魏书·方技传·管辂》："利漕民郭恩兄弟三人，皆得躄疾，使辂筮其所由。辂曰：'卦中有君本墓，墓中有女鬼，非君伯母，当叔母也。昔饥荒之世，当有利其数升米者，排著井中，啧啧有声，推一大石，下破其头，孤魂冤痛，自诉于天。'于是恩涕泣服罪。"《三国志》卷二十九，第 812 页。

[3] 《论衡·别通》云：盲人、聋人和丧失嗅觉者，是"不成人者也"。（黄晖：《论衡校释》卷十三，第 591 页）

[4] 《易林》"师之第七"。

都是正面意义。① 在生活中，汉代巨人与侏儒一样，是可以博人之好奇心的对象，《艺文类聚》卷六十三引李尤《平乐观赋》"侏儒巨人，戏谑为耦"即其证。看来汉代人对"巨人"的理解具有不确定性。后世将巨人出现视为"妖"或毁灭之征，应当与汉代形成的观念有关；但后世以巨人为仪仗之类等情形，未见汉代文献记载。

前面提到重瞳等身体发育异常的正面象征性，但并不是身体上发生的所有扩展都是吉瑞的征兆，身体出现原本不曾有的赘物如疣、瘿等就很令汉代人恐惧。扬雄《太玄·从晝至养》云："次二，割其朒（疣）赘，利以无矨。"何谓"朒矨"？晋人范望认为是可以引起疾病之物，明人叶子奇认为是身体上"所余恶肉"，山田庆儿认为是身中去之不绝之恶。② 而就当时的民间理解，扬雄所说"朒矨"的指代范围可能更广泛。《易林》"涣之第五十九"说"君多疣赘，四时作灾"。很明显，"灾"是一个含义宽泛的语词，包括疾病在内的各种不幸。《五十二病方》收录 7 个治疗"疣"的方法，③相比许多疾病，疣的痛苦程度和危险性都不足道，却引起汉代人的如此关注，不能不说与人们意识中"疣"可能造成的危害有关。值得注意的是，7个治"疣"方法有 6 个属巫术类的祝由术，这类方法多用于"鬼"为祟的疾病中，而"鬼"对生活的破坏并不限于人的健康，由此可以进一步明了"君多疣赘，四时作灾"之意。后人头生肉角为"寿相"的说法④在古代其他文献中鲜有见及，恐只是个人之见。

这里应当提到关于"隐疾"的理解。这个语词见《礼记》。《曲礼上》在谈到取名禁忌时说："名子者不以国，不以日月，不以隐疾，不以山川。"郑玄注云："为后难讳也"，"隐疾，衣中之疾也，谓若黑臀、黑肱矣。……隐疾难为医"。按此，隐疾系指胎记之类的体征。但正如宋人魏了翁所批评的，胎记并不是疾病，无须医治，也就谈不上讳疾忌医。⑤ 后代对隐疾的解

---

① 《汉武故事》述"巨公"事云：武帝"拜公孙卿为郎，持节候神，自太室至东莱，云见一人，长五丈，自称巨公，牵一黄犬，把一黄雀，欲谒天子，因忽不见"（鲁迅《古小说钩沉》本）。

② 范注见《太玄经·从晝至养》，四库本；叶注见《太玄本旨》卷六；山田庆儿语见前揭山田庆儿《夜鸣之鸟》。

③ 马王堆汉墓帛书整理小组编《马王堆汉墓帛书（肆）》，第 39～40 页。

④ （清）赵翼著、李解民点校：《檐曝杂记》卷六"头有肉角"条，中华书局，1982。

⑤ （宋）魏了翁：《春秋左传要义》卷七，四十二条"不以隐疾非黑臀黑肱之类"。

释大致有三种。一云隐疾为痛疾，盖以痛疾为名，甚为不祥。[①] 一云隐疾为"心之所疾"，"如晋太子之名仇，郑庄公之名寤生，皆以其父母心所疾而名不善也"。[②] 一云隐疾是"体上幽隐之处疾病"。[③] 前两种解释显得曲迂，第三种解释较为合理。与《礼记》类似的说法亦见《春秋繁露·执贽》之"匿病者不得良医"。"隐疾"和"匿病"的前提是患有疾病。既然有病，就应医治，何须隐匿？从常情看必有难言之隐而无法开口。实际上郑玄"衣中之疾"已触及了隐疾的内情，"隐疾"最有可能是指生殖系统方面的疾病——在医学著作如《外台秘要方》中，隐疾相应的是妇科疾病，[④] 可能也包括在汉代社会发病率较高的痔疮。[⑤]

相应于病情的伦理理解，一些可能破坏伦理秩序的疾病被格外看重。《白虎通义·嫁娶》："人承天地施阴阳，故设嫁娶之礼者，重人伦，广继嗣也。"汉惠帝与皇后张氏无子，吕后为此大费心机。[⑥] 类似的例子尚见景帝薄后、哀帝等个案。[⑦] 史家的笔墨没有涉及下层百姓，但汉代医籍中列出诸多标明治疗"无子"的药物，汉代女子"七出"中有"无子而出"，以此推想，不育症在普通民众中造成的恐惧和不安，与社会上层并无二致。这也是中国传统社会的共同特征。[⑧]

如前所述之"高粱之疾"，汉代人对某些疾病与特定群体的密切关系给予认定。此外尚有"君子"之病，[⑨] 虽其症象不明，然所指对象明晰。不过我们尚未发现当时人对较低群体和特定疾病之间关联的某种概称，如后世出现过的"奴婢疟"等。[⑩] 若非史料漏缺，则这种情形可能曲折地反映出富有尊贵者的疾病在医林中的位置更重。

[①] 《左传》僖公六年杜预注。（宋）魏了翁：《春秋左传要义》卷七，四十二条"不以隐疾非黑臀黑肱之类"。

[②] （明）冯时可：《左氏释》卷上"丁卯子同生"条。

[③] （宋）卫湜：《礼记集说》卷五。

[④] 《外台秘要方》卷三十四"隐疾方"。

[⑤] 《易林》卷十二"讼"云："痔病瘵，就阴为室。"在这段文字中，痔疮患者躲在与他人隔绝的"阴室"中，这似乎正是"隐疾"的形象写照。

[⑥] 《汉书·外戚传上》。

[⑦] 景帝薄后事见《汉书·外戚传上》；哀帝事见《汉书·元后传》。

[⑧] 清代初期来华的外国人注意到"妇女不生育被认为是耻辱和灾难"（〔罗马尼亚〕米列斯库（N. Spataru Milescu）：《中国漫记》，蒋本良等译，中华书局，1989，第 44 页）。

[⑨] 《易林》卷十二"否"："时凋岁霜，君子疾病。"

[⑩] （明）朱国祯：《涌幢小品》卷二十五"奴婢疟"条云："蜀人以疟为奴婢疟。"文渊阁四库全书本。

一般来说，秦汉人对精神异常是一种病理现象有着清晰认识。[①] 但因精神异常对他人或在政治上造成的严重后果却难以得到宽宥。上述精神病患者王褒和武仲均以“大逆无道”罪名被处死，而武仲案例还牵连其亲属。在郦炎的例子中，因其妻子受惊吓而死，郦炎被下了牢狱。关于减轻精神异常者责任的主张曾在东汉中期被提出。安帝永初年间（107～113）三公曹尚书陈忠上奏“狂易杀人，得减重论”。不过，陈忠的设想并没有产生实际影响。[②]

值得注意的是，在后世曾被视作精神异常的同性恋，在汉代并未进入疾病和异常者序列。关于同性中发生的某些异常行为，秦汉以前文献已有记录。《荀子·君道》云：“夫文王非无贵戚也，非无子弟也，非无便嬖也。”《孟子·梁惠王上》孟子问齐宣王：“便嬖不足使令于前与?”已知的实例如卫灵公与弥子瑕[③]、鲁平公之与嬖人臧仓[④]、齐宫羽人与齐景公[⑤]、魏王与龙阳[⑥]、楚王与安陵[⑦]等。前面已讨论同性恋行为在汉代社会的存在。汉代人对同性恋的基本态度是，首先，同性恋行为没有被看作异常或病态行为。《史记·佞幸列传》云：“非独女以色媚，而士宦亦有之。”《汉书·佞幸传》也说：“柔曼之倾意，非独女德，盖亦有男色焉。”这两个话语都是事实陈述，不包含生理或伦理方面的评鉴。当然，我们也看到人们对一些相关者的批评，如西汉末年朝臣非议哀帝与董贤，政论家抨击豪族蓄养娈童；但他们的批评或是对被宠幸者“进不由道，位过其任”的谴责，[⑧] 或是对豪族奢靡生活的一般性揭露，并不针对同性恋行为本身。我们甚至在《汉书·佞幸传》中看到君主宠幸嬖臣“所谓爱之适足以害之者也”这样的同情语

---

① 除医学著作的专业说明，在普通人中，关于精神疾患的知识似乎也相当普及。《太平御览》卷七三九引三国故事云：曹操同县丁幼阳，“其人衣冠良士，又学问材器”，深得曹操赏识。后因忧愤患“狂病”，病愈后曹操仍然不愿与之共宿，“谓之曰：‘昔狂病，倘发作持兵刃，我畏汝。’俱共大笑，辄遣归不与共宿”。

② 《后汉书·陈宠传》。又，《汉书·文三王传》载，成帝时梁王刘立与其姑私通，事发后，有司定为“禽兽行”，请处死。太中大夫谷永以“梁王年少，颇有狂病”和证据不足为其开脱，遂不了了之。但这一个案与成帝优柔寡断有关，不宜据为西汉通则。

③ 《韩非子·说难》。

④ 《孟子·梁惠王下》。

⑤ 《晏子春秋》外篇卷八“景公欲诛羽人晏子以为法不宜杀”条。

⑥ 《战国策·魏策》。

⑦ 《战国策·楚策》。

⑧ 《汉书·佞幸传》。

言。其次，有过同性恋行为的人，没有受到社会歧视，其仕途也不会受到影响。如张耳嬖臣瑕丘公申阳，就被项羽封为河南王。最后，绝大多数汉代同性恋例子是双性恋，没有或很少影响既有的婚姻家庭。就此而言，汉代文化宽容的是具有双性恋性质的同性恋行为。

我们将汉代人对疾病的认知区分为"病之内"和"病之外"两个方面，但这只是为了讨论方便而进行的区别。实际上在汉代人思维系统中，这两个方面是融会在一起的。它们的共同点是将疾病理解为人与人、人与自然密不可分之关联的结果。从这个意义上说，疾病既是"天"—"人"的产物，也是"人"—"人"的产物：个人的品德只有与他人发生了联系，才有可能导致一些疾病的出现；居高位者对国家政治的责任，同样是在这个框架下与某些疾病发生了关联。顺理成章的另一个结果是，一些疾病被赋予了伦理意义。限于篇幅，笔者拟另文对此进行讨论。

（彭卫，中国社会科学院历史研究所研究员，《中国史研究》主编）

世界史问题研究

国际史学研究论丛

（第 2 辑）

当代日本史学的概况与问题

汤重南　张跃斌

一　概论

（一）当代日本史学发展、演变的三大阶段

第一阶段，1945 年至 20 世纪 60 年代：建立了科学的历史学；马克思主义进步史学一时占据史学界主流地位；天皇史观或皇国史观衰落甚至一时销声匿迹；实证主义史学亦退入书斋。

第二阶段，20 世纪 60～80 年代：开始形成批判马克思主义史学的思潮；传统史学经历了新的挑战，"新史学"勃然兴起。

第三阶段，20 世纪 90 年代至今：批判进步史学的潮流兴起，呈现出纷纭复杂的景象。总体状况是右翼、右倾思想、观点日益得势；进步史学走向衰颓，进步史学家也逐渐失去声音。

（二）各个阶段的主要倾向性问题

在第一阶段，主要问题有三：一是依据人类社会发展普遍规律研究日本历史，多以西欧模式、类型进行简单类比，西欧中心论影响比较大；二是局限于研究社会经济结构，把复杂的政治过程简单化，不能从政治、经济、思想文化等有机结合的总体上把握历史；三是将阶级、阶级斗争公式化，不能把握无限丰富、复杂的现实斗争。

在第二阶段，主要问题有二：一是各种非马克思主义的"新史学"、新史观等逐渐占据重要地位，最具代表性的有近代化论、数量经济史学社会史

学和生态史观等；二是天皇史观、皇国史观、帝国主义历史观等沉渣泛起、死灰复燃。

在第三阶段，主要问题有五：一是各种错误的历史观在日本大行其道，不断有否认侵略历史的言行见诸杂志、报端或者"政治家"之口，很多极端违背事实的言行受到右翼势力的极力吹捧；二是历史研究中的错误史观、对历史事实公然歪曲等问题，日益成为现实中不良政治倾向的历史根源和依据；三是右翼政治家的历史认识（这种认识绝对不是建立在科学研究基础之上的正确认识）对整个社会具有强大的影响力；四是近年来迅速发展的极端民族主义思潮（强调日本民族的独特性、优越性和作为日本人的自豪感而忽视或者歪曲历史事实）影响日益增大，从而导致不少日本人不能科学、准确地认识社会历史；五是具有正义和社会良知的历史学家及其正确的观点，受到来自各个方面的打压，他们的声音越来越微弱。

二　分论：　日本史学界近现代史研究中的主要问题

（一）日本实证主义史学的变质

日本的近现代史研究中，所谓的实证主义最为盛行。

早在明治维新之时，日本就从西方引入了兰克的实证主义史学，并被学界奉为圭臬，"实证主义史学的方法是明治以来的主流"。[1] 战后初期，马克思主义历史研究盛行，在某种程度上为战后日本民主政治奠定了坚实的基础。但遗憾的是，马克思主义史学在 20 世纪七八十年代之后式微。相反，许多日本历史学家标榜实证主义，所谓的实证主义研究再度盛行。

所谓实证，就是"根据事实来进行论证"。[2] 因而，作为一种研究方法，实证本来是无可厚非的。历史学建立在史实的基础之上，对历史事实的挖掘和考证只是历史研究的第一步，当然也是最基础性的一步。

不过，具有日本特色的实证主义史学，却有着特别的含义。也就是说，实证主义史学在日本的发展，超越了方法的范围，在很大程度上成为一种研究目的。对此，著名日本史学家永原庆二有精辟的论述。他说："'实证主

---

[1]　永原慶二：《永原慶二著作選集第九巻　歴史学叙説　20 世紀日本の歴史学》，吉川弘文館 2008 年，第 126 頁。
[2]　新村出編：《広辞苑》第四版，岩波書店 1991 年，第 1150 頁。

义'的研究者视个别认识为历史学压倒一切的任务，坚韧不拔地埋头于史料的收集和考证，无所畏惧地不懈努力，力图搞清楚史实的每一个细节。"① 这样的语言描述了实证主义令人敬佩的一面，但其止步于此，并反对再向前一步。"实证主义的历史学方法积累了具体的事实，并使史实的认识材料得到了丰富和深化，但其对于基于一定的评价标准，从中得出整体印象，或者思考时代和事件的意义并不积极。以实证主义历史学的观点来看，上述做法，蕴含着政治的或者思想的立场，因而并非科学，必须予以排除。"② 因此，关于战后的实证主义史学，永原庆二断言："就日本而言，有别于马克思主义历史学的研究者，可以认为其共同的特征乃是否认规律或对规律持消极态度。"③

在日本近年来的近现代史研究中，实证主义占据了绝对的主流。不可否认，就数量而言，这方面的研究成果依然很多，从专业的角度来看，相关研究的资料考证是比较扎实的。不过，"在业绩至上的风潮中，相较于从整体上讨论历史研究的社会作用，严密的实证研究更受到重视。结果，历史研究越来越细化，历史的整体脉络也越来越难以认识。与此同时，历史学对于多数派、对于政治势力的批判也越来越弱化"。④ 可以说，由于其本身的发展变化，也由于政治环境的影响，实证主义的消极面越来越明显和强化：大量的研究陷入琐碎的史实考证，越来越成为一种纯粹的、过分专业化的领域，与日本的社会现实需求渐行渐远、大面积脱节，历史研究正在沦落为某种可有可无的点缀品。更为严重的是，实证主义自身所赖以立身的对事实的追求也被侵蚀，一部分研究甚至导向了错误的方向，并成为日本右翼歪理邪说的所谓"学术依据"。

概而言之，日本实证主义史学之变质主要表现有如下三点。

第一，回避重要的学术问题和政治问题。

众所周知，20 世纪 90 年代之后，日本近现代史的一些重大问题不仅成

---

① 永原慶二：《永原慶二著作選集第九卷　歴史学叙説　20 世紀日本の歴史学》，吉川弘文館 2008 年，第 68 頁。

② 永原慶二：《永原慶二著作選集第九卷　歴史学叙説　20 世紀日本の歴史学》，吉川弘文館 2008 年，第 125—126 頁。

③ 永原慶二：《永原慶二著作選集第九卷　歴史学叙説　20 世紀日本の歴史学》，吉川弘文館 2008 年，第 69 頁。

④ 大橋幸泰：《歴史研究と歴史教育はつながっているか》，《日本史研究》2013 年 8 月号，第 77 頁。

为日本国内争论的焦点，也是国际舆论的焦点。这些问题包括日本侵华战争问题、南京大屠杀问题、"731"细菌部队问题、"慰安妇"问题、强制劳工问题等。因此，对于这些问题的态度，就不仅仅是重要的学术问题，也是重大的政治问题。但是，面对这种事关国家前途命运的重要课题，许多所谓实证主义历史学家选择了逃避。在为数众多的各种专业历史学杂志、著作中，有关的研究不能说没有，但数量很少，和其重要性完全不成比例。

这是由于学界形成了某种禁忌。例如，著名历史学家笠原十九司说过，他曾经发表了一篇批评日本民族主义的文章。对此，他大学时代的恩师对他说："指名道姓地批判现在的政治家和政党，会被视为具有太多的政治性、党派性，不太合适。研究者在公开的场合，对于专业外的事情，尽量不要插嘴。"[1] 而研究者如果选择了相关的研究课题，就会遭到研究圈子的责备和排斥。笠原这样描述自己的境遇："在历史研究者中间，笔者曾被贴上了市民运动派的标签。其蕴含的意思是：笔者的研究不是学问，而是带有政治运动性质的，因而学术价值很低。在如是评价我的研究者中间，不少人抱有如下的信念：学者应该和政治运动、社会运动保持距离，采取中立的、非政治的立场。"[2] 应该说，笠原所说的事实具有相当的代表性。

学者个人的境遇已能说明问题，研究团体的状况则更能说明问题。以学术组织历史学研究会（以下简称历研）为例。本来，作为历史研究的重要团体之一，其在战争犯罪的研究方面曾经成绩卓著，并发挥了重要的作用。但是，"进入 20 世纪 90 年代，其对上述问题（指战争犯罪问题、冲绳战役问题、慰安妇问题等——笔者注）的态度变得很冷淡。即便慰安妇问题给日本社会以巨大冲击，历研却一贯采取了'不看不闻不言'的态度"。"连历研都持这样的态度，如何能够培养出愿意研究慰安妇问题和冲绳战役问题的新生力量？不时听到如下的传闻：历研认为战争犯罪和战争责任研究是政治问题，不是学问问题。历研的态度，使人不能不认为这样的传闻是真实的。"[3] 这也就是说，日本的很多研究者对重大的学术问题，不是选择究明

---

[1] 笠原十九司：《南京大虐殺をめぐる歴史修正主義と歴史学者》，《歴史評論》2013 年 9 月号，第 20 頁。

[2] 笠原十九司：《南京大虐殺をめぐる歴史修正主義と歴史学者》，《歴史評論》2013 年 9 月号，第 19 頁。

[3] 林博史：《沖縄戦"集団自決"への教科書検定》，《歴史学研究》2007 年 9 月号，第 32 頁。

真相、寻找正确的应对之策，而是选择逃避，以躲开那种尖锐的斗争。

显然，在这些重大的学术问题和政治问题上，秉持实证主义的学者正可以发挥自己的特长，为社会还原历史的真实，并提供一些正确的精神产品。可是，许多历史学者却选择了逃避。由于这种逃避，真实的历史不彰，虚假的历史获得了横行的空间。

第二，以迂回的方式涉入政治，带来历史认识的混乱。

虽然许多历史学者声称远离政治，但他们的研究从本质上讲仍然是政治性的。他们以偏概全，远远没有阐明历史的真实，因而导向了学术的错误和政治的错误。其中有两个主要的领域，一个是殖民地研究，一个是国内政治的研究。

近些年来，关于日本殖民地的研究，有大量的成果涉及殖民地的工业化、经济的发展、基础设施的进步、社会资本充实等"实证研究"，或者将某些地区经济的发展和殖民地时期经济的发展简单地联系起来。细细琢磨这些研究成果，其中的潜台词似乎不难理解。显然，这样一种研究，回避的是殖民地的本质和最重要的事实，而强调的是表象和不重要的事实。最重要的事实是什么？那就是日本帝国主义对殖民地的压迫、压榨，以及殖民地人民的苦难和反抗。在这样的研究中，缺乏对"人"的关爱，历史仿佛某种机械被拆解、被拼装，但是在其中见不到活生生的人。殖民地人民的苦难和绝望，都消失在一个个冷冰冰的表示其"进步"的数据统计之中。

关于日本国内政治的研究也十分盛行。战前日本存在各种势力，各种势力的政治主张并不完全相同。但日本学界热衷于研究这种不同，例如内阁和军部、宫中势力和军部、外务省和军队、军队中的陆军和海军，等等。这种研究，纠缠于细枝末节而回避了问题的实质，极易引起认识上的混乱。

不可否认，这方面的实证主义研究越来越精致，但是，这种精致有着非常大的缺陷。日本学者在谈到 2013 年学界对战争期间政治和军事关系的研究时，评论道："总体来看，这方面的研究给人的印象是越来越精致，虽然其本身很重要，但也应该从宏观的角度充分说明研究的意义之所在。"① 这种评价，对整个近现代史的研究，也是适用的。

例如，关于中日甲午战争，日本学界的所谓"二元外交论"就十分流

---

① 山本ちひろ：《回顧と展望　2013 年の歴史学界》（近現代部分の戦時期），《史学雑誌》2014 年 5 月号，第 165 頁。

行。但是，"不管论者的动机如何，'二元外交论'可能会使人产生错误的逻辑推论：第一，内阁主张和平，军部主张开战，因而日本政府是主张和平的；第二，战争是不得已爆发的，是偶然的，因此日本政府没有主动开战的动机，日本政府是主张和平的"。显然，这是一种十分错误的倾向，因为"日本挑起甲午战争是其现代化过程和对外战略发展的必然结果"。①

再比如，关于日本的战败和战后改革问题，日本学者雨宫昭一在其著作中提出"反东条联合"的概念，并给他们冠以"自由主义派"的头衔，认为他们才是日本走上战后道路的起点和关键。他说："在思考占领和改革的问题时，必须认识到：实际上，在战败和被占领之前，日本已经存在着以自由主义派为中心的政治潮流，而自由派也是主流派；同时，日本也出现了因总体战体制而发生变革的社会。这些乃是日本战败、被占领的前提。"② 在雨宫看来，日本发动侵略战争，似乎是东条个人的错误，似乎日本具有足够的能力纠正东条的错误。但是，即便承认有人在观点上和东条有所不同，雨宫是不是过分夸大了二者的对立性和不同点，而忽视了二者的共同点呢？那么，这些人对东条的反对难道不是在日本一步步走向战败的时候才有所表现吗？在日本侵略战争节节胜利的时候，他们是不是也在摇旗呐喊呢？回避这样的事实，一味强调和夸大统治集团内部的某些不同认识，一些方法上的矛盾、对立，不过是遮蔽了历史的全貌，企图掩盖日本政府战争责任的伎俩而已。

从上述可以看到，实证主义研究、碎片化研究等类似的研究，有意无意地，往往具有隐蔽的价值判断在其中发挥着作用，从而确确实实地制造了一种陷阱，为错误的学术观点和政治观点提供了依据和支持。

第三，以客观、公正的面貌暗度陈仓，使学术研究成为政治的工具。

这方面的典型就是秦郁彦。在南京大屠杀研究中，秦郁彦称自己才是客观、公正的，并自称"中间派"，以区别于所谓的"大屠杀派"和"大屠杀虚构派"。在 20 世纪 80 年代，他出版了《南京事件》一书，考证南京大屠杀中的死亡人数是 3.8 万～4.2 万人。尽管其中忽视历史的整体面貌，并具有明显的解释上的倾向性，但其后记还是表明了某种忏悔的心情。他写道：

---

① 张经纬：《日本的甲午战争研究与"二元外交论"问题》，《史学理论研究》2014 年第 4 期，第 34 页。
② 雨宫昭一：《シリーズ日本近現代史 7　占領と改革》，岩波书店 2008 年，第 13 页。

"满洲（九一八）事变之后，日本侵略中国十多年，给中国国民带来了包括南京事件在内的极大的痛苦和伤害，这是俨然的历史事实。尽管如此，在第二次世界大战结束后，中国没有对超过百万的日军和日本人进行报复，允许他们返回故国。在昭和47年（1972）中日恢复邦交之际，中国也没有提出日方预想的赔偿要求。如果了解了上述事实，日本人就决不能忘记这两个恩义。"并指出："尽管对数字的多少有各种说法，但日军在南京的大量'屠杀'和其他不端行为，却是不可动摇的事实。笔者作为日本人的一员，从心里对中国国民表示道歉。"① 在这样的前提之下，虽然我们对其数字推理过程、对其结论等都不敢苟同，但其就南京大屠杀的死亡人数进行研究，倒未尝不可，其所表示的忏悔心情、道歉态度也能令人接受。

但是，到了2007年，秦的态度、语调发生了巨大的变化。秦郁彦在他的《南京事件》（2007年增补版）一书中，认定在南京大屠杀中死亡的中国人总数为4.0万人，并且强调："该数字是考虑到可能出现的新史料而留有余地的，因而可以说是最高的估计数字。"② 这句话是极其武断的，没有一个严谨的历史学者会下如此的结论。同时，他在论述中声称中国证人的数字是夸大的，却没有能够提出任何确凿的证据证明这一点，可见其论述是先有"结论"，然后根据"结论"解释材料。这与其在论述中批判的历史研究方式并无二致。在后记中，他字里行间影射中国政治干涉了学术，口口声声要让中国的南京大屠杀回归学术，殊不知自己的所谓研究正是日本政治影响下的产物，只不过是以实证主义进行了包装而已。关于这一点，他在"慰安妇"问题上表现得就更为明显。有西方学者对他这方面的论述评论道："如果官方承担起对这些女性的赔偿责任，那么满足她们的要求可能使日本这个国家瘫痪。假设一次强奸行为需要支付300万日元，那么计算一下那些年强奸的次数，他估计每个女性应该得到高达700亿日元的赔偿。在这种情况下，其赔偿总额将和日本国债一样多。在此，荒谬绝伦的是，其观点的根据竟然从原则和真相转移到了经济考虑和实利方面。"③ 如果说20世纪80年代的秦郁彦还羞羞答答地披着实证主义的学术外衣，那么这时候则已走向赤裸裸的政治——而且极其厚颜无耻。这个时候，秦郁彦所谓的实证主义研

---

① 秦郁彦：《南京事件》增补版，中央公论新社2007年，第244页。
② 秦郁彦：《南京事件》增补版，中央公论新社2007年，第317页。
③ 〔美〕劳拉·赫茵、马克·塞尔登编《审查历史：日本、德国和美国的公民身份与记忆》，聂露译，社会科学文献出版社，2012，第62页。

究，就成了一种切切实实的伪实证主义。

不可否认，实证主义自身具有存在的理由："随着研究条件的改善，研究者队伍的壮大，考证的技术和方法不断改进。同时，通过新的考证技术搞清了以前不明白的个别事实，实证主义历史学就由此在学问上发挥了一定的作用。……只要实证主义历史学能够发挥作用，那么对自身抱有信心就理所当然，即便不积极关注历史把握中的评价问题，问题意识中的现代性、思想性的问题，也能够确保自身的存在理由。"① 但是，这种理由是极其脆弱的、缺乏生命力的。在这条路上走下去，结局就是自我边缘化和自我消亡。日本近现代史最重大的问题是什么，当然是侵略及其相关问题。如果在这个问题上没有正确的认识和结论，那么近现代史研究就是徒劳的、没有意义的。可是，许多历史学者对于这样的问题唯恐避之不及，缺乏斗争的勇气，有的还对政治权力欲拒还迎地扭捏作态，甚至助纣为虐、为虎作伥。究其原因，从根本上来说，就是日本战后的民主主义尚无根基，学术的自由尚没有得到根本的保障。从历史和现实来看，日本政治权力强大，一般国民对此一直感到恐怖，不得不对其表示顺从。② 在这点上，历史学者也未能例外。

（二）"历史修正主义"的横行

"历史修正主义"的说法来源于欧洲，其含义是消极的，是批判的对象，主要是由于"否定大屠杀的人主张'大屠杀（纳粹德国对犹太人的大屠杀）是捏造的''纳粹的毒气室是不存在的'等，并且自身以历史修正主义的名义进行活动。"有鉴于此，"20世纪90年代后期，日本出现了批判'自虐史观'，甚至叫嚷'日军慰安妇问题是国内外反日势力的阴谋''南京大屠杀不存在'的势力，被称为'日本版历史修正主义'"。③ "历史修正主义"的概念，本文意指那些否认战后历史学的积极研究成果、企图从根本上颠覆历史学学术精神的一种错误潮流。

从本质上说，"历史修正主义"不是学术，而是政治宣传。所谓的"历史修正主义"，罕有以学术著作、学术论文形式出现的，主要是以畅销书的形式，或者在电视等传媒上出现。虽然这些东西很难经得起学术的推敲，但

① 永原慶二：《永原慶二著作選集第九卷 歴史学叙説 20世紀日本の歴史学》，吉川弘文館2008年，第127頁。
② 中根千枝：《タテ社会の人間関係》，講談社現代新書1967年，第114頁。
③ 高橋哲哉：《歴史/修正主義》，岩波書店2001年，第ⅲ頁。

深刻地影响着普通民众的观点和看法。例如，藤原正彦的《日本人的骄傲》一书，在 2011 年当年印数突破 30 万册，高居新书销售榜的第二位。"内容是典型的基于右翼史观的日本论、日本近现代史概说，其中包括否定日本对中国的侵略和南京大屠杀，视日美战争为美国的阴谋等，实际上是将符合恢复'日本人的骄傲'的论点而实际上错误的史论拼凑起来。"① 这是建立在"一个个推测之上的结论，可信性极低"，却得到了 2011 年度山本七平奖的鼓励奖。这样的例子不胜枚举。

应该说，"历史修正主义"势力主要是右翼政治家、右翼团体，但也有许多所谓的学者参与其中，而且其发挥的作用极为恶劣。例如，亚细亚大学教授东中野修道，撰写了多部否定南京大屠杀的书。对于南京大屠杀的幸存者夏淑琴老人，他竟诬陷其是冒牌的。因此，他被告上了法庭。东京高等法院在判决中说："被告东中野对资料的解释难言妥当，很难说是学术研究的成果。"② 学者受到这样的评价，还能称之为学者吗？再例如，2015 年 3 月 9 日，学者北冈伸一在一个学术会议上说，希望安倍晋三能够承认日本的"侵略"。这样一个发言，立即遭到了一些学者的攻击和反对。某大学名誉教授妄称："侵略一词，乃是战争胜利者为了使其对失败者的要求正当化，而使之背负的罪恶的标签。"③ 这样信口雌黄，只能说明他们既缺乏起码的学术素养，也没有起码的道德规范。不过，这样的人居然能在日本顶着"学者"的光环四处招摇，北冈伸一也很快改变了态度，这确实值得人们深思。

"历史修正主义"的学者具有和右翼政客、右翼团体同样的思维逻辑。其代表人物藤冈信胜声称："正是教授它自身的现代史的方式，才是作为国民形成民族的最为重要的条件。没有它为之自豪的历史，国民自身就不可能出现。"④ 正是因为如此，其荒谬的逻辑可以概括如下："如果'大日本帝国'真的犯下了罪行的话，日本人（日本民族、日本国民）就是'罪人'，就'子子孙孙'都被当作罪人。为了避免这种局面，'大日本帝国'必须

---

① 古川隆久：《回顧と展望 2011 年の歴史学界》（近現代部分），《史学雑誌》2012 年 5 月号，第 148 頁。

② 笠原十九司：《南京大虐殺をめぐる歴史修正主義と歴史学者》，《歴史評論》2013 年 9 月号，第 9 頁。

③ 長谷川三千子：《歴史を見る目 歪める"北岡発言"》，《産経新聞》2015 年 3 月 17 日。

④ 藤岡信勝：《汚辱の近現代史》，德間書店 1996 年，第 30 頁。

‘没有犯罪’。"① 在他们看来，所谓的民族的面子、民族的骄傲成了具有绝对价值的东西，其他一切，包括历史事实，都必须服从于这个价值，都必须为它做出改变。

必须指出，正是由于"历史修正主义"将政治宣传和学术研究混为一谈，并且指鹿为马，肆意横行，满足着很多民众的心理需求，从而构建着一个虚幻的精神世界。在这里，历史被极度扭曲，甚至出现了恶意篡改史料的事情。② 众所周知，在战前的日本，毫无史实根据的皇国史观甚嚣尘上，在日本的法西斯化过程中推波助澜，主导了日本社会的思想意识，造成了整个东亚地区的战争和灾难。殷鉴不远，不可不察。

（三）"正视、反省历史"研究的无力

当然，在日本史学界，依然有着一批人在发表论文，坚持以科学的方法、科学的态度研究日本近现代历史。他们正视日本历史上的罪恶，反省其中的原因，并将研究成果向社会公布。他们是值得尊重的研究者。应该说，这方面的研究也还不少。不过，他们的境遇越来越艰难，主要表现在两个方面。

第一，研究成果过分专业化，影响了其向社会的普及。

这是历史研究自身的问题。也就是说，由于语言表达不够通俗，一些重要的研究成果并不能转化为公众的历史认识。例如，日本学者笠原十九司编撰的《写给不明战争真相之国民的日中历史认识》③ 一书，对中日两国共同进行的历史研究给予很高的评价。该书认为，研究者在日本侵略中国、南京大屠杀的真实性等问题上获得了一定的共识，如果两国政府、两国国民在上述认识的基础上行动，就可能实现两国的和解。对此，日本学者古川隆久评论道："鉴于日本近现代史研究的现状，上述的见解是没有问题的。但是，尽管本书特别强调是'写给不明战争真相之国民'的，但内容的专业性过强，有点可惜。"④ 他对该书的叙述和论证方式、叙述和论证风格提出了委

---

① 高桥哲哉：《歴史/修正主義》，岩波书店 2001 年，第 6 页。
② 田中正明事件。1985 年，田中正明在协助出版松井石根的《阵中日记》时，篡改了多达 900 处文字，意图否认南京大屠杀。
③ 笠原十九司编：《戦争を知らない国民のための日中歴史認識》，勉誠出版 2011 年。
④ 古川隆久：《回顧と展望　2011 年の歴史学界》的近现代部分，《史学雑誌》2012 年 5 月号，第 149 頁。

婉的批评。中国古人言：言之不文，行之不远。确实，在历史研究中，如何用生动平实的语言反映历史的真实，乃是一个既古老又现实的课题和挑战。日本的近现代史研究，如何以人们喜闻乐见的、可读性强的方式进行论述和叙事，值得重视。

第二，历史教育和历史研究的脱节。

实际上，在战后初期，作为对战前历史研究的反省，历史研究和历史教育的结合乃是一个重要的新趋势。永原庆二指出："相较于战前，战后研究的一个显著特征，乃是研究基础的扩大，这可以归纳为三个方面：一，地方史研究的充实；二，与历史教育联系的强化；三，通过普及运动，影响国民的历史认识。"[1] 他强调："历史教育在确保客观性而非主观记述和政治主义的观点的同时，更是直接促使研究者认识和思考历史学社会责任的契机：如何向学生们提供有助于和平和民主主义发展的历史观，如何使他们获得主体性的历史意识？"[2]

但是，这一进步的发展趋势在近些年发生了很大变化。应该说，一些日本学者对近现代史的研究获得了重大的成果，但是这些成果被束之高阁，无法发挥其应有的影响力。有学者指出，近些年的日本史研究和日本史教育之间出现了乖离，"在历史学的研究成果和社会的历史认识之间出现了鸿沟"，其中一个很重要的原因就是"国家对历史学的介入，特别是对历史教育的指导"。[3] 概而言之，历史教育面临着两方面的严重制约。一是舆论的制约。有的学者对于日本当下的历史教育提出了控诉："现在，在授课中提及从军慰安妇、南京大屠杀或者核电问题越来越难。如果在授课的时候涉及争议性话题，即使客观公正，也会突然遭到右派和政治家的批判。"[4] 不仅如此，类似的舆论攻势进一步发展，形成了类似政治运动的东西："同样让人忧心的是，日本近来已经出现了一种政治模式，并且它已经成为全国性的运动，这种政治模式与 20 世纪 30 年代的暴力和不宽容遥相呼应。它不仅把所有它反对的人说成是'反国家的'或'自虐狂'，而且还迫害那些女性，她们半

① 永原慶二：《永原慶二著作選集第九卷　歷史学叙説　20世紀日本の歷史学》，吉川弘文館 2008 年，第 69 頁。
② 永原慶二：《永原慶二著作選集第九卷　歷史学叙説　20世紀日本の歷史学》，吉川弘文館 2008 年，第 94 頁。
③ 大橋幸泰：《歷史研究と歷史教育はつながっているか》，《日本史研究》2013 年第 8 号，第 76 頁。
④ 子安潤：《改憲政治下での教育と歷史教育者》，《歷史評論》2014 年 10 月号，第 67 頁。

个世纪前就已经是日本军国主义的最悲惨的受害者。"① 事实上，"历史修正主义"的重要目的之一，就是将历史研究和历史教育剥离。有日本学者认为，在某种意义上，藤冈信胜正在努力使教室远离历史研究的介入，他试图把教育和历史编纂分开。② 二是国家政权的制约。在这一方面，安倍晋三首相发挥了重要的作用。作为一个保守政治家，安倍晋三一直对战后日本的教育耿耿于怀。他在自己的著作中说："对于六十年前战争的原因和战败的理由，战后日本只是一味地归咎于国家主义。其结果，'国家即恶'这样的公式就在战后日本人心灵中牢牢固定下来，因而他们也就无法从国家的角度来考虑问题，或者毋宁说他们具有回避国家这样一种强烈的倾向。这是战后教育的一个失败。"③ 基于这样的认识，他当上首相之后，积极强化对教育领域的管控，主要表现在两个方面。第一，强化对教科书的管理，使之符合自己的历史观念。安倍政府认为，许多教科书还是建立在"自虐史观"之上，存在偏向的记述。为了清除这样的教科书，就着手大幅度修改教科书制度。其中，最重要的措施就是强化学习指导要领的制定，提出了更加详细而具体的要求，而这是编写教科书的基本依据。如此一来，真正的学术研究和学校教育之间就横亘着一堵难以逾越的高墙。第二，强化对教师的控制，使其按照政府的意愿来教授近现代史。在相关法律中，严禁教师进行包括政治教育在内的政治行为。但如何界定政治行为？则完全依赖于校长的判断。这样，政府就能通过校长来加强对教师的控制。④

正因为如此，美国学者约翰·道尔（John Dower）强调，国家在引导日本人的历史认识上发挥了强大的作用。战后日本人的历史认识是有一个变化过程的。1994 年有 80% 的日本人同意下述观点：日本没有对曾经侵略过、殖民过的国家和人民进行过足够的补偿。不过，此后日本统治者想尽各种办法改变上述舆论，并在 2012 年之后变本加厉。其中，作为日本国家电视台，

---

① 〔美〕劳拉·赫茵、马克·塞尔登编《审查历史：日本、德国和美国的公民身份与记忆》，聂露译，社会科学文献出版社，2012，第 72 页。
② 〔美〕劳拉·赫茵、马克·塞尔登编《审查历史：日本、德国和美国的公民身份与记忆》，聂露译，社会科学文献出版社，2012，第 84 页。
③ 安倍晋三：《新しい国へ》，文芸春秋 2013 年，第 204 页。
④ 相关内容可参考俵義文：《安倍政権の"教育再生"政策は教科書をどう変えようとしているのか》，《歴史評論》2014 年 2 月号。

NHK 在引导和塑造国民的历史认识方面发挥了独特的作用。①这最终导致了日本在历史认识问题上令人忧虑的局面。

总之，日本学术界有一批坚持正确方向的学者，但由于其自身的一些问题，更重要的是由于舆论和政权的阻挠、打压，他们的真知灼见被限制在书斋中，远远没有发挥应有的社会影响力。

（2016 年 5 月 8 日）

（汤重南、张跃斌，中国社会科学院世界历史研究所研究员）

---

① 参见戸邉秀明《NHK〈連続テレビ小説〉が作り出す歴史意識——〈国民的ドラマ〉という装置への批判的覚書——》，《歴史評論》2013 年 1 月号。

历史思想和史学：东亚

〔日〕 佐藤正幸 著

古俊伟 译

回忆过去的艺术在欧洲和东亚的发展非常不同。从希罗多德和修昔底德时代开始，西方的史学就集中在个体为了个体书写而成的历史之上，而东亚史学自古就以公共史学为中心来发展。东亚史学这种鲜明的特点或许可以被称为"公共资助的历史"，这一特点构成了作为文化基本组成部分的一项传统，持续到了今天。

"东亚"作为一个历史和文化观念，由今天的中国、日本、朝鲜和越南等构成。在这些地区，历史曾经围绕中国展开——中国在地理面积以及政治和文化上处于支配地位。这个历史上著名的东亚被称为"中国的世界秩序"或以中国为中心的国际关系体系。这一体系在汉朝（前202~公元9）初期延伸到了朝鲜和越南，在公元1世纪到达了日本。

这个以中国为中心的体系也形成了东亚共同的文化遗产：文言文和汉字书写系统、儒家的社会和家庭秩序、经由中文引介而来的佛教、法律和行政体系、史学的艺术。它们把中国的文言文作为共同的语言，在这个层面，东亚国家文化或许也可以被称作汉字文化。在某种意义上，这与中世纪和现代早期欧洲使用拉丁语的情形相似。①

---

① Fairbank, John K., Reischauer, Edwin O., Craig, Albert M., 1989. *East Asia*: *Tradition & Transformation*, rev. ed. Wadsworth Publishing Company, Belmont.

史学的角色和目的

总的来说，东亚的史学编纂任务在传统上属于国家管理的项目。由此而产生的"官修历史"，连同为了编纂而收集的材料，构成了东亚史学的核心。史学或许可以被称为东亚首要的文化事业。这与欧洲、印度和伊斯兰的文化形成了对比，在这些文化中，文化权力并非集中固定在历史上。

两千年来，中国的史学以"官修历史"作为核心，历朝历代都把编修正史作为一项国家的事业来完成。后世将司马迁（前145～约前86）写的《史记》作为首部正史。从那时起，24部正史相继被编纂完成。这些正史的一个特点是具有百科全书的色彩，即，这批始于司马迁的正史赋予了整个文化——它的政治、经济状况、社会、文化和技术等——一个统一的结构。书写历史是全面描述这样一个世界体系的手段。[①]照此，东亚的史学或许相当于西方的《圣经》评论和《法律大全》（*Corpus Iuris Iustanianus*）、印度的《摩奴法典》（*Laws of Manu*）及伊斯兰世界的《古兰经》之类的"主要的文化事业"。

在东亚，书写历史基于中国的哲学前提——历史事实是唯一确定且不可改变的现实。犹太教、基督教和伊斯兰教以存在一个独特的、万能的神为基础，而中国的玄学并不是建立在这样一个天启宗教的前提之上。正如《易经》中讲述的那样，中国的玄学把世界作为一个永恒变化的现象。因此，中国的玄学在历史中追求不可改变的现实，因为人类无法改变已经发生的事物。这一思想把历史带向了东亚文明的核心。

后来这一历史文化和儒家思想先后传遍了东亚，在整个东亚建立了一个共同的历史文化。这种哲学宣言或许可以在孔子的话"我欲托之空言，不如载之行事之深切著明也"（《史记》）中找到。

中国人想出了他们自己的方式来建构不可改变的过去。在中国和朝鲜，标准的做法是，一旦国家史馆完成了对前朝正史的编纂，就会毁掉它所收集的所有资料。这样做是为了防止对正史的修订或重写，因为一经政府出版，历史本身就具有了神圣文本的特性。赋予正史权威性的最可靠方式，就是销

---

① Watson, Burton, 1958. *Ssu-ma Ch'ien: Grand Historian of China*. Columbia University Press, New York.

毁它所依据的资料来源。例如，在朝鲜王朝（the Korean Chosŏn dynasty, 1392~1910）时期，原始资料在使用之后被烧掉。当这一行为完成之后，正史中的讲述变成了历史事实。

以这样的方式，东亚文化保持了历史是人类判断唯一不可改变的基础这一理想。在正史中，构成超过半数内容的传记以其自己的方式保持了客观叙述的传统。和正史的其他部分类似，在传记中，文本首先讲述它们所认为的"事实"；在这之后添加历史学家自己的评价。史书中大量传记的存在促使我们考虑为什么历史学家认为传记是历史的一个必要组成部分。答案是，当一个文化缺少一种统一的、至高无上的力量时，关于杰出个体的记录便成了唯一真正的神圣文本。①

历史的客观性

通过在书写历史的历史学家身上追寻历史叙述的客观性，而不是局限于历史叙述本身，东亚的传统得以保持。下面的文字引述了一个 15 世纪杰出的朝鲜历史学家的例子。

这个例子是在 1431 年记录的。当《李朝太宗实录》（Taejong sillok）将近编纂完成时，太宗的继任者世宗（King Sejong, 1418~1450）要求编纂者们提前向他呈览实录。"在前朝，每位君主都会亲自审阅他前任的实录；但太宗没有审阅太祖的实录。"世宗的重臣们回答道。"如果陛下要审阅（尚在编纂中的作品），后世的君主将肯定会修订（历史学家的作品）。那么（未来的）历史学家们将疑心君主会看书稿，必然无法完全记录事实。那么，我们将如何忠实地对未来传承（事实）呢？"

在现代东亚，"History"按语法一般可以解析为两个汉字构成的合成词"历史"（日语，rekishi；韩语，yoksa），但在 19 世纪中叶之前，一直是用单个汉字构成的术语"史"（日语，shi；韩语，sa）来表达这一概念。"史"最初指历史学家本身，只是到了后来，用类推的方法，它才逐渐用来指历史学家的作品——书写下来的历史作品本身。这是极其重要的，因为我们注意到在欧洲的语言中，情况正好相反："历史学家"一词的形成是为了

---

① Yoshikawa, Kôjiro, 1963. *Man and the concept of history in the East.* Diogenes 11, 14–19.

指称书面"历史"的编纂者。① 因此，东亚的历史意识倾向于更多地关注历史学家的态度而非历史作品本身，这并不令人吃惊。

东亚史学的发展

中国

在中国，司马迁通过创立自己的编纂体例，坚实地建立了中国史学的传统。他继承了他父亲的职位，担任汉朝皇帝的太史令，由于能够使用宫廷档案馆，他完成了 130 卷的《史记》。《史记》讲述了从（传说中）黄帝到司马迁所在时期跨度为 3000 年的历史，地理上涵盖了中国、中亚和南亚。《史记》由五部分组成："本纪"或皇家年鉴（12 卷）；"表"，前后相继的朝代的历史年表（10 卷）；"书"，关于经济、技术和天文学等的论文（8 卷）；"世家"，封建诸侯国和贵族的年鉴（30 卷）；"列传"，著名人物和周边民族的传记（70 卷）。《史记》的体例是百科全书性质的，将世界按照一个单一的、统一的结构进行分类；它的史学体例占据了东亚史学的主导地位，这一直持续到 19 世纪中叶。

班固（前 32 ~ 前 92）（译者注：应为公元 32 ~ 公元 92）的著作出现在司马迁之后，但班固局限于一个朝代的历史，著有《汉书》。班固的做法——每个朝代为前朝编纂历史——成为所有后继正史编纂的标准。在唐朝（618 ~ 906），这种历史文化真正繁荣起来，历史成为中国学术分类中的一门独立学科。② 历史学家和政府官僚机构关系密切，团队编纂方法在这一时期开始，一直持续到 20 世纪。

1084 年，司马光（1019 ~ 1086）在他的 294 卷《资治通鉴》中提出了一个新的历史编纂体例。《资治通鉴》是一部长篇史书，采用时间顺序的方法以帮助读者在各朝代中找到历史事件。该书涉及了 16 个朝代，记录的历史长达 1362 年，包括来自王朝历史、编年史、传记、小说等的信息。这里有必要提一下汉学。汉学在清朝发展起来，开创了对历史文献进行文本批评

---

① Sato，Masayuki，2007. "The archetype of history in the Confucian ecumene". *History and Theory* 46，217 – 231.

② McMullen，David，1988. *State and Scholars in T'ang China.* Cambridge University Press, Cambridge.

的历史研究。钱大昕（1728～1804）是其中最伟大的历史学家之一，他的《二十二史考异》从人物和语言、时间和地点、宗谱、机构等方面，对 22 部正史的文本进行了考证。

日本

官方修史的思想从中国传播到了其他东亚国家。这些国家编纂了自己的官方历史，这些历史按照中国的体例，用古代汉语写成，而没有使用他们本民族的语言。

日本的第一部国家正史《日本书纪》（*Nihon shoki*，720），由舍人亲王（Prince Toneri）按照中国的体例编纂完成。该书以编年体的形式，按照时间顺序，记述了从神代（the Age of Gods）至持统天皇时代（Empress Jitô，686～697）的历史。舍人亲王的历史学家把历史用作确立日本民族身份和民族意识的论坛。这和天武天皇（Ono Yasumato）委托编纂的《古事记》（*Kojiki*，712）形成了鲜明的对比，《古事记》是依据口头文学传统的手抄本编纂而成的。[1]

这一传统一直持续到 19 世纪后期。由林罗山（Hayashi Razan）和他的儿子林春斋（Hayashi Gaho）编纂的《本朝通鉴》（*Honchô tsugan*，1644～1670）沿袭了德川幕府支持的官方历史和水户藩（the Mito Clan）支持编纂的《大日本史》（*Dai Nihonshi*）所确立的传统（1657～1906）。

除去这些传统之外，日本的史学作品还包括自传、古典文学、文本批评、语言学之类的辅助学科，到 19 世纪为止，日本在这些学科上和西方处于同一发展水平。在日本，当《日本编年史》（720）的不同读本或相互冲突的读本完整地传承给后世时，这些学科在日本出现了。在这个重要的方面，中国和日本明显不同。在中国，历史是作为真实而权威的文本传承的，不允许变体的存在。这一差异在塙保己一（Hanawa Hokiichi，1746～1821）的著作中得到了充分的体现。他的《群书类从》（*Gunsho ruijû*）从 1779 年开始写作，仍然未完结；1819 年该书首次出版，有 530 卷 1270 个题目，另一部在 1822 年出版，有 1150 卷 2103 个题目。该书的写作目的不是要建立权威的文本并消灭其他文本，而是呈现所有变体文本以供后世判断。这一丛

---

① Sakamoto, Taro, 1991. *The Six National Histories of Japan* (J. S. Brownlee, Trans.). University of British Columbia Press, Vancouver.

书比欧洲《德意志历史文献汇编》（*Monumenta Germaniae Historica*）和《意大利的年代记》（*Rerum Italicarum Scriptores*）之类的著作还出色。[①]

　　成立于 1868 年的明治政府恢复了天皇作为最高统治者的地位，并领导了随后日本的现代化。明治政府设立了国家史馆（Shushikyoku），继续保留了"官修历史"的传统。最初，明治政府的目标是创建日本的官方历史，但是鉴于各种原因，这一目标被修正为编纂历史文献。编纂国家历史的初衷被放弃了。今天，国家史馆的工作由其继任者东京大学史学研究所继续进行。此外，几乎每个日本的县、区和地方，甚至村庄，都在地方层面上继续官方修史的传统，编辑地方历史资料并出版地方历史。同样，很多独立的政府部门，以及公司、大学和其他社团实体，定期请人编纂自己的历史，这将"官方修史"模式扩展到了私人领域。

朝鲜

　　尽管朝鲜划时代的史学直到 12 世纪才出现，但在 4 世纪前后朝鲜就奠定了自己的史学传统。金富轼（Kim Pu-sik，1071 ~ 1151）在 1145 年编纂了朝鲜现存最早的史书《三国史记》（*the Samguk sagi*），涵盖历史从古代到 935 年统一的新罗灭亡。该书依照司马迁编纂正史的体例，这一点在该书书名中的"sagi"（朝鲜语中"史记"的发音）体现出来。金富轼打算为后世提供伦理上的训诫。朝鲜的佛教高僧一然（Iryǒn，1206 ~ 1289），在 1281 年编纂了《三国遗事》（*the Samguk yusa*），这本书和《三国史记》一起构成了现存的朝鲜王朝之前的史书。《三国遗事》的独特之处在于它是由个人写成的，包括神话、故事、社会问题，甚至提到了作者使用过的资料的来源。

　　徐居正（Sǒ Kǒ-jǒng，1420 ~ 1488）模仿司马光《资治通鉴》在 1485 年编纂了《东国通鉴》（*Tongguk t'onggam*）作为朝鲜的官方历史。该书讲述的时期从古代一直到 1392 年高丽王朝（the Koryǒ dynasty）的结束。该著作是在新儒学影响下完成的，反映了谴责邪恶和表扬善良的说教目的。同样，安鼎福（An Chǒng-bok，1712 ~ 1791）在 1778 年出版了 20 卷的《东史纲目》（*Tongsa kangmok*），按照时间顺序讲述了从传说中朝鲜的建立者檀君

[①]　Maruyama，Masao，1974. *Studies in the Intellectual History in Tokugawa Japan.* Tokyo University Press，Tokyo.

到 1392 年高丽王朝灭亡的历史。①

越南

与日本和朝鲜一样，越南也出版了一些官方史书，其中包括 1479 年的《大越史记全书》（*Dai Viet Su Ky Toan Thu*）。该书模仿了司马光《资治通鉴》的风格。②

东亚的历史理论

东亚的历史理论研究开始于中国的刘知几在公元 8 世纪（708 年）写成的《史通》。这是第一部用中文写成的系统性的历史批评专著——或许是任何语言中第一部历史批评专著。该著作也是一部中国历史学家的历史和史学理论专著，该书探讨了诸如历史材料的选择和批评、历史的客观性、历史方面的判断和历史的因果关系之类的问题。在 19 世纪之前，该著作一直是中国历史学家经常引用的对象，引发了中国史学上的元史学传统。

刘知几的历史理论被郑樵（1104～1162）在其著作《通志》（200 卷）中进一步发展。在《通志》的前言中，郑樵提出了他的核心思想"会通"（synthesis）与"相依相因"（interrelatedness and causality）。通过使用这些概念，他提出了历史发展连续性的重要性。多卷本的《通志》还包括值得特别关注的百科全书式的章节"二十略"。

章学诚（1738～1801）著有《文史通义》，是一部关于史学历史和理论的著作（1920 年才出版）。该书的第一章开篇就提出"六经皆史"的观点。在此，它表达了章学诚的历史哲学："道"只能通过人的行为（史）来了解，而人的行为记录在了"六经"之中。③

在中国，和大量的历史著作相比，关于历史批评的著作寥寥无几。这相

① Baker, Don, 2012. "Writing history in pre-modern Korea". in Rabasa, J., Sato, M., Tortarolo, E., Woolf, D. (Eds.), *The Oxford History of Historical Writing* Vol. 3：1400 – 1800. Oxford University Press, London, pp. 103 – 118.

② Wade, Geoff, 2012. "Southeast Asian historical writing". in Rabasa, J., Sato, M., Tortarolo, E., Woolf, D. (Eds.), *The Oxford History of Historical Writing* Vol. 3：1400 – 1800. Oxford University Press, Oxford, pp. 119 – 147.

③ Nivison, David S., 1966. *The Life and Thought of Chang Hsueh-ch'eng*. Stanford University Press, Stanford.

当耐人寻味，因为这表明传统的东亚史学在本质上是规范性的，几乎不需要就历史的性质进行讨论。而且，对历史进程进行解读的元历史著作也没有几部。王夫之（1619～1692）在死后出版的讨论历史逻辑和历史倾向的著作是一个例外。东亚人重视历史细节的准确性，但不重视欧洲发展起来的那种对历史的哲学解读。由于受到佛教渗透的缘故，一些例外情况可以在中世纪的日本找到。日本杰出的僧人慈元（Jien，1155～1225）写了一本自我贬损的《愚管抄》（*Gukanshô*，1220），在书中他提出了他的历史哲学，以"道理"（dôri）这个术语来表达历史必然性的思想。据此，他用发展的观点来解释历史进程，提出了他自己的历史分期。同样，一个世纪后，北畠亲房（Kitabatake Chikafusa）在他的《神皇正统记》（*Jinnô Shôtôki*，1339）一书中提出，日本是一个由神建立的地方，并在世系不断的神授天皇护佑下得到保全。[①]

现代史学在东亚的兴起

19世纪中叶，西方的"文明和启蒙"观念被系统地介绍到了东亚。它们也对历史观念和史学产生了变革性的影响。在东亚发生的这场面向"现代的"和"科学的"历史的运动，始于日本学者在19世纪70年代和80年代进行的各种人文实验。19世纪末，当朝鲜和中国学者冒险来到日本时，"现代"西方观念、历史调查和解释的方法逐渐传遍整个东亚地区。

引入西方的史学是通过把欧美作品翻译成日语进行的。日本的知识分子以将两个或三个汉字进行组合的方式，创建了他们自己的新词来翻译西方的术语。用汉字新创建的术语后来输出到了中国和朝鲜。因此，东亚的学者现在共用了大多数文科和理科方面的术语。

这类翻译是可行的，并且被成功地接受了。这一事实展示了当时日本史学达到的阶段。通过翻译引入西方史学，而又没有把它当作一些语言专家的专属领域，由此西方历史和史学转变成了所有东亚历史学家的共同知识财富。当时，那些致力于书写自己民族历史的其他人也可以分享这一财富。

西方史学的成功引入依靠的是传统的日本史学和辅助学科的力量。引入

[①] Brownlee, John S., 1991. *Political Thought in Japanese Historical Writing：From Kojiki（712）to Tokushi Yoron（1712）*. Wilfrid Laurier University Press, Waterloo, ON.

西方史学的日本本土先锋，如滋野安次（Shigeno Yasutsugu，1827～1910）和久米邦武（Kume Kunitake，1839～1931）这样的日本历史学家，最初接受过考证学传统（中文考证学起源于清朝所谓汉学的文本批评）的训练。因此，他们做好了充分的准备去接受利奥波德·冯·兰克（Leopold von Ranke，1795～1886）的实证研究方法，尤其乐于接受他对原始材料严格的批评手段和避免价值判断的观念。1887 年兰克的学生路德维希·里斯（Ludwig Riess，1861～1928）受邀去东京帝国大学做历史教授时，兰克的思想被引入了日本。

获得和接受欧洲历史理论始于翻译当代欧洲关于历史方法和理论的主要作品，如约翰·古斯塔夫·朵伊森、恩斯特·伯伦汉、朗格诺瓦、查尔斯·瑟诺博司的著作。在伯伦汉的强大影响下，坪井九马三（Tsuboi Kumezo，1859～1936）在日本出版了《历史研究法》（Shigaku kenkyûhô，1903），梁启超在中国出版了《中国历史研究法》（1922）。直到那时，在传统上的东亚，研究历史仍旧意味着精通官方的中国历史。西方史学思想的引入开阔了历史专业学生的眼界。当时，历史学家开始探究"历史事实"。他们超越了历史叙事来审视潜在的事实本身。

这种新意识的一个典型例子可以在滋野安次身上找到，他的绰号是"删除医生"。应用欧洲的历史方法，他重新审核了《太平记》（the Taiheiki，1370～1371），并且证明了 14 世纪的军事指挥官小岛孝纪（Kojima Takanori）并不存在。①

在中国，顾颉刚（1893～1980）的身上出现了一个类似的意识。他的《古史辨》（7 卷，1926～1941）为中国史学的现代化做出了重大的贡献。顾颉刚使用他精心打磨的"解剖刀"，对长期以来被作为事实接受的中国古代传说进行了批评。他的学派被冠以"疑古者"的绰号。他的方法根植于清代（1644～1911）的疑古学派；然而，他的方法同时也受到了新引入的欧洲历史方法的支持。②

同样，在韩国，李丙焘（Yi Pyŏng-do，1896～1989）受到了现代历史方法的训练。在《韩国史大观》（Han'guksa taegwan，1963）一书中，他强调

---

① Sato, Masayuki, 2008. "The search for scholarly identity". in Rüsen, Jörn (Ed.), *Time and History*. Berghahn Books, pp. 200 – 211.

② Ku, Chieh-kang〔Gu, Jiegang〕, 1931. *The Autobiography of a Chinese Historian* (A. W. Hummel, Trans.). E J Brill Ltd, Leyden.

了用批判的和客观的方法来研究历史原始材料的必要性。

随着西方文化引入日本，以政府部门和新建立的帝国大学为开端，历史再次被机构化。然而，不应忘记西方史学的引入将东亚史学从一项国家事业降为一个单一的学术领域。个体历史学家开始拥有他们自己的"专业"，以求得在新出现的大学机构中获得生存。为了将他们自己和知名的业余史学家区分开来，他们把研究写成专题论文在新近出现的历史期刊上发表。

在西方，历史研究的"职业化"确立了历史作为大学中的一个独立的学术领域的地位，这对于一个在机构上被忽视的学科来说是一个伟大的成就。相比之下，在东亚，现代西方历史研究的引入预示着史学作为一个有声望的传统形式的终结，这种传统史学曾经以全面地描述整个世界作为目标。从那时起，东亚史学在随后的发展中，在很大程度上沿着"现代"史学的路径行进，这些路径在发达国家的其他地区也很盛行。

现代史学的发展

现代史学引入东亚之后，其发展依据各国的情况而有所不同。

在中国，新近的考古发现迫切要求中国历史学家对古代历史采用新的观点。尤其，甲骨文的发现为罗振玉（1866～1940）和王国维（1877～1927）之类的历史学家领衔的中国新古代史奠定了基础。这些新作品后来被郭沫若（1892～1978）用马克思唯物主义进行了综合。他的《中国古代社会研究》是第一部关于中国古代社会的马克思主义著作。此后，特别是随着1949年中华人民共和国的建立，马克思主义在中国历史学家中占据了统治地位。传统史学成就多半为相反的解读所代替，这种趋势在"文化大革命"期间（1966～1976）尤其明显。20世纪90年代之后，世界范围内的信息革命和社会历史方面最新历史研究方法的引进，开始改变中国的史学，使其向世界其他地区开放。[1]

在日本，现代欧洲史学引入后不久，以天皇为中心的国家宣布了新的政治正统，并开始限制知识分子的自由，尤其是在日本古代史研究方面。从20世纪30年代起，日本社会和经济历史领域开始在研究中运用马克思主

---

[1] Ng. On - Cho, Wang, Q. Edward, 2005. *Mirroring the Past：The Writing and Use of History in Imperial China.* University of Hawaii Press, Honolulu.

义，主要用于对日本资本主义的研究。二战后，马克思主义成为占主导地位的史学方法，只是在20世纪70年代日本历史学家才开始接受来自法国、德国和英国的社会历史思想。在20世纪80年代末期，很多马克思主义历史学家从社会经济史悄然转向了社会史。

公共历史的形变

在当下的东亚，官方历史的光环仍旧浸染着集体的史学意识。过去仍然被视为最值得信赖的"人类的镜子"。人们在官方史学中追求的不是"一部不定的"历史，而是"确定的"历史，人们倾向于认为这种历史的可靠性得到了公众认可的保证。

在中国，官方的24部朝代史被出版，公众历史的传统持续至今。《清史稿》于1927年完成编纂，1977年最终在北京出版。地方史的情况也是如此，受到官方资助的县史在明朝（1368～1644）出现，甚至在当代中国仍在继续。

在日本，这种思想在学校教科书和地方史中可以看到。日本文部科学省审查所有的学校教科书，由此恢复了历史教科书领域的"官修历史"观念。日本学校告诉学生"是什么"而不教给他们"为什么"，给学生灌输确定的日本历史或世界历史进程的信息，而且不提倡相异观点的存在。在日本的47个都道府县中，有43个编纂了自己的地方史，在过去120年中，一些地方甚至编纂过两部或三部地方史。在今天的日本，很难发现一个城市、城镇或乡村没有编纂过地方史。这些地方史以传统史学观念为前提，认为存在一种体现在权威叙事当中的历史真实性。

官方历史在今天的韩国也存在。25卷的《韩国历史》是国家编纂的历史，该书由全国历史编纂委员会（1948年成立）在1979年完成出版。

19世纪末以来，历史研究领域在世界范围内经历了职业化和专业化，东亚也被卷入这一急流。从那时起，东亚史学领域的风格在很多方面和西方国家具有相似性。作为个体的历史学家被期待写出无数的研究论文和书籍。然而，很多历史学家也涉足公众资助的史学。例如，数不清的以大学作为基地的日本历史学家，在地方上的历史项目中担任编委会成员。因此，我们可以看到历史研究中两种不同传统的持续共存。换言之，东亚的历史学家同时占据着两个史学世界：一个是兰克的（或传统东亚的）客观真实性，另一个是对各种对立声音的后兰克解读。[1]

另请参阅：Asia，Sociocultural Aspects：China；East Asian Studies：Politics；Japan：Sociocultural Aspects；Needham，Joseph（1900 – 95）；Religions of East Asia；Time，Chronology，and Periodization in History.（亚洲，社会文化层面：中国；东亚研究：政治；日本：社会文化层面；李约瑟 [1900~1995]；东亚的宗教；时间，年表和历史分期。）

参考书目

Prusek，Jaroslav，1963．"History and epics in China and the West"．*Diogenes* 42，20 – 43.

相关网站

http：//www. princeton. edu/ ~ class bib/-Classical Historiography for Chinese History.

http：//www. fordham. edu/halsall/eastasia/eastasiasbook. asp-East Asian History Source book.

http：//archive. org/details/chengyutung-University of Toronto Cheng Yu Tung East Asian Library.

（佐藤正幸，日本山梨县甲府山梨大学教授；古俊伟，辽宁师范大学外国语学院讲师）

---

[1] Sato，Masayuki，2007．"The archetype of history in the Confucian ecumene"．*History and Theory* 46，217 – 231.

当代西方史学片论

彭　刚

一　经验研究与理论自觉

历史学研究过去时，它所要依赖的，是过往人们的活动所留存下来的种种痕迹。它注重史料，注重人类现实的生活经验，是一门经验性的学科。但是，历史学研究也离不开各种各样的理论预设和研究方法。历史学的经验研究并不排斥充分的理论自觉，相反，高度的理论素养和理论自觉，对于历史学研究而言必不可少。这一情形在 20 世纪欧美史学的发展历程中，有着充分的体现。

"历史"一词在中文和很多文字里，都有两层意思：既指人类过去所发生的事，又指对前者的记录、编排、整理和解释。也可以说，前者指的是客观的历史过程，后者则是历史学家所要做的工作。相对于"历史"的两层内涵，欧美学界曾有将历史哲学区分为思辨的历史哲学和分析的历史哲学的二分法，思辨的历史哲学是对历史过程的哲学反思，分析的历史哲学则是对历史学家工作的哲学反思。也有人将对历史过程的理论思考与对历史学的理论思考，分别称之为"历史理论"和"史学理论"。① 历史理论要考察人类历史过程的动力机制、历史的规律与目的、历史过程中各种因素的重要性等问题。史学理论要对历史学这个学科本身来进行考察：历史学家的工作意味着什么，史料的特性究竟是什么，人们凭借过往所留存的史料企图领会和把握过去的某

---

① 参见何兆武主编《历史理论与史学理论：近现代西方史学著作选》，商务印书馆，1999，"编者序言"。

个面相时，有哪些因素介入了历史学家的精神活动，如此等等，史学理论考察的是这些问题。可以说，历史理论和史学理论两者考察的对象很不一样。

这样的区分很清晰，也很有用，但它未必就完全适用于现实的历史学实践中所产生和运用的各种理论。20世纪欧美史学流派中，最有创造力而又影响最大的，当数年鉴学派。布罗代尔对年鉴学派的理论立场进行了最为系统的阐述，并且将其贯彻在他的经验研究之中。年鉴学派创始人之一布洛赫就说过，历史是研究时间中的人类的科学。布罗代尔则说，他所要思考的最为重大的问题就是时间问题。布罗代尔的长时段理论，将历史运动视作沿着三个不同的时间维度展开。于是，不同维度上的要素在历史过程中就扮演着极为不同的角色。地理、生态、气候等长时段的要素决定着人类历史的基本面貌，在一定周期内出现的经济波动、物价变化、人口增长等中时段的要素，直接影响着历史过程，而传统史学最为注重的各种政治军事事件，却被放置到了最为边缘而次要的地方。照布罗代尔的说法，历史事件就仿佛幽暗黑夜中刺破黑暗的萤火虫的亮光，但这亮光倏忽即逝，无助于人们了解幽暗中的过去。这样一种理论，就很难严格对应于历史理论和史学理论中的哪一种。一方面，它当然包含了与黑格尔、汤因比等人的理论中相似的那些层面，对于历史演进中的动力机制、历史过程中不同因素的相对重要性，都有宏观的看法。另一方面，这种理论对于经验的历史研究而言，又有着很强的指导性和可操作性，它完全能够落实到年鉴学派的史学研究之中。在布罗代尔及其众多追随者的著作中，我们都能看到那种层次分明的三分法。整个历史过程被分为三个层面，每个层面分别关注的是什么要素，不同层面的要素在整个架构里面分别扮演什么样的角色，研究和写作的路数都很清晰。可以说，年鉴学派成果丰硕的研究实践，是与它自觉而系统的理论建构紧密地联系在一起的。

20世纪之初的新史学运动，在将历史学的范围从传统的政治史扩充到更广大的领域的同时，强调对历史现象进行多学科的综合研究。其要旨就在于，历史学要吸取多学科的问题意识和研究方法的营养。从年鉴学派的创始人到战后德国社会史的领军人物于尔根·科卡（Jürgen Kocka），都提出历史学研究要成为以问题为导向的"问题史学"。为什么要提出"问题史学"这样的概念？从年鉴学派和"历史的社会科学"的前提出发，传统的"讲故事"的叙事史学只涉及事件，而事件对于有效地理解人类过往的历史而言无关宏旨。人们需要的是以分析的方式，了解形成过往历史过程的各种复杂而交互作用的因素，并且判定不同的因素具有什么不同档次的重要性。而要做到这一点，历史学就应该是一门提出问题并且设法回答问题的学科。历史学家的工作固然离不开对史料的搜集爬梳，可是史料浩如烟海，历史学家所能选择来处理的，只能是史料的极其有限的一部分，耗尽一生的精力能够看到的东西也是有限的。而且同样是看同一批有限的材料，人们提出的常常可能是完全不同的问题。一方面，历史学家的工作中，永远都面临这样的可能性，即你所看到的史料修正甚至颠覆了你原来的设想；另一方面，过往的史料如同一片幽暗，历史学家的问题意识和理论自觉，就仿佛是探照灯，决定了他的目光所投射到的，是那片混沌中的具体哪些层面。

在历史学的研究中，与其他许多学科一样，最出色的研究者，往往就是最善于提出有价值的问题的研究者。"问题史学"的提出，针对的是传统的"叙事史学"。可是随着新文化史、微观史、日常生活史而复兴的叙事史学，按照劳伦斯·斯通（Lawrence Stone）的说法，是一种"新的旧史学"，它的"新"很大程度上就在于，其研究是以问题意识作为导引的。叙事的写作方式并不见得与问题意识就是不相容的。彼得·伯克（Peter Burke）就说："要做一个优秀的史学家，首先最为必不可少的，就是想象力、穿透力以及提出恰当问题而又知道到哪儿去寻找答案的天赋。一个历史学家完全可能具有所有这些特质，而依旧宁愿在传统的领域内——像是狭义上的政治史——并以传统的方式来进行研究，写作事件的叙事史。"[①] 历史学家不是一面消极反映历史事实的镜子。档案无穷无尽，历史学家当然是要进档案馆的，要面对史料。可是看哪些档案是有选择的，从同一批档案中看到些什么又是有选择的，如果没有明确的问题意识，没有充分的理论自觉，实际上是无法从档案中有效地获取相关的信息的。达恩顿有关屠猫狂欢的著名研究，就是由 18 世纪初期巴黎学徒工从那样一个事件中所得到的巨大欢乐令我们今天的读者难以理解这一事实出发，以人类学的手法来展开的。戴维斯、金兹堡等人讲述奇特人物和离奇故事的叙事史，也包含了他们所提出的问题和试图做出的解答。问题史学固然是要由理论来引领的，但新文化史和微观史中那些"讲故事"的史学研究，也未始没有其问题意识和问题导向。没有对现代早期法国司法制度、权力关系、乡村社会网络、个人认同、财产关系等问题的关注，《马丁·

---

① 〔英〕玛丽亚·露西娅·帕拉蕾丝－伯克编《新史学：自白与对话》（彭刚译，北京大学出版社，2006）中对彼得·伯克的访谈，第 172 页。

盖尔的归来》和《档案中的虚构》就只是发生在过去的奇闻逸事，而不会具备更丰富的蕴含和价值。

历史学的实践，也会向历史学家不断提出值得思考的理论问题。口述史学作为一种史学方法得到广泛应用之后，不同国度不同领域的研究者就都发现了一些共同的现象：讲述者常常倾向于在无形之中提升自己所起的作用、所扮演的角色；人们还常常会把自己解释得更加清白无辜，把别人解释得应该承担更大的责任；等等。而且，人们会很惊讶地发现，在不同的时间给不同的人讲述同一件事，即使记忆力惊人的对象讲出来的不同版本之间，也有巨大的差别。所以，很多口述史研究者同意这样一个说法：记忆之有关现在绝不亚于它有关过去。这样一来，有关历史记忆甚至于有关历史学的史料的看法，都会在很大程度上需要重新修正。所以历史学的经验研究与理论自觉之间，总是处在一个互动的过程中。历史学的发展不能排斥理论，而必须是和理论齐头并进，没有足够的理论素养和理论自觉，是不能造就出色的历史学家和出色的历史学研究的。

二　多元化、碎片化与历史综合

在 20 世纪西方史学的发展过程中，多元化、多样化的态势，是在不断地发展、不断地加剧的。出现这样的情况有很多原因。史学的多元化发展首先是现代社会的多元化的反映和写照。照欧美左翼学者的说法，以前的历史主要是白的、男的、死了的人（white，male，dead）写的。那理所当然地，针对西方中心的历史，就该有非西方中心的、后殖民主义的历史。针对男人视角的历史，就有从女性视角出发的性别史。针对只关注人类活动而忽视了自然的历史，就会有环境史。针对关注精英的、处于优越地位的人的历史，就会有让从前沉默的大多数发声的历史，就会有贱民的历史、少数族裔的历史。如此等等，不一而足。历史学总是现在跟过去之间的对话，置身越来越多元的现实世界中，历史学也会随之变得越来越多元。

再就是，人类知识不断拓展，历史学要接纳来自不同学科的影响，接纳不同学科内部越来越花样繁多的不同学派和取向的影响。20 世纪七八十年代以来，历史学发生的变化和各种"转向"，就被不少人解释为，从前历史学家更多接受的是来自社会学、地理学、经济学、政治学、心理学等学科的影响，而在这个时候，历史学转而主要接受人类学的影响。总的说来，当代欧美史学不像一百多年之前那样，对于接纳来自别的学科的影响是否会危及历史学的自主性充满疑虑，而是更为主动、积极地吸纳来自不同学科的滋养。各个学科及其学科内部的多元的影响，对于造就历史学的多元化局面，也功不可没。各个史学领域的交叉发展，也有助于史学的多元发展。如思想史和观念史领域，在 20 世纪 80 年代前后，出现了以昆廷·斯金纳（Quentin Skinner）为代表的思想史领域的剑桥学派，强调结合社会、政治、思想、语言的语境，来考察思想观念。德国以科赛莱克（Reinhart Koselleck）为代表的"概念史"（Begriffgeschichte/conceptual history）研究，则注重考察诸如"国家""主权""人民"等概念在现代社会的出现及其演变，将概念演化史置于现代社会政治和经济文化变迁中来加以考察，结合了社会史和思想史的研究取向。历史学呈现出多元化的态势，也有很现实的原因。随着高等教育的普及和职业化史学的发展，有一种说法是，正在写作的历史学家比从希罗多德到汤因比加起来还要多。历史学从业者的增多，也是历史学日益走向多元的重要因素。

当前历史学的多元化，还体现在传统的史学研究路数在经历各种"转向"之后，依旧保持着旺盛的生命力。比如，量化史学的方法曾经一度被勒华拉杜里等人视作历史学唯一可行的发展方向，但量化史学不能满足人们原本过高的期望，反而成了"叙事的复兴"的一个原因。但这并不意味着量化方法走到了终点。相反，在后来的社会史、经济史乃至书籍史等研究领域，在历史学家们清晰地认识到量化方法有效性的范围之后，量化方法在史学研究中的运用变得更加复杂精致了。再有，我们前面提到，新文化史成为20 世纪 80 年代以来欧美史学转型的主流，但并不意味着相对而言更为"传统"的社会史以及政治史研究不复存在。以历史社会学这一领域为例，迈克尔·曼（Michael Mann）对历史上人类社会各种权力类型的研究、对工业资本主义和民族国家首先出现在欧洲的原因的探究，查尔斯·梯利（Charles Tilly）对于社会运动的研究、对于战争与民族国家兴起之间关系的研究，都是这一领域影响重大的成果。

与多元化相伴随而相形之下颇受人诟病的，则是史学研究的碎片化。19世纪后期，历史学成为一门专业化的学科之始，就出现了历史学家对于越来越小的事情知道得越来越多的情形，研究古埃及土地制度的与研究英国工业革命的历史学家，完全可能出现隔行如隔山的情形。但那个时候碎片化不成其为严重的问题，因为人们深信，人类的历史归根结底是一个整体。历史学家们仿佛是在一起完成一个巨大的拼图，每个人只能够各自在一个微小的角落努力工作，历史学家们前后相继地不懈工作，终究能够让我们一睹其全貌。"剑桥世界史"的开拓者、英国历史学家阿克顿勋爵（Lord Acton，1834－1902）称其为终极的历史（the ultimate history）。① 在欧美史学界，碎片化在过去和现在的含义是不一样的。那时人们普遍相信，历史学的宏观的、整体综合的一极与微观的、高度专业化的另一极，终究能够整合成为一体。但是经历了后现代主义的冲击，这个前提被根本动摇了，碎片化式的研究如果不能整合成有意义的，才真正成了问题。有人对马丁·盖尔变得比马丁·路德还有名而忧心忡忡，正是出于这个原因。

可是，欧美史学这几十年来的发展，在越来越专业化、越来越碎片化的同时，也有朝着另外一个方向的趋势和变化，那就是人们要从整体上观察历史的愿望越来越强烈，也取得了诸多值得重视的成就。这几十年发展起来的全球史，包括所谓的"大历史"，都在做这样一种努力，要从更宏观的角度，从人与自然之间、不同文明之间的相互关联，来考察人类整体的历史。比如说美国历史学家克里斯蒂安的"大历史"，把考察历史的时间参照系拉回到了130亿年前的宇宙创生，即从宇宙大爆炸开始。他的《时间地图：大历史导论》这本书，花了极大的篇幅来讲宇宙演化。有些历史学家特别是环境史家反对人类中心的历史，但毕竟历史不能没有人，而克里斯蒂安的"大历史"，很大一部分就成了没有人的历史。但是，一旦把参照系设定得非常宏大，的确会改变我们考察人类历史的视野。克里斯蒂安就提到，假如把整个宇宙130亿年的历史浓缩成13年，可以说，4年半以前才有了太阳系，才有了地球；4年前出现了最初的生命；3星期前恐龙灭绝；50分钟前，智人在非洲进化；然后，5分钟之前出现了农业文明；包括中国文明在内的各个古文明出现在1分钟之前；工业革命发生在6秒钟之前；两秒钟之前发生了第一次世界大战；最后一秒钟之内发生了第二次世界大战、人类登月、信息革命。② 现代文明的历史与宇宙的、地球的、有生命以来的、人类的乃至于人类进入文明以来的历史相比，如此短暂，而又发生了如此之多的惊人变化，的确会让人产生很不一样的感受。一方面我们在感慨历史学的碎

---

① 参见刘北成、陈新编《史学理论读本》，北京大学出版社，2006，第37页。
② 〔美〕大卫·克里斯蒂安：《时间地图：大历史导论》，晏可佳译，上海社会科学院出版社，2007，第538～539页。

片化，但是另一方面，近年来又有诸多的论著，表明人们依旧企图对宏观而广泛的历史进程，达成有效的理解。

有关碎片化的问题，我们需要从不同的角度来考虑。一方面，成功的个案研究，如戴维斯和金兹堡等人的研究，在一个个小的个案里面，会触及那个时候的司法制度、社会观念、婚姻制度、财产关系等。这些研究的入口确实很小，如果作者没有更广泛的兴趣、更宽阔的视野、更宏大的眼界，所能写就的就只不过是一桩逸闻趣事。而出色的微观史著作，的确做到了像是英国诗人布莱克所说的那样，从一粒沙中见出整个世界。所以专业的、细致的研究，并不见得容不下一个宏大的视野。另一方面，历史学家的工作终究还是要考虑到，如何把宏观和微观两个层面的研究结合起来的问题，如同彼得·伯克所说，"或许历史学家要像物理学家那样学会与别样的而显然不相容的概念共存，微观史家的粒子要与宏观史家的长波共存。在历史学中，我们还没能像玻尔那样将互补变成美德。无论这种情形是否能够发生，我们至少应该像某些历史学家、社会学家和人类学家所一直在做的那样去追问自己，是否有可能将微观社会的与宏观社会的、经验与结构、面对面的关系与社会系统或者地方的与全球的联结起来。倘若这个问题没有得到郑重其事的对待，微观史学就会成为一种逃避主义，接纳了碎片化的世界而不是让它变得有意义"。①

真正的历史综合要展现整体的历史视野，它不可能是工笔画，而只能是写意画。写意画可以是万里江河图，展示的是极其宏观的格局，工笔画则要把每个细部都画得极其的细致。写意画和工笔画之间的关系，不会是工笔画总能够作为哪怕再细小的局部，而被整合到写意画中。可是，人们对于宏观的全球史、整体史和历史综合，总是期待着，它虽然未必能够囊括万物，其视野和解释框架却应该在足够宏阔的同时，而又能够包容广大。就仿佛万里江河图必定无法穷尽每一朵浪花，但峡谷湍流、水势巨变，总是可以在其中找到自己的位置。历史综合与碎片化这两者之间，既不是后者的累积会自动达到前者，也不是前者终归可以涵盖后者。但无论如何，不能简单地把二者对立起来。

三　马克思主义与当代西方史学

马克思主义自其诞生以来，就对历史学的发展产生了深刻的影响。在

---

① Peter Burke ed., *New Perspectives on Historical Writing*, p. 116.

20 世纪欧美史学的发展历程中，在各个流派和不同史家的史学观念和史学方法中，马克思主义的影响也清晰可见。

20 世纪 70 年代，在讨论马克思主义对历史学家的影响时，英国历史学家巴勒克拉夫说："首先，它既反映又促进了历史学研究方向的转变，从描述孤立的——主要是政治的——事件转向对社会和经济的复杂而长期的过程的研究。其次，马克思主义使历史学家认识到需要研究人们生活的物质条件，把工业关系当作整体的而不是孤立的现象，并且在这个背景下研究技术和经济发展的历史。第三，马克思促进了对人民群众历史作用的研究，尤其是他们在社会和政治动荡时期的作用。第四，马克思的社会阶级结构观念以及他对阶级斗争的研究不仅对历史研究产生了广泛影响，而且特别引起了对研究西方早期资产阶级社会中阶级形成过程的注意，也引起了对研究其他社会制度——尤其是奴隶制社会、农奴制社会和封建制社会——中出现类似过程的注意。最后，马克思主义的重要性在于它重新唤起了对历史研究的理论前提的兴趣以及对整个历史学理论的兴趣。"① 直到今天看来，巴勒克拉夫的判断还是相当准确的。他所提到的马克思主义影响历史学家的各个方面，当然是在欧美马克思主义史学中体现得最为明显。例如，他所谈到的第四点，即马克思主义激发了历史学家对各种社会制度过渡时期阶级结构和阶级冲突的研究，就在英国马克思主义史学的社会史研究中有着最为充分的体现。但是，受到马克思主义影响的历史学家，既理所当然地包括了自觉地站在自身所理解的马克思主义基本立场上来进行历史研究的历史学家，也包括了非马克思主义和反马克思主义的历史学家。可以说，无论哪种情形都表明了马克思主义对历史学的巨大影响。我们这里着重讨论欧美马克思主义史学之外的史学发展与马克思主义的关系。

马克思主义对社会科学化的历史学产生了决定性的影响。马克思说："人们自己创造自己的历史，但是他们并不是随心所欲地创造，并不是在他们自己选定的条件下创造，而是在直接碰到的、既定的、从过去承继下来的条件下创造。"② 由这一洞识出发，各种社会科学和历史学研究得到的启发，就是要将自己的重心放在对"社会和经济的复杂而长期的过程的研究"。而

---

① 〔英〕杰弗里·巴勒克拉夫：《当代史学主要趋势》，杨豫译，北京大学出版社，2006，第 21 ~ 22 页。

② 《路易·波拿巴的雾月十八日》，《马克思恩格斯选集》第 1 卷，人民出版社，1995，第 585 页。

对事件的描述和解释，也只有在这一背景下才能展开。社会科学化的历史学，反对以描述的方法来研究个体和事件的传统史学，而主张以分析的方法来研究群体和结构。社会科学化的历史学受到了各种社会科学理论的影响，而马克思主义对现代各门社会科学的发展所产生的巨大影响，是众所周知的。伊格尔斯断言"马克思主义对现代历史科学的贡献是绝不能低估的"，其重要理由就在于，"没有马克思则很大一部分现代社会科学理论——它们和马克斯·韦伯一样，是把自己界定为反对马克思的——就会是不可想象的"。① 年鉴学派史学革命的着眼点，就是要揭示决定着人类历史面貌的结构性因素，而在布罗代尔看来，"马克思的天才及其影响的持久性的秘密，在于他第一个在历史长时段的基础上构造了真正的社会模式"。② 年鉴学派的基本立场固然有别于马克思主义，但没有马克思主义的影响，年鉴学派的史学观念和史学方法也是难以想象的。

马克思主义对于"文化转向"之后的史学潮流，也产生了很大的影响。布罗代尔倾向于认为，"多少世纪以来，人类一直是气候、植物、动物种群、农作物以及整个慢慢建立起来的生态平衡的囚徒"。③ 布罗代尔和他的一些追随者，过度地强调了长时段结构对人类活动的制约作用，到了几乎否定了人类主动性的地步。而新文化史名家彼得·伯克则说："马克思对于人类行动所受到的局限有着犀利的感受。他或许有些过甚其辞，然而眼下的人们是在另一个方向上过甚其辞。"④ 大部分新文化史、微观史、日常生活史领域的史家，在强调个体的能动性、强调文化对现实的建构作用的同时，也不可能忽视宏观历史进程中的结构性因素的巨大作用。新文化史等当代史学潮流，在重新复活叙事的同时，并非简单地回到描述的方法和以个体与事件作为研究对象。戴维斯等微观史名家一再表达的，微观史要有超出其研究对象之外的更为宏大的视野和关怀，以及要结合描述与分析的学术取向，就表明了他们对超出个体和事件之外的持久的、结构性因素的关注。而马克思主义所带给他们的在总体视野和具体思维方法上的启示，也是他们所并不讳言的。

---

① 〔美〕格奥尔格·伊格尔斯：《二十世纪的历史学：从科学的客观性到后现代的挑战》，何兆武译，山东大学出版社，2006，第 82 页。
② 〔法〕费尔南·布罗代尔：《历史学和社会科学：长时段》，载《论历史》，刘北成、周立红译，北京大学出版社，2008，第 55 页。
③ 同上，第 34 页。
④ 《新史学：自白与对话》，第 167 页。

戴维斯就曾坦言："我依然发现马克思和被马克思之后出现的问题所激励的其他一些人极其有意思，给我以很多启迪。他们使得我们无法将世界仅仅视为文本，而且还提醒我们在理解某一文化时冲突的重要性。"[1] 新文化史在风靡近二十年之后，出现"超越文化转向"的趋势，更清晰地表明了这一点。

马克思主义深切关注人民大众的生活和命运、同情被压迫民族和人民的价值取向，在这一方面也对当代史学的发展产生了多方面的影响。日常生活史与"自下而上的"社会史，对于历史上人民大众在历史进程中所付出的代价，对于现代化进程给普通民众带来的负面效应，充满了关切和同情。新文化史也因其关注人民大众的学术立场，而带有明显的社会史取向。当代史学中的后殖民史学、性别史学和以各种少数群体为关注对象的史学领域，更是受到马克思主义的直接影响。马克思主义在历史学领域所产生的巨大吸引力，不仅在于其科学地解释了历史进程，而且还在于其巨大的道义力量。

当代思想史领域中剑桥学派的领军人物昆廷·斯金纳，在谈到马克思主义对他而言所具有的价值和重要性的时候说道："第一点是在方法论的层面上。在我看来，马克思主义的一个基本假设在我们所有人这里都深入人心，那就是社会存在决定社会意识。……第二点关系到马克思主义留传给我们的那种社会诊断的方式及其诊断用语。我们显然无法否认，马克思主义给我们带来了讨论任何社会中的社会关系的一套有价值的词汇。如今没有人会认为，他们可以不运用诸多实际上起源于马克思主义的解释性概念——比如，异化或者剥削——就可以对社会领域进行研究。……第三点……马克思的某些预言却前所未有地显示出了他的深邃洞见。"[2] 斯金纳的说法，出自一位认为自己的立场不是反马克思主义，而是非马克思主义的当代著名历史学家之口，值得重视。在历史学更加关注人与人、人与自然的互动，关切人类的共同命运的全球化时代，马克思主义的理论与方法在史学研究中必将更加显现出其强大的生命力。

（彭刚，清华大学历史系教授）

---

[1] 《新史学：自白与对话》，第63页。
[2] 同上，第275页。

试论卡莱尔的浪漫主义史学思想[*]

王利红

一

托马斯·卡莱尔（Thomas Carlyle，1795 – 1881）是 19 世纪英国著名的浪漫主义历史学家。他集诗人、散文家和历史学家于一身，其独特的浪漫主义历史写作方式形成了"卡莱尔风格"（Carlylism）。然而，长期以来学术界在对卡莱尔历史学家的身份认同上充满分歧。推崇卡莱尔的学者如古奇，认为"卡莱尔的最高成就便是他不愧为最伟大的英国历史肖像画作者"，①"在描写恐怖与希望、炽烈热情与兽性狂暴等气氛的渲染力量方面，米什莱而外，再没有任何作家比得上卡莱尔"。② H. D. 特瑞尔称卡莱尔为"一位至高无上的历史讲述者，一位神奇无比的过去重现者"。③ 卡尔·马克思说："卡莱尔的风格和他的思想一样，往往绚烂绮丽，永远独特新颖。"④

与之相反，以 J. W. 汤普森为代表的历史学家则拒绝承认卡莱尔历史学家的身份。他认为卡莱尔基本上是一位道德家。"对他说来，历史一直是他的思想的背景，是他提出申诉的法庭，也是在上边描绘上帝的永恒真理的卷

* 本文为国家社会科学基金一般项目"19世纪欧洲浪漫主义史学思想研究"（14BSS001）阶段性成果。

① 〔英〕乔治·皮博迪·古奇：《十九世纪历史学与历史学家》下册，耿淡如译，商务印书馆，1997，第537页。
② 乔治·皮博迪·古奇：《十九世纪历史学与历史学家》下册，第527页。
③ 〔英〕卡莱尔：《文明的忧思》，宁小银译，中国档案出版社，1999，原序，第2页。
④ 卡莱尔：《文明的忧思》，封面语。

轴。阿克顿勋爵认为卡莱尔是'可憎的历史家中''最可憎的一个'。"① 卡莱尔的传记作者 A. L. 勒·凯内则认为他更多的是一位预言家。

对此，H. 本－以萨尔认为，人们之所以会在对卡莱尔的评价中产生如此重大的分歧，是 19 世纪历史学专业化导致的评价标准变化的结果。19 世纪历史学的专业化使得专业的历史学家在评价卡莱尔的历史写作时，运用了与之前不同的标准。如果说在此之前人们更多看重历史学的文学和艺术部分，那么在学科专业化之后，客观性、科学性和理性成为历史学家的追求。认为卡莱尔不是专业历史学家的那些人，恰是 19 世纪后期历史学专业化之后，推崇狭隘、枯燥、客观、科学的历史写作的那些历史学家，这使得他们在评价卡莱尔的历史写作时，过分低估了他在历史思想和历史写作上的成就。②

20 世纪以来，特别是伴随着后现代主义史学的兴起，这一情形得以改变。卡莱尔作为历史学家的身份认同和他的历史写作再次引起学者们的关注。路易斯·默温·杨认为，卡莱尔有很多过去没有认识到的、比较广泛和复杂的、关于描述历史过程和历史写作的理论，需要我们重新加以审视。她认为要正确评价和看待卡莱尔对历史写作的贡献，需要跳出专业历史学的狭隘学科背景，她希望通过她的研究，不仅重新恢复卡莱尔作为一位历史学家的声誉，而且重新认识卡莱尔的历史观念和历史写作。③ 她的观点得到了很多研究者的认同。

二

如果我们回到卡莱尔写作历史的时代，分析他所受到的影响，我们就能理解他对历史的看法和他写作历史的方式。卡莱尔身处启蒙运动晚期和浪漫

---

① 〔美〕J. W. 汤普森：《历史著作史》下卷第三分册，谢德风译，商务印书馆，1996，第 412 页。

② H. Ben-Israel, "Carlyle and the French Revolution," *The Historical Journal*, Vol. 1, No. 2, 1958, p. 116.

③ 关于这个问题，可以参见 Louise Merwin Young, *Thomas Carlyle and the Art of History*, London: Humphrey Milford, Oxford University Press, 1939 一书；Chris R. Vanden Bossche 为 Thomas Carlyle, *Historical Essays*, University of California Press, 2002 写的序言；H. Ben-Israel, "Carlyle and the French Revolution," *The Historical Journal*, pp. 115 – 135 和 Clyde de L. Ryals, "Carlyle's The French Revolution: A 'True Fiction'," *ELH*, Vol. 54, No. 4, 1987, pp. 925 – 940 等论文。

主义兴起的时代，这使得他对启蒙运动理性主义的机械、僵化充满排斥，他更多地受到欧洲浪漫主义思潮，特别是德国浪漫唯心主义思想的影响。他对历史的看法和其历史写作，都带有绚丽的浪漫主义色彩。卡莱尔把历史看作一个由过去、现在和未来组成的有机整体。他把历史比作一棵"生存之树"："在它的根部……坐着三个命运女神，即现在、过去和未来，她们用圣井之水浇灌树根。'树枝'从萌芽到落叶——这就是世上发生的各种事件，各种事物的经历，各种事情的完成或灾难性的结局，——它贯穿在任何空间和时间。这不就是说，每片树叶是一个人物的传记，每一条须根是一言一行吗？而它那许许多多树干就是各民族的历史。那瑟瑟树声就是古往今来人类生存的喧闹。它在那里成长，由于它，人类激情的气息通过它发出沙沙的声响……这就是过去、现在与未来，也就是已做过的、正在做的和将要做的一切……我们考虑一下人类事物怎样循环变迁，其中每一个事物与其他事物之间有不可分割的联系；……——我认为没有比这棵树的比喻再贴切的了。真是美妙，既完美又壮丽。"①

"树"的隐喻一直是浪漫主义的象征。如果说钟表和机械象征着以牛顿力学为基础的启蒙运动理性主义的僵化和枯燥的话，那么树则代表了以生物学的发展为基础的浪漫主义的勃勃生机，象征生命和生成。卡莱尔以树比喻历史的生成发展，无疑充满了浪漫主义色彩。正如海登·怀特所言："在卡莱尔看来，对历史领域的理解是由思想和想象，或者'科学'和'诗学'两重运动促成的。"② 卡莱尔文学家的身份和诗性气质，决定了他对历史领域的理解不可能是纯粹客观或科学理性的。对此，本－以萨尔认为，就卡莱尔所受到的传统的影响而言，他是吉本的继承人而不是与他同时代的兰克的继承人。在卡莱尔的时代，以兰克为代表的客观主义史学尚未成型。卡莱尔曾坦陈他的历史写作的"文学"目的。在他写作的时代，历史仍被看作文学的一个分支，而不是后来专业化了的历史学。尽管卡莱尔强调其历史写作的文学色彩，但是作为历史学家，他从来没有想要牺牲历史的真实，甚至可以说，促使他最终从事历史写作的吸引力，正是来自他对真实性的追求。在这一点上，卡莱尔和兰克又是相似的。兰克曾表明，他从事历史研究和写作

---

① 〔英〕托马斯·卡莱尔：《论英雄、英雄崇拜和历史上的英雄业绩》，周祖达译，张自谋校，商务印书馆，2005，第 22~23 页。

② 〔美〕海登·怀特：《元史学：十九世纪欧洲的历史想象》，陈新译，彭刚校，译林出版社，2004，第 201 页。

的原因之一，是他发现真实的历史世界比虚构的故事更精彩。正是基于这种对历史真实性的追求，卡莱尔创造出一系列新的历史写作方法。他希望通过采用这些新的文学表现手法，能够更准确地刻画和表现历史的真实。①

最能体现卡莱尔历史观念和历史写作特色的，是他在《论历史》中的一句话，即"叙述是直线的，活动是立体的"。卡莱尔认为，我们对过去事件的洞察力从来就不完善，因此我们观察这些事件的方式与它们实际发生的方式就存在根本差异。即使最有才华的人也只能看到并记录他自己印象的序列；这使得他的观察必定是连续性的，而实际发生的事件常常是同时性的。"事件的发生不是一个系列，而是一个组群。行动的历史和书写的历史是不同的：实际发生的事件彼此之间绝不会像父母和他们的子女之间那样简单地关联；每一个单一的事件都不只是某一个事件的产物，而是所有在它之前或与它同时代的其他事件的产物，并且，它会与其他所有事件结合起来产生新的事件。这是一种永远鲜活、永远处于运转中的存在之混沌状态，在其中，事态之后出现的事态本身是从数不清的因素中产生出来的。"② 对此，卡莱尔认为，面对历史事件发生的此种复杂的混沌状态，历史学家想要通过几根粗略的线条加以描述或进行科学的测度，几乎是不可能的。

卡莱尔看到了历史发展的复杂性，并认识到面对历史的混沌状态，传统的历史记录和描述本身，难以做到完全真实地记录和叙述所发生的事件及其场景。卡莱尔认为，就叙述的直线性而言，一切叙述就其本性来说都是单向的，它只是一步一步走向一个或一系列的点，叙述必须遵循一定的顺序和因果链条；而活动则是立体的，一切活动在其深度、广度、持久性各方面都是延展着的，而且这种延伸在各个方面都存在，它既在塑造别的东西又在被不断地重新塑造，在此进程中逐步地走向完善。卡莱尔认为，历史的整体是一个广大深邃的无限，每一个元素都是整体的一环或包含着整体。历史的复杂混沌状态，决定了我们只能尽己所能描写出现过的一些事件，而这种描绘本身最多也只能是一种近似，真正重要的历史基本点也许隐藏得更深，也许在人们还不曾注意到它时就消逝了。我们现在所知的世界历史上划时代的事件，以及维系着伟大的世界历史和世界革命的那些重要的关节点或支点，也许在它最初的亲历者看来是另一番不同的模样。历史中更重要的部分也许已

---

① H. Ben-Israel, "Carlyle and the French Revolution," *The Historical Journal*, p. 116.
② Thomas Carlyle, *Historical Essays*, pp. 7 – 8.

不可复得，我们满怀崇敬地深入过去的黑暗荒凉的住所，能够发现和寻觅的亦十分有限。卡莱尔认为历史就像是上帝书写的天书，我们不可能完全识得和辨认，它那不可思议的目的对我们来说是一个公开的秘密，我们最多只能怀着虔诚的信仰，沉思着上帝隐秘的足迹，因为他的道路在时间的最深处；尽管历史对他的行踪有所揭示，但只有全面的或普遍的历史学，而且是永恒中的历史学，才能把他清楚地显现出来。①

卡莱尔的历史观念决定了他的历史写作方式。卡莱尔打破了对传统历史记录的迷信。他认为从事件发生到它最后沉淀，并作为原始记录和文献资料保存下来，中间经过了很多环节，我们不清楚在其中遗漏了多少更重要和更有意义的东西，因此，我们只有通过各种叙述手段，从各个角度、各个环节、各个层面，尽可能全方位地、立体地、全面地进行叙述。为此，就需要打破常规，使用各种修辞手法以及合理的想象。他的《拼凑的裁缝》②，就是对这种写作方式的尝试。在书中，面对着杂乱无章，充斥着梦想、逸闻趣事、洗衣账单、大街广告集，没有年代、地点、时间，模糊混沌的整卷整卷的材料，编辑试图撰写托尔夫斯德吕克教授的传记。"编辑戴着绿色的眼镜日日夜夜坐在那里，破解这些用令人费解的花体字写成的无法想象的文件……他所用的只是一位英国编辑的勤奋和软弱的思考能力；他要努力从一个用德文印刷和书写的混沌中，使之变成出版的创作；本编辑在其中窜前跑后，收集、抓住原因，把近由追溯到远因，在这种过程中，他的整个身心好像被吞没了。"③ 历史记录呈现的存在的混沌状态，迫使书写者运用影射、暗讽、怪异的比喻、突发的讽刺、象征等多种手法，在明快和晦涩之间，努力传递出真相和真情。"统治我们的王，并不是我们的逻辑推算能力，而是我们的想象力。"④ "理解确实是你的窗户，你却不能把它擦得太干净；而幻想是你的眼睛，无论是健康的，还是得了病的，都有着赋予色彩的视网膜。"⑤

不仅如此，卡莱尔认为，为了尽可能真实地描述历史事件和人物，除了

---

① 参见 Thomas Carlyle, *Historical Essays*, pp. 6 – 8.
② 《拼凑的裁缝》（*Sartor Resartus*）是卡莱尔最重要的著作之一，其书名有几种不同的译法，如 "旧衣新裁""衣裳哲学"。
③ 〔英〕托马斯·卡莱尔：《拼凑的裁缝》，马秋武、冯卉等译，广西师范大学出版社，2004，第 69 ~ 70 页。
④ 托马斯·卡莱尔：《拼凑的裁缝》，第 206 页。
⑤ 托马斯·卡莱尔：《拼凑的裁缝》，第 207 页。

历史的描述之外，还需要哲学的思辨。卡莱尔的著作，总是把历史描述和哲学思辨混杂在一起，两者之间并非泾渭分明。在错综复杂的联结中，两者互相交错、拼合，你中有我，我中有你。这样的一种写作方式，形成了卡莱尔式的风格。对此，卡莱尔自己有一段描述："在风格方面，作家表现出同样的亲和力，但也夹杂着同样的粗鲁，不均衡，以及明显缺乏跟较高阶层的交往……我们偶尔找到无与伦比的力量，真正的启迪；他用恰如其分的激动人心的话语表达他燃烧着的思想，就像许多完全成形的密涅瓦，从朱庇特头脑中，在火焰的光辉中涌出；措辞丰富地道，形象的比喻，火一样的诗意强调，离奇而微妙的转折；不受拘束的想象力所有的优雅和令人恐怖之处，跟最清晰的理智交织在一起，又不时出现美妙的变化。可惜经常有令人昏昏欲睡的章节，拐弯抹角，重复、难懂的昏话等……然而，在几乎是最坏的情况下，他那里也有一种独特的吸引力。这个人说话，他的基调也好，语音器也好，整个充满了野调：时而高唱入云，成为精灵之歌，或变成魔鬼尖锐的嘲讽；时而转作不无热诚而悦耳的调子，虽然有时候戛然而止，变成平调，这时我们只听到单调的哼哼声。"①

身为诗人和文学家，卡莱尔在描述历史时表现出迷人的天赋。他具有把相距甚远的任何事物巧妙地连接起来的非凡的智慧和历史表现力，对于其中不甚清楚的地方，他总能展开丰富而切合实际的想象，其想象的触须既深植于他对历史真实性的追求，又充满浪漫主义的诗性反讽。卡莱尔受德国浪漫主义诗人诺瓦利斯影响甚深。诺瓦利斯认为唯有诗人才是历史的救世主，历史学家必须成为诗人，只有对于诗人，历史才是"从前和现在的神秘交融"；只有对于诗人，全部历史才是"由希望和回忆"构成的。因为诗人"具有巧妙连接事件的艺术"，只有独特而诗意地去洞察历史，才可能把历史看作三个量度，即过去、现在和未来的统一。过去、现在和未来在诗人内心诗情中的紧密渗透，使诗人能够透过过去看到未来的轮廓。历史的一般规律只可能为那些清楚记得既往一切的人敞开，这些"历史的一般规律"，总是神秘地蒙着一层深奥的面纱，只能为诗人的创作想象所揭示，唯有诗人才能"敏锐地洞察生命的奥秘"，洞察"伟大的时代一般精神"。诺瓦利斯并不认为以诗意的臆造代替严肃、科学的历史知识会背离历史的真实，他认为诗意的臆造比学者的编年史包含更多的真理。当历史事件在时间上纠缠不

---

① 托马斯·卡莱尔：《拼凑的裁缝》，第 29 页。

清，并且被历史学家暨诗人的想象连成有血有肉、神秘莫测和错综复杂的线索时，历史学家暨诗人借助语词向我们打开了一个迷人的未知世界，使从前和将来都从深深的洞穴里跃出，并与现在发生关联。诺瓦利斯认为对历史的诗意认识，其可贵之处，就在于可以对历史进行神话般的解释。①

诺瓦利斯的观点深刻地激励了卡莱尔的历史写作，影响着他对历史规律和历史真实性的看法。诺瓦利斯使卡莱尔从德国哲学的超验主义转向诗意的现实主义。② 卡莱尔的《法国革命史》被称为"真实的虚构"，而他的《拼凑的裁缝》和《法国革命史》中的许多段落，堪称他的时代最雄伟的诗，对他的同时代人具有无法抗拒的吸引力。

三

卡莱尔的历史思想来源极为丰富和复杂，既充满着矛盾又有着内在的一致性。对此恩斯特·卡西尔认为："要想完全公正地看待卡莱尔的著作，我们必须对卡莱尔的性格、生活以及他著作中时常互相矛盾的各种因素进行研究。卡莱尔不是一个自成体系的思想家，他甚至根本没有想去构造一种前后一贯的历史哲学。对他来说，历史没有任何体系，只是一系列变动不居的伟大事变。……因此，把卡莱尔的著作理解为整个历史过程的一种确定的哲学结构，或一种确实的政治纲领，是毫无根据的，这完全是由错觉造成的。我们不是要对他的学说匆匆忙忙做个结论，而是首先必须理解他那些多数是含糊不清且尚未被清楚识见的观念下面的动机。"③ 这是对卡莱尔史学思想和历史写作较为公允的论述。

关于卡莱尔的生平和性格，最好去看前文提到的《拼凑的裁缝》。这是一部"现代文献中最有生命力的、意味深长的著作；在结构和形式上，也最具原创性"。它"既不是哲学论著，也不是自传，又不是小说，然而在某种意义上，本书是所有这三者的结合；其基本目的在于：扼要地阐释了卡莱尔对人生的根本看法的某些观点"。④ 从某种意义上，可以把此书看成卡莱

---

① 参见〔俄〕加比托娃《德国浪漫哲学》，王念宁译，中央编译出版社，2007，第 194 页。
② 参见 Hill Shine, "Carlyle and the German Philosophy Problem during the Year 1826 - 1827," *PMLA*, Vol. 50, No. 3, Sep., 1935, p. 826。
③ 〔德〕恩斯特·卡西尔：《国家的神话》，范进译，华夏出版社，2003，第 234 页。
④ 托马斯·卡莱尔：《拼凑的裁缝》，导言第 1 页。

尔的自传。书中主人公托尔夫斯德吕克的故事，很大程度上就是卡莱尔本人故事的变体。卡莱尔借着对托尔夫斯德吕克的描述，曲折隐晦并充满激情和矛盾地刻画了自己。在给爱默生的信中，卡莱尔曾谈到此书的写作："我采用那种态度，正是因为我没有已知的听众，在天宇下我孤身一人，向着友好或不友好的空间述说。"[①] 孤独似乎是卡莱尔与生俱来的禀赋。卡西尔认为这本书具有卡莱尔"风格的一切优点，又有他的风格的一切缺点，它是用一种稀奇古怪、风格独特的语言写成的，从而违反和无视正统作品的一切规则。但它每一个字都是诚实的，它带着卡莱尔个性的烙印"。[②]

我们可以从书中卡莱尔对托尔夫斯德吕克的描写看到他自己的成长历程。[③] 卡莱尔和托尔夫斯德吕克一样有幸福的童年，在充满田园风光的乡村度过了孩童时代，在那里养成了对生物界深切的同情，这对他的诗人气质和浪漫主义自然观的形成至关重要。在夜晚的炉火边，卡莱尔入迷地听着喜欢讲故事的老父亲讲述战斗故事，想象着遥远荒原上那些危险的经历，惊奇地发现整个无限都是新的，自己所处的偏僻的乡间，因着故事的讲述和展开竟然可以成为世界的中心；任何道路，和家乡简陋的小路一样，都会把他引到世界的尽头！父亲的故事，唤起了卡莱尔无尽的想象，他内心的情感和精神世界得到充分的发展。从少年时期起，卡莱尔就是一个充满矛盾的人。表面看，他几乎没有任何主动性，但深入观察就会发现，他其实是一个充满热情和向外渴求的人。他阅读了大量书籍，年轻的头脑中装满各种事情以及事情的蛛丝马迹，历史真实的碎片和掺杂其中的虚拟的荒唐，成为他消化力极强的大脑充满活力的精神食粮。他外表不言不语，但内心充满生气与活力，拥有融诗人气质和哲人情怀为一体的极为开放的灵魂。

卡莱尔在书中着意描写了他 12 岁时，坐在家乡一条小河边沉思的一段经历，这段描述可以看作卡莱尔历史意识的最初觉醒和诗性智慧的体现。"一个静静的中午，当我坐在库巴克河边的时候，看着河水汩汩地流着，我突然想到这同样的一条小河是怎样从历史的最早期，经历了天气和命运的各种变化流淌着。可能在约书亚涉过约旦河的早晨，甚至在恺撒无疑费力地游过尼罗河的中午，但他的注释本没弄湿时，这条小库巴克河就像台伯河、埃

---

① 〔英〕卡莱尔、〔美〕爱默生：《卡莱尔、爱默生通信集》，李静滢等译，广西师范大学出版社，2008，第16页。

② 恩斯特·卡西尔：《国家的神话》，第240～241页。

③ 参见托马斯·卡莱尔《拼凑的裁缝》，第81～114页。

罗塔斯河和西洛亚河一样，不舍昼夜淙淙地流着，穿过叫不出名字、看不见的荒野。与幼发拉底河和恒河一样，这儿也是水系大世界循环的一条静脉或小静脉；它和大气动脉一起，只与这个世界共存过并共存着。你这个傻瓜！只有自然界是古老的，而最古老的是一个蘑菇，你在其上坐着的那块无用的岩石已经有六千年的历史了。"①

成年后的卡莱尔不无骄傲地表明，并不是每一个 12 岁的孩子在他那样的年纪和情境下，都会有这样无限延伸的想象和深邃的历史时间意识。正如他自己所言："在这样的小思索中，就像在一个小小的喷泉里，会不会有着那些几乎不可言状的关于时间的伟大和神秘，以及它和永恒的关系的思考的开端。"② 对年少的卡莱尔来说，这是一段充满热情与玄想的时光。"一个天赋不同寻常的青年，好像穿过浓密的树叶，快乐地度过童年，不很快乐但也充满活力地度过少年。"③ 他享受着知识的清泉带来的，虽不是特别可口却是必不可少的精神养料。可自从离开家乡上大学之后，卡莱尔倒霉的日子就开始了。"阳光明媚的日子是有的，但其中也夹杂了苦涩的泪泉，这里那里郁积成不满的沼泽，讨厌乏味。"④ "卡莱尔跟托尔夫斯德吕克一样，也是在青年时代与伴随他成长起来的旧宗教信条决裂，也同样被抛去'鬼哭狼嚎的异教荒漠'，也同样经历了长时间的极端痛苦和苦恼，长期陷于空白的怀疑主义和不断涌起的绝望心情。在此阶段，不管他转向哪里，生活都报之否定，对每个问题、每一诉求的否定，除此之外，别无其他。"⑤

在书中，卡莱尔讲述了他"阵发的怀疑"，还有如何"在静寂的夜晚焦虑不能成寐之际，他的内心比天穹和大地还要黯淡，他在明察一切的上帝面前弯下腰，以听得见的祈祷热烈地呼唤光明，呼唤从死亡和坟墓中解脱"。⑥这种极端的痛苦和苦恼，以及由于陷入怀疑主义而不断涌起的绝望心情，使卡莱尔遭遇了他一生中最重大的精神和信仰危机。卡莱尔对启蒙运动理性主义的机械、僵化和冷酷充满怀疑和绝望，对自然科学的发展导致的"去魅"深恶痛绝。他指出，在科学之火炬的照耀下，"人的整个生命及其环境都已

---

① 托马斯·卡莱尔：《拼凑的裁缝》，第 101 页。
② 托马斯·卡莱尔：《拼凑的裁缝》，第 101 页。
③ 托马斯·卡莱尔：《拼凑的裁缝》，第 106 页。
④ 托马斯·卡莱尔：《拼凑的裁缝》，第 101 页。
⑤ 托马斯·卡莱尔：《拼凑的裁缝》，导言，第 4 页。
⑥ 托马斯·卡莱尔：《拼凑的裁缝》，第 111 页。

被阐释清楚；人的灵魂、肉体、财产的几乎每一部分、每一根纤维都被探查、解剖、提炼、脱水，被科学地分解过……每个细胞、每根纤维在劳伦斯、马仁迪、比沙的手下都暴露无遗"。① 对此，卡莱尔是抗拒的。直到与以歌德为代表的德国文学和以康德为代表的德国唯心主义相遇相知，卡莱尔才如荒漠之中将要渴死之人遇见了清泉，重新焕发生机。② 正是借助于德国"神秘的"作家和哲学家的帮助，卡莱尔找到了把自己从理性怀疑主义和精神空虚的折磨之下解脱出来的路径。"在1819年后的那十来年里，卡莱尔阅读了大量的德国文学作品，前一辈的德国作家使他受益匪浅，特别是歌德。他如饥似渴地攻读了康德、费希特、谢林和施勒格尔等人的哲学著作……他在康德和费希特的著作中满意地找到了18世纪令人感到孤寂的理性主义对他到底意味着什么这一问题的答案。"③ 同时，浪漫主义的美学观和施勒格尔的"普遍史"，对卡莱尔也产生了重要影响。

卡莱尔具有非凡的头脑和想象力，这使他能够创造性地将他从外界接收来的营养迅速转化为自己的血肉，形成自己的思想。"他迅捷地和本能地攫取了吻合于其自然天性的东西，将它从所有其他可能的建构性材料中选择出来，并为了自己的目的而重新塑造它。"④ 康德对理性和知性的论述以及其先验的时空观，对卡莱尔产生了重要影响，使卡莱尔具有了他所谓的"双重的洞察力"。费希特的唯心主义更进一步加深了卡莱尔对经验和超验、本体和现象的认知。费希特区分了两个世界以及两种秩序：一个世界是行动起决定作用的可见的世界，另一个世界是意志起决定作用的不可见的和完全不可理解的世界；与此相应，形成了两种秩序，即纯粹精神的秩序和感性的秩序。而人既处于这两个直接对立的世界的中心点上，又是这两种秩序的成员，并通过意志和行动使两个世界和两种秩序得以相连。正是以康德为代表的德国古典哲学，使卡莱尔恢复了他在启蒙运动的理性和怀疑主义打击之下丧失的对超验的精神秩序的信念，这种超验的精神秩序不仅构成了现存世界的基础和源泉，而且其本身通过现实世界得以体现，并赋予现实世界以实在

---

① 托马斯·卡莱尔：《拼凑的裁缝》，第4页。
② 参见梁实秋《英国文学史》，台湾协志工业丛书出版股份有限公司，1986，第1618页。
③ 〔英〕A. L. 勒·凯内：《卡莱尔》，段忠桥译，张晓明校，中国社会科学出版社，1987，第17~18页。
④ 〔德〕弗里德里希·梅尼克：《历史主义的兴起》，陆月宏译，译林出版社，2009，第412页。

性。对超验的精神秩序的发现，使卡莱尔习惯于用来自另一个不同的和不可见的世界的价值观念来对现实世界做出解释、批判和指导。①

这一点充分体现在卡莱尔的历史观念和写作中，卡莱尔对历史的看法始终充满某种神性和神秘的色彩，在其历史观中神性与人性、部分与整体、永恒与变化同时存在。除历史学家和文学家的身份之外，卡莱尔还是道德家和预言家。这决定了卡莱尔的历史写作不只是为了真实再现和复活人类思想和文化发展的进程，更是为了表达他对现实的批判和对未来的美好憧憬，以及对至善的道德世界的呼唤和寻求。在他身上，发现和重建是一体的，正如过去、现在和未来是一体的。"依卡莱尔看，史学家的目的在于将过去伟人们的呼声转变成现实生活中人们的忠告与启示。卡莱尔说，在历史学巨著中，'逝者依然存在，隐者尚得彰显，死者仍能尽言'。在此，史学家的工作被视为一种转生，即虔诚地按原样重建过去。"② 在他的《论英雄、英雄崇拜和历史上的英雄业绩》 和《过去与现在》中，这种强烈的道德诉求格外突显。

四

正如凯内所言，卡莱尔天生就不是个哲学家，他的抽象思维的天分有限，这使得他真正从德国唯心主义哲学家那里学到的东西很有限，对后者的绝大部分哲学观念，卡莱尔的理解是断章取义、为我所用的。与之相比，德国那些极具想象力的作家对充满诗性的卡莱尔影响更大，歌德是其中最为重要的。

卡莱尔在给爱默生的信中谈到他对歌德的由衷欣赏："我要简短地告诉您我欣赏歌德的原因。在欧洲的漫长年代里，他是我所发现的在任何程度上的唯一'健全'的心智。他第一个令人信服地向我宣布——令人信服，是因为我亲眼见其完成——看哪，甚至在这一代缺少信念、贪图享乐的人中，甚至当一切皆去，留存的只有饥饿与伪善之时，人仍有可能成为真正的人！最后的福音传道者肯定了其他所有传道者的努力并使之重生，我怎么感谢他

---

① 参见 A. L. 勒·凯内《卡莱尔》，第 20～22 页。
② 海登·怀特：《元史学：十九世纪欧洲的历史想象》，第 199 页。

都不算过分。"① 歌德和费希特一样强调人的使命和人的行动，他的人的哲学和行动的哲学，为卡莱尔找到了一条消除怀疑、重建一切的道路。歌德使卡莱尔坚信："人永远是人研究的首要对象。"② 卡莱尔宣称，如果没有歌德这个伟大的榜样，他就不可能知道"行动而不是思辨的思想、伦理学而不是形而上学，这才是克服怀疑和否定的唯一手段。我们只有沿着这条道路，才能越过一种否定和破坏的科学，而达到一种肯定和重建的科学。这样一种'重建的科学'，卡莱尔是在歌德那里找到的"。③ 这使得"卡莱尔的历史学观念就像他的哲学观念一样，是行动多于沉思，它在伦理学上更有活力、更果断"。④

歌德的历史观和他对历史的感知深刻地影响了卡莱尔。弗里德里希·梅尼克认为，歌德具有杰出的把历史当前化的超强能力。"这种能力使歌德能够与过去的伟大合而为一。"⑤ 当歌德"端坐在将过去和现在感受为一体的崇高境界上，他把过去时代提供的美妙作品变成了活生生的财富"。而"这种对过去和现在一体化的感受为自身创造了一种独特的描述方式和一种独特的历史风格"。⑥它使"歌德在自身之中达到了一种生成和存在之间、变化和持存之间、历史和超历史的永恒之间的理想平衡"。⑦ 正是这种理想的平衡，赋予歌德完美的整体感，把自然、神和人带入一种神圣的历史—审美关系之中。

歌德曾在1787年写给赫尔德的信中谈到，与赫尔德和其他历史学家能够迅速地从传统遗产中获得所需的东西不同，他必须以自己的方式从地球的所有角落，从山脉、山峰和河流中艰辛地获得所需的一切。对此，梅尼克认为，"比起历史感觉来说，歌德具有一种更为强烈的世界感觉；这也许是因为他具有一种庄重亲切的天赋，这种天赋并不总能够为他之后的历史学家所拥有，然而如果历史学家并不只想重建往昔遗迹的单纯的僵化的记录，而是想恢复其实际的生动活泼的生命的话，那么这种天赋就是不可缺少的。纯粹书本上的历史，无论其中的知识性内容是多么丰富，也仅仅为历史学家或者

---

① 卡莱尔、爱默生：《卡莱尔、爱默生通信集》，第27页。
② 托马斯·卡莱尔：《拼凑的裁缝》，第110页。
③ 恩斯特·卡西尔：《国家的神话》，第244页。
④ 海登·怀特：《元史学：十九世纪欧洲的历史想象》，第200页。
⑤ 弗里德里希·梅尼克：《历史主义的兴起》，第443页。
⑥ 弗里德里希·梅尼克：《历史主义的兴起》，第528页。
⑦ 弗里德里希·梅尼克：《历史主义的兴起》，第464页。

为历史哲学家提供了一种无血无肉的轮廓，不管所提供的内容是多么生动活泼，或者其批评的方法是多么敏锐。但每一种来自过去岁月的真正的遗迹，包括来自远古时代的残片，都对敏悟的精神产生了无法言喻的魅力，因为在这里的是栩栩如生的消逝了的生命的片段，它甚至还能够以某种方式按照当代生命来加以解释和使其饱满"。①

毫无疑问，歌德健全的心智和感受历史整体的方式深得卡莱尔欢心。和歌德一样，卡莱尔总是醉心于日常景物的描写，以和歌德同样的方式从地球的所有角落，从山脉、树林、炊烟和簌簌的叶落中获得他对历史和过去的生活的真实感受。与歌德一样，卡莱尔认为历史不是对过去的僵化的记录，而是栩栩如生的生命的存在和生成。过去和现在，都是作为整体的生命的具体存在方式，也正因此，过去和现在才形成统一的整体，过去和现在标明的只是时间和形式上的不同，其实质是一致的。卡莱尔特别关注过去和现在的关系，甚至直接以《过去和现在》②来命名他的作品。他认为历史是过去对现在的预言："过去蕴涵着现在。只有了解曾经有过什么的人，才能知道现在和将来会怎么样。一个人确定他与整体的关系是最重要的。"③这样，"他将以迂回的方式用过去来说明现在和未来。过去虽然模糊，但它是一种无可置疑的事实。未来同样如此，只是更模糊而已。它不过是用新瓶装的旧酒。现在则把整个过去和未来都掌握在自己手中，——正如常青的乾坤树，枝繁叶茂，形色各异，根须深入到地狱王国和最古老的人的骨灰，枝条总是达于九霄云外。无论何时何地，它都是同一棵生命树！"④

"同一棵生命树"，这个隐喻从另一个角度描述了卡莱尔对历史的看法。对卡莱尔来说，历史写作的目的之一，就是展现过去的生机勃勃的生命存在。卡莱尔相信，过去和现在的人们具有同样真实的生活，过去总是与现在相比照而存在。正如怀特所言，卡莱尔对怀疑论的反抗包括了拒斥在人类自身之外寻求人类生活之意义的任何努力。卡莱尔认为，人类的生命就其个体

---

① 弗里德里希·梅尼克：《历史主义的兴起》，第 442～443 页。
② 《过去与现在》(*Past and Present*) 是卡莱尔最重要的作品之一。本书的中译本为《文明的忧思》（宁小银译，中国档案出版社，1999）。译者在翻译此书时，对原书的顺序进行了调整，原书的顺序是"前言""古代的僧侣""现代的工人""星占"，中文版把第三部分放到了第二部分，书名也改成了"文明的忧思"，内容基本一致，本文在引用时采用的即是本书的中文译本。文中《过去与现在》《文明的忧思》系指同一本书。
③ Thomas Carlyle, *Historical Essays*, p.17.
④ 卡莱尔：《文明的忧思》，第 153 页。

体现而言是个体的最高价值，因而，历史学家的职责是要让人类生命了解其潜在的英雄本质。卡莱尔认为，每一个生命既是"与他者相似的"，同时也是"绝对独特的"。这样，事物首先是因为与他者相似而被理解，然后才领悟到其自身的独特性，或与任何其他事物的差异。卡莱尔认为，历史学家需要做的，就是以一种等待或期望历史领域向他展示其丰富性的姿态，将自己置于历史领域之前，并坚信既然每个个体生命都像每一个他者，它"因而也像我们自己"，进而直接在意识和历史写作中展现出它的统一性以及它与其他任何事物之间的关系。①

正是基于这样的认识，卡莱尔写作了《过去与现在》。在书中，卡莱尔依据七百多年前圣埃德蒙镇一位老修道士乔斯琳所写的《编年史》，极为逼真地再现了12世纪的圣埃德蒙镇，以及镇上修道士们的生活。对此，H. D. 特瑞尔评价道："如果有人敢于在卡莱尔所有的作品当中，找出十页最能突出地表现他重现历史的天才的著作，他最好别到《法国革命》的戏剧篇章中去寻找，而最好到《过去与现在》那短短的两章中去寻找。"② 就连通常对卡莱尔没有一丝好感的阿克顿勋爵也承认，这本书是他"所看到的历史著作中最杰出的一本"。③ 因为"在他笔下，往事发生的情境及其结果，都在中世纪修道院生活的画面中得到了体现，这一画面，将同他所描绘的其他任何一幅画面一样恒久长存"。而"所有这些，都是以卡莱尔那独特的风格写成的，其感染力，其真实性，其幽默感，其准确无误的画龙点睛，都是他处理所有浮现于脑海中的历史事件的明显特征"。在书中，卡莱尔"使无法穿透的时光之幕悄然降临"，使"圣埃德蒙镇的幽灵重新徘徊于12世纪"，"僧侣们、修道士们、英雄崇拜、政府、屈服，以及圣埃德蒙之光，像'米尔泽的幻影'般消逝了，留下的，只是在绿色葱茏的苍天下那静静游荡的牛儿、羊群、野兽中的一堆惨败的黑色灰烬"。④

卡莱尔花费如此多的笔墨来描述圣埃德蒙镇和修道院的僧侣，是比照着19世纪英国的社会现实来写的。在他看来，那个12世纪的修道院和其中的修道士们，是道德精华的体现，是英国健康社会的楷模。他希望通过真实重现那个时代僧侣们的精神和道德，对19世纪英国的利己主义和道德败坏产

---

① 参见海登·怀特《元史学：十九世纪欧洲的历史想象》，第201~202页。
② Thomas Carlyle, *Past and Present*, London, The Edinburgh University Press, 1843, p. xii.
③ A. L. 勒·凯内：《卡莱尔》，第134页。
④ 卡莱尔：《文明的忧思》，原序，第2、3、4页。

生警示作用。对卡莱尔来说，对过去的重现越逼真，其产生的对比越强烈，对现实的影响越大。

因此，卡莱尔认为"历史的价值就在于它可以通过历史学家的加工，使读者产生身临其境之感"。[①] 卡莱尔反对那些只会罗列关于过去的僵硬数据和史实的历史写作。在《过去与现在》中，他于不止一处谈到他对历史和历史写作的看法。他认为，对圣埃德蒙镇的过去，"那些惯于卖弄学问的人就会胳膊里夹着许多修道院纪实本，兴致冲冲地跑来告诉你：这是一所非常大的修道院，它曾是圣埃德蒙镇本身的所有者和实际上的创始人，它拥有广阔的土地和丰富的收入……修道士们是那样那样的天才，有多少多少人数；他们在这个百户邑中拥有多少卡勒凯持的土地……直说到你不再能够容忍，直说到你绝望地逃避到遗忘中，几乎十二分地不相信所有这些事情……唉，这些勤勉的学究们，从过去时代中挖出来的是些什么样的死灰山、什么样的老骨头！他们还把它们叫作'历史'和'历史哲学'！不到人类的灵魂沉入疲惫和困窘，不到过去的时代整个看来显得难以置信的空洞——没有太阳，没有星星，没有炉火，没有烛光，昏暗的讨厌的风沙充满整个自然界……他们就不会善罢甘休"。[②]

卡莱尔讨厌这样一种枯干僵硬的论述，认为时代、国家和人的历史，不是靠计算出来的或可以计算出来的"动机"维持和书写的。卡莱尔在历史中看到的是有血有肉的、和我们一样真实生活着的人。不管过去了多少世代，痛苦的活生生的人们，都是在同一块人间的竞技场展开他们的生活搏斗。"祈祷的晚钟已经敲响；人们，这些幽默风趣、思想丰富的人们，虔诚地开始了晨祷晚课。——并让无边的海洋永远包围他们生命的小岛（正如我们自己仍然被包围着，虽然我们看不见也听不到），为一切事物涂上一层永恒的色调和光彩，创作出一首首神奇的警世音乐！"[③]

卡莱尔认为，传统和思想文化的传承在我们身上代代相续，它们就像自然的皮肤一样紧贴着我们，已经成为我们的第二层皮，永远不可能摆脱。他问道："你是否想过'传统'这个词：我们是如何不仅承继生命，而且承继生命的服装和形式，并且从一开始，我们就是按父辈，祖先辈传给我们的方

---

① A. L. 勒·凯内：《卡莱尔》，第 134 页。
② 卡莱尔：《文明的忧思》，第 167 页。
③ 卡莱尔：《文明的忧思》，第 169 页。

式工作、说话，甚至思考、感觉的。"① 但这并不意味着没有创造和新的建设。对卡莱尔来说，过去之所以重要，是因为通过它的汇聚，可以创造出崭新的现在和未来。"这个世界需要并且必须处于破坏的过程之中。或者是不间歇的静静的侵蚀，或是更为快速的明火燃烧，这种过程都将有效地毁灭过去的社会形态，用可能的形态取而代之。"②

而在这个过程中，作为整体存在的"社会，没有死去；那个被你称为死去的社会的残骸，只不过是她为了追求更高尚的社会而摆脱掉的尘世烦恼。通过不断的变化，她自身必须活下来，发展得越来越美好，直到时间也融于永恒之中"。③ 卡莱尔用凤凰重生来比喻新旧社会的变迁，他反对那些把新旧社会的交替看作是完全孤立、截然不同的看法。卡莱尔认为，用那样的眼光看问题，只能说明"你对世界凤凰的自焚，知之甚少，只是想她一定是先烧尽自身，变成死灰堆，然后雏鸟便奇迹般地从那灰中重生，飞向天堂。远非如此！在那火旋风中，重生与毁灭同步进行；总是当老鸟还在焚烧时，新鸟的机体之丝也已神奇地纺着。于是在旋风这一要素翻卷大作中，一首优美的死亡之歌也已成调。而这支歌最终又演绎出了一首更为动听的重生之歌"。④

在《论历史》中，卡莱尔指出，历史学"既是回顾又是展望；因为，即将到来的时代已孕育在业已到来的时代之中，虽然还不可见，却在被决定着、塑造着；它的到来是注定了的、不可避免的。无论是已经到来的、还是尚未到来的，它们的意义只有通过二者的结合才是完整的"。⑤ 对卡莱尔来说，"昨日之幕已然降下，明日之幕卷起，但是昨日和明日都存在。穿透时间要素，凝视永恒"。⑥

对卡莱尔来说，历史既是当下，又是永恒，既是死亡，又是重生，既是部分，又是整体。由历史的整体性出发，卡莱尔区分了历史学中的匠人和历史学中的艺术家。历史学中的匠人是这样一些人，他们只在某一个部门从事机械劳动，看不到整体，也不觉得有整体；而历史学中的艺术家，则以整体

---

① 托马斯·卡莱尔：《拼凑的裁缝》，第 229 ~ 230 页。
② 托马斯·卡莱尔：《拼凑的裁缝》，第 219 页。
③ 托马斯·卡莱尔：《拼凑的裁缝》，第 220 页。
④ 托马斯·卡莱尔：《拼凑的裁缝》，第 228 页。
⑤ 何兆武主编《历史理论与史学理论》，商务印书馆，1999，第 231 页。
⑥ 托马斯·卡莱尔：《拼凑的裁缝》，第 243 页。

的观念使一个卑微的领域变得崇高起来，使人们熟悉并习惯性地认识到，唯有在整体中部分才能得到真正的确认。①

无疑，卡莱尔所推崇和所要做的是历史学中的艺术家。他随时随地希望在历史的遗迹中，窥见过往人们的日常生活和历史的整体存在。他希望在对过去的描述中，寻找人类生活、习俗、传统、制度、风尚、权威、法律、精神和思想的存在与延续，把过去遗留下的碎片缝缀成一件成衣。（在此，我们可以看到他的《拼凑的裁缝》一书所具有的全部象征意义，正如卡莱尔自己所说，他的衣服哲学就是生活哲学。）而要做到这一点，我们需要站到更高也更令人头晕目眩的高度，用具有穿透力、包含一切、混淆一切的整体的目光，看待表面分离的一切，并认识到实际上没有什么东西是分离的。"至今没有任何东西无依无靠或被弃置一旁，但一切，哪怕只是一片枯叶，也和一切扭在一起；一切生于行动深不见底、漫无边际的洪流中，通过永恒的变形、变质而获得生命。枯叶不死也没有失掉。其中和周围有各种力，尽管其作用是反序的，否则，它怎么能腐烂？不要小看人用来造纸的破布，也不要轻视大地从中生出谷物的枯草杂物。如果观察得当，再微小的物体也不是毫不重要的；所有的物体就像窗户一样，透过它，哲人的目光会看透无穷。"②

五

卡莱尔的历史哲学是充满矛盾和对立的。他的历史思想渗透和包含着他对哲学、宗教、文学、道德和审美的诸多看法。卡莱尔是历史的，又是现实的，他的历史写作既追求真实，又充满想象。对人们来说，仅仅站在现在或仅仅站在过去，是不能完全看清和理解自己的。在此情形下，历史或过去就为现在的我们提供了一个观看和观照自身的视角，透过它，我们能更好地看清自己。

过去与现在，在时间的长河中，各自形成一幅画面，而在这两幅画面上，卡莱尔跨越时间，为事物涂上永恒的色彩。对他来说，12 世纪的英国和 19 世纪的英国是一样的："只有青青的土地，庄稼茂盛，万物成长；命

---

① 何兆武主编《历史理论与史学理论》，第 237 页。
② 托马斯·卡莱尔：《拼凑的裁缝》，第 69～70 页。

运与四季一样在太阳底下兴衰变迁。衣服破了又缝，沟渠填了又挖，耕地平了又犁，房屋拆了又建。所有的人和牲畜日出而作，日没而息。人们就像今日一样过着令人惊奇的双重生活：摇摆于光明与黑暗、快乐和悲伤、休息和苦干之间——还有希望之间。"①

这样，对卡莱尔来说，过去和历史就成为理解世界和人的存在方式的一种途径、一个渠道。从某种意义上说，卡莱尔是一个哲学家，他在历史中看到的是整体和不变的东西，对整体和永恒的渴望成为卡莱尔历史写作的隐秘追求。而他预言家和道德家的身份，也正是建立在此基础之上。

作为历史学家，卡莱尔希望把历史写得既富有哲理又充满诗意，也正因此，对卡莱尔的历史写作，向来毁誉参半。值得充分肯定的是，作为一个出色的语言学家，卡莱尔早在19世纪就注意到了后来的语言学转向所提出的问题。他的"叙述是直线的，活动是立体的"观点，既看到了叙述的线性特征在描述历史活动时的局限性，又对之进行了积极的尝试和探讨，对处于语言学转向之后的历史书写，具有重要的启示和借鉴意义。

（王利红，北京联合大学马克思主义学院教授）

---

① 卡莱尔：《文明的忧思》，第163页。

赫鲁晓夫秘密报告三题

马龙闪

一　秘密报告并非赫鲁晓夫个人行为，
而是苏共的集体决定

在评论赫鲁晓夫的秘密报告时，往往把这看作是赫鲁晓夫的个人行为，因而认定赫鲁晓夫出于个人动机而大反斯大林，是赫鲁晓夫为了反斯大林而坚持在苏共20大议程结束后，召集大会代表，举行秘密会议，听取他的报告。对于秘密报告所造成的影响，评论也归咎于赫鲁晓夫个人。

这里的一个关键问题，就是做秘密报告是赫鲁晓夫的个人行为，还是苏共的决定。

1953年斯大林逝世后不久，苏共已经开始平反冤假错案的工作。这项工作并不是赫鲁晓夫倡议的，首先提出的是贝利亚，并且得到领导层的赞同。第一件事就是为"克里姆林宫医生案"平反。那时贝利亚还提出其他许多改革措施，包括批判斯大林的个人崇拜问题，史称贝利亚"百日新政"。这就是说，斯大林去世后，改革已经是大势所趋，人心所向，不管谁充当第一把手，不管谁上台执政，都绕不开改革，绕不开揭开斯大林问题的盖子，否则苏联就不可能继续前行。

贝利亚被赫鲁晓夫的政变清除，但改革的步伐并没有停止。1955年12月，苏共中央主席团决定成立一个委员会，由中央书记波斯别洛夫牵头，调查联共（布）17大选出的党内高层人士受迫害的冤案。1956年年初，波斯别洛夫委员会向主席团提交了调查结果的报告，分送主席团各委员。2月9

日，中央主席团开会审议了该委员会的调查报告。布尔加宁、别尔乌辛、萨布罗夫表示支持。伏罗希洛夫、卡岗诺维奇等人对报告内容虽没有异议，但反对公开这段历史。他们的理由有三：一是如何解释他们在斯大林当政时所起的作用；二是民众知道这段历史是否会带来什么后果；三是谁要他们这样做的，也就是说此事可以不做。可以看出反对意见不是出于意识形态的考虑，而是担心揭露带来的后果——主要是对他们自己造成的后果。赫鲁晓夫的回答是：主席团的每一个委员都有权在代表大会上发言，表示自己的看法，即使所谈的看法同总结报告规定的路线不尽一致。这个论点迫使反对者同意在大会上做报告，会议决定把个人崇拜问题列入20大的议程。

20大前夕，1956年2月13日主席团通过决定，向中央全会提出由赫鲁晓夫向大会做个人崇拜问题的报告的建议，中央全会经表决批准这个建议。

1956年2月14日，20大开幕。这时候报告还没有最后完成，波斯别洛夫和阿里斯托夫继续起草报告。这个报告只写到卫国战争前为止。赫鲁晓夫对报告不满意，于是以波斯别洛夫的报告为基础，亲自向中央书记谢皮洛夫口授了一个报告草稿。据说，2月25日赫鲁晓夫在秘密会议上就是用这份还来不及誊清的草稿做报告的，在报告过程中有"即兴"发挥的东西。"即兴"的内容是什么？据会议参加者雅科夫列夫在《一杯苦酒》中透露，波斯别洛夫在其起草的第一稿中曾经企图为错误辩护，指出实行迫害政策是由于某种历史需要，重提关于阶级斗争尖锐化、资本主义包围、存在地下反对派组织、斯大林的反对者处心积虑要复辟资本主义等的套话。在赫鲁晓夫本人做的报告中只剩下原稿的总框架和具体事例，而对违法行为增添了许多疾言厉色的批判。

报告长达5小时，没有外国代表团参加。报告结束后，会议主持人布尔加宁宣布：对报告不讨论，也不提问。会议通过两个决定：一是赞同报告的内容；二是报告文本分发各党组织，不得在公开的报刊上发表。

报告文本起初只分发给党的各级领导人，后来扩大到党员、团员和非党员积极分子，我国有的留学生也听到报告的传达。为此对报告的文本做了相当大的编辑加工，盖上"仅供工作用"的印章。

苏共中央还决定提供一个版本给外国共产党的领导人。秘密报告在波兰落入一名记者手中数小时，他复印了报告，寄给以色列的朋友，后者把文件送到美国。1956年6月4日，美国《华盛顿邮报》发表了报告全文。

从以上所述可以看出，做秘密报告是苏共中央的集体决定，而不是赫鲁晓夫的个人行为，是对是错，都不能由赫鲁晓夫个人负责。即使赫鲁晓夫在报告中有"即兴"发挥，整个报告最后也是经大会通过的。当然赫鲁晓夫个人在这中间起了重要作用，是毫无疑问的。

二 秘密报告的问题不是全面否定斯大林，而是没有说到点子上

秘密报告一出，有些批评者就指责赫鲁晓夫全盘否定斯大林。这种说法在早先是可以理解的。但从20世纪80年代末苏共正式公布报告全文之后，只要不怀偏见地仔细读一下报告的全文，就可以看出，这种说法是不符合事实的。

第一，赫鲁晓夫报告并没有全盘否定斯大林。报告一开始就交代，报告的任务不是要全面评价斯大林的作用，因为关于斯大林的功绩过去已经讲得够多的了。报告的任务是要揭示问题，即所谓个人崇拜问题。

第二，赫鲁晓夫的报告指出了斯大林的各种错误，特别是镇压大量无辜人员的错误，这是必要的。不如此就不能纠正错误，揭开斯大林问题的盖子。在这方面，与其说赫鲁晓夫做过头了，不如说，限于当时所掌握的资料以及出于各种考虑，做得还很不够。但这个开头是必要的，赫鲁晓夫所举的事例也基本上是符合实际的。当时已经开始从集中营和监狱放人，对此需要做出解释，否则全社会将会陷入混乱。

第三，在肯定或否定斯大林的作用时，仍然存在是非不分的问题。例如，报告完全肯定了斯大林同各种反对派的斗争、对反对派的镇压，将其说成是捍卫了列宁主义、捍卫了社会主义。秘密报告说："托洛茨基－季诺维也夫集团和布哈林分子的政治路线，实质上是要复辟资本主义和向世界资产阶级投降。我们可以想象，如果1928~1929年右倾政治路线在党内取得胜利，或者把'棉布服装工业化'作为方向，或者转向富农，其结果将会怎样？我们那时就不会有强大的重工业，不会有集体农庄，我们在资本主义包围的面前就会赤手空拳，处于软弱无力的地位。"关于同反对派的斗争本文不可能详细评述，这里只指出一点：击败各种反对派的斗争使斯大林夺取并巩固了苏联党和国家的最高权力。他反对托洛茨基派，但在打倒托季联盟之后，斯大林执行了比托洛茨基更极端的路线。他反对布哈林的斗争，实际上是反对列宁的新经济政策。更有甚者，在反对派投降之后，斯大林并没有止

步，又从肉体上消灭反对派分子。赫鲁晓夫是 20 世纪 30 年代大镇压的亲历者和参与者，当然多少知道内情，知道这是冤假错案。在 20 大之前他还问过新上任的总检察长鲁坚科：30 年代对布哈林、李可夫等人以及中央委员会、政治局和组织局的很多知名人物提出控告时，他们的罪状有多少真实的事实根据？鲁坚科回答说，从司法的观点来看，并没有任何证据足以把那些人定罪或者提交审判。对他们起诉的根据，都是一些用肉体上和精神上的严刑逼出来的口供，而这样的口供是不能作为把一个人送交审判的合法依据的。但是出于各种考虑和内外部的阻力，赫鲁晓夫在报告中对这个问题没有说实话。赫鲁晓夫在回忆录中对此表示非常后悔。

第四，赫鲁晓夫报告的根本缺陷是把问题归结为所谓个人崇拜，而没有揭示实质问题，即体制上的问题。他把个人崇拜作为斯大林一切错误、缺点、失误的根源。对斯大林的个人崇拜当然是存在的，应予以否定，但其不是出现各种弊端的根源。例如，斯大林杀了那么多无辜的人，用个人崇拜是解释不通的。人们对你顶礼膜拜，对你那么驯服，你为什么要置之死地而后快呢？个人崇拜的说法解释不了。把问题归结为个人崇拜，实际上是把责任推给众多的顶礼膜拜者——谁叫你们盲目崇拜的！使用"个人崇拜"的说法是赫鲁晓夫的无奈之举，他既要揭露斯大林的错误，又不想触动那个制度、体制，只好把所有的问题归结为个人崇拜。

第五，正因为用个人崇拜来解释一切，所以赫鲁晓夫在报告中突出了斯大林的性格特点，用个人性格、个人对权力的追求、个人的猜疑心理来说明斯大林所犯错误的根源。斯大林性格粗暴，这一点列宁早就指出过。但是性格问题只有同体制问题结合起来，才能发挥作用。所以列宁在给代表大会的信中说："斯大林太粗暴，这个缺点在我们中间，在我们共产党人相互交往中是完全可以容忍的，但是在总书记的职位上就成为不可容忍的了。"为此列宁建议把斯大林从总书记的职位上调开，任命一个"较为耐心、较为谦恭、较有礼貌、较能关心同志，而较少任性"的人来担任这个职务。列宁建议增加中央委员人数、加强对党的领导机关的监督、改组工农检察院等，都是想从体制和制度上来加强防范措施。列宁的这些设想就体现在他给代表大会的信的开宗明义的第一句话上："对我们的政治制度作一系列的变动"，也就是改革政治体制。

遗憾的是，当时党内的最高领导者们为了自己的利益听不进列宁的忠告，继续把"无限的权力"授予斯大林，对斯大林的错误一再容忍、纵容甚至助长，把斯大林的专断独行合法化，从制度上固定下来，最后形成高度集权或者个人专制的体制，这就使斯大林得以为所欲为。而这种体制一旦确立下来，就是发现问题也难以纠正了。魔法师用符咒召唤来天神或者魔鬼，但已经没有办法再把他们送走，以致最后魔法师本人也会成为牺牲品。直到斯大林已不省人事的时候，苏共中央主席团才通过决定，解除斯大林中央书记和部长会议主席的职务，这时候已经意义不大了。由于问题没有触及体制，所以对斯大林错误的批判往往给人以对人不对事（体制）的感觉。

第六，根本问题是体制问题，在 20 大后一些有识之士就提出了这个问题，如当时陶里亚蒂和铁托都指出根本是"制度"问题。那时还没有找到"体制"这个词，所以人们一听说是"制度"问题就特别紧张，认为是否定社会主义制度。实际上他们指的是苏联形成的高度集权的僵化体制。这个体制使得最高领导人的权力不受任何监督，可以为所欲为。赫鲁晓夫用"个人崇拜"来解释苏联出现的问题，显然没有说到点子上。"个人崇拜"的说法，在当时的环境下可以糊弄过去，但这种说法是不科学的。由于没有认识到体制问题，所以纠正错误的措施也不在点子上，没有触动体制，只是修修补补。斯大林参与了这个体制的创造，他本人也是这个体制的产物。历史说明，不改变体制，还会产生俄国学者所说的"斯大林现象"。

第七，"个人迷信"还是"个人崇拜"？苏共 20 大反对对斯大林的个人崇拜，культ личности 译作"个人崇拜"是准确的，完全符合原意。但是后来有人改作"个人迷信"。从表面上看两者好像差别不大，但背后存在很大的差别，因为有人认为需要反对的是"个人迷信"，"个人崇拜"不能反对，一个国家一个党需要对领袖的"个人崇拜"。这是用文字游戏的手法为"个人崇拜"辩护。

"崇拜"一词按照《辞海》中的解释是："宗教的基本要素之一。指对所信奉的精神体（如神、仙、鬼、怪）表示尊崇而采取的某些行为（身体的动作，念或唱某些祈祷、赞美词）。目的主要在于对所信奉的对象进行感恩和祈求护佑。不同宗教有不同的崇拜对象，如自然宗教有自然崇拜，部落宗教有图腾崇拜，文明社会的宗教有偶像崇拜、神灵崇拜，故崇拜对象也是对宗教进行分类的依据之一。"《大俄汉词典》对 культ 的解释是："1. 祭祀，祭礼，宗教仪式。2. 崇拜，崇拜物，偶像。"这两种解释都是同宗教联系在一起的。苏共 20 大上反对的"个人崇拜"是非常明确的，是反对历史上已经存在的对斯大林的个人崇拜，这里的"崇拜"一词是完全否定意义上的用词。

无产阶级政党、社会主义国家不需要对任何个人的崇拜。《国际歌》唱得好："从来就没有什么救世主，也不靠神仙和皇帝。要创造人类的幸福，全靠我们自己。"这是马克思主义的群众观和领袖观。这就是说，对"救世主"的个人崇拜，对"神仙"的崇拜，对"皇帝"的崇拜统统是要不得的。把"崇拜"改成"迷信"，并不能改变问题的性质，共产党人不能搞个人崇拜，不能培植个人崇拜，不能鼓励个人崇拜！不能在反对"个人迷信"的掩护下搞"个人崇拜"。因此笔者认为在反对把某一领袖神化的时候，культ личности 还是译作"个人崇拜"比较贴切，比较准确。

三　谈点因果关系

赫鲁晓夫秘密报告出来后国际共产主义运动出现强烈的反应，出现所谓"信仰危机"。西方国家共产党出现退党潮，东欧国家出现动荡，一些搞斯大林主义的领导人下台。不少人把这些现象的出现归咎于赫鲁晓夫的秘密报告，认为没有这个秘密报告，世界就会太平无事，国际共运就能够继续发展壮大。一些领导人把身边的"赫鲁晓夫"看作最危险的敌人，把揭露和防止赫鲁晓夫式人物的出现当作最大的政治问题。人们把十恶不赦的罪名扣在赫鲁晓夫头上，而不去谴责斯大林的错误。

这就不得不谈一下因果关系。赫鲁晓夫秘密报告揭发了长期被隐瞒、被掩盖的斯大林的错误和罪行，包括个人崇拜、个人专制、滥杀无辜、制造大量冤假错案、迫迁少数民族等。这些问题不管谁提出，也不管什么时候提出都必然会在世界上引起强烈反响。当年法国作家纪德访问苏联后写了一本小书《访苏归来》，如实地讲了一些所见所闻的苏联阴暗面，如对斯大林的崇拜、虚假的"波将金村"的做法、对外部世界情况的封锁等，这就掀起轩然大波，被苏联官方指为造谣污蔑，纪德本人立即从"苏联之友"变成"苏联之敌"。苏联是靠对内对外严密封锁信息、严格控制舆论来维持其光辉形象的。纪德那时还不知道斯大林的大清洗、大镇压，如果他知道赫鲁晓夫所说的那些事实并且予以公布，那么早在那个时候就会在世界各国引发大地震。

可以设想一下，如果贝利亚没有被赫鲁晓夫清除，那么，做秘密报告的很可能是贝利亚，而不是赫鲁晓夫。贝利亚作为内务部长非常了解国内外情况，掌握大量的镇压事实，斯大林死后是他提出一系列改革建议，并倡议批判个人崇拜的。贝利亚在 1938 年年底才被从格鲁吉亚调到莫斯科，当时斯大林认为他的镇压已经大体达到目的，可以降温了。接替叶若夫的贝利亚的任务正是给镇压实施降温。因此如果由他来做"秘密报告"对他个人来说并非难事，是可以为自己开脱的。可以设想，如果由贝利亚在 1953 年做秘密报告，那么 1956 年以后发生的一切就会提前，而不是避免。

赫鲁晓夫在秘密报告中只揭露了当年镇压内幕的一小部分，主要是联共（布）17 大代表以及大会选出的中央委员们的悲惨遭遇，一些典型人物遭受刑讯逼供的个案，以及一些将领被镇压的事实。据秘密报告揭露，第十七次党代表大会选出的 139 名正式和候补中央委员被逮捕和遭枪决（主要是在1937～1938 年）的有 98 人，即占 70%。代表大会有表决权和发言权的1966 名代表中，因被控犯有反革命罪行而被捕的占一半以上——1108 人。这些数字是有代表性的，虽然仅仅是冰山一角，却具有爆炸力。

我们不妨再假设一下，如果这个秘密报告延迟至 20 世纪 80 年代由安德罗波夫或者戈尔巴乔夫来做，那么在他们上台之前的那些年就会是斯大林模式或斯大林主义继续统治的岁月，苏联就会处于更加不可收拾的境地。如果那时做秘密报告，就会揭露更多的斯大林的错误，人们会知道被镇压的人数达 2000 万之多（政治镇压受害者平反委员会主席雅柯夫列夫提供的数字），其冲击波很可能会使苏维埃大厦立即轰然倒塌。

评价赫鲁晓夫秘密报告的时候需要分清谁是罪魁祸首——是制造罪行的人，还是揭露罪行的人。不去探讨引发动荡的根源，不去谴责制造罪行的人，而把揭露者当作罪人，不能不说是因果颠倒，本末倒置。揭穿皇帝新衣的小孩是没有过错的！

（2006 年 5 月 18 日初稿，2015 年年底修改）
（马龙闪，中国社会科学院世界历史研究所研究员）

现代俄罗斯史学中研究卫国
战争的基本方向

邢媛媛

  1941～1945 年的苏联卫国战争结束至今已有 70 余年。在此期间苏联和俄罗斯出版有大量关于战争的书籍，包括多卷本的总结性著作、专著、历史概要、学术文章、回忆录和日志，大量珍贵文献亦相继公布。然而卫国战争是一段用无数次战斗与牺牲、用众多生命演绎的历史，是一次大规模、深刻和多方面的事件，以至于对其历史的研究永远都具有现实意义。围绕这场战争一直都有新的研究成果出现，在丰富俄罗斯史学研究的同时，也持续给史学家们提出至今都很难甚至无法回答的问题。

  后苏联时期，由于对俄罗斯和苏联历史产生的全新理解，史学家对卫国战争历史的研究兴趣显著增加。在现代俄罗斯国内史学中，具有重要性和现实性的苏联卫国战争的历史研究被推至最显赫的位置之一。在新书和新文章出现的同时，杂志等大众传媒也展开各种讨论和争论，关于战争中众多问题的学术会议和"圆桌会议"也纷纷举办。在苏联史学中，对该战争的研究带有显著的意识形态化特性，受到苏联共产党组织和审查机关的严格控制，在执政党和无孔不入的审查机关的全面政治控制下，史学家们对卫国战争的研究成果千篇一律。后苏联时期，体现政治特色的千篇一律已然不复存在，取而代之的是后苏联史学的多元论，其特点是涌现出关于卫国战争之整体、个别片段和细节、基本阶段和总结的多样评价，有时甚至出现完全对立的观点。

  根据现代俄罗斯史学即后苏联史学对卫国战争历史研究的特点，可以将其划分出三个基本取向。

一　资料发掘与整理

　　得益于档案解密和文献汇编的公开出版，苏联卫国战争研究的史学资料库得以有效扩大。在近二十年里，相关人员做了大量工作使卫国战争的文献资料用于研究，这些资料都是从以前普通大众无法接触的俄罗斯档案库，如总统档案、联邦安全局和国防部等强制部门那里获取的。国防部军事历史学院对此做出了卓越贡献，他们出版了几十本档案和资料集。其中，代表性的专著分别是《俄罗斯档案：伟大的卫国战争》，其中包括《莫斯科会战》[①]、《卫国战争年代的总司令部》[②]、《最高统帅部大本营：文献和材料》[③]、《莫斯科前线 1941 – 1942》[④] 等；著名苏联活动家（B. M. 莫洛托夫、A. И. 米高扬、Л. M. 卡冈诺维奇、П. K. 波诺马连科、Г. K. 茹科夫、A. M. 瓦西列夫斯基、C. M. 布琼尼、И. X. 巴格拉米扬、Н. Г. 库兹涅佐夫、A. A. 诺维科夫等）[⑤] 的会谈和采访记录更是引起了俄罗斯乃至世界的高度关注。

　　然而，从事军事主题研究的史学家们至今无法接触更深层次的秘密档案馆藏，不了解能揭示大量军事机密、模糊和神秘事件的重要文献。在如今的俄罗斯，包括斯大林馆藏在内的许多馆藏都不对外公开。A. Н. 萨哈罗夫、Ю. Л. 季亚科夫、Л. Л. 科罗德尼科娃等著名史学家认为"绝大多数战争文献档案尚存的保密性"妨碍了研究的进行。[⑥]俄罗斯史学家一致认为，解密文献的必要性十分明显，因为每份文献都隐藏着关于战争的事实、关于数百万死去或生存的士兵的命运，这部分人恰恰是创造真实历史的同胞。

---

① *Битва под Москвой：документы и материалы.* T. 15（4 – 1）. М.，1997.

② *Генеральный штаб в годы Великой Отечественной войны：документы и материалы.* 1941 г. М.，1998. T. 23；*Генеральный штаб в годы Великой Отечественной войны：документы и материалы.* 1944 – 1945 гг. М.，2001. T. 23（12 – 13）.

③ *Ставка ВГК：документы и материалы.* 1942 г. М.，1996. T. 16（5 – 2）；*Ставка ВГК：документы и материалы.* 1943 г. М.，1999. T. 16（5 – 3）；*Ставка ВГК：документы и материалы.* 1944 – 1945 гг. М.，1999. T. 16（5 – 4）.

④ *Москва прифронтовая.* 1941 – 1942：*архивные документы и материалы.* М.，2001.

⑤ Куманев Г. А. *Рядом со Сталиным：откровенные свидетельства.* М.，2000.

⑥ Сахаров А. Н.，Дьяков Ю. Л.，Колодникова Л. Л. "Предисловие"，*Война 1941 – 1945 годов：современные подходы，* отв. ред. А. Н. Сахаров. М.：Наука，2005. C. 5 – 14.

二　传统观点的再阐释

后苏联史学对以传统史学方法建立的关于卫国战争的官方历史观念、战争关键问题和关键事件有了重新阐释。在后苏联史学中，对卫国战争原因的关注始终没有减少，有关反抗德国战争的斯大林"方案"、红军成立之初的悲剧时期等问题争论尤烈。M. A. 加列耶夫[①]、M. И. 梅利秋霍夫[②]、O. B. 维什廖夫[③]、A. A. 沙巴耶夫[④]、Л. A. 别济缅斯基[⑤]、Ю. A. 尼基福罗夫[⑥]、C. H. 米哈廖夫[⑦]等学者都从事这方面的研究。[⑧]

M. И. 梅利秋霍夫提出了比较现代的观点。根据 20 世纪 90 年代后半期公开的文献，他认为，关于苏联在 1941 年 6 月 22 日事件发生前纯粹只有防御意图的传统官方说法存疑。[⑨] A. H. 萨哈罗夫也倾向认为，以下说法更有根据："苏联制度对在实现世界革命观念范围内解决战争和斯大林领导集团针对希特勒的预防作战准备负有很大责任。"[⑩]

现在已经很少有人怀疑斯大林当时有这样的企图。存在争议的只有其可能的期限问题。但是现代俄罗斯史学中的已有文献和成果，很难明确论证斯

① Гареев М. А. *Неоднозначные страницы войны*：（*Очерки о проблемных вопросах истории Великой Отечественной войны*）. М.，1995. Гареев М. А. "Готовил ли Советский Союз упреждающее нападение на Германию в 1941 го ду?"，*Война и политика*. 1939 – 1941. М.，1999. C. 270 – 279.

② Мельтюхов М. И. *Упущенный шанс Сталина*：*Советский Союз и борьба за Европу*：1939 – 1941：（*Документы. Факты. Суждения*）. М.，2000.

③ Вишлёв О. В. *Накануне 22 июня 1941 года*：*документальные очерки*. М.，2001.

④ Шабаев А. А.，Михалёв С. Н. *Трагедия противостояния*：*Потери вооружённых сил СССР и Германии в Великой Отечественной войне*. М.，2002.

⑤ Безыменский Л. А. *Гитлер и Сталин перед схваткой*. М.，2000.

⑥ Никифоров Ю. А. *Дискуссионные проблемы предыстории Великой Отечественной войны в новейшей отечественной историографии*：автореф. дис. … канд. ист. наук. М.，2000.

⑦ Шабаев А. А.，Михалёв С. Н. *Трагедия противостояния*：*Потери вооружённых сил СССР и Германии в Великой Отечественной войне*. М.，2002.

⑧ "Споры вокруг 1941 года：опыт критического осмысления одной дискуссии"，*Отеч. история*. 1994. № 3. C. 3 – 22. *Неизвестная война*：*Россия XX века*. М.，1996. *Другая война*. 1939 – 1945. М.，1996. Невежин В. А. *Синдром наступательной войны*. М.，1997.

⑨ Мельтюхов М. И. Указ. ироизе. . C. 7.

⑩ Сахаров А. Н. "О новых подходах в российской исторической науке. 1990-е годы"，*История и историки*，2002：*Историогр. вестн.* / отв. ред. А. Н. Сахаров；Ин-т рос. истории. М.：Наука，2002. C. 3 – 28.

大林企图首先进攻德国并发起对德战争。史学家们指出了在战争开始时苏联不能取得成功的其他原因。其中，Ф. Б. 考莫尔在分析造成艰难局面的原因时提到：第一，对希特勒德国可能对苏联采取攻击的时间预估错误；第二，苏联领导集团错误地评价了战争的开端时期，他们预测，敌人的首次进攻将会被制止，而随后红军的主要力量将得以展开，并实施歼灭性回击；第三，在边境防御方面犯了严重错误；第四，军队的指挥频繁遭到破坏，有时甚至完全失去对军队的指挥，以至于很难组织回击；第五，红军在战争之初失败的主要原因之一是，大范围的镇压①削弱了军官团的力量。很多当代史学家一致认为，苏联领导集团对即将到来的战争的应对方案不符合 1941 年 6 月 22 日发生的情况，这是苏联武装对抗德国初期悲剧性失败的主要原因。

鉴于苏联史学家没有对"苏联在 1941~1945 年伟大卫国战争"的初期做出实质研究，俄罗斯史学从根本上重新理解该问题是理所当然的。关于这一课题的著作最具有批判性，而从事相关问题研究的人员之间的争论也非常尖锐。"然而，不管研究人员事后怎样评价斯大林在战争打响前夕的战略意图，是攻击性的也罢，是完全防御性的也罢，"B. A. 涅韦任写道，"1941~1945 年的战争是由希特勒发起的，而苏联沦为了阴险强大的侵略者的牺牲品。在这个意义上，现代关于卫国战争的观点在很大程度上是由苏联时期形成和保存下来的传统认识所连接起来的。"②大部分苏联人都认为自己的主要目标是保卫祖国、夺取胜利。正是在这种意义上，苏联史学阐释了后苏联史学正阐释着的卫国战争的主题。

这里有必要指出，战争准备的完善与否关系着一个主要问题——苏联人民为伟大胜利付出的代价。战争准备不足、当权政府的错误和失算造成了红军在卫国战争初期和整个战争进程中的巨大实际损失。苏联人民为战胜德国付出了惨重代价。最沉重的人生命的损失不仅与领导集团的失算有关，还与其他原因有关。对此 Ю. Л. 季亚科夫写道："几十年里，在苏联都缺少关于人生命的自身价值的概念。而这种生命的贬值是由十月革命后的历史、由极

---

① Комал Ф. Б. "О некоторых причинах поражения Красной Армии в начале Великой Отечественной войны", *Россия в XX веке：судьбы исторической науки*. М.，1996. С. 453 – 460.

② Невежин В. А. "СССР во Второй мировой войне：новейшая российская историография проблемы", *Война 1941 – 1945 годов：современные подходы*. М.：Наука，2005. С. 177 – 192.

端残暴的肃反委员会带来的——这个巨大的杀人机器，枪毙人质、带来
'红色恐怖'、国内战争……这就是卫国战争超乎寻常的牺牲人数的起源，
那时候士兵的生命连一分钱都不值。"①

卫国战争年代苏联人民遭受的人口损失至今都没有得到准确数字，尽管
全世界的人口损失多已被准确计算出来。苏联时期，人口损失的数目多次变
更。现代史学家的数据在 27000000 到 42000000 之间变动，② 差额是
10000000 至 15000000。42000000 这个数字是运用人口学方法计算而确定
的。③ 因此史学家们认为，苏联在 1941～1945 年战争中的人口损失规模比
其他国家大，但完整且精确的人口损失数量恐怕是永远无法计算出了。④

战争胜利的原因是一个总是受到激烈争论并具有根本意义的问题。在战
后史学中，伟大的斯大林和他领导下的苏联共产党被认为是战争胜利的主要
原因；后来人们开始认为，胜利的原因是以牢不可破的工人阶级和农民的联
盟为基础的社会主义社会和国家体制。在《被窃走的胜利》一文中，历史
学家 Г. 博尔久果夫写道："在战争中有两股交叉但不相同的力量发挥作用：
人民和体制。最初体制的确发挥效果不大的主要作用。而人民是实质力量，
他们在同伴中推举出统帅，并赋予集体英雄主义。每一股力量都做出了自己
的贡献；如果人民的力量释放了，那么随后的体制力量立刻把被解放的都揽
入自己钢铁般的怀抱中。胜利就是这样在最后阶段被抓住。人民从主要的、
崇高的力量自动回到工具的行列。悲剧性就在于，这几乎是不可避免的：人
民没有一个机构，能够帮助他们在 1941 年赶走破产的政府，在 1945 年取得
胜利。"⑤

历史的经验证明，有俄国，是人民而不是政府永远捍卫着国家利益。17

———————————

① Дьяков Ю. Л. "Горькое чувство истории: за ошибки власти расплачивается народ", *Война 1941 – 1945 годов: современные подходы*… С. 76 – 100.

② Дьяков Ю. Л. Там же. С. 81. Куманев Г. А. *Подвиг и подлог: Страницы Великой Отечественной войны 1941 – 1945*. М., 2000. С. 349. Михалёв С. Н. "Людские потери в Великой Отечественной войне 1941 – 1945 гг.", *Уроки Великой Отечественной войны 1941 – 1945 гг.: ист. -филос. проблемы: сб. науч. материалов*. Красноярск, 2000. С. 21 – 26. Рыбаковский Л. Л. *Людские потери СССР и России в Великой Отечественной войне*. М., 2001. С. 23 – 24.

③ Рыбаковский Л. Л. *Людские потери СССР и России в Великой Отечественной войне*. М., 2001. С. 24

④ Дьяков Ю. Л. Указ. ироизе. С. 82.

⑤ Бордюгов Г. "Украденная Победа", *Комсомольская правда*. 1990, 5 мая.

世纪初和 19 世纪初被束缚的人民歼灭波兰和法国侵略者的历史证实了这一点。同样如此的还有 1941～1945 年战争，当时人民和当权政治体系的利益、目的和任务正好重合。

史学家甚至把苏共在战争中的组织者作用考虑在内，党内的积极分子在前线和敌后最重要和最关键的地段经常奋不顾身地担起责任。"把人民的伟大胜利和列宁遗训的胜利、党的'贤明'混为一谈是不适当的，" Ю. Л. 季亚科夫强调，"卫国战争的伟大胜利是人民的胜利，鼓舞人民的不是对党和政府的爱，而是对故乡土地的热爱。我们为什么会取得胜利的问题的答案，不在于社会主义社会和国家制度的不可战胜，不在于党的领导作用，而在于我们人民的独一无二，人民的胜利不是靠着遵守、而是因为冲破了列宁创造的畸形的体制。"[1]

三 新视野下研究课题的提出

俄罗斯史学提出了新的课题，倡议采用研究卫国战争中的事件及其整体历史的新方法。关于卫国战争的史学研究中有个尖锐的话题仍是研究空白——战俘。在俄罗斯国内史学中，苏联战俘问题实际上没有得到研究，因为对战俘命运的客观研究离不开对国家政治的分析，而在战争年代政治是镇压性的、极其残酷的。所有交战国家都通过红十字会帮助本国战俘，只有苏联政府拒绝通过该国际组织与战俘联系，任凭几百万同胞自生自灭。不但如此，1943 年 12 月苏联中断同国际红十字委员会的来往。[2] 俄罗斯国内史学界至今都不能对战俘的数目做出回答。[3] 与此种"无知"相比，令人震惊的是，德国史学家编纂的 22 卷本国战俘史早在 1962～1974 年就已问世。[4]

在最近的俄罗斯史学中，对叛变附敌、弗拉索夫分子运动、在白俄罗斯的俄罗斯民族人民军队活动和其他与敌人的合作形式等的研究已经陆续开始。И. А. 吉利亚佐夫、А. В. 奥克洛科夫、Е. М. 马雷舍娃、М. И. 谢米里

---

① Дьяков Ю. Л. Указ. ироизе. С. 96.

② Дьяков Ю. Л. Там же. С. 84.

③ Сафир В. М. "Сосчитаем ли мы когда-нибудь безвозвратные потери армии в Великой Отечественной войне?", Воен.-ист. архив. 2001. № 2 (18), 3 (18). С. 87.

④ Maschke E. (Hg.) Zur Geschichte der deutschen Kriegsgefangenen des Zweiten Weltkrieges. 22. Bande-Munchen, 1962–1974.

亚加等史学家在叛变附敌问题上的研究不局限于对其本质和类型学的探索，而是以具体武装军队为例研究问题，并吸收居住在苏联的参加军队的社会团体或者某些民族团体代表的相关资料。①俄罗斯现代史学中对被迫叛变、个别人为德国人效力的起因、成为叛徒的个体面临的道德选择问题的探究也已初步展开。

俄罗斯国内史学开始关注苏联军事工业综合体的历史②、劳动改造营管理总局的囚犯对胜利做出的劳动贡献、社会政治、苏联各社会团体人民的日常生活③、人民大众和个体的心理、东正教会的作用④等。近10～15年我们可以注意到，最新俄罗斯史学对全球化问题"人与战争"的研究手法变得与之前完全不同。在卫国战争历史研究的前一个时期，绝大多数关于人在战争中的角色的历史著作研究的都是道德政治因素、党的领导、影响大众意识的宣传鼓动方法。因此人的现实思维和感觉、行为理由和举动实际上依然超出史学的研究范围。

В. Ф. 济玛提出了最有发展前景的方向之一——研究俄罗斯人民在战争中的心智。这是个尚未得到研究的问题。"战争年代取得胜利的重要因素是俄罗斯人民积极的心智，"В. Ф. 济玛写道，"最重要的思维宗旨——保卫祖国不受外敌侵犯——被提到首要位置，并体现为战场前线的英雄气概和敌人后方的勇于献身。对胜利的坚信、对父亲和儿子归来的期盼、对最美好生活的向往战胜了绝望和沮丧。战争对人民性格的传统特点产生了最大影响，战

---

① Maschke E. （Hg.）Zur Geschichte der deutschen Kriegsgefangenen des Zweiten Weltkrieges. 22. Bande-Munchen，1962 – 1974. Гилязов И. А. Военно-политический коллаборационизм тюрко-мусульманских народов СССР в годы Второй мировой войнbl: дис. ··· д. и. н. Казань，1999. Окороков А. В. *Анти-советские форми рования в го ды Великой Отечественной войны.* М.，2000. Семиряга М. И. *Коллаборационизм. Природа，типология и проявления в годы Второй мировой войны.* М.，2000. Малышева Е. М. "Патриотизм и коллаборационизм в годы Великой Отечественной войны"，*Война 1941 – 1945 годов：современные подходы*··· С. 305 – 338.

② Парамонов В. Н. "Россия 1941 – 1945：итоги инду стриального развития"，*Проблемы истории Великой Отечественной войны 1941 – 1945 гг.：ист. -филос. проблемы：сб. науч. материалов.* Красноярск，2000. С. 3 – 9.

③ Погребняк А. И. "Продовольственные трудности и голод в 1941 – 1945 гг."，*Проблемы истории Великой Отечественной войны 1941 – 1945 гг*··· С. 61 – 64.

④ Голубь П. С. "Церковь и государство в годы войны"，*Уроки Великой Отечественной войны 1941 – 1945 гг.：ист. -филос. проблемы：сб. науч. материалов.* Красноярск，2000. С. 88 – 91.

争的后果在俄罗斯人后代的思维中得到体现。"① "俄罗斯人的心智特点，形成于最复杂的条件下，" H. H. 波波夫指出，"促进了面对战争考验时百折不挠的精神，是在异常条件下集中自身力量的能力的培养。"②

近年来，心智史研究在俄罗斯史学中形成了方向，E. C. 谢尼亚夫斯卡娅是成功运用这种方法的当代史学家。她认为，新的历史—心理战争研究能使"全球化的、充满事件的、在很多方面失去个性的伟大卫国战争史充满生命，人和人的思维、感觉、行为，让这段历史更加富有人性"。③

可见，现代俄罗斯卫国战争史学的特点是：研究的问题领域扩大、很多传统的评价和观念被重新思考、新的方法论学说形成和观点的多元论。A. H. 萨哈洛夫院士完全正确地强调，"现实科学多元论十分必要，也确实为当今史学所需要。在此基础上，客观的未意识形态化的历史为自己铺设了更为广阔的道路"。④因此，当代的俄罗斯卫国战争史学并没有陷入危机，而是在寻求暂时停滞的出路，正克服着苏联时期特有的意识形态化定型和刻板公式。

（邢媛媛，中国社会科学院世界历史研究所助理研究员）

---

① Зима В. Ф. "Менталитет на родов России в войне 1941 – 1945 гг. ", *Война 1941 – 1945 годов: современные подходы*··· С. 65 – 75.

② Попов Н. Н. "Человек в российских войнах XX века", *Человек и война. Война как явление культуры: материалы междунар. конф.* М: АИРО – XX, 2001. С. 35 – 37.

③ Сенявская Е. С. 1941 – 1945. *Фронтовое поколение: Ист. -психол. исследование.* М., 1995. Сенявская Е. С. *Человек на войне: Ист. -психол. очерки.* М., 1997. Сенявская Е. С. *Психология войны в XX веке: ист. опыт России.* М., 1999.

④ Сахаров А. Н. *Указ. ироизе.* С. 19.

历史学家

国际史学研究论丛

（第 2 辑）

汤因比史学三题

张广智

　　汤因比史学的浩瀚犹如大海，而我只能取其一勺水，"以蠡测海"吧。以下三题，分则可独立成文，合则可为一篇，都是说的同一主题：汤因比史学。因观察视角的不同，也就写成了三篇小文，其史料根据则主要是他的《历史研究》和《人类与大地母亲》等。需要交代的一点是，三文都是为了应对相关学术会议而写的"发言提纲"，个别篇章，如"1973年：一位智者的最后呐喊"则是把史学散文化了。在倡导文化多样性的社会里，会议的"发言提纲"就一定要墨守成规、千篇一律吗？

一　在西方史学变革的潮流中

　　新世纪以来，全球化浪潮正迅猛而来，它冲击着世界，也深刻地影响着历史学，影响着它的前程和未来走向。以西方史学言之，世纪交替之际，后现代主义思潮潮起潮落，新文化史方兴未艾，西方史学正"浴火重生"，另辟新途。由于对历史的审视尚缺乏足够的时间长度和深度，对它的"短时段"和远景只能是雾里看花，不甚清晰。不过，从总体上来看，新世纪以来的形势，既使历史学面临巨大的挑战，又为历史学家提供了难得的机遇。我以为，在现当代西方史学变革的潮流中，可以选择英国历史学家阿诺德·汤因比（1889～1975）作为案例，或许可有助于我们考察新世纪以来西方史学面临的机遇与挑战，其理由正如汤因比在《人类与大地母亲》最后一章所说的"抚今追昔，以史为鉴"，即从20世纪西方史学变革的潮流中选其范例，借鉴历史的智慧，更好地前行。

在庞杂的汤因比史学的语汇里，"挑战与应战"格外醒目。在汤因比的巨著《历史研究》中，可以寻到它的来源：它来自歌德的《浮士德》，说上帝接受了魔鬼摩非斯特的挑战，并听任其破坏，以便使上帝有机会继续进行创造性活动，使宇宙万物更加完美，两者以"挑战"和"应战"的方式发生了冲突。于此汤因比想到，人类文明的诞生与此不也有相似之处吗？他认为文明起源于"挑战与应战"，人类对于各种挑战做出创造性的应战在文明起源中具有决定性作用，如古代中国文明起源于对黄河流域困难的自然条件的应战，便是一例。

上述汤因比的"挑战与应战"说，用之于20世纪西方史学变革潮流中的汤因比也庶几可矣。汤因比生当近代西方社会处于莺歌燕舞的盛世，但随之而来的"一战"，使西方社会满目疮痍、不堪收拾，令他对人类文明前景，尤其是西方文明的未来，陷入无穷尽的忧虑和思考，其成果就是他十二卷本的《历史研究》。在这样的时代观照下，现当代西方史学同样处在剧烈的转折中，在20世纪初开启了由传统史学走向新史学的历史进程。在这一过程中，汤因比以其广博的学识和深邃的眼力，从宏观的角度对人类历史与文明做出了锲而不舍的求索，无疑颠覆了19世纪西方占主导地位的兰克史学之理念，是对西方传统史学的一次强有力的挑战。

在汤因比的视野里，历史研究中可以自行说明问题的单位只是一个个文明（或文化），而昔日为兰克津津乐道的国别史或断代史的概念被摒弃了。

在汤因比的视野里，世界上存在过二十几种（或更多）文明，各个文明"价值是相等的"，而西方文明也只不过是这众多文明中的一个而已。这就在某种程度上疏远了传统的"西欧中心论"（或"西方中心论"）的陈说。

在汤因比的视野里，这众多文明出现有先后，但之间存在某种联系，从哲学意义上言都是同时代的或平行的，因而在它们之间可以进行比较。于是传统史学中的历史分期"三分法"或历史纪年等，都已显得无关紧要了。

在汤因比的视野里，他对人类文明的整体考察，又巧妙地聚焦在希腊模式、中国模式和犹太模式上，仅通过这三种文明模式的个案研究，便在很大程度上展示了世界文明发展的多样性，这种宏观研究中的微观把握，令读者叹为观止。

总地说来，汤因比史学继承和发展了斯宾格勒的论见，而另开创了别开生面的新篇章。从世界史学发展史来看，在 19 世纪与 20 世纪之交，东西方都在萌发一股新史学思潮，日益冲击着传统史学的堤坝。在西方，以兰克为代表的传统史学经受了严重的挑战，受到了内外的夹击。从内部说，兰克的弟子雅各布·布克哈特首先发难，接下来兰克的同胞卡尔·兰普勒希特倡导新型的文化史模式与之抗衡；从外部说，先有法国历史学家亨利·贝尔的历史综合理论来纠传统史学之弊，以鲁滨逊为代表的美国新史学派的革故鼎新，然而对传统史学发起"正面攻垒战"的却是文化形态学派史家，其中尤以汤因比为最。当斯宾格勒于 1936 年谢世后，汤氏则更加努力，不断为新史学呐喊，终在 70 年代末"叙事史复兴"前，在其晚年的 1973 年完成了长篇叙事体的编年通史之作——《人类与大地母亲》，充分显示了他作为良史兼具思辨与叙事两种素养，并由此奠定了他在 20 世纪西方史坛中的大师级的历史地位，他的卓越成就对面临变革潮流中的挑战和机遇的西方史学，具有借鉴性的、示范性的意义。

二 思辨与叙事：良史两种路径的合一

历史的理论、观念与叙事之间的关系，乃治史要务之一，自然也是史学理论与史学史研究者的题中之意，先贤与时彦为此论述夥矣。不过随着时代与社会的进步，更重要的是为史学研究发展计，应当与时俱进，于此做出进一步的探索。个人专业于西方史学理论与史学史，视界与知识均有限，就以大家较为熟悉的现代英国历史学家阿诺德·汤因比为中心，对此略说一二。

众所周知，在 20 世纪的西方史学界，汤因比从宏观的角度，对人类文明所做出的整体性的研究成就，无人能望其项背，美国的《展望》杂志把他作为现当代最伟大的历史学家，认为他的名字应列入自"史学之父"希罗多德以来西方最伟大的历史学家之中。这一评价，我以为不无理由。

汤因比关于人类文明所做出的整体性考察，充分显示在他那十二卷本的皇皇巨著《历史研究》中。汤氏在书中一开篇就声言："我试图把人类的历史视为一个整体，换言之，即从世界性的角度去看待它。"书中提出了一些超越前人的真知灼见，在当时西方传统史学的营垒里，可谓是扔下了一颗重磅炸弹。在他那里，传统的国别史或民族史元素被打破了，而是把文明

（或文化）作为历史研究的基本单位，认为世界上存在过二十几种文明，这才是"可以说明问题的研究范围"，并提出了文明发展的"同时代论"（或平行论）、"各个文明价值等同论"和"文明之间相互比较论"等，一下震惊了现代西方史坛。从西方史学史的历史进程来看，19 世纪末开启了现代西方史学的行程，它沿着从传统史学走向新史学的路径发展，在此汤因比不失为领跑者，并以其识见继承与发展了斯宾格勒的"文化形态学"，成了这一学派的集大成者，这一地位应当说是他的《历史研究》所奠定的。

然而，汤因比的《历史研究》毕竟是一部思辨型之作，从历史哲学层次上为人们描绘了一幅宏观世界历史的图景，这种理论探索还不能代替世界历史发展进程的本身。可叹的是，还是汤因比，在其迟暮之年，写了一部《人类与大地母亲》。"以叙述形式对人类历史作一宏观鸟瞰，即是笔者向读者奉献本书的目的所在。"汤因比在《人类与大地母亲》的序言中如是说。他终于从思辨型走向叙事型，并成功实现了作为通向"良史"的两种路径的合一。与他早年所写的《历史研究》不同，《人类与大地母亲》是编年通史之作，时间从人类形成迄于 1973 年。其行文显长篇叙事型的史诗风格，环环相扣，引人入胜，且文采斐然，颇具可读性，这也与思辨型的《历史研究》相异。细究全书，这部通史又与我们常见的世界通史不同，它的政治编年史极其简略，比如 1763 年至 1973 年这风云变幻的 200 余年，历来为西方史家编纂世界史浓墨重彩的部分，但这本书却以"生物圈"为章名，以短小精悍的两章约 24000 字，围绕人类与生存环境的相互关联陈述，这自然也是《人类与大地母亲》全书的旨趣。

应当说，《人类与大地母亲》与《历史研究》虽笔法不一，但汤因比关于人类文明所做出的整体性考察的不懈努力在前书中也有充分显示。进言之，在世界史学史上，以史学思想论，从思考西方文明的前途与出路到思考整个人类文明的前途与出路；以编史之才论，从思辨型之作走向叙述型之作，且互为补充合二而一，又皆成气候，且问有哪一位能做到呢？回答是，只有汤因比，舍此别无他人，以此亦可佐证《展望》的评论。

由汤因比说开去。

在西方，叙事史是很古老的一种历史写作，它可以追溯到古希腊神话与传说叙事盛行的年代，从《荷马史诗》到《田功农时》，再到公元前 6 世纪"散文纪事家"（"散文说书家"），稚拙的叙事史最早出现。希罗多德撰《历史》从历史编纂体例上确立了叙事体的地位，经修昔底德的发展、古罗马史家的实践，西方古典史学的叙事史传统最终形成，并对后世的西方史学产生了深远的影响。

近世以降，西方诸史学流派不断形成乃至繁衍。先师耿淡如先生早在1962年就撰文讨论过近世西方史学流派的"作风"（在耿师那里，"作风"乃指史家叙事或思辨的治史旨趣），他说在论证与叙述之间，诸多流派"像钟摆那样回荡着，摆来摆去"，永不止息。比如，以马基雅维利为代表的政治修辞派偏于论证，博学派偏于叙述；伏尔泰学派偏于论证，兰克学派偏于叙述。步入现代，这种或偏于叙述或偏于论证的治史旨趣，还是像钟摆那样回荡着，正如耿师指出的，没有史家单纯地采用论证或叙述，只能就偏重而言归之，并需要做出具体的分析。

这里要特别突出说的一点是，从以叙事见长的西方传统史学发展到以分析取胜的现当代西方新史学的过程中，它们所显示的各自的辉煌与困境，需稍举一例加以说明。如由近代德国历史学家蒙森写的《罗马史》，因其荡气回肠，色彩绚丽，给读者以美的享受。1902年，蒙森因《罗马史》荣获诺贝尔文学奖，史学的叙事之美其风光可见一斑。20世纪以来，现代西方新史学独步天下，崇尚分析，但行之有年正当它踌躇满志之时，因过多地依仗自然科学和社会科学，使传统意义上的历史学"被砸得粉身碎骨"，"没有了人"，以致与社会大众疏远，失却了历史学应有的社会功能与鉴世价值。西方新史学潮起潮落，至20世纪70年代，"叙事史复兴了"，它使"碎化"了的历史学重新综合，并使"人"再次回到了历史舞台，因而新史学转型时期的一些成果又重新获得了社会大众的欢迎，比如年鉴学派的第三代代表人物之一勒华拉杜里以其《蒙塔尤》纠年鉴学派重"结构""分析"之缺陷，生动而又细腻地描述了普通民众的思想感情和日常生活，再现了叙事之美的独特魅力，被学界褒为史学写作技艺的一个里程碑。

当下西方史学仍在发展，后现代主义史学、新文化史也方兴未艾，现当代西方史学将"浴火重生"，开辟新途，至于如何变化，现在还不甚清楚，且拭目以待吧。不过，有一点可以肯定，即正如 J. W. 汤普森所指出的："虽然历史科学已经提出更高的问题，但这种叙事史永远不会被废弃，永远不会死亡。它存在的理由是它能够满足永远存在的需要。"稍可补白一点是，叙事的历史不会死亡，思辨的历史也将永远存在，理想的境界是像汤因比那样，具思辨之长，备叙事之才，合二而一，乃良史之求也。我辈虽不能至，但心向往之！

三　1973 年：一位智者的最后呐喊

风云莫测，时代变幻，1973 年发生的中外大事，小文不容细说。但就史学界而言，1973 年的汤因比，总是难以忘却。是岁，汤氏已处耄耋之年，但他老而弥坚，完成了常人所难以做到的大事。是年 5 月，他与日本佛学家兼社会活动家池田大作结束了跨越两年的举世震惊的对话，后成书名为《对生命的选择》（*Choose Life*，中译本据日文版移名为《面向 21 世纪的对话》）。是年，他写完了压轴之作《人类与大地母亲》。从十二卷本的皇皇巨著《历史研究》至《人类与大地母亲》，汤因比走完了作为 20 世纪西方最伟大历史学家的漫长的学术生涯，两年后，他溘然长逝，在他那宏富的史学遗产中，其于 1973 年的呐喊，留下了经久不息的回响。

汤因比与池田大作的对话，纵览古今，横贯东西，从宇宙天体到世界大同，从伦理道德到气候变化，天马行空，无不涉及，但其核心内容却是他们两人结束对话时的真知灼见，且听：

> 池田：生命是有尊严的，换言之它没有任何等价物。
>
> 汤因比：是的，生命的尊严是普遍的和绝对的，它是任何东西都代替不了的。
>
> 池田：正如博士（指汤氏）所说，为了使生命成为真正事实上尊严的东西，还需要个人的努力。
>
> 汤因比：那就要看我们在多大程度上把慈悲和爱作为基调。

汤氏在结束对话时的"慈悲和爱作为基调"乃是通篇对话的"点睛之笔"，也是整个对话的"基调"。汤因比说的"慈悲"是佛教的生命观用语，而"爱"则是基督教义的常用词，他这里的识见，既应和作为对话者佛学家池田的信仰，也符合和验证了他本人作为虔诚的基督教徒的理念。进言之，"慈悲"与"爱"道明了人类社会的基本准则和共同诉求，即关注人的生命和尊重人的尊严，这才是至高无上的，没有任何东西可以取代。然而，一旦社会与良知疏离，与正义失联，生命如草芥，尊严如敝屣，那时民众则恐惧不已，世人则愤怒莫名，此刻汤因比的"慈悲和爱"，不只是这位智者个人的呐喊，也成了全社会的集体呼唤，让公平正义的阳光普照大地，让安居乐业的雨露滋润每个个体生命的心田。

在汤因比谢世前两年，他对时至 1973 年前的世界历史"进行了一次综合性的考察"和"宏观鸟瞰"，终于在 1973 年完成了一部 60 多万字的通史之作《人类与大地母亲》。他在该书的最后，用凝重的笔调写道："人类将会杀害大地母亲，抑或将使她得到拯救？如果滥用日益增长的技术力量，人类将置大地母亲于死地；如果克服了那导致自我毁灭的放肆的贪欲，人类则能够使她重返青春，而人类的贪欲正在使伟大母亲的生命之果——包括人类在内的一切生命造物付出代价。何去何从，这就是今天人类所面临的斯芬克斯之谜。"如果说，汤因比与池田大作的对话，全力关注的是每个个体生命，那么《人类与大地母亲》则是通过世界历史的叙事，对人类整体命运的担心与反思，此心连我心，不是吗？且看目下，每每我晨起，见天色灰蒙蒙的，顿时心情大坏，从窗外往远处看，高耸的东方明珠消失了，阴霾笼罩在城市的上空，连周围的空气似乎也凝固了，就不由让我重温起汤因比在这书中的惊世之言。环顾全球，统观当下，气候变化、环境污染、人口膨胀、贫富分化、恐怖活动等词语，也许可以缀合成为当今世界的一个缩影。试问：今日之世界，何去何从？这不正是今天人类难以索解的斯芬克斯之谜吗？如此说来，重温先贤的遗言，在今天，或在一个可以预见的将来，依然有着振聋发聩的时代意义。从史学上而言，这部凝聚了汤氏一生学术思想精华的大作问世，也就此确立了汤因比在 20 世纪西方史学界大师级的地位。

关心人、关心人类的未来和命运，一直是这位史学大师难以抹去的心头之忧。说到这里，我仿佛看见了青年汤因比的身影。1921 年秋，落日的余晖给群山抹上了一层红晕，巴尔干半岛上起伏的山峦平原，若隐若现，虚无缥缈，从土耳其伊斯坦布尔开出的东方列车上，一位年轻人伫立在窗畔凝望，窗外满目疮痍，伴随着越来越浓的夜色，他陷入了沉思：西方文明向何处去？进而人类的命运又如何？借着车厢内昏暗的灯光，他奋笔疾书，写下了这样一份大纲：1. 绪论；2. 文明的起源；3. 文明的生长；4. 文明的衰落；5. 文明的解体；6. 统一国家；7. 统一教会；8. 英雄时代；9. 文明在空间的接触；10. 文明在时间上的接触；11. 文明历史的节奏；12. 西方文明的前景；13. 历史学家的灵感。这就是他日后呕心沥血 40 年写就的十二卷本《历史研究》之大纲。令人惊叹的是，40 年后的 1961 年，当全书出齐时，其书构架不变，仅动了两个标题。

由此可见，《历史研究》的文脉与上述《人类与大地母亲》是相互贯通的，虽则两者述史体例与风格不一，一为分析比较的思辨型（《历史研究》），一为编年体的叙事型（《人类与大地母亲》），但这不仅充分显示出他具有互为补充的两种编史之才，而且其笔调都涌动着他那一以贯之的史学旨趣和人文情怀。进言之，他继承与发展了由德国历史学家斯宾格勒所奠立的文化形态说，他无疑是挑战兰克史学、推进西方新史学潮流的弄潮儿。到了 1973 年，这位当年的"弄潮儿"已是一位满头白发的老人了，但他矢志不渝，秉《历史研究》之旨，认为世界各个文明"价值相等"且可进行比较研究。在《人类与大地母亲》的最后一章，汤因比以"抚今追昔，以史为鉴"作为章名，对 1973 年之前的人类历史做出了整体的与宏观的思考，最后把笔墨落在了中国，说它显示出来的"良好征兆"，"人们将拭目以待"，须知这是汤氏在 1973 年对中国未来命运的评论。同年，他在与池田的对话中，更是看重中国。他自问："中国今后在地球人类社会中将要起什么作用呢？"他自答，说他亲身体验到"中华民族的美德"，并高度评价中国在未来世界中的作用："将来统一世界的大概不是西欧国家，也不是西欧化国家，而是中国。并且正因为中国有担任这样的未来政治任务的征兆，所以今天中国在世界上才有令人惊叹的威望。……恐怕可以说正是中国肩负着不止给半个世界而且给整个世界带来政治统一与和平的命运。"当今，中国的快速崛起，已经创造并还将继续为人类文明创造奇迹，这就验证了汤氏的"令人惊叹"，但中国不会称霸，即使将来强大了，也永远不称霸。在我们看来，且不忙"预测"谁将能充当未来世界的领袖，重要的是如何发挥各个文明的长处，为人类文明做出更多的贡献，正如费孝通先生所说，"各美其美，美人之美，美美与共，天下大同"。这"世界之大同"的景观，从目前看来，虽很遥远，但心向往之也。为此，我们应该感谢汤因比，感谢他对世界史学做出的杰出贡献，更感谢他在迟暮之年作为一位智者的"1973 年呐喊"，在声震寰宇中，让我们"抚今追昔，以史为鉴"，借以解开今天人类所面临的斯芬克斯之谜。倘问谜底若何？曰：拯救人类的不是上帝，而是人类自己！这还是从先贤汤因比的遗训中得来的启示啊。

（张广智，复旦大学历史系教授）

伊格尔斯访谈录

张文涛 译

本文是伊格尔斯教授2014年接受土耳其一家刊物访谈的内容。伊格尔斯对于当代史学的起源、方法、后现代主义的挑战等若干问题谈了自己的看法。对于自己职业生涯不同时期的几部主要著作，伊格尔斯教授也分别做了解释。对于我们把握《德国的历史观》《欧洲史学新方向》《二十世纪历史学》《全球史学史》等几部享有盛誉的作品之间的内在逻辑关系，访谈提供了有价值的思想线索。感谢伊格尔斯教授提供了这次访谈的英文稿。——译者

问题1：您认为19世纪70年代以降，历史研究经历了典型的"19世纪的职业化过程"，其结果是"历史书写的全面意识形态化"。显然，在整个19世纪，历史著作聚焦于民族国家的政治。这种趋势很快受到社会科学化历史的挑战，如法国的年鉴学派或者德国的新韦伯式社会史。丹尼尔·沃尔夫（Daniel Woolf）与唐纳德·凯利（Donald Kelley）的研究在另一方面也指出，近代早期的历史书写早已存在身份转向。法国近代早期的人文主义者，如博杜安（Baudouin）、拉·波普里尼（La Popeliniere），同样抱怨历史写作受到民族自豪感的影响，对一些基础性的原始资料进行操控，以符合他们民族辉煌过去的主叙述。从这方面看，您是否认为存在历史书写趋势的周期性模式，每一代人都抱怨前一代人的"主观性"，没有及时达到他们设定的理想？

问题 2：按照欧洲历史书写的发展，您是否赞同梅尼克与柯林武德的看法，认为对历史的"近代"态度成分，可以在 17 世纪晚期和 18 世纪早期找到，或者您是否认为对于历史书写与理解的 16 世纪争论，如让·博丹（Jean Bodin）的《方法》，对于专业史学的科学性有系统的自我反思，可被看成是我们今日所理解的历史研究的一个起点？

伊格尔斯：我认为问题 1 和问题 2 基本属于同一类问题，因此拟一起进行回答。二者都是关于近代史学的起源问题。不过，我们必须讨论历史学的现代性意味着什么，它到底预示着世俗性的思想叙述，还是强调方法论？二者在近代早期的人文主义中都有根源。我相信你提问中引述的博丹，是想强调后者。二者在 18 世纪都得到很好的发展。我们可以将爱德华·吉本看成伟大的叙述性历史学家，而将整个欧洲涌现的学术研究看成后者。只是在 19 世纪，随着历史研究的职业化，二者才融为一体。这方面的例子是利奥波德·冯·兰克或者稍晚时的蒙森，后者在 1902 年获得了诺贝尔文学奖。米什莱是一位扎根于学术的历史学家，与他的法国同事一样，认为他的使命是书写既有文学性也有学术性的史诗。

不过这个访谈中的问题存在一个缺陷，关注的对象太局限于西方，如至今为止的许多史学史所做的那样，忽略了其他文化中独立发展的学术性历史研究，比如中国。本杰明·艾尔曼（Benjamin Elman）在《从理学到朴学——中华帝国晚期思想与社会变化面面观》一书中，做得很好。在 17 世纪与 18 世纪，欧洲方法论的批判性进路发生了类似的转向。如果我们思考 19 世纪晚期和 20 世纪早期，会看到西方与非西方的历史编纂学的相互联系在逐步增加。访谈问题的第二个内在缺陷是，赋予 19 世纪职业历史学一个过于伟大的角色，忽略了被广泛阅读的非学术性历史叙述的重要性，认为其作者是业余历史学家。历史学的职业化是全球现代化进程的一部分，其开端是 19 世纪的普鲁士。我们要再次提到兰克，在一个许多方面（尤其是官僚政治）很现代、但关于国家的理解还是前工业与前民主的社会中，兰克是历史编纂学的中心人物。

职业化并不只是发生在西方，而是随着研究性大学在世界范围内的形成，也在其他国家出现。在日本就出现得很早，到 20 世纪职业化已遍布世界，如拉美、印度、中国，以及 1945 年后的尼日利亚。关注点也经历了从政治到社会转型中社会结构的转向。

回到主观性问题，以及与之相伴的客观性问题：我不认为存在历史书写的周期性模式。历史学的循环是成问题的。相反，特别是在近代，历史学经历了变化，而不是循环。职业历史学自称是客观的，因为其依赖对证据的批判性检验，但事实上其常常反映了意识形态。19世纪的历史学，与已经建立的政治社会秩序以及民族国家密切关联。我还会在第三个提问中进一步讨论客观性问题。那些人声称，通过对证据的批判性检验，保证了其客观性和科学中立性，但显然不是这样，无论是捍卫既有秩序的民族主义，还是对此秩序的少数批判声音，事实上他们总是服务于意识形态。他们没有用证据主导叙述，而是用资料为自己的看法辩护。

问题3：在《二十世纪历史学：从科学的客观性到后现代的挑战》中，您看到了福柯理论中的明显悖论。他像其他后现代主义者一样，否认历史文本可以指代过去的真实，然而又按照现代主义的设定，从历史角度叙述了社会如何被监狱、学校、精神机构和其他方式规训。是否可以说，福柯与其他后现代主义者关于文本与过去关系的看法，削弱了他们自己的分析和论断，即现代主义伴随着近代约束与控制手段的发展？

伊格尔斯：当然，福柯的理论表述与他的历史写作显然自相矛盾。举例来说，他对于精神病院与监狱的论著，假定了历史真实的存在。福柯沉湎于现代化观念，尽管他不承认这一点。他描写了现代化如何影响着精神病机构、医院和学校，视其为他所鄙视的现代性发展的一部分。对现代性的憎恨体现了他的后现代主义视野。的确存在一些曾是历史学家的后现代主义者。虽然有人认为怀特的《元史学》主要是一部历史著作而非理论著作，但诸如海登·怀特与雅克·德里达，他们是不愿意烦心去写作历史著作的理论家。后现代主义主要限制在文学批评领域。福柯从来不愿意为支持其论点的断言进档案馆或寻找证据。琼·斯科特（Joan Scott）就不是如此，她为保卫自己的女性主义而引用德里达，但是当她写作19世纪法国政治行动派女性的历史时，她走进了档案馆，按部就班地确立研究方法，在实践中辨识其理论否认的历史真相。

问题4：您强调，宏观过程与结构的研究，包括问题的提出、理论，甚至定量方法等，与带着人性面孔直面历史的微观研究，无须互相排斥。如您所指出，有一些主要采用总体方法的著作，也引入了一些个案，以反映该问题的人性方面。与此类似，许多优秀的微观史著作也立足于坚实的宏观社会政治语境。一方面包含了问题的提出、理论和总体分析，另一方面也包含了直接的个体经验，哪个维度都没有忽略。是否因此可以说，两种方法的综合代表了一种真正的"总体史"？这种方法代表了一种新的规范吗？

伊格尔斯：关于我对宏观史与微观史方法互相兼容的观点，你的表述是正确的。一切微观史的重要著作，如汉斯·梅迪克（Hans Medick）描绘日常生活的新作《三十年战争》、拉斐尔·萨缪尔关于 19 世纪英国工业时代下层普通工人的历史著述、娜塔莉·戴维斯对于苏里南奴隶个人生活的检视及其更早的《马丁·盖尔归来》，或者卡洛·金兹伯格的经典《奶酪与蛆虫》，都是将个体生活放置到正在出现的现代资本主义社会的语境中。在思考诸如布罗代尔的《地中海》与《资本主义与物质生活》等宏观史、结构史与长期变化过程时，我立刻感受到了困难。不过，我可以充分想象将宏观史与微观史结合的样子。爱德华·汤普森的《英国工人阶级的形成》就做到了这一点。二者的结合有助于丰富我们对历史的理解，但它永远也不是总体史。每一种历史只能代表对过去的部分重建。与之相应，我们也不能说其是历史研究的新规范。

问题 5：您指出，经历后现代主义批评之后，历史学家们已经很清楚，即使将他们的资料置于传统的文献批判之下，这些资料也并不是通向过去的完全透明的窗户。文本有很强的文学与修辞性，一经利用，这个特性就会发挥影响。但是如何将文本用作表现主题的直接信息来源，同时也用作表现其社会与政治语境的信息来源，方法并不是很清楚。回到开头的类比，历史学家既要将窗子看成是透明的，可以洞悉背后之物，又要将之看成是模糊的，专注于玻璃窗格的蛛丝马迹。这种操作的基础似乎是直觉，而非系统性方法。两种路径取向的关系依旧很成问题。处理这个问题会有更好的方法吗？

伊格尔斯：这个问题很重要，也很难回答。如海登·怀特与安克施密特等后现代主义者提出的文学与修辞性问题，一开始就困扰着职业历史学者。兰克很清楚这一点，他在 19 世纪 30 年代写道："历史学与其他科学的区别在于，它也是艺术。在收集、发现与洞察方面，历史学是科学。在重建与描绘它的发现和认识时，历史学是艺术。其他科学满足于简单记录它们的发现，而历史学需要重新创作的才能。"许多 19 世纪的历史学家已经在这方面理解了兰克。在试图阐述历史调查方法的《历史学》一书中，德罗伊森就是这样做的。他们致力于严格的文献批判，但也很清楚文献自身不能提供过去的连贯性画面。对德罗伊森而言，历史需要"解释"，一如兰克所说的"理解"。但他们都没有提供解释数据的方法。事实上，他们相信不需要发展出这样一种方法论，需要的是获得数据而非解释数据的方法。德罗伊森认为，历史理解不需要抽象的逻辑，"像两个带电物体之间的火花，如设想行动一样"。作为虔诚的基督徒，他们都相信具有神圣秩序的宇宙和赋予历史统一性的道德力量，相信通过沉浸于文献，道德力量可以自动显现。

在一个世俗时代中，这很难做到。我们如何解决二难困境？是否有一种清晰的方法可以通向直觉？马克斯·韦伯认为有，大量实践中的社会科学家也会这么认为。他们从带有理论假定的问题出发，然后将结论与经验性证据进行比对。当然不会只有一种可能性方法。不同的主题需要运用不同的方法。当我们处理意识或潜意识的过程时，纯粹经验性方法是不够的。这一切导致了对方法多样性与革命的需求。所有方法的核心要素，是理性思考的主体之间的标准。没有最低限度的理性标准，有意义的方法根本不会存在。

问题 6：您认为，那种记录人类从开始到现代的单一宏大叙事，已经为许多诸如地方性、少数民族、社会被压迫者部分的多种历史或故事所替代。既然回归到以西方为核心的单一宏大叙事，既无可能也无必要，这是否意味着要竭力超越当前的碎片化状况，在这些著述的基础之上，试图构建相对更广泛的叙述，从而将这些故事综合到一起？例如，将之看成是面临着资本主义逐渐渗入的世界范围内一系列弱势群体的传奇。

伊格尔斯：我不知道在哪里说过，人类历史的单线宏大叙事特别是西方的进步观已经为一系列其他历史所替代。在有限范围内，且仅仅是在有限范围内，情况才如此。莱因哈特·科泽勒克（Reinhart Koselleck）在 1750 年至 1850 年的德国话语中看到了这种现象，但这基本上是西方的话语，复数历史的概念已经被带有大写字母 H 的单数历史的概念取代。1736 年，英国历史学家完成了有史以来覆盖最广泛的世界历史著作《从早期时代到当前的普遍史》，它根本没有全部聚焦于西方，有一些卷数论述的是东方和南亚、拉美和黑非洲。其很快受到奥古斯特·路德维希·施洛策尔（Schlozer）启蒙视角的批判，因为它不仅没有充分坚持学术标准，更为严重的是，它缺乏关于历史发展的普遍概念。在施洛策尔看来，它只是一堆信息的汇编，根本没有系统性观念。今天的进步观就是系统性观念，但由于带着西方视角，它束缚了历史的范围，将非西方的殖民地世界看成从属于西方历史的火车头。对于如卡尔·马克思那样既有秩序的批评者而言，进步意味着现代化。然而在后殖民时代，这个概念是不可接受的。但这绝不意味着需要将历史碎片化。我们上面提到，着眼于个体生活与命运的微观史方法，在关于下层的实际历史写作中常常是边缘化的和居于劣势的，并且总是将他们的生活置于更广阔的历史发展语境中。因为历史的多样性，记录人类发展的单一宏大叙事，或者规模小点的西方叙事，是不可能的；但将小规模历史置于大规模历史语境中进行叙述，则是可能的。尽管后现代主义者扔掉了现代性与现代化观念，但在日益发展的全球世界中，还是有一些清晰的现代化因素需要被纳入考虑。或许除去科学与技术之外，现代化不是统一的过程。如查克拉巴蒂在《地方化欧洲》中所称，在不同文化语境中，现代化呈现出不同的形式。他同时强调，对于所有当代社会而言，存在某些重要的现代性元素。他认为，现代印度或许在许多方面有别于欧洲，但假如没有源于西方的现代性元素，那么现代印度政治社会的一些元素将是不可思议的。

问题7：您指出，20世纪历史编纂学的多数发展，在后现代主义者拒斥历史与虚构边界中到达顶峰。这种拒斥，源自对启蒙价值、科学与技术信心的崩塌，导致了强调其对社会的负面的疏离的影响。看到后冷战时代各种原教旨主义运动的再度兴起，您强调了启蒙替代"野蛮"的意义。如果在这种状况下，启蒙、科学与技术经历了正面的再评价，您认为将如何在历史书写中体现这些发展？

伊格尔斯：我上面已经指出，后现代主义对于历史写作的影响非常有限。支持抛弃历史与虚构界限的后现代主义者们，多数是文学批评者，少数是哲学家。几乎所有历史学家仍旧坚持假定存在真实的过去，但也认识到处理资料的复杂性。后现代主义对于历史写作的重新定向，有间接的但是重要的贡献。所谓文化的转向，使得历史学从过去关注政治与强调隐性结构和过程的社会科学，转向新的主题。先前被历史叙事边缘化或者完全忽略的女性、民族群体与弱者，回到了历史叙事中。历史的虚构化与理性调查标准的基础被拒斥，导致了对启蒙价值的抛弃。对于福柯与霍克海默、阿多诺而言是如此，对于印度哲学家南迪（Ashis Nandy）来说也是如此，即启蒙应当对20世纪的恐怖行为负责。在南迪看来，西方与启蒙是一回事；在支持纳粹的马丁·海德格尔看来，抵制现代性源自启蒙中人权和理性的价值。

不过我认为后现代主义并没有成功杀死启蒙。事实上，后现代主义之所以批判现代性，是因为按照理性方式组织的社会，导致了现代大众社会中对人的统治。这就是福柯要表达的东西。他以这种方式站到了他所批判的启蒙一边。上面我提到，后现代对于人权与尊严的关注，已经推动了历史写作的重新定向。

问题8：考虑到历史学中启蒙与反启蒙的争端，声称前兰克时代对于理解现代史学的诞生也很重要，这种说法合理吗？

伊格尔斯：我已经在问题 2 中，给出了部分回答。18 世纪的历史研究与写作，有两种独立的重要进展，在 19 世纪时已经随兰克以及其他历史学家而融合。第一种进展是叙述主义的兴起，爱德华·吉本就是一例。第二种是转向文献学，批判性地依赖于档案证据。我在开头已经说明，后者早在博丹和其他人那里就开始了，到 18 世纪变得更加重要。中国也有类似发展。王晴佳在《通过历史发现中国》中，揭示了中国与西方传统如何在 20 世纪的中国历史学中融为一体。

问题 9：如您所指出，即使将历史看成娱乐与教化的前现代历史学家们，也没有将他们的工作看成纯粹的虚构，没有放弃对真相的诉求，而是恰恰相反，从他们假定的过去真实性基础中，寻求"严肃性"娱乐的合法性。就后现代主义者关于历史与虚构关系的看法而言，那些前现代历史学家对其著作内容真实性信念的意义，不论是否属于娱乐，作为教化文学的价值仍旧是必不可少的吗？

伊格尔斯：当然，所有前现代的伟大历史学家们，不管是不是在西方——只要提到修昔底德、司马迁与伊本·赫勒敦即可，都没有将他们的著作看成纯粹的虚构，而是寻求忠实地再现真实的过去。想一想修昔底德，他很仔细地对待材料，同时想写成伟大的文学作品。二者并不互相排斥。如上所述，爱德华·吉本如此，兰克同样如此。随兰克所改变的，是强调历史研究职业化之后的原始材料。随着专业化的兴起，文学优点与对档案材料批判之间的联系不幸失去了，但这种损失不是必须发生的。

问题 10：在《二十世纪历史学》中，我们感受到了对您自己所珍视、坚持的"可信性标准"历史方法的偏见，尤其是涉及揭示真理与过去真相时，更是如此。在何种程度上，您认为这是两种极端之间的实用主义的中间道路？其中一方是现代科学历史学家，声称历史叙述是过去真相的公正与客观的反映；另一方是后现代主义者，声称历史叙述不过是过去的语言学的隐喻式的表现。历史学家们有什么最好的办法，以使他们自己的解释接近历史真相？

伊格尔斯：我的立场显然是中间的。一方面，今天少数历史学家仍然坚持，历史叙述是过去真相的客观无偏的镜像；另一方面，安克施密特与海登·怀特等后现代主义者认为历史叙述只是语言与隐喻式的表现，少数历史学家也这么看。我很了解历史学家的视角会进入对过去的重建，但也知道这种重建不是纯粹隐喻的，而是寻求重建过去的要素。它们不是想象的产物，而是立足于对证据的批判性评估。

问题 11：对于那些想将 19 世纪与 20 世纪德国历史学家的理论前提与政治思想行动联系在一起的人而言，《德国的历史观：从赫尔德到当下过程中历史思维的民族传统》是不能忽略的。然而，您对于德国历史学民族传统的批判性分析，受到了尖锐批评，被认为充斥着政治性。有人认为你的动机有很强的政治色彩，主题类似于"从路德到希特勒"的路径取向，意在为魏玛共和国的灾难与国家社会主义的恐怖建立谱系。您如何评价？

伊格尔斯：是的，《德国的历史观》是从有意识的政治视角出发写成的。我想揭示出，德国学派声称的科学客观性，与塑造历史写作的超民族主义的和反民主的意识形态之间存在矛盾。但这并不意味着我对德国历史学职业的评价是错误的。它是一种有坚实证据基础的解释，如同所有历史解释一样，也可以被挑战。它并没有试图建立从路德到希特勒的脉络，也没有试图将从兰克到李特尔的职业德国学者中超民族主义与反民主传统的历史学家们与纳粹等同起来。不过该书表明，该传统中的历史学家们对于削弱民主的魏玛共和国，做出了贡献。在推动批判检视德国过去的年轻一代德国历史学家那里，我的书得到了很严肃的对待。

问题 12：为了拓宽《德国的历史观》中对于德国历史学民族传统的理解，您又出版了《欧洲史学新方向》，抓住了欧洲历史学主要趋势的精华。您的著作围绕 19 世纪与 20 世纪三大最重要的主导性历史观念进行组织，分别是线性发展的、阐释学的与辩证唯物主义的路径取向，分别代表了实践中的历史学家为克服早期阶段的不充分性以及满足当代需要所做的种种努力。您在 1984 年的修订版中检查了三大学派的新近发展，如果在 30 年后重新评价这个主题，您认为什么是这三大学派中最重要的元素？

伊格尔斯：我不记得做出了这三种区分。在该书中，我试图超越早期对德国的关注，进入更为广阔的欧洲视角。该书 1978 年的德文版本，也处理了一些美国历史写作中的趋向。《新方向》指出，告别了 19 世纪的历史主义——不要与卡尔·波普尔的历史决定论混淆——其叙述的重点是政治事件，历史学转向了新的社会科学方法。我特别记得有法国年鉴学派、德国新韦伯式的社会科学史，以及各类马克思主义。其中有一章是波兰的历史学，其自 1956 年后从教条式马克思主义下大大地解放了出来，转向了更为开放的社会经济史。该书自 1975 年英文版首次刊行以来，过去了不是 30 年，而是 40 年。我认为该书现在过时了，因为过去 40 年中历史学气候发生了根本性变化。随着文化与语言学转向，该书中很重视的社会科学范式，已经受到严重质疑，部分已经被取代。但是我上面也说过，历史叙述的主题也发生了变化，从过去几乎是排他性地关注西方白人男性精英，转向了关注国内与后殖民世界的性别、种族与弱势群体。所有这些，我在《二十世纪历史学：从科学的客观性到后现代的挑战》中已经纠正了。该书 1993 年首先以德文刊行，此后出现了更新的欧洲与亚洲版，包括土耳其版。

回到你的问题，今天回头看，我会对《新方向》与《二十世纪历史学》有什么不同看法？包括《二十世纪历史学》在内的此前所有著作，有一个共同缺点，就是忽视了我们生活于其中的全球性的后殖民世界。你今天访谈的问题同样带有欧洲或西方中心主义的特征。我的最新著作——你访谈中还没有提到——就是想克服这种狭隘性。这是我与一位华人同事、一位印度同事，分别是王晴佳与苏普里娅·穆赫吉，共同完成的。2008 年出版的《全球史学史》，检查了 18 世纪中叶至 21 世纪初这段时间内，西方史学与非西方史学的相互关系。该书已经被翻译成中文与俄文，2013 年又在德国出版了更为详尽的修订版。现在我和王晴佳正在编一本有关马克思主义观念与今日全球历史编纂学关系的书，有望于 2015 年年底问世。

（格奥尔格·伊格尔斯，美国布法洛大学教授；
张文涛，中国社会科学院世界历史研究所副研究员）

加拿大著名史学家拉姆齐·库克逝世

姚　朋

加拿大著名历史学家、多伦多大学历史系教授拉姆齐·库克（Ramsay Cook）于 2016 年 7 月 14 日去世，享年 85 岁。

库克教授生于 1931 年 11 月 28 日，先后在马尼托巴大学、王后大学和多伦多大学求学。库克教授的教学生涯主要分为两段，1958 年到 1968 年执教于多伦多大学，此后近 30 年执教鞭于约克大学。他是加拿大历史学家中研究"新社会史"的佼佼者。他通过对加拿大"阶级、性别和种族"三个维度的深度研究，提出了著名的"有限的自我认同"概念。在他看来，可能恰恰是那些不确定的身份认同因素构成了"加拿大主义"的要件。库克教授的专著和论文集多发表于 20 世纪 60 年代到 80 年代，他还是《加拿大人物传记辞典》的总编。2005 年，他获得了加拿大沃尔森人文与社会研究奖。

为表彰库克教授的历史学研究，约克大学于 1997 年设立了以他的名字命名的学术奖。库克教授桃李满天下，他在世时一共带了将近 40 个博士生，以及培养了若干知名历史学者。

（姚朋，中国社会科学院加拿大研究中心副主任）

俄国著名历史学家—史学理论家莫吉利尼茨基去世

日　逸

据报道，俄国著名历史学家—史学理论家鲍里斯·格奥尔基耶维奇·莫吉利尼茨基（Борис Георгиевич Могильницкий）于 2014 年 7 月 8 日去世。他生于 1929 年 4 月 19 日，享年 85 岁。

莫吉利尼茨基对俄国历史学的发展贡献巨大，特别是在史学理论领域。他在苏联解体以前很久，还在很少有人研究史学理论问题的时候，就从事史学史和史学方法论中许多十分复杂的问题的研究。正是由于他的努力，在俄国史学思想中形成了社会—经济史学派。他对国外的史学思想，尤其是 19 世纪至 20 世纪初的史学发展特征有很精深的研究，并引领了史学界对整个 20 世纪史学发展和 19/20 世纪之交史学革命的研究兴趣。他在晚年转向 18 世纪史学问题的研究，这正是为了探究 19 世纪、20 世纪史学发展的根源。

莫吉利尼茨基长期在国立托姆斯克大学任教。由于他的杰出的研究工作，以及出色的组织工作能力，托姆斯克成了俄罗斯全国有名的史学发展中心和吸引人才的中心之一。在那里，他领导组织了定期的有关史学史和史学方法论的研讨会，主持出版了"历史学的方法论和编纂学问题"集刊，获得了广泛的好评。他有关方法论问题，有关古代、中世纪、启蒙时代、19 世纪的史学思想史，有关德国历史主义，有关 20 世纪史学的专门课十分有影响，可以说由此形成了一个莫吉利尼茨基学派。他的代表作是三卷本的《20 世纪史学思想史》。可惜的是，他有关 18 世纪史学的著作没有来得及完成。

加拿大阿尔伯特大学为该校教授
布赖恩·L.埃文斯博士逝世的正式悼词

布赖恩·L.埃文斯博士 （1932－2016）

尊敬的布赖恩·L.埃文斯教授于 2016 年 2 月 15 日仙逝，享年 84 岁。历史与古典系、阿尔伯特大学，与埃德蒙顿的中国社区沉浸于一片悲伤之中。这一天是猴年的第 8 天，阿尔伯特之子、属猴的布赖恩腾云驾雾，加入了"猴子王国"。布赖恩的一生，用他自己的话说，是一边关注阿尔伯特，同时一边"探寻中国"。

布赖恩生于阿尔伯特省泰伯镇，很早就打开了视野，立志要去拥抱中国。由于长达一生的热情相随，他先在阿尔伯特大学获得学士学位，后又在伦敦大学获得中国与东南亚历史学博士学位。从 1961 年至 1996 年，一直在阿尔伯特大学历史系任职。除去教学与科研工作，布赖恩在 1968 年至 1973 年担任系主任职务，1985 年至 1994 年担任国际事务副主席。加拿大政府欣赏他的外交才华，曾任命他为加拿大驻北京大使馆文化官员与常驻汉学家。布赖恩在此帮助政府制定了加拿大的外交政策。

阿尔伯特大学中国与东亚历史、文化和语言研究的进展，是布赖恩最为不朽的遗产。他教过加中关系、中国史和日本史。20 世纪 70 年代，为开拓研究领域，他设法给历史系增加了一名日本专家和一名东南亚历史学家。他还在历史系设立了汉语和日语项目。1982 年，这些努力构成了现在东亚研究系的基础。基于布赖恩在阿尔伯特大学奠基中国与东亚研究方面的杰出教育贡献，以及在推进阿尔伯特华人社区中的成就，时任总督伍冰枝（Adrienne Clarkson）于 2001 年授予他加拿大"总督功勋奖"这一崇高的荣誉。

退休后，布赖恩一直活跃在学术领域，常常前往中国演讲和参加会议。不知疲倦的探索最终结成广受欢迎的硕果，阿尔伯特大学出版社先后出版了他的《探寻中国：海狸联络官回忆录》（2012）和《伟大的切斯特·朗宁：中华骄子》（2013）两本著作。他在阿尔伯特还完成了一部论述中国史的手稿。

布赖恩在加拿大、中国及其他地方的两代学生、同事和许多好友们，无论是在餐馆工作，还是供职于政府、外交、法律、公共服务和教育系统，都将怀念他幽默、温暖而有启发性的谈话。我们每个人都将珍视或单独或集体与布赖恩在一起的时光。他的生命一直诠释着孟子的"夫子之道"："爱人者，人恒爱之；敬人者，人恒敬之。"

安息吧，布赖恩。我们爱你，我们尊敬你。

阿尔伯特大学 历史与古典系教授 詹尼弗·杰伊 执笔

2016 年 2 月 16 日

（张文涛，中国社会科学院世界历史研究所副研究员）

感受瑞典

国际史学研究论丛（第 2 辑）

通向"不平等分配"的社会

——"感受瑞典"随笔

张厤弓

作者主要从三个视角感知瑞典社会。

（1）农业劳动生产率跃升的奥秘。自 19 世纪末至 20 世纪中期，瑞典农牧业从早期小农垦殖，通过不断兼并，逐步完成大规模经营的农庄集约化过程；某些庄园引进农牧科技，逐步完成向现代化企业的转型。在此过程中，不少传统农民接受近代科技熏陶，逐步提升为精于农林牧综合经营的行家里手。这是一条农业劳动生产率不断跃升的轨迹，也是如今瑞典能以 30 万农民养活全国 900 万人口的奥秘所在。

（2）"福利社会"的发展趋向。从民生福利政策在华裔"白领"中的实施，观察瑞典在"资本"掌控下社会分配机制的发展趋向，即隐然通向马克思说的"不平等分配"。继续观察此一实践趋向，具有重要理论价值。

（3）瑞典社会政治生活的主要动向。自 21 世纪初以来，瑞典社会政治生活的动向主要呈现为：以社会民主党为首的左翼同以保守党为首的右翼之间的角力。他们至少围绕着两个议题 PK：左翼的"高税收高福利"同右翼的"减税收减福利高就业"PK；左翼的"大量移民、予其优待"同右翼的"节制移民、制约优遇"PK。在 PK 中两派都会做些政策调整。左、右两派的反复角力，会成为政治生活的常态；而民众的日常生活，也将在左、右派角力中，波澜不惊地持续下去。

小　引

《炎黄春秋》杂志 2007 年初刊登谢韬的一篇文章，引起国内理论界对瑞典社会民主主义的关注和讨论。这场讨论也吸引了我。讨论焦点主要集中在理论层面，某种程度上也涉及现实层面。

我的女儿亦讷，同瑞典工程师卡拉婚后迁居瑞典。2001～2014 年，个人曾先后五次赴瑞典探亲，寓居累计一年有半；尤其得缘数次往访卡拉的故乡——西南部濒海的瓦尔贝里市拜雷德村，同亲家翁姑沃克（Öke）、耶娃（Eva）伉俪长时相处。这样对瑞典就有了一些"零距离"观察并见于"随笔"。在此谨从现实层面，就个人闻见所及，主要围绕民间的经济生活状态和政治生活状况、官方的民生政策及其同普通"白领"群体的关联诸方面，梳理数则；也顺便对所涉理论层面的含义，做些个人解读。只眼闲观，"以斑窥豹"，难免肤浅片面；但生活真实毕竟有"第一义"品格，有时会直接裎示事物本色，或许会给人一些启迪。

先赘数语，简述瑞典往昔与现状，以为小引。

位于北欧的瑞典，地属欧洲"后院"，颇同资本主义发源诸国（荷英法）相近。瑞典得其地利，自 18 世纪末至 20 世纪初，在君主立宪政体下，完成了近代工业化，渐从维京时代农牧加渔猎社会，迈入发达资本主义社会；其间瑞典人民亦迎承欧陆人本思潮启蒙，接受资产阶级人道主义洗礼，渐铸出仁慈温厚的民族性格。

20 世纪下半叶，西方社会的政治与经济，处于"二战"后的恢复重建与持续发展期。欧洲社会民主主义思潮风靡瑞典，该国社会民主党乘势连获 40 多年执政权，持续实行资本主义制度下"从摇篮到坟墓"的福利政策。瑞典作为世界闻名的"福利国家"，由此奠基，演进至今。

拜雷德农庄的变迁
——瑞典农业集约化历程之个案

瑞典西南部瓦尔贝里市濒临的北海，属大西洋东北一湾。从瓦尔贝里市向北，沿着海风吹拂的西南海岸，行车来到 12 公里处，折向东行 2 公里，就是风光旖旎的村庄拜雷德（Bualed）。拜雷德村南是一脉松柏山林，属斯堪的纳维亚山脉东南尾部一支小小的余脉，拱抱着林下一片良田；村西5公里即达海岸；村东邻另一村。

拜雷德土地肥美，草原青翠，林木蓊郁，气候温润，风光旖旎，是个美丽富饶的村庄。在这两三平方公里的地界内，如今只居住着两户农家。据瓦尔贝里所属海兰县的历史地图显示，在19世纪40年代，拜雷德还荒无人迹，是一片未开垦的林边生地；大约从1846年起，最早一批民户从外地来到拜雷德，开垦荒地，开发山林，初见村落；到1872年前后，村东和村西渐成两片相邻的耕地区块，各约数公顷。它们为教会所有，数家佃农耕作其间，被迫缴纳什一税。19世纪末年，教会势力衰微。

大约从19世纪90年代至20世纪初叶，经由10多家农户累代戮力垦辟，拜雷德的田林开发渐次完成，共得田林82公顷，分属10多家农户，各自实行农、林、牧混合经营。据我多次实地踏察，包括现有的两户在内，全村共有房屋基址12处（村西E6号公路旁4处，村北高坡2处，山林北坡2处，村东南高岗4处）。这些房屋故址的面积，每处不过数平方米至十数平方米，墙垣低矮，屋室窳陋，可能就是19、20世纪之交，拜雷德开发后期，那些小农的家庭遗址。这些散处田间林下的简陋住房，难遮风寒，条件恶劣，聊供栖身而已。站在它们的遗址前，可清晰想见当年农民及其家属生活的艰辛。

大约到1915年前后，全村耕地山林的半数（40公顷），逐渐集中到一家号称"三兄弟"的农户之手。现今的庄主沃克先生曾听父亲回忆，"三兄弟"劳力雄厚，"富甲一方"，加上另一位在外打拼兄弟的助力，全家心气很高，"兼并"势头甚猛，加速了本村田林的"家族集约"过程。沃克指着自己住房西侧的一块巨石说，"那里就是当年'三兄弟'家的正房基址"；还指着橡棵围墙正东的院门说，"他家的院门也是在那里"；又站在自家院落中间，抡臂画圆感叹，"他家当年的院子，要比我这院子气派大多了！"

沃克的父亲曾认为，1912~1917年，"三兄弟"的家族经营有过"大动作"。首先在1912~1913年，兴建了这幢偌大的住家院落。院子正房两侧，南厢是畜房，北厢是农具房。后来畜群扩大，1915年又在院门外北侧兴建新畜房。这座畜房沃克至今在用。它花岗岩基墙，铁木房架，青瓦覆顶，室内面积达600平方米，顶高15米，体量高峻，是田庄内最为瞩目的地标。大约与兴建畜房同时，"三兄弟"鉴于粮田大、小麦收得多，卖原麦不如卖面粉，又建造了一座风力磨面坊。磨坊就建在院门对面的石丘上。石丘东面那片平坦的高岗，曾经矗立过一座风车，下面是一副风力驱动的磨面器具——石磨盘和石碌碡。沃克说："磨坊建好了，可是这里的风向多变，风车时转时不转，带不动石磨。磨面失败，只好放弃。"他说，"风车是 1917 年卖掉的"。那个硕大的磨盘，至今还躺在石丘上；碌碡被推下石丘，滚落丘下沟洫。闲时散步，望见这两件遗物，会油然想起百年前，"三兄弟"那场勇敢的试验和悲壮的失败。1914 年夏，我第四次到拜雷德。站在院外石丘上向东方望去，兀然发现那农庄丛林东麓的蓝天白云间，六座现代杆式发电风车巍然挺立！卡拉说："是去年，国家建的。"定睛细看，六座风车的叶片，分别朝着不同方向；随着风向改变，六座风车或转或停。心中不禁祷祝："'三兄弟'有知，可以瞑目了！"

进而想起"三兄弟"生活的那个时代。在西欧与北欧，继 19 世纪上半叶英法诸强近代工业勃兴，带动瑞典的采矿、冶铁、纺织、机械制造、木材加工等部门，也自下半叶启动。瑞典早在 1842 年即开始实行全民义务教育。19 世纪 80 年代，全国铁路线铺设完成。初级教育普及和近代工业、铁路交通的发展，从两个面推动着农业集约化的进程：一方面，教育为农业集约化的提升，提供着优质劳力；另一方面，近代工业则为农业提供先进的生产工具、畅通的城乡物流，推动生产率的提高，同时方便吸收农村的剩余劳动力。拜雷德"三兄弟"正是在此背景中，投入了瑞典农业集约化的浪潮。他们以雄厚财力、勃勃雄心，迅速兼并全村半数耕地，营造新住房以奠定"营盘"、兴建畜房以扩大养殖、试建风力磨坊以发展粮食加工……种种举措，动见观瞻，都以单个家庭拥有巨量土地、收获巨量粮食为前提。这个全村首富家庭的勃兴，足以显示世纪之交瑞典农牧业生产的集约化在拜雷德村的成功。

20 世纪 40 年代，"三兄弟"家族因后继无人而衰落，斯坦伯格家族取而代之。这个家族发源于哥德堡城南的林纳堡村。1913 年，当拜雷德的"三兄弟"踌躇满志地营造新房院时，林纳堡斯坦伯格家族一位 14 岁的少年古斯塔夫（Gustaf Stenberg，1899 - 1988），开始打工务农生涯。15 年以后的 1928 年，小有积蓄的古斯塔夫，得到未婚妻丽尼亚（Lynnea，1905 - 1980）远赴美国淘金的亲戚的资助，结婚成家，两人协力打拼，继续租佃营生。9 年以后的 1937 年，古斯塔夫得知"三兄弟"家道已然败落，夫妇俩也自以为积蓄已丰，于是慨然南下拜雷德，将"三兄弟"40 公顷耕地、山林连同畜房、农具、院落等，一股脑儿收购到手——拜雷德从此"变天"！

古斯塔夫在自己这片农庄，持续亲手打拼 25 年，四个儿子相继成人，自己也日渐衰老。他的第四子沃克说，自己起初是在 18 岁那年从父亲手中租种，继而在 22 岁那年（1963）买下这 40 公顷田林的。在父亲的扶持和终生单身的大哥耶里克（Erik）帮助下，他开始同新婚妻子耶娃一起经营。到老父亲 68 岁、他 27 岁那年（1967），两口子积得 20 万克朗。于是再从父亲手中买下住房、畜房、贮草房、机工房、木材厂在内的全部家业，由大哥耶里克、后来又有长子劳什（Lars）辅助，从此独立经营。沃克 38 岁那年（1978），一家子辛勤劳作、省吃俭用，又靠着积蓄买下村东与自家田林毗连的 24 公顷土地和森林。这样一来，拜雷德村 82 公顷田林之 64 公顷即 80%，归属于斯坦伯格家族；仅余 18 公顷属另一农户。全村林地集约过程基本结束。

斯坦伯格家族的第二代沃克先生，是位更加成功的集约化农庄经营者（见"'多面手'沃克"）。可如今，他的农庄的生存和发展，却遇到日益严重的困惑和危机。

欧洲自工业革命以后，即逐步迈入工业化社会。随着社会工业化程度不断提升，以及高科技时代的到来，农业劳动生产率同工业劳动生产率的差距日益拉大，导致广大农村和农民阶层，在社会经济生活和社会政治生活中，益发坠入劣势和弱势地位。今天的瑞典就明显地存在这种状况。瑞典农业人口仅占全国人口的 4% 左右，沃克家族是其一。沃克的农场经营，投入与产出比过低问题相当突出。沃克说，欧盟为扶持农业，制定实行农业补贴政策，规定每公顷农地（种草、种粮皆可，不含森林），由国家给予 1600 克朗补贴，额度并不算高。

在沃克农场小住期间，曾谈及未来。二儿子卡拉说，农场的 64 公顷土地与森林，目前如果以农地出售，市值仅二三百万克朗而已，比不上韦斯特洛斯市内一套 200 平方米住宅的价值；如果以市政开发或企业开发用地出售，会多倍升值，但是首先需要主人对土地进行改造——平整地面，连通公路，铺设各种管线以通水、通气、通电、排水、排污等，提升土地的品质。然而，规模如此浩大、需费如此巨大的土地改造工程，岂是农庄主人一家所能承担！在沃克父子的脑海中，对农庄土地价值的思考，究竟表明什么？又预示着什么？我不知道，也没有去探问。

70 多年来，不断为瓦尔贝里市民的日常生活做出贡献，并养育了斯坦伯格家族四代人的、美丽富饶的拜雷德农庄，在社会生产力不断提升、社会变动不断加剧的今天，将会有怎样的未来呢？

"多面手" 沃克
——从传统农民到农林牧行家

在沃克农庄 44 公顷田地、近 20 公顷森林中，田地布局呈不规则状，大体连成一片；森林分布在田地南面一线带状矮丘上，多松树，间生桦树、橡树、枫树——那里是驯鹿的家园。

沃克夫妇的住房，在拜雷德农庄西缘中央的一片花岗岩上，是一座木构两层楼。它是沃克的父亲同林地一起买下的；房屋下面那间地下室，则是父亲亲手挖建。沃克说，20 世纪 60 年代和 80 年代，他曾经两次翻建这座房舍，又年年髹漆维护。这座通体乳白的两层木楼，难怪看上去光鲜如新呢。木楼坐西朝东。站在二楼窗前，迎着清晨的霞光远眺，农庄景物奔来眼底：碧绿的草地，散漫的牛羊，黄绿的麦浪，蓊郁的森林，还有机工房、贮草房、猪马厩、木材厂……屈指算来，在这片美丽的田林间，沃克夫妇共同打拼，已然度过将近 50 个春秋；他们的长子劳什也将 50 岁了。

农场的经营劳作分成三大块：耕作、畜牧、林材。40 多公顷田地，大约 2/3 用于种植，1/3 用于放牧。2014 年用于种植的耕地，一半种牧草、苜蓿（一年两熟），另一半搞大麦、燕麦、裸麦间作（一年一熟）。阳历 7 月时节，片片麦田已基本染黄（尚有青绿间杂），沃克说再有一个月就可以割了。牧草和苜蓿间作的田地是另一种景象。头一茬牧草，三周前刚刚收割完毕，用白色塑料宽带捆扎的一个个圆柱形草包（直径、高度均约 1 米，每包约 100 公斤），一层层一排排，堆叠在田野上，像一团团白色云朵，煞是壮观。草垛旁的田地上，第二茬牧草、苜蓿苗苗，已然冒出尺把高，一抹青翠，一片嫩绿。时不时开来大型运输车，将一垛垛草包吊装、运走，进入市场。用于放牧的田地在农庄南部，同森林相接。牧地瘠薄不平，比耕地质差。但得气候温润、雨水丰沛之利，在春、夏、秋三个季节，总是绿草如茵、滋长不已。2014 年养了 8 头牛、40 多只羊。这 10 余公顷草地是牛羊进食、栖息的家园，牛群在东面，羊群在西面，相望相守。每天清晨，群羊从林中出来，吃草、踱步、躺卧颐养，度过一天；傍晚时分，由头羊带领，自动走进森林栖息。群牛则不入林，日夜生活在草地上。放牧式的牛羊，只需按时投放些麦类等精饲料，不大让主人操心。住房前面高大的畜舍里，8 年前曾经豢养着 4 匹马、4 头母猪和 50 多只仔猪，猪拱马嘶，盛极一时。如今里面只有 1 头母猪、10 只猪仔，有些冷清。

每次去农庄，我总在观察沃克，他的"身份"也在不断地变换。

每天清晨，沃克照例先喂牲畜。拜雷德之夏，日长夜短。早 3 时许，天已微明；晚间 9 时，天尚大亮。每晨 5 时我起身出门，总会迎见沃克走出畜房，脚下的长筒胶靴还沾带猪粪。他刚喂完那头母猪和 10 只猪仔，又提起麦豆料桶朝牛群羊群迎过去。吃草踱步的牛只，似无动于衷；林中栖息的群羊，即刻奔涌而来。沃克先把精料拌进大槽，疏导群羊争食；再像侍候幼儿那样，为鹄立草地的牛只逐一加料。太阳升上林梢，近 7 时了。这位饲养员方才归置家什，走向餐厅。

沃克的忙碌，早餐后真正开始。他身着挎带工装来到机工房。大哥耶里克、长子劳什先已等候在那里。100 多平方米的机工房，高旷敞亮，房厅里排列多台车床，堆满铁工器械和原材料。爷儿仨今日相约：检修农机具。早餐时，沃克说，这时节，麦棵染黄（青绿间杂），牧草长高，再过个把月就该收割啦；检修农机具，这叫未雨绸缪。机工房外停着一台大型拖拉（牵引）机，胶轮就有一人高；旁边排列着收割、打捆、起重、运输机具。我想起 2001 年仲夏，跟沃克收割头茬儿牧草时，亲见这套机具从收割到入贮，全自动运作，大显威力；再看眼前这排机具，仿佛不再是冷铁，而是一排勇士了。爷儿仨有分工：劳什主检机具；沃克搞备用零配件；耶里克年高体弱，主要做顾问，顺便给机具除锈涂漆。沃克的铁工活最费劲。可看他胸有成竹的样子，倒让人心里踏实。他不声不响地钻进机工房，打开大灯，挑选料件，启动车床，施展车、铣、压、钻诸般技艺，配制出多种规格、型号的零配件；再同劳什、耶里克一起，反复安装调试。爷儿仨忙活了一天，整套机具果然修理如新。定睛再瞧热汗淋淋的沃克，不就是一位八级车工么？

田间稍闲的日子，要干山林的活计了。沃克每年在森林中采伐一定数量的林木。锯倒的大树躺在原地，至少放置一年，待它基本风干，再运进林边的木材厂，剖为各种规格的板材、柱材，堆放在高大的材品仓库待售。农庄这片森林里，每年都有大树成材，同时又有新苗萌生。定量采伐与林木自然复育同步，适应着森林的新陈代谢周期，形成良性循环的林业流程。

在农庄东端木材厂里，我再次见证爷儿仨亲密合作的情景：劳什扛运原木，输入传送带；耶里克操控传送带运行；沃克按设计规格，操作电锯剖解原木；最后，劳什再把板材成品码放好。望着贮材房里堆积如山的板材、柱材、异型材，谁会怀疑沃克是位高级木工呢！

在耕种、畜牧、林材三项农场劳作之外，沃克还辅助夫人耶娃同几户乡民集股，在农庄西边 2 公里处的公路旁，建起一座养鸡场。鸡场里有 3.5 万只鸡，每天产蛋 2 万多枚。瓦尔贝里市内 2 万多市民，以及各家餐馆、食品厂，每天所需鸡蛋的 75%，由这个养鸡场供应。耶娃负责组织鸡场的生产运作，老大、老三有时也到鸡场帮妈妈干活。

每天晚餐过后，沃克照例到楼下一层他那间办公室里忙。沃克农机中专毕业，懂英语。办公室一排排书柜中，多是农林牧业、机工科技类，也有财会类；大多是瑞语版，也有英语版。无论早中晚，不时会见他站在书柜前，翻阅书籍、查找资料——也许是生产中遇到了难题，在寻找答案？桌上有两台电脑，有电话、传真机、打印机。他可随时掌握有关农业生产、市场销售、农业政策方面的最新动态和信息，有瑞典的，也有欧洲以至世界的。整个农庄包括养鸡场的财会管理，统一由沃克亲自做。沃克坐在他那把皮椅上，透过老花镜，指点着电脑里的信息，无奈地说："麦草、猪只（价格）都在下跌啊。"他说欧盟声称扶持农业，可是每公顷农地（种草、种粮皆可，不含森林），国家只给 1600 克朗（2001 年折合 1760 元人民币）补贴，额度过低！听女儿翻译的同时，我也在想，面前这位沃克，是农艺师？会计师？还是位大型农场的 CEO 呢？

农场劳作的多样性，将沃克兄弟与父子历练为全能型劳动者。三个人不仅耕作、畜牧、林业样样精通，又都是农机械、农机具修配的行家里手。凡涉及拖拉机及其拖挂的翻土、播种、收割、捆包、起重、运输机具之安装、维修、修配、养护等事务，他们都是自己干，不大求人；偶遇技术难题，尽量电话请教专家，再自己动手；万不得已求人亲临指导，则所付报酬不菲。在沃克那座百余平方米的机工房内，拥有车、钻、刨、压、切等各类金属加工设备，堪称一个小型机械厂。2014 年劳什投资 30 万克朗，购进一台大型拖拉机，就是爷儿仨自己安装、调试的。他们既是农民，又是工人，还拥有农、林、牧方面的科技知识。瑞典总人口的 4% 左右为农业人口，不到 40 万人。但这不到 40 万人却为 900 万人提供每日生活所需的粮、肉、蛋、奶等基本食料，养活着整个国家！

每个农业人口平均养活 20 人，靠什么？靠的就是体力与脑力（科技）协调统一、一专多能的农业专家群体。他们每日都在以高生产率创造丰富的生活资料，满足人们日常所需。在瑞典全国，这个农业专家群体大约不到10 万人。沃克先生是其中杰出的代表。

瓦普诺庄园今昔
——传统庄园转型为乳品公司

古老的瓦普诺（Vapnö）庄园，在拜雷德村南 70 多公里处，需要一小时车程。沃克安排一天时间，请我俩到瓦普诺去看看。

沃克一边开车一边介绍说，瓦普诺很有名，不仅因为它曾经是海兰省最大最古老的庄园，也因为它经营转轨成功，成了全国以至北欧最大的乳制品企业。我想，沃克专程引领来此，大概有休闲之意，也有点儿"取经"之意吧！——拜雷德农庄的运营千头万绪，沃克"日理万机"，每一天都很宝贵，他不会随意浪费的。在仲夏田野上边行边聊，不一会儿来到庄园大门。

瓦普诺的主楼一层大厅，现在改作餐厅了。餐室墙壁上挂满半身人像油画，全都身着古代衣服与佩饰。没有人前来介绍他们是谁。我猜想，可能是以前一代代瓦普诺庄园的主人吧！随即揣想，这会不会又是一次"访古之旅"呢？午餐之后的两个小时，在一位女士引导下的参观活动，确是一次新奇体验，不虚此行。

古老的瓦普诺庄园，位于瑞典西南部海兰平原上，有土地 700 公顷（是拜雷德农庄土地的 16 倍）、森林 150 公顷（是拜雷德农庄山林的 7.5倍）。庄园以前的传统经营，主要是种植谷物和牧草。自 1999 年起，庄园经营转轨，改为瓦普诺公司，田地全部种上牧草，放养乳牛，产乳制成乳品，供应市场。公司每日生产 5 种牛奶、4 种奶酪，还有奶糖、冰激凌等奶制品，号称"北欧最大的奶制品基地"。

瓦普诺现有乳牛 2500 头（没有公牛）。牧草施用农家肥，不用化肥，所以公司 75% 的产品是绿色食品。所有草地实现输肥管道化，发酵后的农家肥，通过管道施遍每方草地。仅此一项设施，每年可以省去一辆送肥车跑1 万公里路程的汽油费。

牛只繁育选择良种公牛，全部人工授精。每天会有 200 头母牛受精、2000 头母牛产奶；每小时又有 3 只牛犊出生。一头乳牛一天取奶 30 升

（分早、中、晚三次取），一年可产奶 1 万升，一生可供奶十多年。牛犊生出，只许头一天同母亲在一起，第二天即离开母亲（它将为人供乳），由人来喂养；前两周与另一只牛犊为伴，两周以后进入小牛群过"集体生活"。

母牛产房是一座高大、宽敞而明亮的房屋，里面铺满软草。透过巨大的玻璃窗，可见几十只怀孕母牛，或悠闲漫步，或细嚼嫩草，群居待产。在一个角落里，有两只刚刚出生的小牛犊，一只跪在软草铺上，奋力欲起；一只跪在母亲胯下，仰头寻乳，模样十分可爱。牛犊房像是一座牛犊"幼儿园"。上百只不同年龄的牛犊，虽然分栏共处一室，但在一栏内可以看见，大致同龄者会自动凑在一起嬉戏，情景颇为有趣。

高大宽敞的取乳室中央，是一个硕大的圆形转盘。盘面均匀分隔成 60 个栏位，沿着顺时针方向，不停地缓缓转动。出、入口相邻，入口处，一位工人依次为乳牛清洁乳头，另一位工人再装上取奶器；随后，一头头乳牛鱼贯进入一个个空栏。乳牛一旦入栏，取奶器自动启动。从取奶器下面的窗口可以看到，白色的乳汁涓涓流出，注入密闭的奶桶。当圆盘转至半圈时，大多数奶牛的奶可以取尽，取奶器自动脱落。一圈转毕，所有的乳牛都完成大约 10 升的出奶"任务"，从出口自动出栏。为完成每天 30 升的"任务"，每只乳牛每天要吃 30 千克草料，饮入 100 升水。

所有鲜奶最后输送到乳品加工车间。透过玻璃窗向里张望，只能看见一个个硕大的钢桶并排而立。引导员说，可不能小看这些钢桶设施。它们不仅把每日所产 6 万升鲜乳加工成各种奶制品，还能首先把鲜奶自然含带的热量提炼出来。鲜奶从乳牛体内流出时，奶温为 37～38 摄氏度，均须立即降至 3 摄氏度，再冷藏加工。这一套取热设备，每天将 6 万升鲜奶所含 34～35 摄氏度余热收集起来，可满足乳场一天运作所需的热能。

我自始至终有个疑问：养牛场只留母犊，公犊哪儿去了？末了去请教引导员。她微笑不答。我顿时明白，一丝痛楚自心底涌起。

老人群体与"人道关怀"

初至瑞典，接触到各类老人，感受着他们的心境，先是觉得新奇，接着就会感动了：无论老人的社会身份如何，也无论他们当下在做什么，大都发散着恬淡与平和的心绪。换句话说，恬淡平和，是瑞典老人群体心境的特征。

同亲家翁姑沃克（1941 年生）和耶娃（1944 年生）接触最多。两位是老年农民。在拜雷德村小住数月，同二老朝夕相处，陪他们日出而作、日落而息。夏季清晨 6 时许起身，老两口就默默地各自忙活起来。沃克去喂猪、喂牛、喂羊；耶娃先喂猫、喂鸡，再煎鸡蛋，准备牛奶、面包。7 点半早餐后，耶娃开车去她的鸡场忙活；初夏大田里没活儿，沃克换上工装，去到机房，同大哥耶里克（1928 年生）一起修整农机具。两人在机房进进出出，围拖拉机爬上爬下，默契配合，从容做活。对方在干什么、自己该干什么，都明镜儿似的。偶尔低语相商，也无须多言。10 点多钟，活儿告一段落，哥儿俩不约而同地撂下工具，缓步回屋去；喝杯咖啡、歇一会儿，接着做活。天空云卷云舒，沃野青苗泛光，偌大农庄一派宁静，只见二老不紧不慢地忙。那都是技术活，我插不上手，便在旁拾掇杂物。二老时而给予我无言的关注，会相视而笑。午饭后，耶里克老人回屋休息了；沃克小憩片刻，又独自走向牧场。他将一根根固定缰绳的铁钎拔起，给一头头牛换一片新草地；再给羊群添些精饲料。忙活到傍晚。耶娃中午下班返家，下午整理内务，侍弄菜园，打理晚餐。运作有序，张弛有度，不疾不徐，安详平和。专注于劳作，话语很少；专注于家务，话语也很少。40 多年了，日复一日，一直这么过活。11 岁的外孙女笑笑，总拿爷爷、奶奶开玩笑："爷爷就会说'拖拉机！拖拉机！'奶奶就会说'鸡蛋！鸡蛋！'没有别的话。"可笑笑不懂，这就是爷爷奶奶们的生活方式。孩子的幽默，倒是形象地刻画了瑞典老年农民，专注实务、不尚空谈、恬淡平和的心境。大爱无疆，二老一生的挂爱，寄在田林的有情众生；大劳无言，一辈子倾情照拂作物与生灵，又何须言说。

行进在韦斯特罗斯市瓦尔比社区或田野，经常遇到遛弯儿的老翁、老妪。或独自一人，或儿女陪伴；或徒手，或拄以双手杖（似持滑雪杆状）。看他们在原野小径上行走，总是那样安闲舒缓，心无旁骛；同他们迎面相遇，必微笑以对，或轻声"嗨咿——"致意。不理不睬、从身旁扬长而去者极少。常会遇到骑自行车健身的男女老人，在六七十岁之间。戴头盔，着运动衫裤，穿球鞋。坐骑多是变速车，专为健身。因是在高速行进中，总是在同方向或反方向从你面前闪过的刹那，让你看到红扑扑的面部那清晰的皱纹或头盔下露出的一绺白发。你会不禁惊叹："啊，原来是位老人！"你会再去追望或回望那矫健的身姿；你会回味在相遇的刹那听到的轻喘和给你的友善的微笑。同他们的相遇与相别，不会有运动员般的呐喊与狂啸，只有平和恬淡、悄没声息。

超市里的购物老人，同样有独自来的，或家人陪伴来的。这些老翁老妪，大都推辆购物车，蹒跚行进在一排排货柜间，静静等待在计价台前的队列中。无论在挑选商品或在交付货款，他们的动作总是缓慢的，神情总是安详的，话语总是轻柔的。在这购物的场合，老人们一般不会同他人有什么互动。如果他（她）的车无意碰了你的车或堵了你的路，"对不起！"他（她）会微笑着轻声致歉；如果是你无意碰（堵）了他（她），从老人神情中，你往往又会读出谦和、友善与宽容。

社区邻居以老人伉俪为多。他们大抵已度过职场岁月，退休（男女皆 65 岁退休）在家，以侍弄花草、整洁居室、打理三餐、读书看报、陪猫遛狗为日课。如果在庭院劳作，他们的动作是轻慢、舒缓的；如果在阳台小桌旁闲坐，手擎书报，饮啜品茗，他们的神态是沉稳、安详的。整个街区，无论晨昏，听不见对谈喧哗，听不见鸡鸣狗吠，听不见婴儿夜啼，总是那样安静。偶尔听到汽车进出声、儿童嬉戏声，还有倦鸟归巢、风过草野的天籁。

我这个中国老人，在繁华都会里生活 60 多年。听惯了市区喧嚣，见惯了老人、非老人的笑闹喧哗、放浪歌哭、恣睢贲张等人生百态。如今乍然走进瑞典老人群体，犹如鸦鹊降临鹤群，深为这群体的恬淡平和感动。进而想到同中国大不一样的瑞典的历史背景和社会观念。自 1814 年同挪威之间的短暂战争（注：起因于丹麦瑞典《基尔条约》将挪威划归瑞典）之后，整整 200 年以来，中立国瑞典国土上再未有过战争。200 年和平环境，使瑞典得以完成工业化进程和高科技的发展，成为世界发达国家，人民生活富裕安康。18 世纪以来，欧陆兴起的人文主义思潮和"天赋人权"观念，亦持续风靡瑞典，浸润渐深。于是在瑞典形成重视家庭、尊重个人权利和个人隐私的社会习尚。大约正是这样的历史背景和社会观念，孕育、酿造了瑞典老人群体恬淡平和的性格吧！

不过，瑞典社区各家老人之间，彼此虽礼敬如仪，却甚少往还走动，人际关系颇为冷清。重视邻里（乡村）、社区（城市）情感的中国人，对此多不理解。这一现象，源自中西方社会伦理观念的差异。这里没有"老吾老以及人之老"的观念，没有"尊老""养老"的社会风尚。家庭的社会义务仅为"下行式"：只讲上辈人对下辈人的单向责任，只是"幼吾幼"；不讲下辈对上辈"反哺"，不讲"老吾老"。这种"单向责任"伦理，植根于瑞典游牧加渔猎的早期经济社会。这种社会经济文化类型，地域流动性强，家族传承性弱，同中国单一农业社会不同。不重视地缘关系，也不重视血缘关系，自然不会培育出像中国这样的"双向责任"伦理观念。无论是"单向责任"伦理观念，还是"双向责任"伦理观念，都是在其相关社会的经济文化发展过程中形成的，是社会历史的产物，因而都是合理的，两者没有优劣高下之分。

瑞典社会有关老人的比较周到的福利制度，也并非没有缺点。譬如，存在老年夫妇不能进同一所养老院的现象：当一位老人丧失自理能力，首先进入养老院，他（她）的尚可自理的配偶，想照料老伴儿而同时提出入院申请时，往往不被接受。因为申请人还能自理，不符合入院条件。这就造成老年夫妇的分离之苦。硬性规定下只问本人健康状况，不考虑夫妇"相濡以沫"的天然亲情，这种人为的"伴侣分隔"，是否亦属"人文关怀"的缺失呢？又如，卡拉大伯耶里克，2014 年届 86 岁，体弱多病，丧失了劳动能力。依照瑞典的老人安养制度，这位持续务农 70 年、为城乡粮肉木材供应奉献一生的单身农民，应当进入养老院安享晚年。然而老人故乡所属瓦尔贝里市的养老院设施不足，没有床位安置耶里克。老人只好仍然带病家中独居、艰难度日，养老院只是派护士为他送点儿药。亲人们说他在"受苦等死"，认为老人的境遇有代表性：同社会民主党新党首所谓"斯德哥尔摩人聪明，外乡人愚钝"的"地域歧视"观念，不无关系。他们又说，养老设施不足、弱势关怀缺失等状况，同各地大建移民社区、优待中东移民的情景，也适成鲜明对照。这是不当移民政策触动国民权益又一例。

一次投票的"社会投影"

2009 年 6 月 7 日（星期日）是瑞典全国投票日。瑞典在欧洲议会中享有的 20 个议员名额，将在 8 个党派间，按照当日各自得票的比例进行分配。家中两位"选民"——卡拉和亦讷，政党倾向虽不强烈，支持的对象倒也明确；不大看重这类选举，却也不会缺席。于是，两个选民由一小二老三个"非选民"陪伴，迎着蒙蒙细雨开车上路。车中有说有笑，气氛活跃，倒像是一次例行的周末郊游。

社区投票站设在瓦尔比高中校园内。一行来到投票厅前，迎见几位男女（其中一位是自驾轮椅的残疾朋友），刚刚投过票，从厅门轻松走出。推门进得厅内，一位十四五岁的小姑娘，笑盈盈迎上前来，左手捧一叠选票，像是位"志愿者"。她依次把选票递给卡拉、亦讷；又熟练地拈起一张，向我递来。我和老伴儿向她摇手示意。她立即明白了我俩的身份，在轻轻收回右手的同时，报以友善的微笑。

卡拉、亦讷领得的选票上，印有（本文按其政见性质，自"左"至"右"排）左派党、社会民主党、环保党（以上左翼）、中间党、人民党、基督教民主党、保守党（以上右翼）、民粹党（极右翼）8 个党派的名称。两人手持选票，各自去到填票桌前。桌面上的前、左、右三边围以屏蔽板，高约半米，用以保障填写的隐秘性。两人各自捉笔，片刻填毕选票，随手将其对折；然后手持个人身份证，行至受理处，经工作人员查验放行；最后投票入箱。行使这次投票权，前后用时不到 5 分钟。

在回来的路上，女儿说，现在的瑞典政府，由中间党、人民党、基督教民主党、保守党右翼四党联合执政，取代了以前长期执政的社会民主党。这个联合政府反对前任社民党政府"高税收高福利"政策，认为这种政策养懒汉太多、失业率高（5% 以上）；改而实行高就业、减税收、减福利的政策。中产阶层、双职工家庭一般都支持现政府这一政策。

次晨早饭时分，女儿手举《晨报》："选举出结果了！"一边大声说着，一边走进餐厅，"'盗版党'居然得到（欧盟议会）两席！"对此结果，她和卡拉都不胜诧异。"盗版党"是民主党俗称，刚成立不久，因否定知识产权，主张民众可随意下载、使用电脑软件、网络资讯而得名。前些时日，该党负责人因侵犯知识产权，吃了官司，反而名声大噪，甚得一干网络发烧友青睐。年轻一族昨日纷起加持，使该党一举获得 10% 的选票。"盗版党"发言人于是欢呼，瑞典的投票结果"是信息共产主义的伟大胜利"。

所谓"信息共产主义"，是个不伦不类的概念。人们的社会权利有鲜明的时代性。在人类文明发展的现阶段，一切物质文明和精神文明成果的发明者和创造者，享有知识产权。这些创造发明是他们智慧和劳动的结晶，受到国家法律和国际法律的保护，也应当受到他人的尊重。在国家法律和国际法律普遍承认和保护私有财产的现时代，个人（或集体）发明创造的物质成果和精神成果，社会和他人只能有偿使用，还不能"无偿共享"。所谓"无偿共享"，侵犯发明者和创造者的权益，打击智慧劳动积极性，阻滞知识生产力发展，不利于科学技术的进步，不利于社会物质文明和精神文明的提升。所谓"无偿共享"，所谓"信息共产主义"，在网络一族中提倡"不劳而获"、为所欲为,是污染年轻人思想的一股精神浊流。在当今网络时代,人们希望无偿享用信息科技成果的愿望可以理解。然而作为一个政党,不顾现代社会的法权公理与道德良知,公然把所谓"无偿共享"当作党的宗旨,且能获得如此高的支持度,真可谓精神文明领域的怪现象。这同该国丰裕的物质文明形成极大反差,难怪卡拉、亦讷对这样的投票结果,会大呼意外、大感讶异。

在现代瑞典社会,特别在年轻人群中,与此类似的是非观念错位、道德良知缺失的"精神浊流",所在多有。女儿讲到两件事。一位瑞典律师朋友告诉她,每当法庭审理杀人、抢劫、强奸一类暴力犯罪案件时,那旁听席上往往会出现不少打扮时髦的女孩儿。这些女孩儿不是关注被审的案件,而是对这类暴力犯罪者感兴趣。据说当下时尚观念以强壮、霸气,甚至野蛮、残忍为"男性美"之表征。这些女孩儿聚此"旁听"的目的,是要从一个个出场受审的男性暴力罪犯中,寻觅各自心仪的"偶像"。一旦有"型男"出场,旁听席中就会连声尖叫、大送飞吻。庄严的国家法庭,似乎变为模特儿走秀的 T 台,令理智者为之抓狂:不知今夕何夕、当世何世!

女儿又讲述瑞典报纸新闻称,有个在押的杀人犯,不耐漫长刑期的寂寞,在某报上刊登启事"诚征女友"。该犯的"启事""诚实"地交代自己何时何故杀人、何时系囚受审、刑期及期满之日等。"启事"登出,反应强烈。该犯之犯行反映的霸蛮性格,照例大获少女青睐,颇视该犯为"偶像"乃至"梦中情人",应征信雪片般涌至监狱;甚至有女孩儿寄赠自己的裸照,投怀送抱、迫不及待之情可鉴。云云。

暴力犯罪者各有犯罪动因,未必可一律以"坏蛋"视之;定谳服刑的犯人,其公民权褫夺期满,想结交女友,也合情合理合法。那些送飞吻、寄裸照的懵懂少女,自然也有其烂漫天真、纯情可爱的一面。不过,如果从一般社会道德的角度(遵守社会公德,尊重他人权益,珍视他人生命)、从一般社会价值观的角度(以有益社会、利益他人为荣)、从健康纯洁的爱情观的角度等,来综合思考这一类匪夷所思现象的社会含义,又不禁令人忧心。当今瑞典少数青年,是非观念缺失、道德观念滑坡,情势严峻。物质丰盈的华彩,同精神空虚的光影,相互映照,又是一幅今日瑞典的浮世绘。

旁观"福利社会"

——通向"不平等分配"

女儿迁居瑞典已 18 年。近年同她聊天，谈及国内讨论"瑞典社会民主主义"。"是吗？可是瑞典现在已经不怎么提它啦！"女儿用诧异的目光望着我。我明白，她是把"社会民主主义"和"社会民主党"混在一起了。她不赞成社会民主党的某些政策，如主张在现行累进税制之平均税率 33% 基础上，税前月薪 3.5 万克朗（100 元人民币可兑换 130 元克朗）以上者，须再加税，以保障"高福利"国策，此政策将使多数"白领"增加税负。而现在该党已经不再执政了，执政的保守党主张税前月薪 5.5 万克朗以上者再加税。作为一名 IT 工程师，她不大清楚"社会民主主义"理念是咋回事。不过，一旦聊起以前社会民主党制定并推行、现仍在实行的一些福利政策，女儿便会以平缓的语气侃侃而谈——她毕竟因这些政策而受益又感知其某些"弊端"。

她说瑞典的社会福利，纵向看，覆盖着人生的三个时段：幼童期的抚养教育，职场期（含退休后）的工作生活保障与健康保健，以及老年关怀。

她说一个瑞典婴儿的出生，有时竟会成为地方性"事件"。她的女儿笑笑出生第二天——1999 年 1 月 22 日，一幅爸妈抱着襁褓婴儿的彩照，便刊登在韦斯特罗斯市《晨报》一角，照片下面是文字说明：婴儿性别、出生时间、出生体重、父母姓名。女儿当时纳闷：媒体是从哪里得到这些信息的呢？后来得知是孩子出生的医院主动提供给媒体。亦讷欣喜地把这份剪报寄来北京，我装入相框，珍藏至今。每个新生儿的父母，可休产假一年（或父或母均可享受），孩子 7 岁以前有效。孩子 18 岁以前享受全额健保，所有医治（包括治牙）费用（含挂号、治疗、用药、手术等）全免；每个孩子每月，政府还发给 1040 克朗补贴（20 世纪末的数额）。"至少买（婴儿用）'尿不湿'的钱够了！"亦讷幽默地说。瑞典人口少，出生率较低，政府鼓励公民生育。一个家庭，如果同时送两个孩子上幼儿园，第二个孩子交费会享受减半优惠。亦讷说："某某和某某，都接连生了三个小孩儿，就享受到优惠了。"瑞典孩子从小学、中学到大学，学费全免；学校还会向学生提供一部分教材文具费。记得亦讷初至瑞典，以外籍生的身份先后就读瑞语学校、大学，同样免交学费，每学期另发 1000 多克朗文具费。

卡拉强调，瑞典公民的医疗健保待遇，有两个要点：一是看病免收治疗费；二是个人的医药费和手术费，每年累计只需自付 2000 克朗，超出部分全额报销。"瑞典的手术费用很贵啊！"卡拉说，"比如骨折——这在瑞典热门的足球、冰球、曲棍球、滑雪等项体育运动中经常发生——从初诊到愈合，至少得花费 25 万克朗，不会再少了。25 万，这相当于普通员工一年的工资啊，一般人怎负担得起！"有了医疗健保，运动爱好者就没有后顾之忧了。但要为全民医疗买单，毕竟又是政府财政一大负担。"为了减少医疗健保开支，政府便从国民健康保障方面出招，"卡拉说，"政府大力提倡体育健身，不惜工本添置各种体育设施！"公司、企业也关心员工健康。卡拉所在的公司，每人每年发给数千克朗健身费，鼓励职工到健身房锻炼；按摩费可以报销；职场里提供咖啡等饮品和小食品，也是着眼于职工保健。"职工身体健康，少去医院，健保费就节省了。"同样道理，由于儿童体育运动开展得好，瑞典孩子大都发育不错，不大得病。这些年，外孙女笑笑冬季滑雪、滑冰，其余季节踢足球、游泳，"她身体倍儿棒！十年啦，还没有去过医院呢！"亦讷说。

瑞典的社会福利，横向看，又惠及社会各阶层，尤其关注弱势群体。在女儿所属的"科技白领"群体，工薪级差不很大。不论供职哪家公司，一般"白领"月薪大都在 3 万~5 万克朗（税前）；"资深白领"收入或许会高一些。女儿周围的"科技白领"家庭，一般是双职工，各家经济状况差别不大。单职工或有特殊困难的家庭，会得到不同形式的照顾。卡拉有位朋友，妻子无业。妻为谋职到一所烹饪学校求学。在学期间，她每月可领取津贴 8000 克朗，大约相当于丈夫月薪的 1/4。这数额不算少，可能带有福利补助的性质。亦讷的好友陈小姐，孩子多家务重，向清洁公司雇用小时工帮忙。每周日打扫 3 个小时，时薪 350 克朗，一半（175 克朗）由雇主（陈小姐）付给清洁工本人，另一半由政府划拨给清洁公司。我问陈小姐："政府为啥替你付一半呢？""因为我为政府做贡献啦！"她笑答。原来，清洁公司派出的清洁工，大多原是无业、失业者。而政府施政理念明确：自己有责任为每位有劳动能力的公民提供就业岗位。每位雇主雇用一名清洁工，使其得到一次工作机会，也就等于帮了政府的忙。政府给雇主佣资以补偿的立法用意，就在于此。由此可以窥见：瑞典政府具有牢固的"保障公民就业权"的责任意识；同时具有将通常的家政服务，也纳入社会正式职业范围的先进就业理念。我和亦讷算了一下，如果 175 克朗/小时是这位清洁工的实际收入，假设她每天在各家工作共 6 小时：175 克朗/小时×6 小时＝1050 克朗；再假设她每月工作 20 天：1050 克朗/天×20 天＝21000 克朗。亦讷认为，这 21000 克朗，应该是清洁工每月的税前收入；这数额大约相当于一般 IT 工程师月薪的一半。"不算少了！"亦讷说。而烹饪学校每月发给学员的津贴，大约又相当于清洁工月薪的一半。

说到职场员工的工作保障，卡拉、亦讷都认为各种工会组织起的作用很大。卡拉所在的瑞典钢铁工会较大，会员多；亦讷所在的工程师工会较小，会员只有钢铁工会的 3%。但工会无论大小，作用一样。会员按规定每季度缴纳 1400 克朗会费。工会的职能则包括保障会员如下权益：会员本人一旦失业，前半年（社会民主党执政时期是一年，现政府减为半年）可领取原工薪的 80%（以最多领取 25000 克朗为限，同时减税）；半年后逐月递减，直至减到原工薪的 60% 为止；60% 的数额持续领取一两年，最后转入瑞典公民的最低生活保障线（5000～6000 克朗/月）。在瑞典，直接申请享受最低生活保障的公民，须符合三个条件：无住房、无汽车、无存款。这类人在瑞典不知有多少（既无住房又无存款的瑞典人不会很多）。他们的生活状态比失业者（一般有房、车、存款）要差，同无业游民差不多，大概算是瑞典"最弱群体"了。

韦斯特罗斯市人口 12 万。在韦市工作的华人"白领"，2009 年已接近200 人。瑞典政府当初实施允许外籍员工父母来瑞依亲的政策，曾经颇受韦市华人员工称道。拙文《移民老人马奶奶》曾经提到，瑞典政府为每位依亲老人提供一套 50 平方米左右的廉租（3600 克朗/月）房；发放生活津贴2000 克朗/月。还有一个相关事实，该文没有提到：已入瑞籍的马奶奶的儿子，当时不仅给母亲办了依亲移民，还给妻子、女儿、岳母办了依亲移民。韦市政府像对待他的母亲一样，也为他的岳母提供一套廉租住房，发放生活津贴，还提供一辆免费电动轮椅；残疾岳母去医院诊病，200 克朗出租车费仅需付 1/10；他的女儿则同瑞典孩子一样享受各种福利。这两位中国老人，本人对瑞典没啥贡献，她们的儿子（女婿）也刚在瑞典谋职未久，谈不上多少贡献。可瑞典政府对他们一家如此"慷慨"，提供如此优厚的待遇，正所谓"赔本赚吆喝"，这到底是为什么？我起初颇为不解。此次在瑞典结识一位朋友，他的一段亲身经历，给了我很大启示。

这位李姓朋友，来自中国东北，60 多岁，在韦市华人"迎国庆贺中秋"聚会上相识。老李伉俪近年从国内远赴瑞典依亲，过程颇有"传奇性"。他的独子多年前来欧"闯世界",后在瑞典开公司,加入瑞籍,娶妻生子。儿子站稳了脚跟,首先为父亲申请依亲移民。但瑞方有规定,申请人的父母,如果一方去世,健在者可依亲移民;双亲都健在,则不接受依亲移民(马奶奶本人与她的亲家母均丧偶,符合此条件)。李子申请被拒。但他不甘心,一纸诉状递到欧盟法院,告瑞典政府拒签,使老父得不到赡养,"侵犯(老父)人权";让人子不得奉养老父,也"违反人道"。判决下来,李子胜诉!李子扬眉吐气,接父来瑞。随后又如法炮制,再为母申请依亲移民。申请再度被拒;李子再度上告。不仅诉瑞当局使母子不得相顾,还诉使老夫妻分离"侵人权""违人道"。李子又胜诉。于是再接老母来瑞。如今老李伉俪,同儿子一家团聚韦市,终日含饴弄孙,颐养天年,自得其乐。此事如今在韦市华人圈中是热门谈资。"以子之矛以攻子",李子果然聪明;"人权"与"人道"之剑,在瑞典也果然管用!看来,人权观念与人道主义,该是瑞典依亲政策所自出的重要理念。

16世纪初叶,由欧洲文艺复兴和启蒙运动孕育的"人权"观念、"人道"思想,冲破中世纪的黑暗专制,横空出世,昭告"人的觉醒",成为新兴资产阶级战胜封建贵族统治的强大思想武器。进入20世纪以后,"人权"与"人道"在西方的命运发生变化:对内,它转而成为公民"维权"的武器;对外,它对关照弱势民族和群体的事业有一定促进作用,同时又成为西方推行强权外交的大棒。就其"对内"功能而言,李家父子"维权"的故事,生动显示"人权""人道"观念确在西方社会深入人心、为朝野共尊。

时下分析瑞典的社会福利制度,论者往往会指摘它,说它并不触及瑞典社会生产资料的资产阶级所有制。这是不错的。也不妨再换个角度观察它。在我国,关于社会主义的分配原则——"按劳分配""多劳多得",人们耳熟能详。这是现阶段最合理的分配制度,因为它体现着"劳动价值的平等"。但马克思又指出过它的局限:"劳动价值平等"掩盖着事实上的不平等。因为劳动者个体及家庭情况千差万别。劳动者真正需要的,是劳动价值的"不平等",即应当满足劳动者的一切合理需求,而不论其"劳动价值"。如前所说,瑞典"白领"群体之间,实行着不算悬殊的级差工资制;瑞典的社会福利制度,又特意对弱势群体(老幼病残、鳏寡孤独、无业无助者)给予较多人性关怀和特殊关照等。可以看出,这些制度或法律的设计意图里面,隐然包含一种施政理念,即尽量缩小社会劳动者乃至每个公民之间经济生活状况的差距。为此，对个人"劳动价值"的计算，就相应地粗化、淡化了。诚然，从瑞典社会整体看，在分配制度和福利制度的设计上，缩小贫富差距的这些努力，依然是建立在现代资本主义生产方式的基础上，它无改于国家政体的性质；现代瑞典施政者（包括社会民主党人）也不可能提出在全体公民间消灭贫富差距的愿景。目前，在全球金融危机影响下，瑞典社会同样存在经济滑坡、失业率上升、弱势群体生活艰难等现象。不过仍然可以说，瑞典这些分配制度和福利制度的设计，毕竟是在现代国家的施政实践中，向着消灭社会分配的"事实不平等"现象，做出了切实尝试，跨出了有意义的一步。它的理念在思想体系上不属于真正的社会主义，但对未来理想社会的分配制度来说，这些施政实践会给人以有益启示。它的理论和实践价值正在这里。

尾　语

20、21 世纪之交，瑞典出现社会经济衰退、"福利财政"拮据局面，以社会民主党为首的左翼联合政府，于 2006 年落寞下野。自那时以来，右翼的保守党、基督教民主党、中间党、人民党联合执政，应对社会需要，采取适当减税、扩大青年就业等政策，赢取中产阶层支持，刺激经济复苏，得以 8 年持续执政。

最近几年，在中近东"颜色革命"造成的"难民潮"中，右翼的赖因费尔特政府，守持古老"人道"理念，呼唤瑞典民众："敞开你的爱心，亮出你的钱包，接纳外来移民吧！"连续以每年 10 万人左右的额度，向联合国难民署大量邀入中东难民；规定 2013 年移入的中东某国难民均享"永居权"；政府派大巴接载收容所男女难民，每月一次赴超市，随意选购生活用品，由政府（实为纳税人）全额买单。如此移民政策，导致数十万中东难民如潮涌入这个只有 900 万人口的国家。民众生活质量普遍下降，无业游民明显增加，社会治安问题频发，劳动者失业率由原欧盟入盟标准线 4% 以下，升至 7%。更有甚者，鉴于穆斯林移民生育率极高，西欧某国伊斯兰组织公然声称：某市现已有 1/4 新生儿名叫"穆罕默德"，不用三四十年，该国将成为伊斯兰国家！此情此景，亦见于瑞典。不少瑞典国民深怀同样忧惧。

触动国民"奶酪"、触及国家"核心利益"、威胁民族未来的后果，警醒瑞典中产阶级与部分国民大众。选票流向再度移转，执政甫至8年的右翼诸党，遂在2014年9月大选中落败。以社会民主党为首的左翼诸党再度复出，新近组成以斯特凡·勒文为首的内阁。政坛"黑马"瑞典民主党，以极右翼民粹派姿态高调崛起，尤其引人注目。该党反对外来移民，反对加入欧盟，力主增加国防预算，以使瑞典成为"独立自主"的国家。此政纲未必洽适欧洲一体化潮流大势，也未必符合国家根本利益，却顺应部分国民的"惧外心态"与"危机意识"。右翼这次流失的大部分选票，并没有转向胜选的左翼，而是转向了极右翼的民主党。该党的支持率，由2009年大选的4%，陡然窜升至此次大选的13%，跃为瑞典第三大党，为当今政坛横添变数。

刚下野的保守党等右翼四党，吸取教训，兼顾"左""右"民意，再度调整其移民政策：主张中东移民来瑞，暂时居留三年，待其本国局势稳定，即遣返归国；移民不得永享社会救济，鼓励移民就业；就业者得减免税额，同时减少其所享救济与补助。近日，下野的右翼四党，又同胜选的左翼社会民主党、环保党结为六党联盟，共同支持社会民主党等左翼执政，借以"甩开"极右翼民粹党和极左翼左派党，持续奉行传统的"人道博爱"理念同"高税收高福利"结合的国策。

在国家根本权益、人民现实福祉面前，古老"人道"理念编织的"博爱"梦幻毕竟有些苍白；职场劳逸、收入多寡、度日丰歉各自不同的社会群体，对"高税收高福利"国策的感受与态度，也迎拒有别、言人人殊。在"资本"无形又无处不在的掌控下，观念多元、众议纷纭的瑞典社会，颇难凝聚全民共识。瑞典政坛博弈、"高福利"国策前景，波涛起伏，绵延未息。尽管如此，只要没有国际或国内政治经济"突变"的节点出现，以高度发达的经济体系、传统深厚的文明理念、平和温润的民族性格为基础，半个多世纪以来形成的瑞典社会生活常态也将仍然继续，细波微澜不足以改变它。

（2009年10月初稿，2014年12月增补）

（张履弓，中国社会科学院历史研究所研究员）

随　笔

涅瓦河畔

——留苏岁月的回忆与思考

陈启能

在被荒漠般的波涛拍打的岸上，

站立着他，

满怀着伟大的思想，

瞩望着远方。

在他的面前，

宽阔的河水在流淌……

——摘自普希金：《青铜骑士》，1833 年

"青铜骑士"是矗立在涅瓦河畔、十二月党人广场（帝俄时期的枢密院广场）上的闻名世界的彼得大帝骑马铜像，由法国著名雕塑家法利卡耐于1768 年设计。而《青铜骑士》则是俄国伟大的诗人普希金的名诗。诗中的"他"就是彼得大帝，而在他面前流淌的"河"就是涅瓦河。

我的留苏岁月就是在涅瓦河畔度过的。每天上学都要从宿舍楼出发，走过涅瓦河上的建设者桥，来到瓦西里岛东岬角普希金广场（证券交易所广场）附近的历史系大楼。宿舍楼位于彼得格勒区，紧靠涅瓦河。这样，涅瓦河成了每天必经之地。她伴我度过了五年难忘的留苏岁月。我的成长、我的青春都伴随着涅瓦河的涛声和冰凌。每当回想起这些年月，就必然会想起涅瓦河。

涅瓦河是一条美丽的河流，一条生生不息的河流。她源自拉多加湖，流

入芬兰湾，全长 74 公里。涅瓦河浩浩荡荡，充满活力，即使在河面冰冻的寒冬岁月里，潜流依旧在冰面之下奔流不息。

涅瓦河是圣彼得堡这座历史名城的象征，与俄罗斯的历史命运密切相连。在这里发生过许多重要的历史事件。1240 年 7 月，这里进行过著名的"涅瓦河会战"，当时的诺夫哥罗德公亚历山大·雅罗斯拉弗维奇战胜了瑞典人，保证了罗斯西部边界的安全。亚历山大也因此得名涅夫斯基（即涅瓦河的）。在 1703 年彼得大帝兴建圣彼得堡后，涅瓦河以她宽广的胸怀、奔腾的水流、美丽的景色，养育了、美化了、升华了位于河口三角洲诸岛的这座城市（苏联时期称列宁格勒）。苏联卫国战争时期，在城市被德国法西斯军队包围的 900 天（从 1941 年秋到 1944 年初）里，从冰冻的涅瓦河通往拉多加湖的"生命之路"成了被围城市居民和军队的供应线。它保证了这座英雄城市的英雄人民最终突破重围，战胜封锁，获得了对德国法西斯军队的胜利。

涅瓦河从历史的远处流来，流经今天，流向邈远的未来。她历经历史的变迁，见证人世的变化，诉说人间的悲欢。她活在一代一代人的记忆里，更活在一代一代人的心中。

我是在 1954 年至 1959 年在苏联列宁格勒大学历史系学习的。在这之前，我于 1952 年从上海南洋模范中学毕业，考入北京大学中文系，一年后被选为留苏预备生，从 1953 年至 1954 年，在北京俄语专科学校留苏预备部学了近一年俄语。毕业后被派往苏联学习。

在苏联学习的五年间，我成了与涅瓦河朝夕相处的挚友。当我匆匆穿越涅瓦河，在宿舍楼、教室和图书馆三点之间不断运动时，当我凭靠宿舍的窗户或普希金广场的花岗岩河堤眺望奔腾的涅瓦河水时，当我沿着涅瓦河及其支流走访并陶醉于绚丽的建筑和古迹时，我看到的、想到的只是眼前的事物，不大可能会联想起当时所处的时代。然而，任何个人总是处在一定的时代、一定的历史之中的。今天，当我回忆起涅瓦河边的那些岁月时，就有必要进行一些思考，把当时的所见所闻放在历史的长河中加以思考。

20 世纪 50 年代，在世界历史和中国历史上都是一个独特的历史时期。在我国，新中国成立后，从 1953 年起开始了第一个五年计划。在建设事业取得巨大成果的同时，其间也出现了反右派、"大跃进"等重大失误。在苏联，被战争破坏的经济得到恢复和发展，政治上的种种变迁，从斯大林的去世、马林科夫的下台到赫鲁晓夫的秘密报告和改革，则使其国内的形势充满变数。从国际上看，这时期的一个重要特征是持续的冷战。而从中苏关系上看，在这时期总体上是不错的，虽然自 1958 年以后，两国关系已经出现一些问题，但是两国间的争论尚未公开化。

50 年代是中国向苏联派遣留学生最集中的时期。据统计，1954 年中国教育部门向苏联和东欧国家派出留学生 1518 名，其中绝大部分是派往苏联的。从 1950 年到 1963 年，中国教育部门向苏联总共派遣了留学生 8357 名。除教育部门外，军委系统、共青团中央、工业部门等也派出了万余名留学生、工程技术人员等各种人员。① 50 年代向苏联派出的留学人员，学成后都回到祖国，在祖国建设的各条战线上奋斗，做出了很大的贡献。而且，他们在共同的学习生活中与苏联同学结下了深厚的友谊，推进了中苏两国人民之间的友好关系。

我只是众多留苏学生中十分普通的一员，我的回忆和思考只能是一孔之见，显然是很片面的。虽然如此，但我也希望能或多或少对读者了解那个时代和那代人有所帮助。

1954 年出国时，我还不满 20 岁，虽然充满热情，却是比较幼稚的。我对苏联的了解很少，却满怀憧憬和幻想。"苏联的今天就是我们的明天。"这是当时流行的口号，也是大家的信仰。"你们从北京坐火车去莫斯科，经过八天八夜，实际上是穿越两个时代，即从新民主主义时代一下子进到社会主义时代。"记得这是一位领导同志在我们即将出发赴苏做动员报告时说的话。"社会主义""明天"，这些美好的字眼对我们这些即将赴苏的留学生是多大的鼓舞呀！现在回想起来，这样的憧憬和美好的前景的确更加坚定了我们克服今后学习上可能遇到的各种困难的决心和报效祖国的志向，给了我们更多的动力。而如果缺乏对苏联现状的比较实事求是的介绍，缺乏务实精神的教育，鼓舞和憧憬也容易使我们陷入比较浮躁、虚热、紧张的精神状态，不能尽早地成熟和踏实起来。一个明显的例子是，当载满留苏学子的火车开出北京后不久，就听到某个班学生的护照集体丢失了。这个班的学生显然是为了更好地保管全班的护照，就决定收起来由该班的副班长集体保管，结果由于紧张，当火车停靠某个站台时，这位副班长把装全班护照的书包丢失了。于是指挥部传下口令，要各班提高警惕，加强看管人和物。我当时是第

---

① 参见宋健《百年接力留学潮》，载朱训主编《希望寄托在你们身上——难忘的峥嵘岁月》，中国计量出版社，2003，第 12~13 页。

28 班的副班长，虽然我们并没有集体保管护照，但也是被弄得挺紧张的。其实，越是紧张，反而越容易出事，有一颗平常心才能遇事不慌。幸亏后来在公安部门的帮助下，那些丢失的护照在火车到达满洲里之前找回来了。

开始正常的学习生活后，很快就可发现，当时苏联的生活的确比国内要好，至少对我们留学生来说是这样。根据 1952 年中苏两国政府签订的有关中国留学生的协定，每个中国留苏大学生的每月津贴是 500 卢布，这比一般苏联大学生的奖学金要高许多，他们的奖学金一般是每月 300 卢布左右。我们的津贴由苏联政府支付，但其中的一半需由中国政府用付款的方式偿还。大学为我们提供了宿舍，与苏联同学或东欧国家留学生同住一室，四五人或六七人一间不等。吃饭有食堂、餐厅和小吃部，也可以自己做饭吃，宿舍楼里有备有煤气灶的厨房。总之，生活是相当不错的。从市面上的一般情况看，苏联人民的生活也是可以的。他们已没有我国当时正在实行的定粮配给制度，在赫鲁晓夫执政后还一度实行了面包敞开供应。当然，苏联的经济中也还存在许多问题，仅从我们感觉得到的看，如轻工业的落后使许多轻工业产品不足和质量低，城市住房普遍紧张，等等。

本来，任何一个国家，就像个人一样，在存在优点和成功的同时，存在若干缺点和失败是再正常不过的事，完全没有必要加以掩饰和隐瞒，更没有必要塞住别人的嘴，不让旁人批评。可是，应该说，当时的苏联在这点上做得是很不够的。现在看来，一个新生的社会主义国家，由于受到敌对势力的攻击和资本主义国家的封锁，加强对自己成就的宣传是很有必要的，但是要有一个原则，即不能对自己的欠缺和失误加以文饰，甚至为此采用强力。

这不禁令人想起著名法国作家纪德于 20 世纪 30 年代中后期应邀对苏联访问后于 1937 年出版的《从苏联归来》一书。纪德是拥护苏联的，因而他被邀访苏，但是他没有像苏联政府所期望的那样，访苏以后只写歌颂苏联的内容，而是在这本书中也揭露了苏联的阴暗面。纪德此举引来许多人的责难，被戴上"反苏"的帽子。纪德批评的主要是对斯大林的个人崇拜和与此有关的种种不正常现象，如人们的阳奉阴违和不敢说真话。纪德强调，他正是因为爱苏联才揭露这些问题。他说："苏联的朋友往往拒绝看那坏的方面，至少拒绝承认这一方面；以致关于苏联的实话往往被人带着恨说出来，而谎言则被人带着爱说出来。我的精神却是这样的：对于我所愿意永远称赞的人，我总更加严厉些。凡一味恭维的人，乃为不善表示其爱；所以，我认为说话时，不装假，不姑息，则贡献给苏联以及它所代表我们的事业的，还更重大些。"① 纪德的朋友、英国作家王尔德曾对纪德说:"你的嘴是不会说谎的。"纪德以他的良知做了他认为应该做的事。时间过去了整整70年,世事变迁,历史是否证实了纪德良知的可贵呢?纪德曾经说过:"在我的眼睛看来,这里头有些事情比我自身还更重要,甚至比苏联还更重要:这就是人类,它的命运,它的文化。"②

虽然在30年代苏联盛行的个人崇拜到50年代的苏共二十大遭到了谴责,但是浮夸的、不切实际的风气却有增无减。到1961年的苏共二十二大赫鲁晓夫居然提出,苏联已进入全面地展开共产主义建设的时期,在20年内就可以建成共产主义。这种虚夸的口号不仅与现实相距甚远,而且是十分不利于国家的建设和人民的思想修养的。

谈及此,我不由得想起一个例子。大约是1955年新学年开学后不久,我已进入二年级学习。一天,在宿舍楼内,有一位刚从国内派来学习的一年级中国大学生遇到我。他十分丧气和不解地告诉我,他前几日在宿舍楼的盥洗室里洗脸,把手表摘下放在镜架上,洗完脸忘记拿了,回到同一层的房间后发现这个问题,立即回到盥洗室去拿,前后不过几分钟的时间,但手表已经不翼而飞。于是他在盥洗室等候,问了许多人,并报告了宿舍楼的管理人员,但毫无结果。他满脸疑惑地问我:出国前说苏联是先进的社会主义国家,人们的道德水准很高,怎么小偷这么厉害,几分钟的时间手表就被偷了。我只好一面劝慰他,一面说些大道理,同时劝告他要更现实地看待苏联。

当时苏联生产的手表、照相机已比较普遍,质量也过得去,但是样式陈旧,可谓老、大、黑、粗。因此,苏联人普遍对西方乃至上海产的较精致的手表十分看好,眼红的人应该不少。我个人也有一段经历。我从上海去北京大学上学前夕,父亲送我一块旧的伊诺卡手表。在苏联时,一次因手表零件坏了,我去涅夫大街的一家表店修理。店员提出要用苏联的新表与我交换。他毫不掩饰对这块表的喜爱。我没有同意,后来还是寄回上海去配零件了。

社会主义建设本来是一件既伟大又艰巨的、前人没有从事过的开拓性事业。不论是苏联,还是中国,都是需要在漫长的过程中不断地探索、反复地总结的,其间必然会有波折、会有失误、会有困难,更不可能一步登天。如

---

① 〔法〕纪德:《从苏联归来》,郑超麟译,辽宁教育出版社,1999,第16页。
② 同上,第15页。

果用这样的眼光来看，苏联上述的这些问题，本来是不足为怪的。比较重要的教训是，能不能用实事求是的精神来进行建设，能不能用求真务实的精神来对待存在的问题，是允许说真话、提出问题和建议，还是不让发表意见，掩盖问题，甚至加以压制，这些关系到事业的成败。这方面的惨痛教训是不应该忘记的。

不幸的是，这样的事也发生在我们留学生的队伍中。1958 年，在留苏学生中组织了所谓"红专学习"，实际上是国内反右运动的补课。在列宁格勒大学的留苏学生中，除了批判了个别人外，还定了若干"准右派"，将其遣返回国。所谓"准右派"，意指最后是否戴上"右派"帽子要等遣返回国后由国内定夺。在这些"准右派"中，有一位是与我同系同年级的女留学生。她不仅学习很好，而且平时为人很老实，寡言少语。她怎么会成为"右派"，实在想不明白。后来才知道，据说是在她的日记中发现了一些"反苏"言论，其中有一句记得是说苏联"集体农庄不好"。她很快就被遣送回国了，但据说，回国后最终并未定为"右派"分子，只是至今不知道她的命运究竟如何。由于她平时学习优异，所以有些苏联老师和同学对她的印象很好。他们曾多次问我和其他同级同学：她到哪里去了，在做什么。直至 90 年代和新世纪，当我们再次访问列宁格勒/圣彼得堡时，这些老师和同学还问我们同样的问题。可我们怎么回答他们呢？按说，日记是个人的隐私，怎么能作为定罪的凭证？再说，就是批评集体农庄也谈不上是"反苏"罪行。但愿这样的荒唐事永远不要再发生了。

留苏五年，我们学到了许多东西，学到了知识，学到了外语，学到了如何做研究工作。在这五年里，我们怀着美好的理想，怀着对祖国的眷恋，刻苦学习，努力向前，同时对世界、对自己有了更多的了解。总的说来，这五年是理想的五年，美好的五年，难忘的五年。

人是要有理想的。当然，我们不能脱离实际，只沉醉在彩色的想象和愿望里。我们应该有务实的精神、求真的目标，应该学会面对困难，应该实事求是。然而，这与理想并不矛盾。在 50 年代，也许理想和愿望多了一些，但这与整个时代是吻合的。这是一首时代的畅想曲。

（陈启能，中国社会科学院荣誉学部委员，世界历史研究所研究员）

"锦片签程"炼成记

张建斌

大概 2011 年的时候，我才知道淘宝网有个明信片定制的行当。当时恰逢好友生日，就顺手把他平日里的一些照片加印成明信片送去。有了这个由头，我们就聊了很多关于影像收藏的话题，心头开始萌发一种构想，能不能利用这种技术为自己的名人手迹收藏做点什么？正好当时有一个北京的网友展示他的外国政要签名照片，我感觉有些照片下部适当留白的做法很好，这样既方便签名，又美观大方。敲定格式后我开始考虑印刷用纸，由于国外没有印章文化，所以他们的相纸不需要克服钤印问题，而印章是华人签名必须点睛的部分。经过多方考察，我最终决定使用白卡纸。这样一来，引入自制明信片进行签名收集就是万事俱备只欠东风了。

第一批试水的肖像明信片都是寄给曾经交往过的名家，包括程开甲、高莽、贺敬之、李瑛、闵恩泽、仲星火、张岂之等前辈，时间不长他们皆一一签回，这让我信心倍增。又试了一些人，虽然这次的回信率不高，但也有收获，自然欢欣鼓舞。可惜的是印刷明信片的网店认为他们的机器印刷白卡纸太费事，就不再接受我的订单。我只好另辟蹊径，尝试联系更多的网店试印，但质量都很一般，包括纸张松软、油墨褪色、图片不清晰等诸多问题，这也造成我该阶段藏品的不尽如人意。陆陆续续变换和找寻印刷店家整整花费了我一年多的时间，直到后来终于遇到一家心仪的网店，才开始进入收集的黄金时期。恰逢这时期的美图秀秀软件也有了长足的发展，于是我学会了自己修图，通过剪切、合成、拼接等各种处理，产生更佳效果的肖像图供印刷使用。由于天时地利人和，进展神速。我开始天天利用晚上时间努力找图修图，有时候为了一个完美的画面，要浏览数千张图片。有时候印刷的效果不尽如人意，就一直反复重印。这样又前后努力了一年多，近日我通过订单统计印量，出来的结果让我大吃一惊，原来印刷的肖像明信片总数业已高达 1.6 万枚了。回顾自己有缘得藏的寥寥 547 位各界老师签名片，虽然反差巨大，但也因得之不易而弥足珍贵。

收集签名肖像明信片，就难免要涉及肖像权的问题，少数老师也在信中有所提及，让我注意。我也一直秉承尊重的原则，所以手头拥有的签名片都满满地承载了师长的关爱和期许。福建籍画家汪易扬在信中写道："业余兴趣自己决定，何须被善言或恶语所左右，凡签名者，都是支持之意。"正是有了大家的这种支持，我才能在每一次的灰心丧气中重新鼓起勇气，继续我的"锦片签程"。曾荣获中国戏剧第七届梅花奖的评剧艺术家李秀云在接到我的求签信后，嘱其子女先给我回复一函，告诉我因缺印章正请人篆刻，所以照片要等钤印后才能寄回，可能会稍迟些。以至于后来我见到该件签名钤印片，热泪盈眶。中国科学院院士、微生物学家李季伦两年前因赶改译文用眼过度，患上老年眼底黄斑病变，不能阅读和书写，仍勉强为由我提供的照片签名。凡此种种，让我也更加珍惜和名家之间的缘分，当京剧表演艺术家张正芳在信中表露对肖像片的兴趣之时，我重新设计加印了 100 枚给老师寄了过去，希望这一份惊喜是她新年不错的礼物。

一个好汉三个帮，为了更好地做好这项收集，我动用了一切朋友的资源。当我得知供职于江西省妇联的藏友要上京开会，就委托他请妇联的领导顾秀莲、何鲁丽等同志签名，几经周转终于获得。万伯翱是万里委员长的公子，我也厚着脸皮恳求他帮忙找万里委员长签名。伯翱老师不但跑了一趟签到了肖像片，还写信告诉我因年龄问题，万老已不再签名了。北京的签名封收藏大佬刘兄更是被我"绑架"，专门出入各戏院为我签片，计有不下几十位的戏剧表演艺术家因此留名藏下，包括浩亮（钱浩梁）这样难得露面的前辈也在其中。此外，我还委托陕西的书友找到了作家贾平凹，因贾不愿意签名照片，经同行的贾研会领导助力，终于签得。最有趣的经历是请上海朋友签名以色列女性晶体学家、2009 年诺贝尔化学奖获得者之一阿达·尤纳斯，当时我得到消息较迟，加急制作了两款肖像明信片寄到上海。老太太看了看就直接装入口袋，经翻译解释，她欣然在其中的一款上签名留念。在后来的演讲中她掏出剩余的明信片，高兴地说："中国人民太热情了，还专门为我印制了明信片。"当我听到这样的转述时，也很高兴，毕竟能让素昧平生的国际友人有一些美好的中国记忆，本身就是奇妙的体验。

有丰收的喜悦当然也会有不尽如人意的时候，记得去年有位佛教徒友人提供了一份健在高僧大德的名单给我，让我写信试试，于是我就挑了近百位一一去信。说实在话，制作这批照片很苦，因为可资选择的空间太小，我记不清自己花费了多少个夜晚才实现了这批肖像的印刷。但事实上所有去信几乎都石沉大海了，是佛门弟子不愿意以貌予人还是中国邮政的员工不习惯翻山越岭，至今仍不得解。另一次的"滑铁卢"发生在追求台北中研院院士的明信片上，由于国内网站这方面的资料还不是很丰富，难以获得更多人的影像资料。我灵机一动，利用民国时期的中研院遗迹照片设计制作了一系列明信片，计有 12 款之多。随机选取若干寄赠无法制作肖像片的院士们，期许他们能回复一二。我记得光寄往美国的信件就有 150 封之多，每封信的邮资高达近 30 元。加上寄往台湾的信函，共计有 260 余封出去，但回信极少。值得安慰的是回信包括了李政、李远哲、何大一、施敏、毛河光这样的大科学家，皆有在所寄明信片上留名，这也算是此次征集的最大收获了。

我之所以这么不顾一切地追求中研院院士手迹，起因是自己的院士手迹专藏，就是被我定名为"四合院"的综合收藏，即包括了大陆的中国科学院、工程院、社科院以及台北中研院四院院士的一体化收藏。通过近十年的努力，我在其中的两院（科学院、工程院）院士治学格言手迹方面的收集已经略具规模，我打算把它和签名肖像明信片结合，进一步打造成藏品的精华部分。而中研院有部分院士正好也是科学院、工程院的外籍院士，这也是我去信的动力之一吧！2004 年科学时报社把征集到的 689 位中国院士亲手书写的治学格言交由中国国家博物馆收藏，并出版了《中国院士治学格言手迹》一书。我想，待到时机成熟，我也整理出版一本有关两院院士签名肖像片与治学格言手迹相结合的书籍，在弘扬正能量的同时也算是对自己收藏的一个小结。但目前只完成这样的"1 + 1"藏品共计 141 对，不到健在院士的 10%，还有很长的路要走。

我十分欣赏被誉为"中国高温合金之父"、曾获得 2010 年度国家最高科学技术奖的师昌绪院士给我的题词，谨以此作为文章的结束："做人要海纳百川，诚信为本；做事要认真负责，贵在坚持；做学问要实事求是，重在创新。"

（张建斌，名人手迹收藏爱好者，自由职业者）

方志出版社创办纪事

李祖德

方志出版社于 1995 年成立，至今已有 20 个年头。我有幸参加方志出版社的创办工作，到 2002 年整整干了 7 年。回忆往事，犹历历在目。在方志出版社成立 20 周年之际，特写此文，以志纪念。

一　方志出版社的筹备

1983 年中国地方志指导小组恢复工作以后，经过十多年的努力，在全国范围内基本形成了党委领导、政府主持、地方志编委组织实施的格局，修志队伍有 11 万人以上，出版志书 1549 种。但是这些志书的出版由全国各地各类的出版社承担，在编辑、审稿、加工、核对等方面水平不高。这些出版社都有自己的专业范围，对地方志书不予重视，没有专门的方志编审机构与人员，有的甚至未经认真阅读，随手翻阅一下就公开出版。各地志书编好后，他们就得到处找出版社出版，奔波于全国各地。随着地方志事业的不断发展，有大批的志书尚待出版。他们强烈要求有一家专门出版地方志的出版社，以适应新的形势需求。1995 年，以李铁映为组长的中国地方志指导小组一成立，就立即着手方志出版社的筹备工作。

1994 年下半年，我从历史所副所长岗位上下来，调到指导小组任副秘书长，并开始筹备方志出版社。早在 1993 年 3 月 11 日，时任指导小组秘书长的郦家驹同志向新闻出版署提交了《关于申请成立中国方志出版社的报告》（下简称《报告》），拖了很长时间，杳无音信。郦家驹同志几次要我到新闻出版署找杨牧之、叶树人同志联系，向他们反映成立方志出版社的必要性与有利条件。后来郦家驹听说新闻出版署署长于友先是从河南调来的，而河南省志编委会主任邵文杰同志曾任河南省副省长，于是请邵文杰同志出面与于友先署长联系，反映地方志的情况与要求。经过将近两年的努力，在1994年11月29日同意成立方志出版社的文件终于批了下来。据说当时申请出版社的有两百多家，新闻出版署只批准了两家，而方志出版社就是其中的一家，实属不易。在新闻出版署组织的社长、总编辑学习班上，于友先署长在接见我们时说："地方志出版社在全国只批准方志出版社一家，以后希望你们能把志书出版很好管理起来。"新闻出版署批准成立方志出版社，对于加强志书出版的管理、完成志书编纂与出版任务，具有十分重要的意义。

出版社获得了批准，但出版社的命名却成了问题。原来我们在《报告》中申请成立"中国方志出版社"，新闻出版署叶树人对我说，凡是用"中国"命名的出版社要经过国务院有关部门批准，要另打报告审批。经过我们商议，为了出版社早日开业，同意不加"中国"两字；同时也提了一些别的社名，如"地方志出版社"等。我的意见既然不用"中国"，干脆就叫"方志出版社"，并取得了大家的同意。这一"命名"出乎意料，当时与我们同时批准的另一家公安系统的出版社名为"方正出版社"。由于一字之差，读音相近，因而有人找"方正"的却找到我们这里，而找"方志"的又找到"方正"那里去，经常搞错，闹了不少笑话。

方志出版社在新闻出版署批了下来，但不等于说马上就可成立开业，其间还需要经过一系列繁复的手续。

首先是办理出版社的营业执照。根据工商行政管理局的规定，凡新成立的单位必须有一定数量的启动资金与办公地点，否则不予登记，开不了业。出版社的启动资金，根据《报告》中所述："建社初期的经费来源主要是：①由中国地方志指导小组经费中调剂；②申请国家拨款；③自筹。"当时指导小组的经费一年也只有23万元，每年开支捉襟见肘，自顾不暇，不可能拿钱给出版社作启动资金。至于申请国家拨款与自筹，在当时的情况下根本没有这个可能。指导小组中的副秘书长霍力进与高德分别来自社科院里的人事、科研部门，经过与院部疏通，以指导小组的名义向院财务处借来100万元，作为出版社的启动资金，并事先讲好等工商行政管理局"验资"完毕后立即归还。这从营业执照制度上来讲是不允许的，一旦发现这笔启动资金是"虚假"的，就要吊销营业执照。但出版社要开业，除了"借资"之外，没有其他更好的办法，实出于无奈。这是方志出版社第一笔账目资金。资金虽在账内，实际上却两手空空，长期以来是出版社背负的沉重包袱，经常成为税务、审计部门追查的一个问题。

至于出版社的办公地点，《报告》中称是"北京建国门外日坛路 6 号"，实际上是指导小组租借历史所的两间办公室，办公人员挤在一起，人满为患，根本没有出版社的"一席之地"。工商行政管理人员来"验看"时，就将指导小组的两间办公室充作方志出版社的办公地点。这也是当时的无奈之举。

其次是领取社长、总编辑的"上岗证"。1995 年 2 月 24 日至 2 月 28 日，新闻出版署图书管理司与教育培训中心联合召开会议，对新建出版社与其他出版社新任命的社长、总编辑进行业务培训，由新闻出版署署长于友先、副署长杨牧之以及各部门的领导分别授课。为了显示出版社组织健全，我与霍力进、高延军同志参加，经过考核，成绩合格才发证书。这份证书，就是社长、总编辑的"上岗证"，否则不能上岗就职。

再次是要办出版社开业前所必备的各种手续。如到北京新闻出版局办理注册登记手续；到中国 ISBN 中心领取出版者前缀号，也就是书号条码，我社的条码为 ISBN7 - 80122；到国家技术监督局办理方志出版社的"企业法人代码证书"，代码为 10179418 - 8；到国税局、地税局办理出版社的税务登记，便于今后对出版社的查账、收税，等等。以上这些手续，每办一次颇费周折，要办下来很不容易。

复次是方志出版社领导班子的任命。由中国地方志指导小组向中国社科院打报告，请求任命出版社的社长、总编辑的人选。1995 年 3 月 6 日，中国社科院人事教育局下文，任命郦家驹同志为方志出版社社长，我为总编辑兼副社长。有了这一任命，我们就可以名正言顺地展开工作了。

最后是方志出版社的编制问题。我们向中央机关编制委员会上报《关于申请中国方志出版社编制的请示报告》。第一次郦家驹与我同去，以后我又跑了几次。当时国家正在紧缩编制，出版社批编制困难很大。后来我听说历史所赵嘉珠同志与中央编制办一位处长相识，我与她一同去找了那位处长，向他反映方志出版社的情况。经过多次努力，中央编制办于 1995 年 4 月 13 日正式批复"同意成立方志出版社，核批事业编制 40 名，经费自收自支"。这次申请不但解决了方志出版社的编制问题，还解决了指导小组的人员编制，由原来的 10 人，增加为 40 个编制。

从新闻出版署批准成立方志出版社开始，经过半年多的奔波联系，办理了众多的手续，方志出版社终于在 1995 年 5 月正式开业了。

二　草创中的方志出版社

方志出版社成立之初，没有一分钱，没有一间房，没有一个人，是个"三无世界"，有的只有郦家驹说的一句话：就是叫我去办出版社。

出版社迈出的第一步就是外出到地方上去组织稿源。当时我向指导小组办公室借了一些钱，请办公室的高延军陪同我去福建组稿。福建省地方志编纂委员会主任是刘学沛同志，是我"文革"期间相识的挚友。在他的支持下，我们签订了长期的出版合同。回京路经南京，受到江苏省地方志办公室主任汪文超同志的热情接待，不但签订了出版协议，还到六合印刷厂签订了有关印刷方面的合同。接着，安徽省志办听说我们到了南京，立即派人接我们到合肥。安徽省志办主任王鹤鸣同志毕业于复旦大学，是我相识的学弟，签订了出版、印刷等方面的各种协议。就这样，我们两人用了 11 天的时间，走了三个省四个地方，签订了许多合同，可以说是"大丰收"。我们刚回到北京，江西省志办张主任与徐华同志找上门来，当场就要走了几个书号，因此方志出版社的第一个书号好像是江西省景德镇市志。

有了志书出版，手里就有了点钱。当时书号条码请指导小组办公室黄淑琴同志代为保管，而出版社的钱放在哪里，由何人来管？社长郦家驹同志推荐杨品泉同志来临时帮忙。杨品泉是历史所《史学译丛》的编辑，翻译过许多英文论著，但在历史所建所初期，曾担任过历史所会计，当时正退休在家。这样，杨品泉就成了出版社的第一位成员。出版社有了会计，总得有个出纳。事有凑巧，我的研究生孙晓同志毕业后留所，他爱人李沛同志从河南调京正在找工作，这样李沛就成为出版社第一位正式编制中的人员，负责编辑审稿工作，兼充当临时出纳。不久，李冬玲同志也来到了出版社。她爱人是历史所博士后赵平安同志。与李沛一样，李冬玲有进京指标，正在找工作单位。按北京市人事部门规定，有进京指标，必须有工作单位才能报户口，而一时要找工作单位谈何容易。进京指标有个期限，超过期限就要作废。听说出版社新办要人，李冬玲也就来了。这样，出版社算上我就有了四位同志。

随着出版社人员的增加，长期与指导小组办公室同志挤在一起，互相干扰，十分不便。出版社必须另找一个办公地点。当时出版社钱很少，要找像样的办公大楼根本不可能。我们曾找过一所小学操场里的一排平房，但考虑到学生在操场上体育课很吵，不便工作；也曾到北京郊区通县一个生产大队里的办公楼去看过，但交通不便，上、下班困难；也曾到体委的一座空楼里去看过，条件是必须租借整个楼层的二十多间房间，且租金很贵。经过几番奔波寻找，终于在北京市丰台区北铁匠营 108 号找到了方志出版社的办公地点。时在 1995 年 11 月 15 日。

这是坐落在许多矮平房里的一套房子，属于街道办主管，有一间水房和七间大小不等的房间。据说这里原本是个小旅馆，旅客吸毒斗殴，致死一人而关闭。街道办见我们是个文化单位，租给我们比较放心。而我们将这七八间房间作为办公室比较适合当时出版社的情况，更主要是租金便宜，每月只要 1000 元。房子租下来后，屋内到处积灰与结满蜘蛛网，地上油泥层层。指导小组办公室王广生同志见到出版社如此困难，两老两女，缺少劳动力，便出手相助。我与他铲起地上的油泥，买来一桶煤油边冲边涮，终于使地板露出大理石板的本色。

李沛、李冬玲和杨品泉也帮着打扫房间，然后到邻近的虹桥小商品市场去买来一批办公桌、椅子、小床、书架以及各种办公用具。我还特地从外面弄来一块木板，用白漆涂上晒干，再在上面写上"方志出版社"五个黑体大字，并亲自挂在 108 号门口。它是方志出版社的发源地，也是方志出版社成长的摇篮。

出版社与其他兄弟单位相比，显得十分"寒酸"，令人难以置信。出版社最靠门口的一间是传达室，找了一位临时工赵燕霞同志来负责出版社的收发、打扫、生土煤炉以及日常事务，夜里在出版社值班看守。另一间是电脑室，又是李沛的办公室。一间是杨品泉的会计室，一间是我的办公室。一间是李冬玲的编辑室。二间为书库。每间房间大的有十几平方米，小的只有 8 平方米。每间窗户很低很小，窗外邻居的房墙几乎紧贴出版社的窗户，因而屋内昏暗，白天办公也要开灯。屋内没有暖气，通道生一个土火炉根本无法供暖。冬天办公大家都穿着棉衣，手里拿着热茶杯取暖。老鼠、蟑螂白天也到处乱蹿。出版社的四邻犹如一个贫民窝，大多出租给一些拉三轮车的、摆吃食小摊的、做小生意的外地人，也有一些本地失业在家的无业游民。社会治安比较混乱，是派出所的重点治防区。进出道路是不到两米宽的小道。路面是泥土加石块的混合路，下雨天泥泞不堪。路面没有正规的下水道，尿屎横流，一到夏天苍蝇蚊子满天飞嗡嗡作响，要向大粪沟里喷洒"敌敌畏"。出版社在这种环境下办公，使外地来找出版社出书的同志惊奇不已！

出版社没有开业之前，我跑新闻出版署、中央编制办以及各种手续的办理，大多是我自己骑着自行车去的。郦家驹在秘书长办公会议开玩笑说我"骑着自行车满天飞"。出版社开业后，我上、下班用的自行车便成了赵燕霞去邮局收取信件书稿的交通工具。当时规定出版一部志书，要送给出版社31本样书。随着志书出版的增多，样书就越多越重，自行车骑到半路样书散架，满地散落不可收拾，于是我把退休后原想买菜用的小三轮斗车拿到出版社来用。以后我又把搁在家里不用的煤气罐、旧洗衣机、旧电视机拿到出版社来供大家使用，这样就省掉了出版社的一笔费用。出版社人员外出办事，一般都坐公交车，不能坐公交的才能叫出租车。大家都能想起，当时马路上出租车，一种是红色的"夏利"，一种是黄色的面包车，又称"黄虫"，座位多，价便宜，我们都坐"黄虫"满街跑。因陋就简，勤俭节约，艰苦创业，成为草创时期方志出版社全体人员的共识。

草创中的出版社要招聘编辑非常困难，人员少得可怜。地方志是一门专业性很强的新兴学科。高等院校没有开设地方志专业的课程。地方志专业人才的不足，给草创中的方志出版社带来"先天不足"的不利条件。出版社一无住房宿舍，二无吸引人才的经济实力，办公条件太差，要招聘有一定水平的编辑人员是不可能的。我和郦家驹曾经想从大学毕业生中招聘，后来发现大学毕业生要在北京工作，接收单位必须有进北京的户口指标。出版社条件差，家在北京的大学毕业生不愿来，户口不在北京的外地大学生由于出版社没有进京指标，想来却来不了。中国社科院虽有进京指标，但"粥少僧多"，根本不可能给刚成立的小小出版社分配进京指标。出版社创建初期，李沛、李冬玲与以后来的李江同志，都是由于爱人在北京自己有了进京指标，急于落实就业单位以便报上户口才来出版社的。李冬玲报上户口，暗地里另找单位，在出版社做了二年也就辞职走了。李沛之所以未走，可能她爱人与我有师生情谊，不忍"雪上加霜"再离而他去。出版社进不了人，进来的又留不住，这是个大问题。我与郦家驹几次商议，最后决定从离退休人员中招聘编辑。这些老同志没有住房分配问题，不要医药费报销、不用评职称，不付养老保险金。她们工作经验丰富、编辑工作能力强，一到出版社就能展开工作。经过多方联系，张其卓、赵慧芝同志就先后来到了出版社。张其卓同志是已退休在京的原辽宁省岫岩县文化局副局长，曾主编《丹东市志》。赵慧芝是原中科院自然科学史研究所《中国科技史料》《自然科学史研究》副主编。她们两位也就成为草创时期出版社的主力。约在 1998 年初，社里又增加了常治宗同志。他是当时出版社唯一的男壮劳力，除开车以外，凡是重活、累活以及出版社的后勤工作，都由他一人包了下来。这样，经过努力，草创时期出版社的编辑人员是李沛、李冬玲、张其卓、赵慧芝和我，加上杨品泉、赵燕霞、常治宗，总共只有 8 人，连《沙家浜》里胡传魁所唱的"十几个人，七八条枪"都不如！

出版社一搬到北铁匠营，立刻就遇到出乎意料的各种情况。

在这样一个环境条件差与贫民杂居的地方，竟然出现了一个作为文化单位的方志出版社，消息一传出，马上引起各方面的关注。街道办得"风气之先"第一个找上门来，拿着北京市有关残疾人的文件，称像我们这样的"大单位"，应该接收两位残疾人员工作。费了不少口舌，街道办最后答应由出版社每年支付两位残疾人的"工资"6000 元，人可以不来。这是由于我们租了街道办的房子而特殊"照顾"，否则残疾人来了还得付医疗费、养老金等费用。

其次是邮递问题，出版社开业一个多月收不到一封信件与书稿。地方上有人打电话来催问，我们才发现邮局未送。据邮递员说，北铁匠营 108 号没有这个"方志出版社"的人名，无法投递。其实只要地址不错，至于收信人是谁邮局是无权过问的。找邮局领导人交涉，说出版社信件多，稿件重，邮局人手少，要出版社在邮局租借个大邮箱，每天自己去取。我们才明白其中的"道理"，不得不付笔钱给邮局，并且每次逢年过节都得买邮局出品的挂历、纪念邮册等，否则就过不了关。

接着是社会治安问题。派出所户籍警来出版社了解情况，听说晚上值班的是一个 20 岁左右的小姑娘赵燕霞，当场提出这不安全，出了事他有责任，要介绍一个男同志来共同值夜班。我们提出一男一女同值夜班也不安全，最后他才同意在出版社大门口装一铁栅栏拉门，晚上拉门锁上。以后我们租了他房屋作书库，他就关照他治区的"小流氓"，谁也不准来惹出版社。出版社的治安得到了保障。

至于其他的问题还有不少。例如管治安的公安系统到出版社来"巡看"，说出版社的一只小保险箱不合格，要买统一规格的××牌保险箱才符合安全；有一个穿着军大衣的人进来找社领导，说要及时了解社会治安情况，要出版社订二份报刊；用电单位来出版社说我们单位用电量多，供电困难，希望我们出钱"增容"（增加电容量）改装；卫生防疫站来说，出版社附近环境太差，蚊蝇太多，要我们改善周围环境，预防疾病传染；等等。总之，出版社在当时成了一块"香饽饽"，人人都得来咬一口。

以上这些问题，都还比较容易解决，无非出一些"小钱"即可，而最难对付的是税务部门。在北京南城区，工矿企业与大公司较少，如今来了个出版社，就成了他们征税的重点对象之一。一年之中，国税局、地税局与税务稽查大队轮番到出版社来查账。据说税务人员每年都有完成税务指标的任务。记得有一次税务人员到出版社来，说年终税务工作忙，没有时间来查账，要出版社交一笔税金就此结束，并扬言如果要查，肯定交得更多。出版社很"自信"，认为账目清楚，交税及时，不会有问题。于是税务人员开始查账。"人有千虑，必有一失"，果然在千百张发票中被查出一张废票。原来发票有不同档次，如果所开资金数字超过发票规定的数字，不符规定就成了废票。当税务人员拿着这张增值税发票，要求到印刷厂调换重开，我们就一口答应了下来，以来事情就这样结束了。接着他们就要我们"补税"，说这张废票是6月上的税，正式合格的发票到年底才补上，其中的五六个月要交"滞纳金"。滞纳金以发票上资金数的千分之一为基数，按日计算。五六个月算下来，滞纳金数远远超过这张发票数的好几倍。税务人员脸上露出得意扬扬的神态，暗示我们当初不听"好言"相告，如今才知道他们的"厉害"。

经过几番查账，让我们逐渐懂得了各种"规矩"，否则就会被"穿小鞋"。其中最重要的"规矩"是要好吃、好喝、好拿、好招待，即所谓"四好"。记得有一次来查账，到了中午我们一般在附近餐馆请客吃饭，刚坐上汽车，他们就提出到××饭店去吃，并由他们指路。进了餐馆，我们刚拿起菜谱准备点菜，来了餐馆的老板娘，税务人员用手一挥喊道："老样子！"老板娘心领神会，不容分说，各种菜肴纷纷摆上菜桌。酒醉饭饱之后回到出版社，水果香茶伺候，还得陪着聊一会儿天才开始继续查账。临走时，汽车后备箱里早就买好了礼品，在他们的指引下，分别送到他们的家中。这是一种"潜规则"。我们这些知识分子是"书呆子"，不懂这一套，但不得不在实践中慢慢学，去适应。

草创中的方志出版社人员少，谈不上有什么制度，遇到了什么事就临时决定，慢慢地就形成了制度。以工资补贴来讲，杨品泉第一个来出版社，每月工资补贴600元。他是会计，发现我不拿钱，就提出他也不要。这就不好办，总不能让人家"白干"。我与郦家驹商量。郦家驹干脆叫我也拿 600 元。这一临时决定就这样延续下来，以后李沛、李冬玲以及张其卓、赵慧芝来出版社，都同样拿 600 元工资补贴。大约过了一年多，方志出版社已搬到东铁匠营办公，每人增加交通费 100 元。以后又增加午餐费，每人每日 5 元，以每月 24 个工作日计算为 120 元。这样每人每月工资补贴总共为 820 元。这个工资补贴不分上下，不分职务，一视同仁，一直维持到 2000 年李占领同志来出版社才有了改变，历时 6 年左右。这样的工资待遇与当时社会上的工资相比是属于低工资，如与其他出版社相比更不可同日而语。

除了工资补贴外，另有的一个收入就是审稿费。草创时期出版社的审稿费只有一审制每千字 1 元。后来实行三审制，初审费每千字 1.5 元，复审费每千字 0.3 元，终审费是复审费的 20%，即千字 0.06 元。每个编辑每月审稿有多有少，收入不等，但大致每人每月平均审 100 万字的工作量，审稿费初期为 1000 元，后期为 1500 元，加上工资补贴 820 元，每人每月总收入在 2000 元左右，与当时社会上的工资总收入相差不多，但要付出很大的辛劳。为了完成众多的审稿任务，大家白天上班，晚上就加班加点。当时出版社实行低工资，鼓励大家多审稿，充分发挥每个人的积极性，是出于出版社人员少、任务重情况下的无奈之举。

出版社条件差、工资低，但每个人却工作量大、任务重。不是"一个萝卜一个坑"，而是"一个萝卜多个坑"。一个编辑人员的工作，从与客户洽谈联系，到合同协议的签订；从书稿书信的往来，到写出审读意见；从出版前"委印单"手续办理，到印刷费资金的管理；从书号条码的发放，到出版后"样书"的催缴。如果印刷由出版社承担的话，就要计算这本志书需要多少"令"纸。纸的品种很多（如新闻纸、字典纸等），封面、扉页、图片用纸也各不相同，要熟悉各种纸张的价格。再加上印刷中的人工费、印刷费、装订费等各种费用，估算出这本志书印刷的总成本价，这样才能与来客洽商印刷的费用。然后又要找印刷厂联系，了解印刷厂的生产能力、印刷质量、印刷价格、出版周期，做到心中有"数"，不让印刷厂"漫天要价"，使出版社有利可图。总之，一本志书从联系洽谈签订合同开始，一直到志书出版，其中的每一环节，编辑人员都要贯彻始终，"一条龙"一包到底。其他出版社编辑人员所负担的工作量，是不能与此相比的。草创时期的方志出版社迫使每一个编辑人员，必须学会各种"本领"，以适应当时工作的需要。

出版社的审稿质量对草创中出版社来说是至关重要的问题，也是衡量出版社水平的重要标杆。这些志书的字数，少则三四十万，多则上百万。一部志书在手，如何从头审起，如何能抓住要害，突出重点，这是审稿中首先必须解决的。根据志稿编纂的特点，每部志稿成书都经过编纂者的多次打磨，在文字语句上多经修饰，不会有多大问题。如果我们对数十万字的书稿做精读细审，进行一字一句的修改，费时费力，吃力不一定能讨好。但志书另一个特点是"众手成书"，政府中的各个部门各自为政，搜集的资料互相矛盾，数据各异，虽经主编统稿，难免疏漏，出现各种"硬伤"。例如文中标题与目录、眉题不符；标题的字体、字号大小不统一；文中字距、行距不规范；标题与文中内容不切合，离题太远；编、章、节、目编纂体例不合理；王朝纪年与公元纪年转换错误；同一文中数据与表格数据各异，表格单一数据相加与表格共计数不符；等等。同时还要重点细审凡例、绪言以及宗教、民族、统战、"文革"、人物评价等敏感内容。编辑人员把主要精力放在审核志书的"硬伤"上，切中了志书编纂过程中的要害，并通过实践，制定了《审稿须知》的规定，能很快找出志书中的许多毛病，人人都成为审稿的能手。

审稿质量是方志出版社的一大优势，也是编辑人员的强项。凡是第一次来出版社的地方志办同志，都会来电话说找不到社址。几次三番告诉他们如何找，仍难找到，最后不得不派人到外面去接。经过左拐右弯的小道，来到出版社一看，大多会说这个出版社怎么会在这个地方；满以为在高楼大厦里，怪不得找不到。又见到出版社人员寥寥无几，因而刚开始洽谈时就面有难色。我们知道，他们对出版社缺乏信心。但是随着交流的深入，慢慢面露喜色。因为我们对志书的编修非常熟悉，是个内行，这样也就有了共同语言，关系逐渐融洽。到中午我们请吃饭，他们就开始吐露心声，说刚开始不想在此出版，后来发现我们人虽少，但都是有学问的知识分子，作风正派，不像油嘴滑舌的商人，在这里出版比较放心。真是"酒好不怕巷子深"。等审完志稿寄去一看，经常来信或来电，对我们审稿的质量表示钦佩。我们也经常遇到这样的情况，有的地方志办人员急于出书，曾夸口说志稿已经过多次审核，不会有什么差错，要求我们像其他出版社一样，随便翻阅一下即可寄回。当我们把十多页的审稿意见寄去后，才让他们大吃一惊，想不到书稿中竟存在那么多的"硬伤"，并来信或来电表示感谢。

方志出版社的优势除了审稿质量，另一优势是收取管理费（书号费）

比其他出版社低。地方志书不可能成为有巨大利益可图的畅销书，在书号有限的情况下，其他出版社收费就比较高，一般都在 1.5 万到 2 万元，部头大的甚至高达三四万元。方志出版社是全国地方志唯一的专业出版社。地方志书不是以盈利为目的的出版物。方志出版社以出版全国志书为中心任务，为繁荣与发展地方志事业服务，因此收取管理费比较少，部头小的六七千元，百万字以上的 1.5 万元左右。这就吸引了许多地方志办到出版社来出书。

草创中的方志出版社经过三四年的打拼，出版了大量的志书。1995 年出版 50 部，1996 年 85 部，1997 年 130 部，1998 年 180 部，志书出版逐年增长，影响力日益扩大。在这 445 部志书中，有许多属于质量比较高的作品，引起人们的关注。现凭我记忆，试举几例。《江永县志》是一部非常有特色的志书，其中的"女书"十分引人注目。所谓"女书"，是古老的江永地区长期流传的民间习俗，妇女之间用一种秘密的文字，进行交流。书信往来被男子发现，由于不识"女书"，也不知书信的内容。妇女之间，互相习传，代代相传，流传至今。《江永县志》对"女书"产生的原因，"女书"在妇女之间交流的情况，"女书"的字体语句的例举，等等，都做了详细的介绍与叙述，引起许多古文字、古文献学者的研究，并出版了《"女书"辞典》，发表了大批研究文章，也引起世界文化组织的关注。另一部是《大足县志》，对大足石刻的历史渊源、所遭受的历史劫难、石刻所反映的历史故事以及现存石刻的各种保护等都做了详情的介绍，尤其可贵的是，志书编纂者以素描的形式，对石刻的全貌做了缩影，并配以图片，可谓"图文并茂"，很有特色。大足石刻是全国著名的旅游景点，是世界文化遗产遗址地之一。《大足县志》的出版，引起社会的极大反响。1997 年，中国地方志指导小组在全国举办"新编地方志优秀成果评奖活动"。方志出版社在短短二年出版的 100 多种志书中，有 12 部志书获奖，《大足县志》就是其中之一。

草创中的方志出版社虽然身居陋巷简屋，人员稀少，但每一个人都怀有艰苦奋斗、自力更生的精神，去创造业绩。凡是到出版社来过的方志界朋友，无不为我们这种"白手起家"的努力所感动。有的同志撰文称："我目睹了建社之初出版社同仁在丰台区十分艰苦的办公条件下，为首轮方志出版辛勤耕耘的场景。""就我接触到的方志界同仁，对方志出版社的一个共同感觉是：为人实在，干事实在。"① 有的还说：他们编写的志书，"自认为成

---

① 王志邦：《与时俱进，再创辉煌》，《中国社会科学院院报》2005 年 5 月 20 日。

熟度比较高，但是方志出版社负责初审的责任编辑们，仍能提出不少中肯的修改意见和建议，包括帮助改正极个别未校对出来的错别字和错误标点；负责复审的同志则都能对初审意见进行审核、甄别，并都有或多或少的校正，还能在初审意见之外提出一些新的修改意见和建议"。"这些意见，对我们提高出版物的质量和水平，避免一部内在质量好的书功亏一篑，起到非常重要的作用。"① 方志出版社以高质量的审稿水平受到广泛的好评，在方志界打出了品牌，站稳了脚跟。在全体创业人员的努力下，取得了较大的成绩，积累了300多万元的资金，并购买一辆"捷达"牌小车作为员工上、下班的交通工具。到北铁匠营三年租赁期满，草创中的方志出版社就开始另谋发展。

三 在困境中谋发展

1998 年 10 月 15 日，这是方志出版社一个喜庆的日子。就在这一天，我们从破旧的北铁匠营搬到了丰台区角门北路甲 8 号院新居。

角门北路的房子是个二十层的高楼，楼内绝大部分住着北京的普通老百姓。作为一个文化单位的出版社，为什么不去租赁或购买办公大楼里的房间，对此我们曾经做过一些市场调查与情况分析。当时办公楼价格很贵，根据出版社的经济实力，只能购买面积不多的房间，而居民楼相对比较便宜；租赁办公楼，产权是别人的，而购买居民楼，产权是出版社自己的；办公楼有一套物业管理制度，人员工资、水电费用按国家标准开支较大，而居民楼自我管理，只交一点物业费，省掉了不少费用；办公楼晚上不允许有人住宿，今后如果没有房子的大学生到出版社来工作又得另租房子，而居民楼则没有这个问题，并且晚上还可为出版社值班，以后也可作为福利房分配给本社员工；办公楼是筒子楼式的格局，一间间各自为政，各部门很少往来，而居民楼一套之内，各居一室，便于联系，再加上居民楼内有厨房、厕所、洗澡间，在上班后的业余时间大家在一起做些饭菜，说说笑笑，融洽感情。出版社设在居民楼内，虽然没有办公大楼里"阔气"，但比较实用，符合当时出版社的实际情况。当然，这不是说出版社今后不要有自己的办公大楼，但要等以后随着出版社的发展情况而定。

---

① 苟德麟：《深巷新酿香四溢》，《中国社会科学院院报》2005 年 5 月 20 日。

我们的新居是大楼的最低一层，一是便于来京客人寻找；二是考虑出版社书多书重，能担负起承重的压力。大楼每层八套房间，分成东、西两组。我们买了东面的四套，自成一统，不受居民住户的干扰。四套房子均为二套三居室，二套二居室，加上四个大厅，可安排 14 个办公室。这与租借近代史所的指导小组办公室相差无几。当初搬到新居的人员总共只有 7 人（李冬玲已调走），新居房间足够使用。我们还特地空留一套三居室，供外地来客住宿或改稿之用。后来随着出版社的发展，陆续来了李江、卢润蓉、王瑞华、杨苏雅、李占领、夏红兵、章文、张景波、高岱红 9 人。全社先后设社长室、总编辑室、社长助理室、总编室、办公室、财务室、电脑室、发行部。同时又租用大楼 800 多平方米地下室，作为书库。出版社从草创时的"一无所有"到终于有了自己的"窝"，可谓初具规模。

如果说出版社在北铁匠营是为了"求生存"的话，那么到角门北路新居之后是为了"谋发展"。但是出版社在"谋发展"的道路上并不一帆风顺，而是困难重重。这困难来自各个方面，新闻出版署图书司综合处（下简称"新图司综合处"）规定的"禁止买卖书号"就是其中之一，长期以来使出版社陷入了不能自拔的困境。

为了防止社会上的非法出版物与盗版畅销书籍，新闻出版署禁止买卖书号是完全正确的。什么是买卖书号？新闻出版署规定，出版社必须对编辑、印刷、发行三个环节严加控制，其中任何一个环节"失控"，那就是买卖书号。对方志出版社来说，要控制编辑、印刷、发行是非常困难的。

新编中国地方志是由"党委领导，政府主持，地方志编纂委员会具体实施"的国情书。这就决定了志书的出版，从编辑、印刷到发行，自始至终贯串着一种政府的行为。

首先从编辑来看。地方志是由各地各级政府根据国务院编修地方志的指示，通过地方志编纂委员会来制定规划并实施的。其大致过程是：政府各部门搜集资料，地方志编委会进行编辑、总纂，形成送审稿；政府组织有关部门（如保密、统计等）与专家多次评审，又经过多次修改、补充，形成定稿本，经上级有关部门验收批准，最后才能找出版社出版。因此到出版社手中，这部地方志已是数年耕耘、几易其稿的定稿本了。如此繁重的编辑工作，出版社是无法承担的。

其次从印刷来看。新编地方志是"官修书"，出版经费由政府出资。政府部门出于"肥水不外流"，大多找自己的下属印刷厂，或者找印刷费用低的印刷厂。方志出版社没有自办的印刷厂，北京地区的印刷成本较高，因此志书印刷绝大部分由政府自己联系。印刷经费控制在政府手里，出版社对印刷是无法控制的。

最后从发行来看。新编地方志既然由政府出资，印刷的数量必须根据政府的需要而定，出版社无权干涉。这些志书出版以后，绝大部分由政府下文给有关下属部门或企业单位，规定购买或分发一定数量的志书，基本上是"自产自销"。出版社不可能越俎代庖来自办发行。

根据上述地方志编、印、发的情况，方志出版社条条都触犯了"禁止买卖书号"的规定。地方志出版与其他图书正常出版形式有所不同，有其特殊性，即始终贯串着政府的行为。方志出版社如果离开了政府行为，要自筹资金，独立编纂，通过发行取得经济效益，这是不可能的。

由于新编地方志的特殊性，新闻出版署在"禁止买卖书号"的文件里一直把地方志列入"协作出版"之中，不作为"买卖书号"处理。如1989〔795号〕文件明确指出："地方志、党史资料可视为学术著作，如系协作出版可不查处。"1991年〔287号〕文件规定："地方志可以在当地有关专业出版社协作出版。"这里的"协作出版"就是编纂单位在出版社的"协作"下出书，而出版社经过审核收取一定的管理费，实际上就是书号费。方志出版社出版地方志，就属于"协作出版"。不过到1993年新闻出版署〔1556号〕文件又做了规定："暂停新的协作出版业务。"但地方志属于旧的，不是"新的"，不该在"暂停"之列。方志出版社成立于1995年，是在"暂停"公布之后，当时新图司综合处处长叶树人是位老同志，对地方志的性质非常了解，不但没有把地方志作为"买卖书号"之列，而且在1996年出版社50个书号不够时，增补35个。可是好景不长，叶树人不久退休，换了一个新的负责人，于是"买卖书号"就成为方志出版社无法摆脱的大问题。

1998年有人向新闻出版署告发方志出版社"卖书号"。新闻出版署1999年〔578号〕文件，认为方志出版社"因涉嫌卖书号"，1999年年检登记暂不通过。年检没有通过，也就不发书号，许多约定的志书无法出版。出版社处于停滞状态。我们不得不跑断腿，磨破嘴，写报告，说情况，据理力争。在"力争"的过程中当然难免得罪人，不过"有理"在手，终于在1999年下半年通过年检，整整折腾了半年多时间。

祸不单行。到了2000年又有人向新闻出版署揭发，说方志出版社正式专职编辑只有李沛和我两人，其他都是兼职编辑，其中大部分是地方志指导小组办公室人员。新闻出版署根据举报，以"机构不健全"为由停发 2000 年书号。这当然不完全符合实际情况。其实除我与李沛之外，李江、张其卓、赵慧芝、杨品泉等都是出版社的专职编辑，同时我们还聘请一些社外的专职编辑。至于聘请指导小组办公室人员，主要是出版社每人每月 400 元给办公室作为改善生活的"工资"。办公室 29 人，出版社每月付 11600 元"工资"。以此聘请办公室四五位有编辑经验的同志作为出版社的兼职编辑。后经社科院科研局核查，将出版社编辑人员的情况向新闻出版署报告，于 2000 年 7 月才发了上半年的 60 个书号，并指出："所聘离退休人员担任社编辑已近半数，数量太多，比例太大"，"至今仍无总编室，又无发行部"，"如果方志出版社不健全的问题不解决或解决不力，今年下半年以至今后的书号，不再予以核发。"出版社再次陷入困境。

一波未平，一波又起。2001 年，方志出版社在新闻出版署的年检仍未通过，并责令方志出版社"停业整顿三个月，扣发 2001 年全年 1/4 的书号"。这件事情的起因，约在 2000 年下半年，有人向新闻出版署举报，说安徽省志办印制中心用方志出版社的一个书号出版了 20 多部志书，违反了一书一号的规定，涉嫌"卖书号"操作。经我们调查，1999 年安徽省志办要拿取成为全国第一个完成第一轮出版任务的省份，以此向 50 周年国庆献礼。而 1999 年上半年正值出版社年检没有通过，没有书号。安徽省志办制作中心急于完成任务，瞒着出版社用一个书号印了 20 多部志书。当时我们不了解这一情况，新闻出版署知道这一情况后就对出版社采取了上述措施。其实这 20 多部新书出版社没有向安徽方面收取任何费用，谈不上"买卖"书号，而是瞒着出版社"盗用"书号。新闻出版署当时对盗版书籍屡禁不止，防不胜防。方志出版社在印刷方面的管理与措施，可谓十分严格，但对这种"盗用"书号同样防不胜防。但不管怎样，出版社在印刷方面出现了"漏洞"。新图司综合处的负责人要求出版社进一步"健全制度"，采取措施，主要有三条。

一是为了堵塞漏洞，出版社应派人去印刷厂直接监督。前面已经谈到，印刷厂由政府联系，并派人监督印刷质量与印刷进程，他们比出版社更了解志书印刷的情况与要求。现在要出版社直接派人去印刷厂监督，也就是说出版社每年出版上百部书，就得派上百人次到外地去监督，这些人员与出差经费从何而来？

二是出版社在印刷方面要建立"图书出入库制度"。志书印刷后，出版社要有"图书入库单、发货单、提货单"等各方面的制度。前面同样谈到，志书出版后，基本上由政府"自产自销"。如果按照"图书出入库制度"，志书先得进出版社"入库"，然后开"发货"单，让政府到出版社来"提货"。图书到出版社来"走一圈"，制度是"健全"了，但白白浪费了人力劳动与运输费用。

三是新图司综合处负责人还规定，图书出入库制度还必须在资金账目上有所反映。那就是出版社进了多少书，每本多少钱，总共多少钱，卖出去多少钱，盈利多少，在账目上都要反映出来。方志出版社过去的账目没有实行"出入库制度"。地方政府寄来一笔钱，其中扣除管理费，剩下的印刷费就寄回印厂。一本书一记，非常简单，账目清清楚楚。如今要改"出入库制度"记账，就得把账目改过来。账目如此繁复，我们只得雇请兄弟单位的会计来指导和帮助。雇请的会计白天有自己的工作，只能晚上或星期休息日来加班加点。"出入库制度"账目"健全"了，但出现了各种"怪"现象。例如有的志书部头大、印数多，全书总价就很高，而用区区少数印刷费来购买这大批志书，折扣就打得很低，有的甚至出现 0.02 折，几乎白送；有的志书部头小、印数少，全书总价也就低，但寄来的印刷费超过了这批书的总价，也就是说，如果这本书只有 30 元，政府用 35 元购买回去，岂不滑稽。这些"怪"现象，明显违反市场经济常识，令人不可置信。为此，出版社就要地方志办或增加印刷费，或减少印刷费，要符合折扣的合理要求。出版的手续越来越烦琐复杂，原本约定出版的志书，纷纷离去而另找其他出版社。"出入库制度"对其他正常的出版社来说无疑是正确的，但对方志出版社的特殊性来讲，难免有"削足适履"之嫌。

这种"出入库制度"，又使税务部门十分为难。税务人员每年都有规定的征税数额。这一数额是根据这一地区营业额的多少按比例来确定的。方志出版社实行"出入库制度"账目以后，每本书的总价格数很高，从税务来讲就是营业额很高，这样税务人员征税的任务就越重。但出版社缴纳的"所得税"（利润）极少。税务人员就完不成征税任务，就要出版社多缴税。出版社无税可缴，税务人员就要求把账目改回来。如果改回来，这不符合新图司综合处负责人的规定；如果不改回来，税务部门又不答应。方志出版社左右为难，无所适从。

出版社连遭三年"制裁"，不是被停发扣发书号，就是被停业整顿，多次陷入困境之中。据出版社 1999 年财务统计，由于上半年没有书号，当年

6月的利润总额竟亏损 65109 元，实际留存金额降至 177940 元。至于以后几年的情况，也就可想而知。

出版社虽然遇到了上述种种困难，但必须在困境中谋发展。从发展的角度看，出版社必须以出版各地志书为中心任务，不断提高图书编校质量，多出书，出好书。同时也要加强内部自身建设，健全各项制度。在努力完成这个中心任务的基础上，出版社还必须扩大出版范围，改变经营思想，适应时代的经济潮流，在生存中谋发展，在发展中求繁荣。出版社为此做了一些努力。

第一是编辑人员的引进。

出版社在草创时期，由于条件差、工资低，以及各种原因进不了人，搬到角门新居之后，我与郦家驹同志商量，从历史所调两位工作能力强的同志到出版社来。郦家驹曾向郁文同志汇报了这两位同志的情况，并征得郁文的同意。但不久受到阻挠，流言四起，最后不了了之。又有一次，原在历史所工作过的考古所党委书记张显清同志找我，说他所一个博士后研究生爱人调京，问我要不要人。我听说她也是搞地方志工作，写过不少论著，当然求之不得。我们见了面，讲好到出版社来工作。小组办公室听到这一消息，便动员她到小组办公室工作。这样，好不容易出版社能进一个人，就被挖了墙脚。出版社要从大学毕业生中招聘，需要进北京户口的指标。社科院里发下来的进京指标，到不了出版社的手里，小组办公室每年都进大学毕业生，出版社分不到一个。出版社人员少，始终是个大问题。出版社曾经请小组办公室与院部一些同志帮助审稿，做兼职编辑。有许多同志稿审得很好，但有个别同志对方志的编写体例、内容、方法不十分了解，以致在审稿中对附录中政府下发的文件大提意见，并进行修改，闹出了笑话。有些兼职编辑手头有自己的写作任务，审稿日期常被延误，影响志书的出版，因此出版社引进编辑人员更显迫切。经过努力，出版社引进了李江、李占领、夏红兵等同志。李江是河海大学人文学院研究生毕业生，1999 年 5 月来出版社，成为出版社编辑主力之一。李占领早年毕业于北京师范大学历史系，在朝华出版社曾任副社长兼副总编辑，2000 年 7 月来出版社，负责总编室工作。夏红兵长期从事文秘工作，管理经验丰富，于 2001 年来出版社，任社长助理之职。这三位同志的到来，使出版社的编辑人员增加为 7 人，再加上社外编辑人员，实力不断增强。到 2001 年，出版社筹建第二编辑室，公开向社会招聘12 位编辑人员，全社编辑人员一度达到 26 人之多。

第二是订立出版社的各种规章制度。

草创中的出版社人员少，谈不上有什么规章制度。出版社搬到角门新居后，随着条件的改善、人员的增多，方志出版社在工作中逐渐形成一套规章制度，例如合同制、审稿制、委印单制、税票管理等，为保证出版社工作顺利进行起到了积极作用。1997 年 11 月出版社编订了《方志出版社人事管理条例》。2000 年又制定了《方志出版社工作条例》。到 2002 年 2 月，制定了《关于选题论证与审批的管理办法》《关于严格执行书稿三审制的若干规定》《关于加强图书质量管理的若干规定》《关于加强书号管理和使用的若干规定》《关于书稿档案的管理办法》《关于总编室的职责规定》《财务管理制度》等一系列制度。这些制度都是通过办社实践逐渐积累的经验总结，对出版社的发展起着十分重要的作用。

第三是提高编审水平，出版较高质量的志书。

方志出版社的审稿质量，得到方志界的好评，实行书稿"三审制"后，审稿水平有了进一步的提高，出版了许多质量较高的志书。《唐山市志》是我记忆深刻的一部志书。此书详细记录了唐山大地震的全过程，包括震前的种种迹象，地震中许多灾民的口述，震后的惨烈景象，政府在救灾中的各种措施以及唐山大地震后的重建，等等，并配以各种图片。这是一部具有重要历史价值的实录文献。又如苏州五个小镇丛书的出版。在苏州工业新区开发中，原本五个小镇行政地区消失，为了抢救这五个小镇的大批历史资料，出版社派人帮助他们编纂与修改了这套丛书，填补了苏州工业新区之前的历史空白。

还值得一提的是《新编中国优秀地方志简本丛书》（以下称《简本丛书》）的编纂。众所周知，新编地方志部头大、价格贵，很难走向社会、面向大众。1997 年在全国志书评奖会议上李铁映同志提出，要从已经出版的志书中改编一套"简本丛书"。简本部头不大、价格不贵、携带方便，更有利于志书走向社会。方志出版社根据李铁映的指示，决定先从 178 部获奖志书中选取，具体组稿、编辑、印刷由李沛同志负责，很快就出版了《简本丛书》第一辑，共 8 部书稿，第二年又出版了第二辑。《简本丛书》的出版获得了社会的广泛好评。王忍之还从出版社要了二套，送给李铁映同志。这套《简本丛书》是出版社自主操作、扩大出版范围的初步尝试，并取得 30 多万元的经济效益，尝到了甜头。

第四是编辑《新编地方志总目提要》。

受《简本丛书》出版的启发，为进一步扩大出版的范围，出版社又编辑了《新编地方志总目提要》一书（下称《总目提要》）。该书拟仿照《四库全书总目提要》的形式，将新编志书以条目的方式把内容概括在 3500 字之内，做到一书在手，可以综览全国各地志书的概况，为广大读者提供大量的资料信息。该书由小组常务副组长郁文同志主编，先从县志入手。通过《总目提要》的编辑，想要达到四大效益：一是有利于志书的应用，扩大影响力，收到较好的社会效益；二是全国 2000 多个县入编，每个县购买一部或二部《总目提要》，就有四五千部发行，再加上全国图书馆及其他单位购买，经济效益相当可观；三是为了便于审稿，每县随条目附赠样书一本。2000 多部志书是个不小的财富；四是把 2000 多个县的撰稿人登记在册，形成一个全国县级的联络网，便于今后调查问题、了解情况，有利于今后出版社的图书发行。此书由赵慧芝同志负责组稿、编辑，我们还约请小组办公室的傅能华、周均美同志协助审稿，编写"条目撰写说明"，撰写四个样稿供各地参考，又写了《征稿启事》，动员全社人员开出 2000 多只信封发往各地。《征稿启事》发出后很快得到热烈的响应，大量稿件与样书源源不断地寄来。到 1999 年底，据初步统计，共收到 900 多部条目与样书。出版社为此付出了 4 万多元的审稿费。待到条目收到千部先出版上册，但迟迟未能编完。不久指导小组有人通知出版社，该书成为指导小组的重点项目。当时郁文同志已离开指导小组，无力过问。这样，由郁文同志主编，出版社费了大量人力、财力的《总目提要》就此中断，所谓"四大效益"也付诸东流。

第五是筹备出版社的"第二编辑室"。

政府出版志书的特殊性，决定了方志出版社只能是低水平收入，因为我们服务的对象是政府部门，是从政府计划拨款中取得微薄的收益。这些志书不可能像其他出版社出版的"畅销书"那样获得丰厚的利润。为了改变出版社的经营方式，另谋出路，把专门出版各地志书的作为第一编辑室，开始筹备第二编辑室。第二编辑室的任务就是效仿其他出版社的经营方式，自己选题，自己组稿，自己编、印、发，力争出好书，出畅销书。2000 年 9 月 13 日，我们在《北京晚报》上刊登招聘启事，从 30 多位应聘者中录取 12 人，并进行一个月的培训，让他们熟悉地方志的性质与现状，同时也了解他们的编辑思路与工作能力。其实第二编辑室是大有可为的。我们可以编写有关方志的许多工具书；可以从全国 2000 多个县志中辑录或编写《全国土特产大全》《中华风俗通义》《全国名胜古迹概览》《中国民间谚语、顺口溜汇集》等书籍；也可以与有关方面联系，帮助编写《中华百年老店》《中华老字号》《中国现代企业名人录》《中国现代著名公司企业概说》等等。第二编辑室与第一编辑室两条腿走路，各有分工，使出版社开阔了视野，走出一条创新之路。

第六是开办"方志书店"，建立发行部。

前面已经提到，各地志书出版后基本上是"自产自销"，即通过政府发文销售或分发给下属各个部门与企业机关。出版社想取而代之，没有这个可能。许多剩余的志书，大多束之高阁，放在仓库里"自生自灭"。这就给出版社留有"发行"的余地。全国各地图书馆与有关单位想购买这些出版的志书，由于信息不灵通，无法购买。方志出版社可以依托指导小组，能够了解与掌握全国志书出版的情况，就可以为他们服务。我们在 2000 年向工商管理部门申请开办"方志书店"的营业执照，出版社出资 20 万元作为书店的启动资金。书店的经理是章文同志，杨苏雅、张景波协助，会计是出版社的卢润蓉、王瑞华同志，组成了一个团队。出版社又建立发行部，与书店是两块牌子一套人马，只是对内对外不同而已。书店与发行部建立后取得了很好的效益，不久就归还了出版社的 20 万元启动资金，每年还可上缴一二十万元的利润。原本计划在此基础上，依托指导小组成立"地方志全国交流中心"，由指导小组出面，出版社发行部具体操作，召开会议，签订志书免费"交换"或相互"购买"协议。凡签订协议的单位，都可以获得一套全国各地的志书，"交流中心"既服务于大众，又可从中得到一定的经济效益。但这一计划，由于我的退休而没有实现。

多年来，出版社在十分艰苦的环境下建立了起来。同志们白手起家，努力奋斗，克服了种种困难，取得了很大的成绩。由于手头缺少资料，仅根据 2000 年的不完全统计，五年内共出版各种志书 565 部，创利 600 多万元，固定资产 180 万元，上缴国家利税 102 万元，流动资金 450 万元，入库图书 17000 多部，时值总码洋 150 多万元。指导小组常务副组长朱佳木同志在 2001 年 9 月 19 日对创办方志出版社有一个评价："出版社自 1994 年成立，在没有国家拨款的情况下，白手起家、艰苦创业，发展到现在这个规模，很不容易。""我们应该以历史唯物主义的态度去看待事物。一件事做起来有这样那样不足，但这件事从无到有，这就是最大的变化。""它可能存在一些问题，但是没有和有，这就是质的区别。你可以说一件事情有这样那样的好处，但是这件事情到现在还没有，这样那样的好处只是可能性，并不是现实性。你也可以说一件事情有这样那样的缺点，但这件事情有了，我们可以在有的基础上进行改进。所以，'功不可没'这句话不是客套话。"朱佳木同志对出版社这段带有哲理性的评价，是对我们这些创业者的最好肯定与鼓舞。

2002 年 11 月 11 日，这是我留在出版社工作的最后一个日子。在这天的告别会上，我曾经与一起创业的同事们说过这样一些话："方志出版社就像我们自己的孩子一样，看着它在我们手中逐渐成长。'天下没有不散的筵席'，我退了以后希望大家像爱护自己的孩子一样爱护出版社，因为得来很不容易，要倍加珍惜，把出版社办好。"20 年过去了，如果把我们在北铁匠营的创业比作婴儿的话，那么方志出版社现在正是朝气篷勃的青年。在此我衷心祝贺方志出版社兴旺发达，为中国地方志事业做出更大的贡献。

文艺复兴研究

国际史学研究论丛

（第 2 辑）

今天为什么要研究文艺复兴运动？

姜　芃

今天，我们为什么要研究文艺复兴运动？这是因为：文艺复兴运动在许多方面为世界近代的发展做出了典范，或者换句话说，文艺复兴开启了世界近代历史的新篇章。布克哈特说，文艺复兴"是一个具有广泛世界意义的历史进程"。其世界意义首先在于：作为意大利文艺复兴策源地的佛罗伦萨，"称得起是世界上第一个近代国家"。"最高尚的政治思想和人类变化最多的发展形式在佛罗伦萨的历史上结合在一起了"，使之成为政治理论和政治学说的策源地、政治实验和激烈改革的策源地、统计科学的策源地和具有近代意义的历史写作的策源地。文艺复兴的世界意义还在于：它是一个时代，在这一时期，"一个关于世界和关于人的知识的最宝贵的果实在这里已经成熟"，因此，意大利文艺复兴又必须被称为是近代史的先驱。①

今天，我们之所以在这里研讨文艺复兴运动，是因为我们总能在我们的时代与文艺复兴时期的意大利之间找到一些关联。意大利作为当时世界上最富裕、城市最发达、文化最繁荣的地区之一，总能为我们今天的发展提供一些宝贵的经验。

笔者认为，学习文艺复兴，第一点是要学习文艺复兴先贤们热爱古代文化，鉴古而知今、推陈而出新的精神。文艺复兴是对古代城市的复兴。意大利城市文化根深蒂固，在世界上绝无仅有。由于特殊的地理环境，古代意大利的城邦不仅是城邦，即人类从野蛮状态步入文明状态最初的社会组织之

---

① 〔瑞士〕雅各布·布克哈特：《意大利文艺复兴时期的文化》，何新译，马香雪校，商务印书馆，1979，第166、72、543页。

一，同时也是城市。苏联历史学家柳勃林斯卡娅认为，欧洲古代文明与中世纪日耳曼文明的融合不是均衡的，只在阿尔卑斯山以北，欧洲封建主义的发展才取得了典型形态；在意大利，古代的商业遗产始终占优势。① 佩里·安德森认为，由于古代深埋下商业文明的种子，到了近代，这些种子终于在14 世纪资本主义的土壤中最先发芽。他说："文艺复兴则以一种全新的、深切的断裂和失落意识发现了自身。古代已成为遥远的过去，虽然横亘在远古与文艺复兴之间的晦暗的'中世纪'将其隔断，它仍比笼罩着随后几个世纪的粗俗野蛮状态先进得多。"因此，"意大利文艺复兴是一个文明对另一个文明的刻意复兴与模仿"。② 他的这个表述，显然是把西方古典文明与包括意大利文艺复兴在内的欧洲近代文明区分成两个文明，认为后者模仿和复兴了前者。那么，什么是模仿和复兴？海登·怀特说，文化继承不是"遗传学"，也不是"进化论"，而是后者主动回溯过去，进行选择和重塑的结果。文艺复兴时期的商业资产阶级是出于自身利益的需要，选择和美化了古代文化。③到 14 世纪，当商业和城市再度繁荣的时候，意大利民族已经意识到它的过去能够重现，于是，古代文化再度成为社会生活的源泉和基础，成为人们生存的目的和理想。

对于古典文化的作用，布克哈特如此说：文化一旦摆脱了中世纪的桎梏，"也不能立刻和在没有帮助的情形下找到理解这个物质的和精神的世界的途径。它需要一个向导，并在古代文明的身上找到了这个向导，因为古代文明在每一种使人感到兴趣的精神事业上具有丰富的真理和知识。人们以一种赞羡和感激的心情采用了这种文明的形式和内容，它成了这个时代文明的主要部分"。④ 这就是文艺复兴运动的形式和实质。

但丁、彼特拉克和薄伽丘是文艺复兴早期的三大巨擘。以彼特拉克为例，他在西塞罗和奥古斯丁的古典作品中，找到了一个比当时西方流行的甚至"科学"的教导还更适合他的生活准则，这就是，不仅要写得漂亮，还

---

① 参见〔英〕佩里·安德森《从古代到封建主义的过渡》，郭方、刘健译，上海人民出版社，2001，第 130 ~ 148 页。

② 〔英〕佩里·安德森：《绝对主义国家的系谱》，刘北成、龚晓庄译，上海人民出版社，2001，第 151 ~ 152 页。

③ 参见 Hayden White, "The Westernization of World History," in Jörn Rüsen, ed., *Western Historical Thinking : An Intercultural Debate*, Berghahn Books, New York · Oxford Press, 2002, pp. 111 –118。

④ 雅各布·布克哈特：《意大利文艺复兴时期的文化》，第 170 ~ 171 页。

要善于思考。① 由于彼特拉克提出了人的需求、人的发展以及怎样才能做一个有智慧有修养的完美的人的问题，从而引领了时代潮流，受到人们的普遍尊重和争相模仿。佩里·安德森说，彼特拉克是站在新时代的门槛上用热情的召唤宣告了未来时代的特点。彼特拉克告诉人们，"这个健忘的休眠期并非亘古不变，在黑暗消失后，我们的子孙将直接返回过去时代的光辉灿烂之中"。这种对罗马陷落后漫长的断裂与晦暗的深刻感触，掺杂着再次达到古代尽善尽美水平的坚强决心。② 这就是文艺复兴时期文化先贤们的内心写照、对自己古代文化的坚决认同以及向往。文艺复兴运动就是遵循着这种追求开始的。

其实，这样的事业我们已经在做。电视台已经有中国诗词、汉字听写等比赛，这都受到观众的热烈欢迎。产生影响的不仅是文化手段和形式，还有思维方式。例如，儒家，从孔子到朱熹，关于君子和小人的各种说法，对于我们今天做人、识别人、选择干部和引导人们向上都有价值。"君子喻于义，小人喻于利"；"君子坦荡荡，小人长戚戚"；"君子和而不同，小人同而不和"；等等。欧洲学者常说中国没有社会和人文科学的分析模式，所有分析模式都是西方发明的。那么，这种伦理道德的分析模式是不是中国发明的？它是农业社会、官僚体系、科举制度的产物，在今天的中国，其存在仍有一定的合理性。它的规范作用也符合当前党对领导干部"三严三实"的要求。总之，在提升社会普遍道德修养和树立社会主义价值观方面，我们有必要发扬中国的传统文化。如果社会上多一些"君子"、少一些"小人"，我们的社会风气就会有比较大的改善。

第二点是关于文艺复兴时期人们追求生活的艺术和生活质量问题。文艺复兴时期的意大利不仅是"近代史的先驱"，而且是精致生活艺术的典范，那里的人们创造了最舒适、文雅和富于美感的生活方式。法国历史学家皮埃尔·米盖尔指出：文艺复兴时期的法国国王们为什么要出征意大利？他认为，"他们在阿尔卑斯山另一侧发现了一个崭新的世界，一种新的生活方式和数不尽的财富。15世纪意大利如此幽雅和欢快的、奇迹般的城市，不免使粗鲁的法国领主们想入非非，但他们的幻想毫无英雄气味。他们去意大

---

① 〔英〕丹尼斯·哈伊：《意大利文艺复兴的历史背景》，李玉成译，三联书店，1988，第89页。
② 佩里·安德森：《绝对主义国家的系谱》，第152页。

利，不是为了在那里打几场胜仗，而是因为文艺复兴的奇妙幻景打动了他们的心"。①

对幸福生活的向往和追求，是不同时代、不同经济和文化背景下人类的共同目标。当代中国人也不例外。由于改革开放和市场经济政策的实施，中国作为一个快速富裕起来的国家，我们的人民开始有条件，也就是有金钱也有闲暇，来追求更美好的生活。这种生活不再由官僚专享，像过去那样按照等级获得金钱、居住条件和享受交通工具，而是按照能力和市场调节来获得金钱及满足生活的各方面需求。这一点也与文艺复兴时期刚刚摆脱贵族等级制的意大利城市市民一样。改革开放三十余年来，一大批人倏忽之间富裕起来。富裕起来的中国人应该怎样安排自己的生活，怎样度过大把的闲暇时间？什么是高质量的生活？这的确是我们当前应该研究的问题。在这方面，文艺复兴为我们提供了经验。

什么是高质量的生活方式？这与人们的价值观念连在一起。文艺复兴时期，门第受到蔑视，商人成为统治阶级，但是，金钱不是衡量事物的唯一标准，教育和财富二者结合才是价值观念的新标准。因此，生活质量问题是和文化连在一起的。布克哈特引证了当时一本关于生活质量的书，它反映了当时人的追求，那就是住宅的舒适整洁、服装款式的漂亮合体、简单有节制的饮食、清洁的空气、做适合自己年龄的锻炼、作息规律、做公益活动、爱好艺术、读书、旅行、写作、欣赏自然美，使自己健康、快活、无忧无虑。②当时，追求生活质量是社会的时尚，有专门研究什么是幸福生活的书籍，也有如何管理仆人和家政方面的书籍出版。为了抑制过度奢华，在威尼斯和佛罗伦萨，还有详细规定不同富裕程度的男人和女人服装的件数、款式和用何种装饰物的规章条款。③总之，当时社会的正能量并非鼓励花天酒地、奢侈无度，而是宣传过有节制的生活。当然，这种生活并不属于社会上所有的人，布克哈特坦言"涉及的不是人民的一般文化而是个人或学术界的表现"。④而且，当时也不是所有富人都遵循有节制的原则，奢侈、腐败和堕落的大有人在。

---

① 〔法〕皮埃尔·米盖尔：《法国史》，蔡鸿滨等译，张芝联等校，商务印书馆，1985，第 136 页。
② 参见雅各布·布克哈特《意大利文艺复兴时期的文化》，第 332～333 页。
③ 雅各布·布克哈特：《意大利文艺复兴时期的文化》，第 363 页。
④ 同上书，第 246 页。

这就引出我们要探讨的第三个问题，即如何遏制腐败。文化繁荣是文艺复兴最重要的标志，那么，文化繁荣与道德腐败有没有关联？16世纪初，当文艺复兴的文化已经达于顶峰时，有识之士已经可以看出意大利政治上的衰败是不可避免了，意大利一些严肃的思想家意识到这种衰败与流行的道德堕落直接相关，从而开始毫不留情地批判社会的腐败现象。马基雅维利在他的《史论集》中说："我们意大利人较之其他国家的人更不信奉宗教，更腐败。""其次是法兰西人和西班牙人。"① 我们知道，联合国世界文化遗产名录中文化遗产数量最多的国家就是意大利，其次是法国，再次是西班牙，而这样的排序与马基雅维利对腐败国家的排序完全一致。这就使人不禁要问：难道文化繁荣就一定与腐败盛行如影随形吗？

布克哈特的回答是肯定的。他说：意大利人"这种性格的根本缺陷同时也就是构成它的伟大的一种条件，那就是极端个人主义"。"由于他们的天赋才能和热情，他们成了他们那个时代一切高度和一切深度的最典型的代表。和极端的堕落一起出现了具有最崇高的谐和的人类个性和一种艺术光辉，这种光辉给人类生活罩上了一层光彩，而这种光彩是古代文化或中世纪精神所不能或不愿赐予的。"②因此，对于意大利文艺复兴的精神，无论称它为"人文主义"，还是"个人主义"，这个精神就是关于人生的哲学，是人第一次成了精神的个体，是每一个个体的人在主观上认识了自己，认识到生命的短暂和宝贵，也认识到人的无限创造力。这就是文艺复兴运动的伟大意义。

毋庸讳言，人追求舒适的生活是基于享乐主义的人生观。享乐主义也是古代文化的重要遗产。文艺复兴时期，人们从西塞罗的著作、从伊壁鸠鲁的思想中获得了享乐主义的观念，而这一观念正合乎当时社会生活世俗化的需要。布克哈特说："古代哲学是以一种和基督教成为最鲜明的对比的形式，即享乐主义，来首先和意大利生活发生接触的。"③他还说："这种人文主义是异教的，并且随着它的范围在15世纪的扩大而越来越成为异教的。他们的代表人物，我们已经把他们作为一种不受约束的个人主义的先锋加以叙述……"④在佛罗伦萨，也正由于柏拉图学院的学者们看到了这一点，他们

---

① 雅各布·布克哈特：《意大利文艺复兴时期的文化》，第422页。
② 同上书，第445、446页。
③ 同上书，第487页。
④ 同上书，第491页。

才有意识地以调和古代精神和基督教精神作为学院的努力目标，也就是说，力图使享乐主义与苦行主义相调和，使过度的奢华有所节制。

再回到文化与腐败的关系问题。当前，中国人正经历着走向富裕的过程，也开始尝到文化繁荣的滋味，更出现了严重的腐败现象。现在，由于有了意大利文艺复兴的经验，看来，腐败是人性中固有的内容，因此，我们不必大惊小怪。但是，我们必须认识到，在促进经济发展和文化繁荣的过程中，遏制腐败将会是一个永久性的艰巨任务。

（姜芃，中国社会科学院世界历史研究所研究员）

浅谈文艺复兴对近代中国的思想影响

张椿年

在谈文艺复兴的历史启示前，笔者认为应该先谈谈什么是文艺复兴。什么是文艺复兴呢？狭义地讲，它是一种新文化运动，广义地讲，它是一个时代，具体说是封建社会向资本主义社会转变的过渡时期。在这个时期内，社会的经济、政治、文化思想发生全面的变革，充满着新与旧的斗争。欧洲的文艺复兴范围很广，它首先发生于意大利，笔者现在就意大利文艺复兴的情况谈点粗浅的意见。

在意大利特殊的政治经济情况下发生的文艺复兴，有以下这样几个重要的特征。

1. 肯定人的作用

在文艺复兴时期，新的生活条件导致市民阶层对人的生存意义、道德标准等一系列基本问题的看法发生变化，开始了人从关心天堂到关心现世的转变，在承认上帝创造了世界的同时，肯定人是尘世的创造者，人可以掌握自己的命运，不受上帝的支配。一旦这个思想传播开来，整个文化领域从内容到形式就发生了翻天覆地的变化。这是人的一次思想大解放。对人的重视，在中国古已有之，如"民为贵，社稷次之，君为轻"的民本思想。由于中国的国情与意大利不同，所以二者提出问题的角度不同，中国的民本思想是从君臣关系的角度提出的，而人文主义者的尊重人是从人与上帝的关系提出的。上帝是超自然力量的代表，人文主义者把人与上帝相匹，是人类摆脱超自然力量控制的一种体现。逐步地摆脱超自然力量的控制，是近代科学技术产生的一个必要条件。

2. 对古典著作的崇拜

对人的肯定，意味着人们越来越摆脱宗教说教、家族和行会的统治，人的个性逐渐获得解放。市民阶层及其思想代表人文主义者渴望自己的心理变化获得理论上的辩护。希腊文化反映了希腊人激情奔放、充满活力的性格，罗马文化反映了古罗马人坚定的信心、战胜一切困难的精神。总之，古典时代的英雄人物都是性格无比坚毅、个性得到充分发展、善于克服前进道路上一切困难的人。在 15 世纪的佛罗伦萨，著名的人文主义者绝大多数来自富裕的家庭，他们不属于任何的社会集团，不因生活无源而屈服于人，他们希望自己的意志和性格不受限制。人文主义者沉迷于古典著作，不仅渴望从灿烂的古典文明中吸取创造新文化的养料，还有其伦理上的目的。他们发现古典世界人们的处世态度很多方面与他们相接近，古典文明所表达的人性，是他们十分羡慕的，他们希望借助古典著作来说明市民和人文主义者心理变化的正当性。

3. 批判禁欲主义，树立积极的生活态度

在中世纪，僧侣阶层是禁欲主义的代表。人文主义者认为现世比来世重要，所以在整个文艺复兴时期，充满了对僧侣的批判，认为僧侣都是些伪善者、于世无益的人。人文主义者宣传积极的生活哲学，所谓积极的生活，就是说人一定要有所作为，所谓作为，也就是尽善尽美地做好工作。人文主义者认为，"人降生于世，不是浑浑噩噩地过上一生，而是为了有所作为"；"没有作为，就没有生命！"人文主义者认为自己生命的内容就是研究古典著作和编著个人的论著。薄伽丘在致彼特拉克的一封信中这样说道："始终如一地勤奋劳动滋养着我的心灵，只要我稍有松懈，或者休息，我的生命也就立刻停止。"正是在这样的哲学基础上，人们的创造力像喷泉一样地喷发出来。"创造"成了文艺复兴时代的一个最感人的特点。

以上几点可以说是意大利文艺复兴最为显著的特点，也是她给人类留下的最宝贵的遗产，随后其他西方国家无一不是在接受意大利遗产的基础上，开始了具有本国特色的文艺复兴。欧洲几个主要国家的文艺复兴，既有其共性，也有本国的特点。最明显的是，德国的文艺复兴是在宗教改革的旗帜下进行的。

西方文明与中国文明是在不同的历史条件下形成的，虽然如此，不同文明都有互补性，文艺复兴在一定的历史条件下，对中国的先进人士在建设中国新文化的过程中起过助力的作用。欧洲文艺复兴从什么时候开始引起国人的注意？笔者不能断定，但是，在1903年，由商务印书馆发行，汉译法国史学者赛鲁巴著的《泰西民族文明史》中就列有"文艺复兴与宗教改革"的专章。从此以后，汉译的西方史不断增多，关注文艺复兴的人也随之多了起来。1924年，蒋方震出版了他的《欧洲文艺复兴史》，这是中国第一部关于文艺复兴的专著。中国知识界对文艺复兴基本上都抱着肯定的态度，但在认识程度上却是不同的。有一批学者在肯定文艺复兴的同时，喜欢将之和中国相比。梁启超在他为蒋方震一书写的序言中写道："文艺复兴者，由复古而得解放也。果尔，吾前清一代，亦庶类之。"对文艺复兴的认识停留在比较的阶段上的学者可说不少。有的学者认为，"由徐光启的历史时代到林则徐的时代，西方经历了由文艺复兴到工业革命的历程；而在中国，在一定意义上也曾有过自己的文艺复兴，即中国古典文化的再生"，称具有民主思想的顾炎武、黄宗羲为中国的文艺复兴家。还有另一派人，他们把欧洲文艺复兴作为振兴中华文化的一面旗帜。民国初年，军阀割据，政治混乱，中国社会处于重重危机之下，一些先知先觉者感到中国已到了非变革不可的地步，要变革，首先要冲破旧思想、旧礼教等的束缚，从而建设新的文化。陈独秀创办的《新青年》标志了新文化运动的开始。《新青年》发出了"民主"与"科学"的呐喊。陈独秀说："要拥护那德先生，便不得不反对孔教、礼法、贞节、旧伦理、旧政治；要拥护那赛先生便不得不反对国粹和旧文学。"这是五四运动的先声。在《新青年》的影响下，1919年1月，在北京大学成立了著名的学社新潮社。该社出版了月刊《新潮》，编辑部由傅斯年、罗家伦、杨振声三人组成。陈独秀、李大钊、胡适等人大力支持，鲁迅为其投稿。这些人都是五四运动的积极参加者。该刊在宣传科学、民主，推动文学革命，反对封建礼教，提倡个人自由与个性解放，主张婚姻自由、男女平等，批判旧伦理道德等方面在社会上起了很大的作用，成为《新青年》的姐妹刊物。这时，无论是《新青年》还是《新潮》，其反对旧文化、旧礼教的主要思想武器是资产阶级民主主义。资产阶级民主主义核心思想是，强调"个性解放"，强调"个人权利"。在五四时期，在马克思主义传入中国之前，许多革命人士是很看重这一点的。1915年，高一涵在发表于《青年杂志》（《新青年》的前身）上的一篇文章中写道："社会集多数小己而成者也。小己为社会之一员，社会为小己所群集。故不谋一己之利益，即无由致社会之发达。"1916年，陈独秀也在同一杂志上发表文章说："人间百行，皆以自我为中心。此而丧失，他何足言？奴隶道德者，即丧失此中心，一切操行，悉非义由己起附属他人以为功过者也。"个性解放的源头自是意大利文艺复兴，《新潮》和《新青年》一样，宣传个性解放，且值得注意的是，《新潮》月刊的外文名词叫"RENAISSANCE"（即"文艺复兴"），它说明了文艺复兴对当时中国知识界的思想影响。

在反动统治下，一些进步人士常把文艺复兴作为一面旗帜与旧制度、旧文化进行斗争。1947 年，郑振铎和李健吾在国民党统治下的上海，创办了文艺复兴社，出版《文艺复兴》月刊，反对国民党对新文化的扼杀。郑振铎在发刊词中说："欧洲文艺复兴终结了中世纪的漫长的黑暗时代，开启了新的世界、新的时代，发现了'人'，一步步走向民主。在文艺上和在科学、政治、经济上，都同样的有了一个新的面貌、新的理想、新的立场、新的成就。中国今日也面临着一个'文艺复兴'的时代。文艺当然也和别的东西一样，必须有一个新的面貌、新的理想、新的立场，然后方能够有新的成就。"最后，作者呼吁："本刊愿意尽自己的一部分力量，为新的中国而工作，为中国的文艺复兴而工作，为民主的实现而工作。"

从上述引文中，我们看到在郑振铎的思想里，为中国的"文艺复兴"时代的到来而奋斗也就是为新中国奋斗。

欧洲的文艺复兴对中国的知识界产生过一定的影响，但是影响有多深多大，还要进一步研究。不过有一点是可以肯定的，那就是为从欧洲文艺复兴中获得更多的历史启示，就必须对欧洲文艺复兴进行深入的研究。我国学者对欧洲文艺复兴的研究取得了一定的成绩，但是和国外相比，还有很大的距离，因此，欧洲文艺复兴仍是我们持续要研究的一个课题。

（张椿年，中国社会科学院荣誉学部委员）

欧洲文艺复兴的启示与
中华文明的伟大复兴

刘明翰

从人类的历史进程看，并不是每个民族都能抓住历史机遇并促成自身的崛起或复兴的。欧洲文艺复兴是以破除迷信、解放思想、提倡人性、以人为本为特征的伟大思想解放运动，自 14 世纪初至 17 世纪中叶历经 300 余年，开辟了近代科学的新纪元并复兴了西方文明，使世界上其他文明与之的差距日益明显。而后挟工业文明之威，完成了世界性传播，并在某种程度上改变了整个人类历史的轨迹。中华文明曾对世界文明做出过重大贡献，但鸦片战争后，中华儿女备受侵略、奴役，如此屈辱的命运历百余年。中国人民在雄关漫道、充满牺牲的征途中，历经各种曲折，终于看到了祖国崛起的曙光。面对如此梦寐以求的历史机遇，中华文明如何实现伟大复兴是一个重大的问题，全球化的时代，对于任何民族与文明而言，都有如逆水行舟不进则退。我们在艰苦奋斗实现中华文明的复兴、在世界优秀民族之林中占有一席之地的过程中，如何避免被现代化、全球化的进程日渐同质化，很值得中国的理论学术界充分研讨和争鸣。

一 中华文明曾长期领先于世界，给人类以巨大贡献

中国人早在殷商两周时期就逐渐形成了以华夏文化为中心、以四夷为四周文化的天下观，并据此在秦汉时期建立起统一的多民族的国家，疆域日渐扩大，形成汉唐盛世。汉朝和唐朝与当时世界上其他的强国比较，是处于领

先的。汉朝的时候，和它相媲美的，只有横跨欧亚非的罗马帝国；而唐朝时的中华文明圈覆盖中国、日本、朝鲜半岛及越南等地。唐代在世界上的领先地位是独一无二的，而当时的欧洲正处于中世纪的"黑暗时代"，西欧的法、英、德、意等国直到 9 ~ 10 世纪才建立起分裂割据的早期国家。

作为世界上唯一没有中断的文明，中华文明在科学技术领域的成就曾经长期领先于世界。

中国早在商代已开始用铁，冶铁技术比西欧早了 1900 年。春秋战国时中国纺织业中已有手摇纺车，而西欧直到 13 ~ 14 世纪才出现手摇纺车，比中国晚约 1600 年。中国古代劳动人民在江河上、峡谷间建造过无数梁桥、拱桥和索桥三种体系的桥梁，许多建筑技术乃世界之创举。中国的造纸术、指南针、印刷术、火药四大发明对人类有巨大贡献。东汉和帝（公元 89 ~ 105 年）时蔡伦的造纸术，宋仁宗（庆历年间，1041 ~ 1048 年）时平民毕昇发明的活字印刷术和能自由转动的圆形排字盘，以及火药、火器的制造技术，12 世纪时已在中亚应用，经阿拉伯人传入欧洲。中国发明的指南针，12 ~ 13 世纪已应用在航海中。培根曾赞叹道：中国发明的"印刷术、火药和磁铁……改变了整个世界许多事物的面貌和状态，并由此产生无数变化，以致似乎没有任何帝国，任何派别，任何星球，能比这些技术发明对人类事务产生更大的动力和影响"。① 马克思则对这些发明的意义评述道："火药、指南针、印刷术——这是预告资产阶级社会到来的三大发明。火药把骑士阶层炸得粉碎，指南针打开了世界市场并建立了殖民地，而印刷术则变成新教的工具，总的来说变成科学复兴的手段，变成对精神发展创造必要前提的最强大的杠杆。"②

15 世纪以前，中国的造船术和航海在世界亦领先。木板船始自商代，甲骨文中就有"舟"字。唐代大海船可装 600 ~ 700 人。宋代，造船业更有显著进步，出现了 1500 吨以上的神舟。明初，郑和"下西洋"时大宝船长 140 米、宽 57 米，重量千吨以上，遍访 30 余国，比迪亚士、达·伽马、哥伦布等开辟新航路的时间早半个多世纪。哥伦布 1492 年驶抵美洲时，最大的主舰"圣玛利亚"号，仅 17 米长、6 米宽。欧洲的造船首次使用干船坞，是在 15 世纪末的英国朴次茅斯港，而在中国，其确切的时

---

① 〔英〕弗朗西斯·培根：《新工具》，许宝骙译，北京商务印书馆，1986，格言 129 条。
② 《马克思恩格斯文集》第 8 卷，人民出版社，2009，第 338 页。

间，最晚在 10 世纪。因此不能说，中华文明从来就是"不能超越陆地上有限的思想和行动"的所谓"黄色文明"。

应该说，14 世纪明朝建国之初的中国仍然是世界上经济、文化和科学最发达的国家。李约瑟充分研究中国科技发展史，据他统计，此前，世界上重要的发明和科学成就约 300 项，其中出自中国的共约 175 项，占 57%。①中华文明所取得的成就，从物质到精神，从政治到艺术，从生产到生活，都或多或少、或远或近地传播到了海外。有别于西方挟坚船利炮、海外殖民之威的所谓"文明输出"，自古以来中华文明以其特有的方式向海外传播。毋庸置疑，中华文明对外部世界产生作用时使用了政治、军事资源，正所谓"以力辅仁"。但由于中国地理环境的相对封闭独立性，中华民族凭借自身日益增强的文化优越感，更多地是依靠思想和道德自身的力量传播文明。这种传播方式超越时代、地域和民族的界限，甚至能够在一定范围内克服宗教和种族的偏见，为自己开辟广阔的传播空间。中华文明的传播丰富了世界文明，促进了世界性的文化沟通和交流。

二　欧洲文艺复兴及其实践经验

欧洲文艺复兴运动因其思想和文化的恢宏而备受世人瞩目。文艺复兴发生在欧洲从中世纪向近代转型的过渡时代，是欧洲在意识形态层面同封建文明决裂，在知识、科技、人文和社会诸多领域中展开的一场新思想和精英文化的运动。它是以反封建、反天主教会旧传统、反对神学蒙昧主义为主要内容的伟大思想解放运动。中世纪晚期的欧洲面临总体危机，"阿维农之囚"②后，罗马教廷的教权下降，封建生产方式逐渐解体。人们由于信仰的失落和价值符号的错位，在时代逐渐转型的风云中，直面生存的深渊，渴望走出漫漫黑夜。欧洲文艺复兴的画卷，揭示了先进思想和先进知识分子在历史关键时刻的启蒙作用。先进文化是人类社会发展的灵魂，是促进社会进步的导向和动力之一，它发挥着振聋发聩的精神解放作用。

---

① 转引自《落日的辉煌》，《光明日报》2000 年 6 月 19 日，第 A3 版。
② 由于人民反罗马教廷斗争的高涨和法王腓力四世的胁迫，教皇克莱门特五世将罗马教廷搬至意大利北部罗纳河边靠近法国的阿维农小城镇，此地成为天主教会的新首都。教皇屈从于法王意旨，人们形容教权衰弱的这一时期为"阿维农之囚"（1309～1378 年）。参见刘明翰《罗马教皇列传》，人民出版社，2013，第 91～96 页。

自 14 世纪初至 17 世纪 30 年代历时共 300 余年的欧洲文艺复兴时代，[①] 先进知识分子的思想体系和精神特征是人文主义，这是一个历史范畴的特定概念，其主要标志是以人为中心。"文艺复兴时代，反对'以神为本'，开始强调'以人为本'，把人当作文学、艺术、人文、科技等各个领域反映的主体，描绘人，歌颂人，把人放在宇宙的中心。"[②] 文艺复兴并非古代希腊罗马文化的复活，而是返本开新，从古文明的源头活水汲取智慧，利用古典文学艺术作品中的现实主义成分、自然科学和哲学中的唯物主义因素，并顺应新时代发展的要求，创造性地初步完成了古典文明的现代性转化。人文主义在哲学观上表现为人本主义，在政治思想上体现出民族主义和民主政治的倾向，在伦理思想上集中表现为反禁欲主义，在文学艺术上展现了现实主义。对欧洲文艺复兴，恩格斯曾评价道，"这是一次人类从来没有经历过的最伟大的、进步的变革"。[③]

欧洲文艺复兴时代，人文主义的核心是"人的解放"或者说是"以人为本"。人文主义肯定人在社会发展中的主体作用，反对人被边缘化；它同时是一种价值功能的取向，尊重人的个体价值、社会价值和能力价值，肯定人是权利和责任的主体，重视反映和描述人内心的丰富、刚毅和健美；它还是重要的思维方式，否定封建文化和教会神学在众多领域中的主导地位，提倡和关注人的共性和个性，树立人的自主意识，其"以人为本"观念的提出，发挥了积极进步的历史作用。然而，社会的积壳层岩永远不是一朝便能凿穿的，疏浚如导壅，发明如烛暗，人文主义思潮和文艺复兴运动随着历史的向前发展，其体系也是逐渐深化和丰满的。

在欧洲文艺复兴的中期，即 16 世纪中叶，哥白尼的《天体运行论》出版（1543 年），随之爆发了天文学革命；维萨留斯的《人体构造论》问世（1543 年），开创了生物学革命。恩格斯曾指出，"哥白尼那本不朽著作的出

---

① 这是我们 12 卷本《欧洲文艺复兴史》（人民出版社，2010）的创新提法，与西方及苏联的观点，即认为文艺复兴运动时间是 14～16 世纪明显不同。"欧洲文艺复兴时代"通说为 300 余年，以 1313 年但丁发表《神曲》为开端，以弗朗西斯·培根著《新工具》（1620 年）和笛卡儿著《方法论》（1637 年），即新哲学的建立为断限。

② 〔意〕加林主编《文艺复兴时期的人》，李玉成译，生活·读书·新知三联书店，2003，第 6 页。

③ 《马克思恩格斯全集》第 20 卷，人民出版社，1971，第 361 页。

版……向自然事物方面的教会权威挑战……科学的发展从此便大踏步地前进"。① 俄罗斯著名科学家巴甫洛夫称维萨留斯的《人体构造论》一书"是人类近代史中第一部人体解剖学",② 维萨留斯"被誉为现代解剖学之父和现代生理学之父"。③ 在近代自然科学诞生之前的 14~16 世纪中叶,中西文明的发展状况和成就基本上处于同一水平线。只不过从后来的历史进程来看,两大文明的发展轨迹恰恰相反,西方文明随新航路开辟、工业革命而不断上升、拓展,而皇权越发集中的中华农业文明却在不进则退的人类历史大潮中日渐衰落下来。

中国在明朝中期时,发展状况与西欧基本上处于同一水平线,这时的西欧在地中海沿岸某些城市中出现了资本主义萌芽,而中国在江苏南部和浙江西部的丝织、棉纺织业中,在江西的陶瓷业中也开始产生资本主义萌芽。至于后一类资本主义萌芽能否最终产生资本主义制度,那是另外一个问题。当时中国明朝的丝织业工艺水平高于西欧,但英国、意大利的呢绒、棉毛纺织业已超过中国。西欧农业产量较高,中国粮食作物种类多,双方互有优缺项。在文化领域,16 世纪中叶前,西欧产生了一批文史名著,如《神曲》《巨人传》《十日谈》《罗马衰亡以来的千年史》等,还有一批艺术杰作,如《最后的晚餐》、《蒙娜丽莎》、大卫雕像等。而此时中国面世的《永乐大典》(共 22937 卷,1407 年编成)、《水浒传》、《西游记》等享誉世界。李时珍的《本草纲目》将搜集的草药植物划分为 9 类,比欧洲植物学鼻祖林耐在《植物种志》(1753 年)中提及的类似分析法要早 200 年。但从 16 世纪中叶后,也就是在欧洲文艺复兴后期西欧的自然科学和人文社会科学取得新发展,使中国日益落后于西欧,其程度最终达到农业文明相对于工业文明的质的差距。

欧洲文艺复兴的实践,证明文艺复兴运动是一场人的解放的运动,它破除迷信,解放思想,摆脱了罗马教廷治下"万马齐喑"的局面,人们"不再集中他们的思想与他们的才干于来世天堂上的存在了。他们竭力想建设他

---

① 恩格斯:《自然辩证法》(节选),《马克思恩格斯选集》第 4 卷,人民出版社,1995,第 263 页。

② 〔俄〕巴甫洛夫:《安德烈·维萨留斯:〈人体构造〉》第 1 卷,莫斯科,1950 年俄文版,第 1023 页。

③ 〔美〕菲利普·李·拉尔夫等:《世界文明史》上卷,赵丰等译,商务印书馆,1998,第 865 页。

们的天堂在这一个地球上……"近代自然科学迎着"暴风雨"诞生，随后，新哲学、新政治学、法学和教育学等相继问世。在文艺复兴与宗教改革运动中，空想社会主义的先驱及其代表性著作呈现在世人面前。文艺复兴推动了反封建专制的斗争，"这是人类以往从来没有经历过的一次最伟大的、进步的变革，是一个需要巨人而且产生了巨人——在思维能力、激情和性格方面，在多才多艺和学识渊博方面的巨人的时代"。[①] 文艺复兴运动与其后欧洲的宗教改革、启蒙运动、工业革命及资产阶级革命，似乎有着一个共同的主题，那就是人的解放，同时伴随着生产力的解放。笔者认为这便是近代以来西方文明领先于世界其他文明的根本原因所在。

三　我国改革开放 30 多年来的奇迹和前进中的某些问题

2011 年 1 月 20 日，是我国历史上值得纪念的一天，据中国国家统计局的公布和联合国有关机构的详细核实，2010 年末中国 GDP 已超越日本，中国成为全球第二大经济体。

21 世纪的 10 多年来，我国先后在国际贸易总量、制造业产值年总量以及吸引国际直接投资（FDI）年总量等几项关键指标上超过近年来经济不振的西方部分国家。据调查统计，2012 年初，中国城镇人口首次超过农村人口，达 6 亿 9000 万人，城镇化比率已达到 51.27%。2014 年末，中国大陆人口为 136782 万人，比 2013 年末增约 710 万人，城镇常住人口为 74916 万人，占总人口的 54.77%。各国历史上的城镇化历程，英国用了 120 年，法国经历了 100 年，美国用了 40 年，而第三世界人口众多的中国仅用了 22 年。10 年来中国共有 90 万个农业自然村消失，以平均每天消失 80～100 个村庄的速度城镇化。2012 年，中国的 GDP 年增长率 7.8%，长期快于世界主要国家和地区。世界 500 强企业排行榜中，迄 2012 年上榜的中国企业已达 79 家，其中中国大陆是 69 家，仅少于美国。我国的外汇储备，2009 年末突破 2 万亿美元，2011 年末达 3.18 万亿美元，年均增长 30.7%，10 年增长了 10 倍多，连续 7 年稳居世界第一位。我国工业中的制造业突飞猛进；农业上粮食产量到 2012 年实现"九连增"，特别是 2012 年全国各地免除农

---

① 恩格斯：《自然辩证法》（节选），《马克思恩格斯选集》第 4 卷，人民出版社，1995，第 261～262 页。

业税。我国科技进步神速，其中重要标志是"神舟飞天""蛟龙入海"，我国成为世界上第三个掌握载人航天技术的国家。到 2012 年 10 月 25 日，我国已成功发射 16 颗北斗卫星，开启了中国卫星导航技术的新时代。我国拥有完全自主知识产权的北斗卫星导航系统，是继美国的 GPS、俄罗斯的"格洛纳兹"及欧洲的"伽利略"之后，全球第四大卫星导航系统。

综上所述，我国自改革开放后所取得的经济、科技、国防等方面的成就是世界瞩目的，一方面，这些成就是中国共产党领导下广大工农和知识分子艰苦奋斗、顽强拼搏的结果，应当予以肯定。但另一方面，必须看到，这在一定程度上以高耗能、低工资、低社会福利为代价。以 2010 年为例，我国的社会及民生投入仍然较低。如人均收入在全球列第 127 位，教育投入方面，世界上各国平均水平为 GDP 的 4%，而我国 2010 年仅为 3%，到 2011 年才达到 4% 的世界平均水平。医疗卫生投入方面，中国 2010 年仅占 GDP 的 0.8%，远低于世界 10% 的平均水平。

再则，我国在崛起过程中出现的问题也十分突出，有些已成为进一步发展的瓶颈。这主要表现在政治改革未能深入，没有形成完备的法律规范体系。如何像我们在经济领域的改革开放一样，充分解放思想，激发国人在政治文明建设、精神文明建设中的聪明才智；如何在充分汲取古代中华文明优秀遗产的前提下，完成中华文明的现代性转化，都是我们今天在中华文明伟大复兴的道路上难以回避的问题。结合我国当前的实际，笔者愿提出几点具体看法。

四 中华文明需要也完全可能实现伟大的复兴

"温故而知新，鉴往而知来"，"长风破浪会有时，直挂云帆济沧海"。实现中华民族的伟大复兴，力争民富国强，是中国 56 个民族衷心期盼和为之艰辛奋斗的中国梦。习近平总书记曾强调，"历史是最好的老师。在漫长的历史进程中，中华民族创造了独树一帜的灿烂文化，积累了丰富的治国理政经验，其中既包括升平之世社会发展进步的成功经验，也有衰乱之世社会动荡的深刻教训。我国古代主张民惟邦本、政得其民，礼法合治、德主刑辅，为政之要莫先于得人、治国先治吏，为政以德、正己修身，居安思危、改易更化……"①

---

① 《光明日报》2014 年 10 月 14 日，第 1 版。

世界正处于大发展、大变革、大调整的时期。逆水行舟，不进则退。曾经繁荣强盛的中华文明，在经历了 100 多年从沉沦、抗争，到奋起图存的过程后，终于走上了中国特色社会主义的发展道路，国家开始和平崛起，民族开始谋求伟大复兴。成就来之不易，问题仍需认真研究。面对挑战，如何将实现中华民族的伟大复兴视为时代赋予这一代中国人的历史机遇而去积极、慎重地应对，值得理论学术界充分讨论，在此我们仅提出一些看法供思考。

首先，欧洲文艺复兴最重要的历史启示在于对人的解放，人的解放应当是全方位的。

他山之石可以攻玉，欧洲文艺复兴运动对于西方文明的巨大历史作用，值得我们认真总结和借鉴。历经 300 余年的欧洲文艺复兴运动，是一次伟大的思想解放运动，初步完成了破除迷信、解放思想的任务，"人"从"神"的束缚下解放出来，继而推动了其后欧洲的宗教改革、启蒙运动、工业革命及资产阶级革命，同时促成了近代科学的发展。贯穿其间的主题，就是人的精神的解放，与之相伴的便是生产力的解放。

人的精神的解放应当是全方位的，我们研究欧洲文艺复兴的历史有这样的体会，即文艺复兴绝非像一般人理解的那样，好像仅仅是在文学艺术领域赞美、歌颂了人而取得了巨大的成就。必须认识到，文艺复兴时期欧洲在经济、政治、文学、艺术、法学、哲学、科技、教育等领域都取得了革命性的突破，其对整个西方文明的意义和影响是十分深远而广泛的。回到中国的问题上来，改革开放后的中国更多是在经济领域开启了思想解放的尝试，30 多年来在此领域所取得全球瞩目的成就，足以证明中华民族是富于聪明才智、富于创造力的民族。那么我们不妨大胆假设，如果我们能够像在经济领域的改革开放一样，充分解放思想，激发国人在政治文明建设、精神文明建设中的聪明才智，应该也能创造出令世界赞叹的奇迹。

其次，中华文明在复兴中应当对中华古文明中的精华做出现代性的转化。之所以称之为"复兴"，必然是要有继承、有发展，继往开来方能称之为"复兴"。

清末民初，西潮东来，面对"数千年未有之大变局"，国人或抱残守缺、妄自尊大，或尽失自信、以夷变夏，对西学做无根之嫁接。我们知道文化的兴衰是与能否纳新、能否迎战相呼应的。犹如江河之于细流，拒之则成死水，纳之则诸流并进、永葆活力。保持文化之活力在于兼容并包，同时须纠正自断脐带、漠视传统的错误，使传统与现代有机地衔接。对于一个伟大民族而言，传统中的精华与现代应该是一个连续性的整体，既不应该也不可能分割断绝。

中华文明作为世界上唯一没有中断的文明，其文化是世界优秀文化的代表，当然具有强大的发展潜力。西方先世界其他文明一步，实现了其文化的现代化，提炼出自身优秀的文化价值观，而后挟工业文明之威，完成了世界性传播，并据此构建了世界秩序。中华民族长期以儒家内向自省为价值取向，其"和合"的文化价值观一定程度上也决定了中国的崛起从根本上是内敛性和包容性的。历史上中国的疆域广阔、民族融合是文化与民族内聚而形成的，并未伴随向外的大规模军事扩张，在这一点上我们同西方的大国崛起恰恰相反。此一特质既动摇了各种所谓"中国威胁论"的谬说，也会增强我们推动中华文明复兴的道德自信。目前首要的任务应是着手实现中华传统文化的现代化，提炼出自身优秀的文化价值观，从中国自身发展的逻辑上，完成一个从"中国制造"到"中国创造"的升级与转型，这种转型也将为未来国际社会的和而不同、共同发展做出应有的贡献。

最后，在中国特色社会主义旗帜下，突出加强政治文明建设，对于当前我国的形势和国情显得格外迫切。

社会主义民主政治是建设服务型政府的政治基础，离开这一基础和法治建设，会继续出现官员特权和贪腐现象。我国宪法规定国家权力属于人民，官员并非人民的"父母"，而应是人民的公仆。只有真正实行民主政治、切实关注民生，才可能获得民众的价值认同。我国宪法赋予公民的政治权利，特别是监督政府和官员的权利，贯彻执行得十分不够。少数官员及其配偶、子女垄断国家厂矿企业，官商勾结、营私舞弊，严重之极。在当前"老虎苍蝇一起打"的同时，一定要充分认识到，这正是健全民主政治和法治建设的良好契机。

时代将中华文明复兴的重任历史地交付给执政党——中国共产党，"打铁要靠自身硬"，适应时代的要求，加强党自身的建设，也是当务之急。大量史实证明，在各个历史时期中国共产党的大多数党员是好的和比较好的。应充分发挥久经考验的老党员和先进的知识精英的骨干和领导作用。党要管党，必须从严治党，依法治党。发挥中共党员在中华文明伟大复兴中的模范带头作用，必须从严履行好执政党的职责，深刻汲取苏联和东欧各国共产党极其严重的历史教训，千万严以律己，完成亿万人民和历史赋予中国共产党的神圣使命。

综上所述，具有民族性的文明并非只容本民族专有，其中常寓有各文明通行的内容。正因如此，文明的成就可以传播、借鉴。欧洲文艺复兴运动不限于回归和传承古典文化。任何国家在实现现代化的过程中都面临如何对待优秀传统文化的问题，作为世界历史中优秀文明之一的中华文明，其伟大复兴当然也应当是建立在对中华古文明中的精华做出现代性转化的基础之上的。再则，实现中华民族的伟大复兴，应在中国共产党的领导下，在中国特色社会主义旗帜下，加强政治文明建设，完善法治并建设好社会主义民主政治，解决国家崛起过程中出现的突出问题。我们相信，围绕中华文明伟大复兴这一主题，只要我们发动国人，解放思想、针对弊端，借鉴国内外众多的历史事实和教训，通过百花齐放、百家争鸣的方式认真研讨、慎重论证，我们一定能够不辜负时代赋予我们这一代中国人的历史使命。

（刘明翰，中国青年政治学院教授）

文艺复兴运动的拜占庭文化渊源[*]

陈志强　张俊芳

意大利文艺复兴运动是欧洲近代早期发生的新文化运动，此次运动一直是学界高度关注的研究热点。近年来我国学者在这个领域取得的进展非常突出，一系列标志性的研究成果代表了我国相关研究的新水平，其中涉及的课题就包括拜占庭文化对文艺复兴运动的影响。[①] 事实上，拜占庭知识分子对意大利人文主义者的文化影响早已受到国际学术界的注意，像法国学者查尔斯·迪尔（Charles Diehl）、美国学者迪诺·约翰·金纳考普洛斯（Deno John Geanakoplos）不约而同地表达了相同的看法。[②] 深入考察意大利文艺复兴运动的拜占庭文化渊源，对于我们全面了解这场资本主义萌芽时期的新文化运动具有重要意义。本文重在从思想理论创新、文化素材传承、希腊语言文学教学几个方面说明这一问题。

---

[*] 本文为国家社会科学基金重大项目"拜占庭历史与文化研究"（14ZB061）之成果。

[①] 南开大学张俊芳博士的毕业论文《14-16世纪拜占庭学者与意大利文艺复兴关系研究》就深入探讨了相关问题。见张俊芳的博士毕业论文。

[②] 查尔斯·迪尔说，拜占庭末代王朝"帕列奥列格时代伟大的教授们是恢复研究古希腊工作的开创者，他们为人文主义的伟大运动做了准备"。迪诺·约翰·金纳考普洛斯认为，"就拓宽西欧学者的眼界而言，在中世纪后期和文艺复兴时期，没有任何东西可以与古希腊文化的复兴相提并论，而在复兴过程中起重要作用的正是从拜占庭逃往意大利的希腊学者"。代表欧洲大陆学术动向的新编剑桥史也提到，"他们（即拜占庭流亡学者）之中有些人对意大利等地的希腊研究做出了宝贵的贡献。到1470年，对于希腊的探索在意大利已经达到相当高的发展程度"。参见 G. R. 波特编《新编剑桥世界近代史》第1卷，中国社会科学院世界历史研究所组译，中国社会科学出版社，1999，第140页。

一

　　意大利文艺复兴运动是欧洲中古晚期近代早期最重要的新文化运动，其突出特点是"破旧立新"，亦即冲破天主教神学压抑信徒思想的精神桎梏，使在十字架下沉重叹息的人类精神获得解放。就是在这场破旧立新的文化运动中，拜占庭知识分子发挥了极其重要的作用，他们使拜占庭文化在帝国衰亡的时代绽放出灿烂夺目的光彩。他们促进人文主义者冲破经院哲学陈旧观念的思想牢笼，推动整个意大利知识界更新思想认识，并以他们各自的风采激发起复兴古典文明的巨大热情。

　　拜占庭文化的一个突出特征是对古典希腊罗马文化的继承性。[①]　在拜占庭帝国千余年的历史中，一直贯穿着强烈的崇尚古典文化的倾向，尽管这种尚之风披上了基督教的外衣，但对以古希腊语言文学为载体的知识系统的认知和古典时代的学术传统一直是拜占庭知识分子的治学追求。在拜占庭帝国风雨飘摇的衰亡时期，拜占庭人将这种对古典学问的喜好带到了意大利，那里恰好正在经历文艺复兴运动初期的洗礼。

　　以古典学术促进亚平宁半岛思想突破的是一批重量级的拜占庭学者，其中值得特别关注的是吉米斯托·普莱松（Gemistos Plethon，1356－1450）。[②]这位出生在帝国废都君士坦丁堡的拜占庭学者，在当时拜占庭文化的最后堡垒米斯特拉（Mistra）生活了将近一个世纪，他热衷于古希腊文化，特别信奉柏拉图的学说，推崇柏拉图的哲学观点，并坚信《理想国》中的理念永恒不朽和灵魂不灭等客观唯心论思想，批评亚里士多德提倡的"中庸之道"原则。他赞赏 5 世纪新柏拉图主义者普罗克洛为代表的新柏拉图哲学，对古希腊的毕达哥拉斯学派和斯多葛学派、波斯的琐罗亚斯德教、埃及的神秘学说也很感兴趣，但他最推崇的还是柏拉图哲学。1439 年，普莱松以 83 岁高龄参加天主教和东正教和解的费拉拉—佛罗伦萨宗教会议，[③]　并代表拜占庭教会做了长篇发言，阐明了柏拉图哲学思想的正确性。佛罗伦萨统治者科西

---

①　陈志强：《拜占庭文明对古代文明的继承》，《光明日报》2015 年 8 月 1 日。

②　也有一种说法认为他生活在 1360 年至 1452 年。Paul Oskar Kristeller, *Renaissance Thought and Its Sources*, Columbia University Press, 1979, p. 156；陈志强：《拜占庭学研究》，人民出版社，2001，第 269 页。

③　J. Lindsay, *Byzantium into Europe*, London：The Bodley Head, 1952, p. 451.

莫·梅迪奇惊叹于他的学问，称他为"第二个柏拉图"，并决定出资建立著名的佛罗伦萨柏拉图学院，柏拉图的思想由此在佛罗伦萨和整个西欧流行起来。① 当时佛罗伦萨的著名学者马西利奥·费奇诺（Marsilio Ficino）也为普莱松向佛罗伦萨人陈述的柏拉图哲学思想所震撼，他记载道，"普莱松热情、生动的讲解深深打动了科西莫·梅迪奇，那时候梅迪奇的头脑中已经有了重建柏拉图学园的想法"。② 佛罗伦萨文化知识界为何会产生巨大的思想震动呢？原来天主教神学一直在托马斯·阿奎纳的影响之下，古希腊亚里士多德哲学被改造成天主教的御用哲学，特别是在经院哲学盛行的年代，天主教思想家只重视亚里士多德研究，而对柏拉图的思想知之甚少。③ 普莱松的演讲和他的论文《论亚里士多德和柏拉图的区别》似乎打破了天主教神学掌控下的一潭死水，随即引发了两大哲学派别的论战，具有官方意识形态色彩的亚里士多德学说开始受到怀疑，长期禁锢天主教信徒的思想枷锁也因此被打开。

如果说普莱松揭开了意大利的"疑古"时代，那么他的弟子贝萨隆则使柏拉图哲学在文艺复兴时代的意大利站稳了脚跟。贝萨隆（Bessarion，1403－1472）成为15世纪移居意大利的拜占庭学者中声望最高的一位是有原因的，④ 他天资聪颖，13岁时便到君士坦丁堡学习希腊文学和哲学，随后研究修辞学和神学，稍后又跟随大学者约翰尼·考塔蒙努斯（Johannes Chortasmenos，1370－1437）主教学习神学。1431年至1433年，贝萨隆到米斯特拉拜著名的柏拉图主义者吉米斯托·普莱松为师，⑤ 正是从导师那里，贝萨隆认真钻研古代和拜占庭时代的柏拉图文本，从此成为柏拉图学说的忠实捍卫者。⑥ 他的《驳柏拉图的诋毁者》是当时影响极大的哲学著作，因为它首次系统驳斥了自12世纪以来拉丁教会对柏拉图思想的批评，为人

---

① Paul O. Kristeller, "The Platonic Academy of Florence," *Renaissance News*, Vol. 14, No. 3, Autumn, 1961, p. 150.

② John E. Sandys, *A History of Classical Scholarship*, Bristol: Thoemmes Press, 1998, Vol. Ⅱ, p. 60.

③ 研究认为，15世纪前的西欧只有4篇柏拉图的对话和1篇关于《蒂迈欧篇》（*Timaeus*）的评注。J. Hankins, *Plato in the Italian Renaissance*, New York: E. J. Brill, 1994, Vol. I, p. 5.

④ J. Monfasani, *Byzantine Scholars in Renaissance Italy*, Hampshire & Vermont: Ashgate Publishing Company, 1995, p. 319.

⑤ A. G. Keller, "A Byzantine Admirer of 'Western' Progress: Cardinal Bessarion," *Cambridge Historical Journal*, Vol. 11, No. 3, 1955, pp. 343－344.

⑥ D. Nicol, *A Biographical Dictionary of the Byzantine Empire*, Seaby, 1991, p. 20.

文主义者反对经院神学提供了令人信服的证据。他有力地证明了柏拉图的思想比亚里士多德的思想更接近基督教核心教义，更有利于基督教神学体系的完善。① 同时，他全面系统地阐明了柏拉图思想的主要特点，开拓了充满怀疑精神的人文主义者的视野，使他们得以正确理解柏拉图哲学。② 对于渴求新思想的人文主义者，贝萨隆的工作意义非凡，因为意大利人文主义者此前对柏拉图的观点几乎一无所知，直到 15 世纪前半叶，他们仍然笼罩在亚里士多德的学说中，而对柏拉图持否定态度。贝萨隆利用拜占庭人注释的新柏拉图观点恢复了柏拉图学说的原貌。可以毫不夸张地说，贝萨隆对于柏拉图哲学在西方的传播和复兴所起的作用是决定性的。诚如美国学者穆尔所说，"亚里士多德在一定的方式和程度上，在这样和那样的解释下，曾成为经院哲学家的最高权威……亚里士多德的宇宙观念成了基督教神学的组成部分。现在，柏拉图又以他的权威压倒了亚里士多德，伟大的经院哲学体系的基础开始动摇了"。③ 俄国学者凯利伊维斯基（J. V. Kireyevsky）也认为，"当君士坦丁堡陷落后，西方的思想家们可以更方便、更容易地呼吸到从东方吹向西方的希腊思想的新鲜、纯净之风，经院哲学的整个结构立即倒塌了"。④ 正是在拜占庭学者的努力下，柏拉图哲学应时代发展的需要逐渐成为文艺复兴运动的主流思想。

值得注意的是，拜占庭学者对古希腊哲人的研究态度深刻地影响了文艺复兴的领军者们。拜占庭学者虽然在学理的层面上对柏拉图学说更为青睐，但是并不排斥亚里士多德，因为他们认为两者都是古代最有智慧的人，其哲学都是宝贵的古代精神遗产。贝萨隆就此写道："在比较柏拉图与亚里士多德两大哲学家时，我们既不要有意抬高其中一个，也不要像我们的反对者特雷庇隆的乔治那样侮辱、谩骂另一个，我们应当尊敬这两位哲人。"⑤ 另一位拜占庭学者塞奥多·加扎（Theodore Gaza，1400 - 1475）也一再告诫意大

---

① From Bessarion, "In Calumniatorem Platonis," in Deno John Geanakoplos, ed., *Byzantium*: *Church*, *Society and Civilization Seen through Contemporary Eyes*, The University of Chicago Press, 1984, p. 400.

② N. G. Wilson, *From Byzantium to Italy*, London: Duckworth, 1992, p. 58.

③ 〔美〕G. F. 穆尔：《基督教简史》，福建师范大学外语系编译室译，商务印书馆，1981，第 210 页。

④ A. A. Vasiliev, *History of the Byzantine Empire*, *324 - 1453*, Wisconsin: The University of Wisconsin Press, 1958, Vol. Ⅱ, p. 714.

⑤ From Bessarion, "In Calumniatorem Platonis," in Deno John Geanakoplos, ed., *Byzantium*: *Church*, *Society and Civilization Seen through Contemporary Eyes*, p. 399.

利人文主义者，亚里士多德哲学和柏拉图哲学在很多方面是可以调和的，[1]他认为两位古希腊哲学家在与基督教神学的融合方面是一致的，而非彼此对立。正因为如此，某些后世学者把加扎称作文艺复兴运动中真正的亚里士多德主义者。[2] 这种态度与天主教经院神学家那种非此即彼的研究模式形成鲜明对照，因为他们长期以来推崇亚里士多德哲学，并以此打压一切与教会正统思想不一致的学说，特别是任何有进步意义的思想，这种僵化的经院神学理论使开放性的亚里士多德哲学完全变了味儿。文艺复兴时期的人文主义者在寻求思想出路的过程中，必然对天主教官方意识形态提出挑战，因此很自然地把矛头指向了亚里士多德主义。拜占庭学者对柏拉图主义的宣传恰好为意大利人文主义者质疑和批判亚里士多德的权威提供了理论依据，并为他们的思想变革竖立起一个旗鼓相当的古代哲人。在这种新旧思想的斗争中，拜占庭学者对古代先贤采取的更冷静的态度就凸显出他们更富有智慧、理性和思辨性的特点，因而深受文艺复兴运动进步学者的推崇。

拜占庭文化除了在重大思想理论上对文艺复兴运动产生深刻影响，还在人文主义者全面认知古代文明遗产方面发挥了重要作用。例如，被公认为所有向意大利传播希腊文化学者中"最优秀、最有学问的拜占庭学者"的曼纽尔·克利索罗拉斯（Manuel Chrysoloras，1350－1415），提倡对古代文化的全面理解，并主张哲学渗透于生活的方方面面。他最得意的门生、意大利人维尔杰利奥在其1404年完成的著名论文《论文雅风范与青年的人文教养》中充分展示了其导师的思想，不仅指出中世纪教育传统之落后，而且建议恢复古希腊教育提倡的"均衡发展"和"通才教育"，要尽力使学生的身体和智力同等发展，通过加强体能锻炼和良好品德培养来实现教育的最高目标。他因此提出对课程的修订方案，课程计划包括语法、逻辑学、修辞学、诗歌、音乐、数学、天文学、自然史、绘画、医学、法学、伦理学和神学，这显然是对中世纪教育的巨大突破。此后，意大利人文主义者按照维尔杰利奥的构想，进行了一系列教育实践，近代教育因此萌生，帕多瓦、曼图

---

[1] Deno J. Geanakoplos, *Constantinople and the West*, Wisconsin: The University of Wisconsin Press, 1989, p. 83.

[2] Stein, "Der Humanist T. Gaza," pp. 427－429, 转引自 Geanakoplos, *Constantinople and the West*, p. 83。

亚、威尼斯、维罗那、费拉拉等地涌现出一批新式学堂。① 具有同样主张的拜占庭学者阿基罗保罗斯（John Argyropoulos，1394－1487），于 1457 年 2 月 4 日在其佛罗伦萨大学就职演讲中强调古希腊哲学对日常生活的重大作用，他的一系列公开演讲对彼特拉克和布鲁尼等文艺复兴代表人物影响强烈，他们提倡在实际生活中应用古典知识，如修辞学、伦理学、历史学等，尤其重视雄辩术，因为他们认为学习这些知识不仅有利于智力和道德的培养，而且更有利于国家和社会的发展。可以说，阿基罗保罗斯的教学为希腊哲学尤其是柏拉图哲学的实践与应用开辟了新道路。②

在拜占庭学者的推动下，文艺复兴运动形成了复兴古典知识和学术的热潮，这种追寻古代文明的时尚对于营造有利于人文主义发展的氛围具有重要意义。最初，一些拜占庭学者亲自带领其意大利弟子前往拜占庭故地巡游，造访末世拜占庭文化的重要中心，成为求学若渴的人文主义者们的引路人。克利索罗拉斯就亲身带领其在佛罗伦萨学校的弟子们前往拜占庭学习希腊语言，实地考察拜占庭文化。在他随行学生中就有维罗那人文主义者瓜里诺（Guarino of Verona，1373－1460），后者成为前往拜占庭旧地"淘宝"的先锋。从此，前往君士坦丁堡和其他拜占庭城市游学的意大利人文主义者络绎不绝，其中包括那个时代最杰出的希腊学专家奥利斯帕（Aurispa）、陶泰利（Tortelli）、弗朗西斯科·费尔弗（Francesco Filelfo）等人。奥利斯帕分别于 1417 年和 1422 年两次从拜占庭运送古代手稿，其中就包括索福克勒斯、欧里庇德斯的悲剧，修昔底德的历史，以及荷马、品达、琉善、普鲁塔克、阿里斯托芬、斯特拉波、狄摩西尼、柏拉图和色诺芬的作品，他欣喜地说道："为了这些书，我的货物、现金甚至衣服都可以不要了。"③ 费尔弗则娶了其拜占庭老师的女儿为妻，他后来成为少数几个能用古希腊文写作的意大利人文主义者之一。④ 他们访学的成功在意大利产生了极大的震动，他们从拜占庭故地带回的古代文本立时成为奇货可居的热门，这直接促成了人文主义者访问巴尔干半岛的热潮。对此，德米特利尔斯·考坎迪利斯（Demetrius Chalcondyles，1423－1511）给出了独特的解释，他认为学习古希腊文化对

---

① I. Thomson, "Manuel Chrysoloras and the Early Italian Renaissance," *Greek*, *Roman and Byzantine Studies*, Vol. 7, No. 1, 1996, p. 66.

② Geanakoplos, *Constantinople and the West*, pp. 104－106.

③ Lindsay, *Byzantium into Europe*, p. 449.

④ Kristeller, *Renaissance Thought and Its Sources*, p. 143.

于深刻理解拉丁文化具有重要意义，希腊文化早就是西方所有文化的来源，古罗马人不仅对希腊语和拉丁语同样重视，而且乐于把自己的弟子送到雅典去接受教育。他进一步说明了拉丁语和希腊语的密切关系，指出许多拉丁词汇和其特殊含义的希腊语渊源，所以意大利人要想很好地理解古典作品，必须首先掌握希腊文化知识。①

总之，文艺复兴时代的意大利人在拜占庭学者的熏陶下得以掌握古希腊知识，欣赏古典学术，热爱古代语言，因为这"被视为开启最高智能的钥匙"，他们在学习拜占庭文化的同时，开始转变思想，更新观念，逐步真正理解古希腊文化，重新认识古典文明，进而为文艺复兴运动找到了文化素材。②而这些意大利人文主义者则引领文艺复兴时代的思想动向和文化潮流。

二

拜占庭文化对于文艺复兴运动的重要影响还表现在拜占庭人传承大量珍贵古典文献方面，在意大利学人搜寻古籍的热潮中，古代手稿通过多种途径传入亚平宁半岛。拜占庭知识分子具有的深厚学术功底和人文主义者渴望掌握的古代学问，都建立在古代文史哲抄本的文献基础上，他们对于搜集和掌握、翻译和整理这些古代典籍具有相同的爱好。而拜占庭学者无论是在文本的保存还是在文献的解读方面都具有优势，因此他们责无旁贷地承担起了为文艺复兴运动提供文化素材的历史重任。

拜占庭学者中对意大利文艺复兴运动贡献古籍文献最多的人首推贝萨隆，他不仅以其卓越的学问深刻地影响了整整一代意大利人文主义者，而且在古代文本贡献方面首屈一指。威尼斯枢机主教皮耶特洛·柏姆布（Pietro Bembo，1470－1547）在1539年发表的演讲中，特别赞赏贝萨隆的工作，认为"有些特殊的原因和最具有说服力的动机促使威尼斯人不断地努力复兴希腊文化的研究。你们有最便利地获取这一收获的途径；你们和希腊人像邻居一样生活在一起……你们不乏完成这一任务所需的大量教师和

---

① Geanakoplos, ed., *Byzantium：Church，Society and Civilization Seen through Contemporary Eyes*, p. 444.

② 〔美〕F. I. 芬利主编《希腊的遗产》，张强、唐均等译，上海人民出版社，2004，第455页。

书籍"。① 贝萨隆原是尼西亚主教，作为大学者的他一直注意收藏古代典籍，后来前往意大利任罗马枢机主教时一直将其典藏带在身边，直到他最终选择威尼斯作为其古代手稿的永久存放地。这些手稿总数 746 卷，其中 482 卷为希腊典籍，几乎囊括了古希腊所有最重要的作品，成为文艺复兴时期意大利最重要的希腊文献收藏，至今仍是威尼斯图书馆的镇馆之宝。② 贝萨隆在 1468 年写给威尼斯总督的信中说："几乎全世界的人都聚集到你们的城市，尤其是希腊人。他们坐船离开自己的家乡首先在威尼斯登陆，来到你们的城市，与你们生活在一起，那里仿佛是另一个拜占庭。鉴于此，我怎么能不把我的藏书捐赠给威尼斯呢……在希腊被征服之后，我为我的祖国选择了威尼斯作为手稿的存放地。"③ 研究认为，正是像贝萨隆这样一批拜占庭学者的贡献，使得现存于世的 75% 的古希腊文献以拜占庭手稿的形式流入意大利。④ 诚如恩格斯所说，"拜占庭灭亡时抢救出来的手稿，罗马废墟中发掘出来的古代雕像，在惊讶的西方面前展示了一个新世界——希腊古代；在它的光辉的形象面前，中世纪的幽灵消逝了；意大利出现了出人意料的艺术繁荣，这种艺术繁荣好像是古典古代的反照，以后就再也不曾达到过"。⑤

　　拜占庭学者们充分发挥其掌握古代希腊语言和拥有古籍文献的优势，在翻译整理古希腊典籍方面也做出了独特的贡献，对文艺复兴运动复兴古典学问发挥了不可或缺的作用。比如前面提到的拜占庭学者克利索罗拉斯曾在帕维亚任教期间翻译柏拉图的《理想国》，这个拉丁译本经过其弟子尤波特·迪塞幕布里奥（Uberto Decembrio）的修改成为当时最权威的版本。⑥ 克利索罗拉斯翻译整理的古希腊著作不仅忠实于原文，而且符合拉丁语表达方式，可谓"信达雅"的典范，超越了前此的任何翻译家。他的学生森西奥·

---

① Deno J. Geanakoplos, *Byzantine East and Latin West*, New York: Harper Torchbooks, 1967, p. 125.

② Wilson, *From Byzantium to Italy*, p. 62.

③ L. Labowsky, "Manuscripts from Bessarion's Library Found in Milan," *Medieval and Renaissance Studies*, V, pp. 108 – 131; D. J. Geanakoplos, *Greek Scholars in Venice*, pp. 75 – 77. 贝萨隆的弟子阿堡斯陶利斯成为其保存古代典籍最好的帮手，如今修昔底德最权威的希腊文版本就是后者搜集的。J. E. Powell, "The Cretan Manuscripts of Thucydides," *The Classical Quarterly*, Vol. 32, No. 2, Apr., 1938, p. 103.

④ 〔美〕M. H. 哈里斯：《西方图书馆史》，吴晞、靳萍译，书目文献出版社，1989，第 78 页。

⑤ 恩格斯：《自然辩证法导言》，《马克斯恩格斯选集》第 3 卷，人民出版社，2012，第 846 页。

⑥ Sandys, *A History of Classical Scholarship*, Vol. II, pp. 20 – 21.

德·拉丝提锡（Cencio de Rustici）曾说过，克利索罗拉斯经常教导他们，仅仅做到逐字逐句的翻译准确还不够，要正确地表达才能真正杜绝曲解希腊原文。① 克利索罗拉斯提倡根据原文进行准确意译，并依此原则翻译了《理想国》和托勒密的《地理学》。他的高足人文主义者布鲁尼也是按照老师的教导，成功翻译了柏拉图的《政治学》。布鲁尼还就此留下了一段广为流传的话，在克利索罗拉斯应邀到佛罗伦萨讲学"这一时期，文学在意大利强有力地发展着，希腊语在中断了 700 年之后又复活了。拜占庭的克利索罗拉斯这位出身高贵和精通希腊语的学者，给我们带来了希腊语的知识……"② 克利索罗拉斯另一位弟子奥利斯帕多次前往拜占庭各地搜寻古代手稿，仅第二次找到的珍稀古代手稿就有 238 卷，为此而欣喜若狂，他还在意大利广泛推介古典文献，极大地推动了古代手抄本在意大利的商业化。③

意大利文艺复兴运动在 15 世纪进入佳境，复兴古典文化的热潮在当时方兴未艾。在众多的拜占庭流亡学者中，塞奥多·加扎脱颖而出，他将自己对古希腊文学、哲学、数学的兴趣以办学的方式扩展开来，将其在君士坦丁堡开办高等学校的经验带到了意大利。④ 在教皇尼古拉五世的邀请和支持下，他的事业在罗马达到了顶峰，获得了广泛的社会声望。凭借精通希腊语和拉丁语，加扎很快成为当地希腊文化研究圈中的主要翻译家，他翻译的亚里士多德、西奥弗雷特、狄摩西尼以及希腊教父如克里萨斯东、奥瑞强等人的著作成为最权威的版本。这些译著对于西方人文主义的发展具有难以估量的价值，因为它们不仅使天主教信徒和西欧知识界认识到从未听说过的大量希腊作家和拜占庭作家，而且使他们真正理解古典文化的精髓。此前，天主教经院神学家也通过阿拉伯人转移的文本翻译过亚里士多德、托勒密和希腊教父的著作，但他们的译本漏洞百出，无法准确表达希腊文本的原意。加扎准确保留原著的风格和情感色彩，多采用意译的方法，将古代作品真实地展现于世。也是在罗马文化圈良好的氛围中，加扎参与了意大利第一家出版社的编辑工作，并编辑了奥鲁斯·格留斯（Aulus Gellius）的《阿提卡之夜》

---

① Wilson, *From Byzantium to Italy*, p. 11.
② 布鲁尼明确宣称自己使用的是克利索罗拉斯的方法而非中世纪传统的莫贝克（Moerbeke）方法，后者指中世纪神学家莫贝克的逐字直译古代文献的方法。王挺之、徐波、刘耀春：《新世纪的曙光：文艺复兴》，中国青年出版社，1999，第 151 页。
③ Lindsay, *Byzantium into Europe*, p. 449.
④ Geanakoplos, ed., *Byzantium：Church, Society and Civilization Seen through Contemporary Eyes*, pp. 402 – 403.

（*Noctes Atticae*）拉丁文版本，学界认为这可能是意大利第一个拉丁文印刷物。次年他们又合作出版了普林尼的《自然史》，加扎则依据柏拉图的《高尔吉亚》原文，编辑出版了希腊文摘，该书后来成为意大利文艺复兴时期希腊语出版物的范例。① 加扎除了翻译整理出版古典文献外，也有自己的研究，他撰写的关于古代雅典历法的论文依据各种古代资料，对古希腊的月份名称、时间长度和雅典人计算日期的方法做出细致考证，对雅典历法与罗马历法的不同之处也做了说明，这篇论文无论是对天文学家的研究，还是学习希腊文化的学生都很有帮助。

在翻译整理古代作品的拜占庭学者中还有一位值得一提，即前述阿基罗保罗斯。他早在帕多瓦教学期间便全文抄写过拜占庭作家评注的亚里士多德的《物理学》，在其整理出版的著作中，大部分是亚里士多德的著作。他对布鲁尼翻译的亚里士多德著作很不满意，并公开宣称："我决定完成一些亚里士多德著作的更优美的译著，因为这也是亚里士多德本人的意愿，如果他还在的话，他最终会看到他自己以他喜欢的方式展现在拉丁人面前……"② 深受他影响的佛罗伦萨著名新柏拉图主义者马西利奥·费奇诺（Marsilio Ficino）后来翻译了柏拉图的《对话集》，据研究，他在翻译工作中直接请教过当时在佛罗伦萨大学讲授希腊哲学的阿基罗保罗斯。③

如果我们仅仅将拜占庭学者视为传承古代文化的"二道贩子"，那就大错特错了。他们不仅在搜集翻译、整理出版古代典籍方面贡献颇多，而且撰写了大量作品，其中以各种类型的工具书和教材为突出。例如考坎迪利斯于1466 年编写的《希腊诗文集》就非常受欢迎，在佛罗伦萨一时出现"洛阳纸贵"的现象，该文本现存于佛罗伦萨图书馆。1476 年考坎迪利斯与人合作出版了拜占庭学者康斯坦丁·拉丝凯利斯（Constantine Lascaris）的希腊文《语法》，这本书一直被视为欧洲第一本完整的希腊文教材出版物。④ 考坎迪利斯还于 1488 年在佛罗伦萨编辑出版了《荷马史诗》，该书成为文艺复兴运动中第一本深受读者欢迎的希腊语史诗。后来他在米兰定居期间，发

---

① M. Manoussakas and K. Stailos, *The Publishing Activity of the Greeks During the Italian Renaissance*, Greek Ministry of Culture, 1987, pp. 24 – 31.

② Wilson, *From Byzantium to Italy*, p. 87.

③ Wilson, *From Byzantium to Italy*, pp. 87 – 88.

④ 康斯坦丁·拉丝凯利斯以精通希腊语著称。Geanakoplos, ed., *Byzantium：Church, Society and Civilization Seen through Contemporary Eyes*, pp. 443 – 445.

行了精心撰写的一本有关伊索克拉底（Isocrates）① 思想的书，而他同年出版的作品希腊文《语法》一书更受欢迎，该书以浅显易懂的一问一答形式讲解希腊语法，深受人文主义者伊拉斯莫的推崇。他出版的 10 世纪拜占庭人编纂的《苏伊达地中海古代史辞书》更有助于读者的阅读和理解，该书增补的词汇和附录的参考文章学术性极高，获得广泛好评。② 考坎迪利斯在帕多瓦大学讲授希腊诗歌和演说词期间，不仅以希腊诗人赫西俄德的《田功农时》为主要内容，而且编辑了相关教材，其具有的很高史学价值有助于人文主义者研读古典作家作品，③ 同时激发了他们新的兴趣，也许赫西俄德关注古代日常生活的观点和人文主义者对人本身的新认识产生了某些契合。

正是拜占庭学者培养的这代人文主义者掀起了文艺复兴运动翻译整理古代文献的热潮。前述布鲁尼曾在克利索罗拉斯指导下刻苦学习多年，打开了通向古希腊文化宝库的大门，他不仅研读荷马、柏拉图、狄摩西尼等古希腊诗人、哲学家、演说家、历史学家的著作，而且效仿古代作家文风完成了多卷本历史著作《佛罗伦萨人史》。特别值得一提的是布鲁尼以 30 余年之功力翻译了多种古希腊著作，其中包括巴西里尔斯、色诺芬、柏拉图、埃斯琴斯、普鲁塔克、狄摩西尼和亚里士多德等人的作品。他根据自己终生翻译的经验于 1426 年发表的《论正确的翻译方法》成为当时最有价值的作品，而他本人则被公认为意大利文艺复兴初期影响最大的翻译家。④ 加扎最出名的学生是人文主义哲学家洛伦佐·瓦拉，后者于 1444 年创作了著名的《评注》，这篇专题论文通常被视为现代西方《圣经》校勘学出现的标志。瓦拉能够准确地理解希腊文和拉丁文版本的《新约全书》，是深受其导师的影响的结果。⑤ 维罗那的瓜里诺师从克利索罗拉斯，后来长期从事古籍文献的翻译工作，他翻译的作家包括希腊传记作家普鲁塔克、希腊修辞学家琉善、希

---

① 伊索克拉底（前 436 ~ 前 338），雅典雄辩家和修辞学家，他的信件和小册子是古希腊政治思想的宝贵文献。

② Wilson, *From Byzantium to Italy*, pp. 96 - 97.

③ 张广智：《西方史学史》（第二版），复旦大学出版社，2006，第 9 页。

④ 谭载喜：《西方翻译简史》，商务印书馆，2004，第 43 页。

⑤ 在标注日期为 1449 年的一封信中，提到瓦拉仍在寻求像塞奥多·加扎和里努乔·阿雷迪诺（Rinuccio Aretino）这样能够给他的这篇论文提供专业指导的人。转引自 Geanakoplos, *Constantinople and the West*, p. 86。

腊戏剧家阿里斯托芬，还有其导师克利索罗拉斯。① 佛罗伦萨最著名的人文主义者费奇诺也是考坎迪利斯没入门的弟子，这位翻译家曾夸赞他的老师说："雅典人考坎迪利斯在哲学和修辞学方面不亚于其他任何一个阿提卡人。"② 考坎迪利斯的另一位学生哈特曼·斯凯戴尔（Hartmann Schedel）终生保持着对希腊文化的浓厚兴趣，曾于 1467 年整理注释了安德里斯·朱利安纳斯（Andreas Julianus）的作品，他广泛收集的各类希腊文书籍包括修士乔万尼·克拉斯托尼的《希腊－拉丁词汇》和拜占庭学者曼纽尔·克利索罗拉斯的《语法》，以及大马士革的约翰（John of Damacus）、耶路撒冷的考斯莫斯（Cosmas of Jerusalem）和尼斯的圣格利高利等人的作品。

以上这些突出的例证可以充分地表明，拜占庭知识分子对意大利文艺复兴运动复兴古典知识与学术做出了重要贡献，尤其在珍贵古典文献的搜寻推介、翻译注释、整理出版方面，他们发挥的作用和做出的历史贡献是不可替代的。

三

意大利文艺复兴运动与拜占庭文化最为直接的关系，特别突出地表现在拜占庭学者担负起培育一代人文主义者尚古情怀的教育责任上，正是他们亲自担任文艺复兴领军者的教师，并以其深厚的古典学问吸引文艺复兴运动的中青年学者，以其执着而痴迷于古典文明的热情感染了意大利进步学人，逐步打造出以"复古"为特征的文艺复兴运动人才队伍。可以毫不夸张地说，拜占庭导师们对于其亚平宁弟子们的培养是文艺复兴运动的一个决定性环节，没有这批青史留名的文化"巨人"，文艺复兴运动是不可想象的。

对拜占庭文化西传深有研究的金纳考普洛斯在总结文艺复兴时期古典学术发展 5 大标志性人物时，提到其中 4 人为拜占庭学者，即莱恩提乌斯·皮拉图（Leontius Pilatus）、曼纽尔·克利索罗拉斯、德米特利尔斯·考坎迪利斯、马科斯·姆修拉斯（Marcus Musurus, 1470 - 1517），还有一位是意大利人瓜里诺，而他也是克利索罗拉斯最出色的学生。克利索罗拉斯引发的意

① Wilson, *From Byzantium to Italy*, p. 23.

② D. J. Geanakoplos, "The Discourse of Demetrius Chalcondyles on the Inauguration of Greek Studies at the University of Padua in 1463," *Studies in the Renaissance*, Vol. 21, 1974, p. 127.

大利人学习希腊语热潮令他的学生列奥纳多·布鲁尼大为吃惊，认为"这是意大利 700 年来有人第一次讲授希腊语"，其激发起来的热潮空前绝后。① 他的说法毫不夸张，克利索罗拉斯作为拜占庭帝国末代王朝的外交家、皇帝的代表和学贯语言文学、修辞学、哲学、神学等领域的大学者，② 在为帝国衰败而悲伤的同时，更以民族复兴和传播希腊学问为己任，在他的教学活动中，寄托着对未来的希望。克利索罗拉斯为人谦和、举止得体、才思敏捷、学识渊博，举手投足透射出大家风范。法国文艺复兴史家蒙尼尔（Monnier）称他是"一位真正的希腊人，他来自拜占庭，是个贵族，很博学，不仅朴素和善，而且认真谨慎，似乎是为美德和荣誉而生。他了解最新的科学和哲学成就，是通过在意大利的教学恢复古典传统的第一位希腊教师"。③ 这位导师身上具有的人格魅力本身就对众多弟子产生了强烈的吸引力，其地位很快便得到普遍承认。

除了克利索罗拉斯这样的顶尖大学者致力于古希腊传统教育外，还有许多拜占庭学者终身为此奋斗。其中德米特利尔斯·考坎迪利斯值得一提，他曾先后在佩鲁贾、帕多瓦、佛罗伦萨和米兰讲授希腊语，其丰富的学识和娴熟的希腊语教学将大批学生吸引到课堂，他的一个学生说："我以狂喜的心情听他的课，因为首先他是个希腊人，其次他是个雅典人，最后因为他是考坎迪利斯。他看起来像是另一个柏拉图。"④作为西欧所有大学中第一个享有固定薪水的希腊语教师，他全身心投入教学工作，1466 年完成的《希腊诗文集》不仅方便学生的学习，而且成为不可多得的古希腊诗集。⑤ 考坎迪利斯在其帕多瓦大学就职演讲中说："在罗马教皇的特使、最值得尊敬的枢机主教（贝萨隆）的请求下，我被任命为希腊语教师……我将尽全力回报这一厚爱。"⑥ 考坎迪利斯没有食言，他在帕多瓦大学教职任上全力推进该大

---

① D. J. Geanakoplos, "The Discourse of Demetrius Chalcondyles on the Inauguration of Greek Studies at the University of Padua in 1463," *Studies in the Renaissance*, Vol. 21, 1974, pp. 118 – 119.

② Nicol, *A Biographical Dictionary of the Byzantine Empire*, p. 24.

③ Vasiliev, *History of the Byzantine Empire*, 324 – 1453, Vol. Ⅱ, p. 719.

④ Sandys, *A History of Classical Scholarship*, Vol. Ⅱ, p. 64.

⑤ 关于考坎迪利斯的教学经历，有一种说法认为他出生于 1424 年，1463 年至 1471 年在帕多瓦大学任教 8 年，1471 年至 1491 年在佛罗伦萨大学任教 20 年，1492 年佛罗伦萨统治者洛伦佐·梅迪奇去世后，考坎迪利斯也离开佛罗伦萨到米兰继续任教，直至 1511 年去世。Sandys, *A History of Classical Scholarship*, Vol. Ⅱ, p. 64.

⑥ Geanakoplos, ed., *Byzantium：Church，Society and Civilization Seen through Contemporary Eyes*, pp. 443 – 445.

学成为意大利的一流大学，达到其发展的顶峰，无可争辩地成为欧洲希腊语教学的中心。后来，考坎迪利斯分别在佛罗伦萨大学和米兰任教，所到之处，学生荟萃，使这些学校都成为名声显赫的学府。又如塞奥多·加扎，是继克利索罗拉斯之后又一位在教学中取得突出成绩的学者。他不仅讲授希腊语，而且告诉他的意大利学生们，古罗马人有丰富的希腊文化知识，因为希腊文化对于罗马人参与政治生活具有难以估量的意义。他在费拉拉大学讲解的亚里士多德哲学受到 16 世纪荷兰最著名的人文主义者伊拉斯莫的高度评价，"大家都认为所有的希腊语法学家中排在第一位的应当是塞奥多·加扎，我个人也认为如此；康斯坦丁·拉丝凯利斯应该排第二位"。① 非常有趣的是，加扎在意大利讲授希腊文化时采用拜占庭教学方式，也就是自 12世纪科幕宁王朝时代起，拜占庭学校教育中采用的一种教法：一边阅读背诵古典著作，一边在文本的空白处插入辅助性的注解，用以分析词句的词源、历史背景、句子结构等。这种方法不仅开阔了学生的视野，更加深了他们对文本的理解和记忆，这也许是延续至今的西方古典学的滥觞。

如同曼纽尔·克利索罗拉斯、塞奥多·加扎、贝萨隆、德米特利尔斯·考坎迪利斯、马科斯·姆修拉斯等人一样，约翰·阿基罗保罗斯也是在文艺复兴时代具有广泛影响力的拜占庭学者。他向佛罗伦萨人传授希腊哲学知识，使佛罗伦萨人文主义者的兴趣由语言修辞学转向古希腊哲学。他通过担任佛罗伦萨大学希腊哲学教师的机会，向崇拜自己的意大利学生们长期讲授柏拉图哲学，其精彩的授课和渊博的学问促使当局将其年薪提升到 400 弗罗琳金币。② 阿基罗保罗斯的学生包括皮埃尔·菲利普（Pier Filippo）、潘道弗·德·基安诺佐·潘道菲尼（Pandolfo di Giannozzo Pandolfini）、巴托罗米奥·德拉·芬特（Bartolommeo della Fonte）、道纳托·阿奇尔奥利和里努奇尼（Rinuccini）等，皆为该城文化领军者。阿基罗保罗斯的教学从语言到文史哲和神学，知识覆盖面非常广，为了上好课他倾注全部身心和精力。也许是有感于文艺复兴运动领袖们的知遇之恩，他在教学中兢兢业业，广受好评。在其长达 18 年的教书生涯中，他和其弟子成为推动佛罗伦萨人文主义者将学术兴趣从语言修辞学转向柏拉图哲学的关键人物，他所在的佛罗伦

---

① Erasmus, "On the Method of Study," *Collected Works of Erasmus*, *Literary and Educational Writings*, ed. by C. Thompson, Vol. 2, Toronto, 1978, p. 667.

② Geanakoplos, *Constantinople and the West*, p. 104.

萨大学则成为意大利文艺复兴运动主流思想的中心。

16世纪活跃在意大利的拜占庭学者马科斯·姆修拉斯是得到意大利文化界、出版界高度评价和认可的一位拜占庭流亡学者。他不仅因精通希腊语和拉丁语而闻名，而且在教书育人方面受到好评。他更像是纯粹的学者，不参与围绕柏拉图和亚里士多德哲学命题的争论，而是在教学之余，投身于古代哲学作品的整理和翻译。1512年，马科斯·姆修拉斯放弃待遇优厚的帕多瓦大学教职前往威尼斯，边教学边进行柏拉图著作的编辑工作，因为威尼斯图书馆藏有贝萨隆捐献的大量古代手稿可供参考。① 姆修拉斯讲授的课程包括语法、诗歌、哲学，每天上午讲授古希腊语法，晚上则讲荷马、赫西俄德、里奥克利特斯等古希腊诗人的诗歌。他全身心投入教学工作，受到当地人民的高度赞扬，威尼斯元老院为表彰他的贡献于1508年决定将姆修拉斯的年薪由最初的100杜卡斯金币提高到140杜卡斯金币。② 同时代的阿尔杜斯·曼努提乌（Aldus Manutius）在1513年的信中说，这个时候的"威尼斯可以称作是第二雅典，因为来自各地的学生聚集到这个时代最博学的人——马科斯·姆修拉斯门下跟随他学习希腊文化知识……"③

值得注意的是，拜占庭学者在其学生心目中都保持极高的地位，他们渊博的古典学问、高尚的道德情操、谦和的举止行为、严谨的治学风格和认真的教学态度都深深地感染了这些学生，无论弟子们日后取得了何等重要的成就，或者成为何等显赫的名人，都对他们的拜占庭导师高度肯定，赞赏有加。克利索罗斯的学生布鲁尼谈到其导师时这样说："因为我天性喜欢学习，曾努力学习过辩证法和修辞学。当曼纽尔·克利索罗斯到来时，我的确犹豫过，因为我认为放弃法律学习是可耻的，同时我也认为错过这样一个学习希腊语的机会几乎等同于犯罪。于是，我常常问自己'当你有机会目睹，并与荷马、柏拉图、狄摩西尼以及其他诗人、哲学家、演说家交流，且向他们学习以获得知识时，你愿意让这个天赐良机溜走吗？要知道在意大利已经有700年无人能够阅读希腊文，并且我们都承认我们的一切知识都源于希腊文献。这门语言能够使你增长知识、获得名声、享受乐趣。民法教师则有很多，你总是能有机会学习它，但希腊语教师只有一位，如果他离开了，

---

① Wilson, *From Byzantium to Italy*, p. 148.

② Geanakoplos, *Greek Scholars in Venice*, p. 139.

③ Geanakoplos, *Greek Scholars in Venice*, p. 144.

就没有其他任何人可以教你希腊语了！' 脑海里经过这样一番辩论，我说服自己跟随曼纽尔·克利索罗拉斯学习。我学习的热情是那样炽热，以至于晚上入睡后，脑海中仍回顾白天所学的内容。"① 克利索罗拉斯的另一位高足瓜里诺更是把他比作"照亮意大利黑夜的一盏明灯"。② 塞奥多·加扎的学生阿尔杜斯·曼努提乌后来成为意大利著名的希腊文出版家，他是这样评价其拜占庭导师作品的："请相信我，对于提高我们同胞的希腊语水平来说，没有一本希腊书籍能够超越塞奥多·加扎的书，我们要感谢塞奥多·加扎，意大利人埃莫劳·巴巴罗（Ermolao Barbaro）、皮科（Pico）、海尔罗尼姆斯·道纳特（Hieronymus Donatus）和波里西安（Politian）都是使用他的语法书学会希腊语的。"③ 这里提到的这些人都是意大利名噪一时的人文主义名人。

拜占庭学者在意大利的辛苦教学活动培养了一大批学有所成并多有建树的人文主义者，他们成为文艺复兴运动的主力和骨干力量。克利索罗拉斯在佛罗伦萨和帕维亚的教学工作非常成功，教学效果超越了其他希腊语教师，佛罗伦萨市政当局为此不断为他加薪。④ 他的成功主要表现在，其教学不仅为其意大利学生打下了坚实的希腊语言文学基础，而且培养了他们终生痴迷古典文化的热情。另外，克利索罗拉斯以问答形式写成的希腊语法教材《语法》质量极高，其突出特点是简化复杂的古希腊语法，例如将古希腊语名词的种类由 56 种简化为 10 种，从而极大地方便了学生的学习。⑤ 在康斯坦丁·拉丝凯里斯的《语法》公开发行以前，克利索罗拉斯的《语法》一直是意大利唯一通用的希腊语法教材，直到 16 世纪这本教材还被广泛使用。⑥ 克利索罗拉斯在教学中强调的"记录""背诵""练习"等配套学习方法后来得到广泛模仿。⑦ 名师出高徒，他的学生中人才辈出，很多都成为此后意大利文艺复兴时期复兴古典知识与学术传统的领军人物。比如佛罗伦萨的列奥纳多·布鲁尼、尼克罗·尼科利、罗伯特·罗西、乌贝尔托·狄塞姆利奥，维罗那的瓜里诺和帕拉·斯特罗兹，帕多瓦的皮埃尔·保罗·维

---

① Hankins, *Plato in the Italian Renaissance*, Vol. I, p. 29.

② Sandys, *A History of Classical Scholarship*, Vol. II, p. 21.

③ Wilson, *From Byzantium to Italy*, p. 10.

④ Wilson, *From Byzantium to Italy*, pp. 8 – 9.

⑤ Wilson, *From Byzantium to Italy*, p. 9.

⑥ Thomson, "Manuel Chrysoloras and the Early Italian Renaissance," p. 74.

⑦ Thomson, "Manuel Chrysoloras and the Early Italian Renaissance," p. 67.

尔杰利奥。这些成才的学生后来又把古典文化的影响推向整个意大利。加扎也是如此，大名鼎鼎的费拉拉人文主义圈中的领导人物鲁多维克·卡本（Ludovico Carbone）和人文主义教育家维陶里诺·达·费尔特（Vittorino da Feltre）都是他的弟子，威尼斯人文主义者埃莫劳·巴巴罗和洛伦佐·瓦拉也是加扎在罗马教过的学生，列奥纳多·德·波罗格纳（Leonardo da Bologna）、乔万尼·罗伦齐（Giovanni Lorenzi）和安托尼奥·帕瑙米塔（Antonio Panormita）等人则是加扎在那不勒斯时的高足。

我们不可能详尽列举所有接受过拜占庭导师教育的人文主义者，也不可能尽情展示这些出色弟子们在文艺复兴运动中的所有贡献，仅择其突出者说明问题。布鲁尼是克利索罗拉斯的学生，他学成后即投入新文化运动，继佛罗伦萨共和国文书长萨卢塔蒂之后成为佛罗伦萨政治和文化生活的中心人物。他不仅在共和国公共政治生活中风云一时，而且治学有方，在佛罗伦萨大学期间撰写了 12 卷的《佛罗伦萨人史》，翻译了巴西里尔斯、色诺芬、柏拉图、埃斯琴斯、普鲁塔克、狄摩西尼和亚里士多德等古代作家的作品，其中他翻译的亚里士多德的《伦理学》、《政治学》和《经济学》影响最为广泛。瓜里诺是克利索罗拉斯的另一位出色弟子，也是 15 世纪前 20 年威尼斯文化界最重要的人物，对威尼斯的古希腊文化复兴做出了重大贡献。他是威尼斯创建的第一个人文主义学校的希腊语言文学教师，培养了众多人才，其中最出色的是政治家兼人文主义者弗朗西斯科·巴巴罗（Francesco Barbaro）。瓜里诺的非正式学生费尔特后来成为人文主义教育家，开办了威尼斯贵族子弟学校，专事在上层社会传播希腊文化。① 考坎迪利斯在帕多瓦大学长达 9 年的教学也培养了众多优秀的学生，其中除了知名学者詹纳斯·拉丝凯利斯（Janus Lascaris）外，后来成为意大利著名人文主义者的乔万尼·罗伦齐、瓦里诺·法沃里诺·凯莫蒂（Varino Favorino Camerti）、列奥尼克·陶麦（Leonico Tomeo）、阿高斯提诺·堡迪诺（Agostino Baldino），都在文艺复兴运动中发挥了积极的作用。他在佛罗伦萨和米兰教过的意大利学生有著名的人文主义者皮科、诗人波里西安和后来的教皇利奥十世。此外，第一个教希腊语的英格兰人威廉姆·格罗西恩（William Grocyn），医学家兼古典学者托马斯·林纳科（Thomas Linacre），以及德意志人乔哈恩·利乌克林（Johann Reuchlin）和哈特曼·斯凯戴尔（Hartmann Schedel），也都是他

---

① Sandys, *A History of Classical Scholarship*, Vol. II, p. 21.

在意大利任教时教过的学生，他们对于文艺复兴运动在整个欧洲的扩展做出了巨大贡献。

综上所述，意大利文艺复兴运动具有深厚的拜占庭文化渊源，这场反映新兴资本主义生产生活方式的新文化运动兴起之际，恰好是拜占庭帝国衰落并最终走向灭亡的时期，众多具有扎实古典学问和坚守古代学术传统的拜占庭知识分子离开风雨飘摇战乱不定的故土，前往渴求新知识的意大利。他们以良好的品性和渊博的学问培养出一代人文主义者，不仅以新哲学理念推动人文主义者们冲破传统思想的束缚，打开了天主教神学的精神枷锁，而且构建了与古典传统重视人性和理性相吻合的新思想框架，从而适应了新兴资产阶级的需要。他们还从衰亡的拜占庭故乡带到意大利大量珍贵的古代文献手抄本，从而客观上为这些人类文化宝库中的珍宝提供了保护，并在翻译整理中使其文化精髓得到传承。他们言传身教、以身作则，通过教学的方式，推动了文艺复兴运动复兴古代学问和传统的热潮，进而使这场新文化运动具有了鲜明的特征。拜占庭帝国灭亡了，但是拜占庭文化经过诸多拜占庭知识分子的努力，深刻地影响了意大利文艺复兴运动，因而得到了新的发展，它不仅仅是人们的一种回忆，更已经成为打造人类文明宝库的重要基础之一，融入了人类文明发展的大潮。

（陈志强，南开大学教授；张俊芳，天津医科大学讲师）

文艺复兴运动起源和意义的再反思

何 平 夏 茜

现今一些论著对意大利文艺复兴的描述有排他性叙事之嫌，对 9 世纪以来欧洲文化发展的连续性，以及北欧、西欧和阿拉伯文化对意大利文艺复兴的贡献等这样一些重要的背景多未深究，因而也具模式化和简单化之特点。此外，意大利文艺复兴运动也常被以现代的眼光加以解读，被赋予并非其本来自觉创造的时代意义，弗格森对此就曾指出，"文艺复兴最初仅限于艺术或古典文化的再生，后来一代又一代的学者将概念不断扩大，把他们认为与中世纪文明相对的现代精华统统加入其中"。[1]因此，对文艺复兴运动的起源和意义的更深入的探究可以从跳出现代主义的陷阱，[2]使意大利文艺复兴回归其本来位置的做法开始。

一 意大利文艺复兴运动兴起的更大背景

布克哈特在《意大利文艺复兴时期的文化》一书中写道："每一双眼睛对特定文化的轮廓或许会呈现出截然不同的映像……而且可能导致根本上不同的结论。实际上，该学科意义重大，依然需要重新探讨，从多维动态的视角予以研究或许具有更大的优势。"[3]众所周知，自罗马文明衰落后，复兴古

---

① W. K. Ferguson, *The Renaissance in Historical Thought*, Cambridge, M. A., 1948, p. ix.

② 关于"现代主义"历史思维的缺陷，参见何平《超越现代——论历史知识的后现代转型》，《学术研究》2009 年第 8 期。

③ J. Burckhardt, *The Civilization of Renaissance in Italy*, S. G. C. Middlemore, tran., New York, 1960, p. 39.

典文化和知识的运动在欧洲就此起彼伏，出现了多次所谓"文艺复兴"，①当然这些运动的影响力和意义不及 14~16 世纪意大利文艺复兴。9 世纪有所谓"加洛林文艺复兴"，以对拉丁古典著作、拉丁语、诗歌、散文的保存和使用为主要特征；②10 世纪，其他地方中断的加洛林知识和文化复兴运动，在神圣罗马帝国三位皇帝奥托一世（Otto Ⅰ，936－973）、奥托二世（Otto Ⅱ，973－983）和奥托三世（Otto Ⅲ，983－1002）的奖掖下在德意志地区继续发展，史称"奥托文艺复兴"；③12 世纪，出现以翻译古希腊典籍、复兴希腊哲学和科学知识为主要内容的所谓"12 世纪文艺复兴"。④研究文艺复兴的专家哈斯金斯认为，9 世纪到 15 世纪的西欧文化发展存在一种连续性。

实际上，随着经济的复苏和文明的发展，对古典时期创造的知识的发掘、利用和发展总是会出现的，转向人的知识探究也会出现。前述意大利文艺复兴之前欧洲历史上的几次文化复兴运动就是证明。虽然"人文主义"（humanism）这个词出现于后来的 19 世纪，⑤但人文主义作为一种观念、一种思想很早就有了。从词源学上说，"humanism"源自拉丁语"humanitas"，指仁义、对他人关爱，以及人文学科所包含的价值观等。在公元 2 世纪的学者奥鲁斯·格留斯（Aulus Gellius，125－180）的《阁楼夜读杂记》（*The Attic Nights*，一译《阿提卡之夜》）中，这些含义已有所阐述。⑥正是在这种概念基础上，学术界有所谓"古典人文主义"、"阿拉伯人文主义"和

---

① "La Renaissance"（文艺复兴）原为法语词，英文词同样，意大利语中对应的是"Rinascimento"，由"ri-"（重新）和"nascere"（出生）构成。

② 参见 J. Hubert, J. Porcher & W. F. Volbach, *Carolingian Renaissance*, George Braziller, 1970; John G. Contreni, "The Carolingian Renaissance," in Warren T. Treadgold, ed., *Renaissances before the Renaissance*: *Cultural Revivals of Late Antiquity and the Middle Ages*, Stanford University Press, 1984; Janet L. Nelson, "On the Limits of the Carolingian Renaissance," in her *Politics and Ritual in Early Medieval Europe*, London-Ronceverte: Hambledon Press, 1987。

③ 参见 Oskar Rückert, *Ottonische Renaissance. Ausgewählte Stücke aus Widukind von Corvey, Ruotger, Liudprand von Cremona, Hrotsvit von Gandersheim, Ekkehard IV. von St. Gallen*, Teubner, Leipzig, 1926; Hans Naumann, *Karolingische und ottonische Renaissance*, Englert und Schlosser, Frankfurt a. M., 1926。

④ 哈斯金斯认为："12 世纪的文艺复兴更多表现在哲学和科学领域。"见〔美〕哈斯金斯《十二世纪文艺复兴》，张澜、刘疆译，上海三联书店，2008，第 198 页。

⑤ 古罗马作家西塞罗已经使用拉丁文的"humanitas"这个词了，人文主义者称自己为"humanista"，但"humanism"这个词却一直到 1808 年才出现。

⑥ Aulus Gellius, *The Attic Nights*, J. Rolfe, tran., LOEB, 1929.

"基督教人文主义"之说。①到后来意大利文艺复兴时期,"人文主义"所附带的思想更强调个人价值,反对盲信和蒙昧主义,推崇依据证据的批判性思维和理性精神。

法国艺术史家路易·卡罗让德(Louis Courajod)曾正确地指出,"构成所有国家的文艺复兴运动本质的是自然主义或现实主义"。② 对绘画中如何表现逼真场景的探索至少在罗马时代已出现,公元 1 世纪被火山湮灭的庞培古城的几幅壁画所表现的场景,其透视感并不比乔托的绘画差。乔托被认为是开拓意大利文艺复兴写实风格的先驱。③ "短缩法"是他在画中创造浮雕式人物形象的技法之一,"短缩法"这种早期创造透视感的技巧在不少罗马绘画中也可以看到。意大利文艺复兴运动期间,不止在意大利,在欧洲其他地区也有不少画家对绘画逼真地表现空间场景的技巧进行了持续的探索,如德意志地区的丢勒。在荷兰,"北方文艺复兴"运动创造了一种与南欧不同的再现空间场景的手法,精于此道的扬·凡·艾克(Jan van Eyck, 1385 – 1441)几乎与发现"科学透视法"的意大利建筑师布鲁内勒斯基(Brunelleschi, 1377 – 1446)同时代。④

上述内容可以说明在经历了中世纪文化衰退后,捡拾、利用并发展欧洲过去所创造的知识成就有一种历史的必然性。

二 "北方"对意大利文艺复兴运动的意义

毋庸置疑,"艺术在'文艺复兴鼎盛时期'的意大利达到了完美的极致",⑤但同期欧洲其他一些地区的艺术也在迅猛发展,甚至助推了意大利文艺复兴。艺术史家佛伦斯·吉瓦尔特坚持认为,需要重新界定荷兰艺术在促进意大利文艺复兴中所起的作用。⑥的确,荷兰和法国北方的艺术家们在 14 世纪也开始在绘画中追求自然主义,试图精确地再现自然细节。在这种类似

---

① 参见维基百科英文版"humanism"条目,https://en.wikipedia.org/wiki/Humanism。
② 引自〔美〕玛丽娜·贝罗泽斯卡亚《反思文艺复兴——遍布欧洲的勃艮第艺术品》,刘新义译,山东画报出版社,2006,第 39 页。
③ 关于乔托,参见何平《西方艺术简史》,四川文艺出版社,2006,第 77 ~ 78 页,以及 Roberta D'Adda, *Giotto in Padua*, Milano: Skira Editore S. P. A., 2008。
④ 参见荷兰画家扬·凡·艾克的名画《阿诺尔菲尼夫妇像》。
⑤ 参见玛丽娜·贝罗泽斯卡亚《反思文艺复兴——遍布欧洲的勃艮第艺术品》,第 43 页。
⑥ 转引自玛丽娜·贝罗泽斯卡亚《反思文艺复兴——遍布欧洲的勃艮第艺术品》,第 42 页。

中国古代工笔画的画法中，他们在构造逼真画面上比同期的意大利画家更令人印象深刻。勃艮第地区在 15 世纪继续发展这一倾向，并将这种艺术风格追求传播到意大利。正是基于这种对跨文化传播的影响的研究，卡罗让德声称，意大利文艺"复兴运动得益于法国北方在 14 世纪中叶所青睐的佛兰德斯艺术学派……这一运动催生了文艺复兴的确定风格，也包括意大利文艺复兴的风格"。①贝罗泽斯卡亚根据她的研究，甚至得出结论说，15 世纪以前"意大利艺术依然是'野蛮的哥特派'并落后于法国人"，直到 15 世纪，在法国和佛兰德斯画派的自然主义风格影响下，才"得以超越其长辈"。②布克哈特声称："在 15 世纪，佛兰德斯学派的艺术大师赫伯特和艾克……对整个西方艺术的影响是无容否认的，所以说意大利风景画也同样受到影响。"③这样看来，那一时期意大利（特别是佛罗伦萨）的赞助人痴迷于荷兰的绘画、挂毯和骑士用具，④也就不奇怪了。

学术界有"北方文艺复兴"之说，泛指 1420~1600 年意大利以外的北欧和西欧的艺术风尚。⑤ 它的发展前期与艺术中的"国际歌特式风格"相衔接，后期则与巴洛克风格相重叠。油画画法就是由荷兰画家扬·凡·艾克发明的。艾克跟勃艮第公爵的宫廷有联系，他大部分时间待在尼德兰，他的著名作品《阿诺尔菲尼夫妇像》对细节的表现极其入微，尽管人物形体的比例较差。从现今荷兰海牙艺术博物馆里展览的那一时代许多宛如照片的花卉画，也可看到北方画家所达到的再现自然真实的水准。

北方艺术家，如扬·凡·艾克等创造真实感的办法是耐心地在细节上再增添细节，直到整个画面变得像镜子般反映可见世界为止，《阿诺尔菲尼夫妇像》中墙上的那面镜子及景象具有这种象征意义。⑥ 赫伊津哈因此认为，"艾克的自然主义，通常在艺术史上被当作文艺复兴开端的标志性要素"。⑦布鲁内勒斯基为首的佛罗伦萨艺术家走的是另一条路，他们用几何学的方法

---

① L. Courajod, "Lec, ons professes al Ecole du Louvre (1887 - 1890)," in M. Lemonnier and A. Michel, eds., *Paris, 1899 - 1890*, 转引自玛丽娜·贝罗泽斯卡亚《反思文艺复兴——遍布欧洲的勃艮第艺术品》，第 39 页。

② 玛丽娜·贝罗泽斯卡亚：《反思文艺复兴——遍布欧洲的勃艮第艺术品》，第 39~40 页。

③ J. Burckhardt, *The Civilization of Renaissance in Italy*, pp. 221 - 222.

④ 玛丽娜·贝罗泽斯卡亚：《反思文艺复兴——遍布欧洲的勃艮第艺术品》，第 45 页。

⑤ 〔奥〕本内施：《北方文艺复兴艺术》，威印平、毛羽译，中国美术学院出版社，2001。

⑥ 参见何平《西方艺术简史》，第 93 页。

⑦ J. Huizinga, *The Autumn of the Middle Ages*, R. J. Payton and U. Mammitzsch, trans., Chicago, 1996, p. 330.

在画面上定位场景和形体的远近和大小;① 在人物描画上先建构透视形状的骨架,再运用解剖知识和短缩法则去勾画人体形貌。② 文艺复兴盛期意大利绘画作品是以鲜明的轮廓、清晰的透视法、对人体的准确知识见长;北方艺术家,特别是尼德兰艺术家的作品则以表现花朵、珠宝或织品等物品的精致美丽的外观而著称。

三 英国和法国对古典学术复兴的贡献

在意大利文艺复兴运动尚未全面展开之时,复兴古希腊科学和哲学的运动就在英国和法国进行了。13世纪和14世纪,牛津大学是欧洲的希腊典籍翻译中心之一。在首任校长罗伯特·格罗塞斯特(Robert Grosseteste,1168－1253)的倡导下,牛津学者不仅翻译包括亚里斯多德著作在内的希腊科学典籍,而且发展了希腊科学传统和科学逻辑学。格罗塞斯特研究彩虹和透视等现象;罗杰尔·培根(Roger Bacon,1210－1292)探究眼球构造、视力、光的反射定律和折射现象等。后来意大利文艺复兴盛期的达·芬奇也花大量时间研究人类视觉原理,但培根的研究更具学术性。罗杰尔·培根也是一个达·芬奇类型的发明家,他在其著作中谈到光的反射定律、光的折射现象、反射镜、透镜和望远镜,描述了许多机械发明,如机械推进的车船、飞行的机器、魔术镜、取火镜、火药和磁石等。他甚至探究透镜矫正视力、放大图像的作用,相信可以用透镜弯曲光路,"让太阳、月亮和行星呈现于近前"。③在机械和技术发明上,培根当之无愧地是后来那些意大利文艺复兴艺术家/工程师的先驱。

担任牛津大学校长的格罗塞斯特比意大利文艺复兴时期的学者更早意识到希腊典籍的重要性,他聘请希腊语教师到牛津,本人也翻译亚里士多德著作,他对英国经验论哲学传统的形成有很大影响。格罗塞斯特提出要建立基

---

① 参见 Stephen J. Campbell & Michael W. Cole, *A New History of Italian Renaissance Art*, London: Thames & Hudson, 2012, pp. 94–95。

② 参见 Claudio Pescio, ed., *Leonardo*, *Art and Science*, Florence: Giunti Editor S. P. A, 2005, pp. 112–113。

③ 〔英〕科林·罗南:《剑桥插图世界科学史》,周家斌、王耀武译,山东画报出版社,2009,第200~201页。

于"经验的普遍原则"①的科学理论，形成用科学实验来验证自然现象因果关系的思想。他实际上先于 300 多年后的英国哲学家弗朗西斯·培根提出了归纳法。在格罗塞斯特看来，可以从观察许多同类现象，分析其形成要素，从而归纳出现象形成的一般条件或原理。他对彩虹和透视等物理现象特别感兴趣，并探究其原理。② 罗杰尔·培根同格罗塞斯特一样强调科学探究必须依靠观察数据，借助仪器进行实验和运用数学。培根实际上勾勒了"实验科学"的方法论，同时进行了一系列的科学实验。牛津大学的邓斯·司各脱（Duns Scotus，1265－1308）也对科学探究的逻辑方法进行了卓有成效的研讨。牛津大学另一位著名学者威廉·奥卡姆（William of Occam，1285－1349）倡议在科学探究中避免使用多余的（神学和经院哲学）观念，而将解释限制在依据感觉经验或实验数据的归纳和推论范围内，③ 这些科学思想和成就非常超前，后来的意大利文艺复兴时期的艺术家/工程师们还没有达到这种理论水平。

在对教会腐败和经院哲学的批判方面，罗杰尔·培根也不亚于后来的意大利作家们。1277 年，培根写了一本名为"神学概要"的小册子，攻击经院哲学，批判教士的道德败坏，由此而冒犯教廷，被新任教皇尼古拉斯四世（Nicholas Ⅳ）判处监禁，直到 1292 年才获释。在牛津的大牢中，培根还呼吁建立"实验科学"，这种精神和勇气甚至超越后来因科学信念而被教廷审判的伽利略。

在 13 世纪和 14 世纪英、法大学激荡的这些科学思想极为超前，对意大利是有影响的。当时，牛津大学的托马斯·布拉德沃丁（Thomas Bradwardine，1290－1349）试图得出表达抛射体推动力、速度和阻力等的精确数学关系的公式；牛津大学默顿学院的学者还"提出了用平均速度来衡量匀加速运动的方法，后来为伽利略所采纳"。④牛津大学的这些新的科学和哲学思想先传播到巴黎大学。巴黎大学的校长布里丹（Jean Buridan，1295－1358）和尼古拉·奥里斯梅（Nicole Oresme，1320－1382）借鉴牛津

---

① 〔英〕约翰·马任邦主编《中世纪哲学》，孙毅、茶常平等译，中国人民大学出版社，2008，第 235 页。

② A. C. Crombie, *Robert Grosseteste and the Origins of Experimental Science*, Oxford: Clarendon Press, 1953, p. 118.

③ A. C. Crombie, *Oxford's Contribution to the Origins of Modern Science*, Oxford: Basil Blackwell, 1954, pp. 10－11.

④ 科林·罗南：《剑桥插图世界科学史》，第 210 页。

学者从数学和几何学的角度探讨物理学，研究地球的运转和抛物体的运动等问题。"14 世纪 40 年代的（巴黎大学的）学者们，不断使用牛津的几何学、数学以及逻辑学的'标准'语言，来讨论哲学神学中诸如无限者之类的话题。"①

意大利学者里米尼的格里高利（Gregory of Rimini，1300－1358）在 1343～1344 年将牛津大学的新观念带到巴黎，使巴黎大学的创新精神觉醒。里米尼的格里高利在 1342 年返回巴黎大学前，曾在意大利半岛的博罗尼亚大学、帕多瓦大学和佩鲁贾大学讲学，他熟悉并使用牛津和其他英国的学术著作。牛津学者奥卡姆在 1328 年也曾在意大利短暂停留。英国学者爱恩威克的威廉在 1323 年被任命为博罗尼亚法兰西斯修会学校的诵经员。当时，伯利、奥卡姆、罗丁顿和查顿等许多英国学者的著作在博罗尼亚都能找到。有证据表明，文艺复兴末期的意大利科学家伽利略熟知罗杰尔·培根，并受到其科学观的影响。

四 是"文艺"复兴，还是"文化"复兴？

对发生在 14～16 世纪意大利的这场思想和文化运动的解读存在诸多可以商榷的问题，其中首先是用词的翻译问题。这场运动被冠以"文艺"之名，但当时所用的词语"renovation"（renewal），仅是"复兴"和"更新"的意思。②现今所用的"renaissance"一词，意大利学者多用"rebirth"（再生、重生）对译。③ 我们看到意大利这场运动实际上不仅局限于文学艺术，而是可以称之为文化的复兴。意大利斯特罗兹府邸基金会主席斯马费就用"艺术和文化的复兴"来涵括这场运动。④ 除了恢复和发展古典文学和艺术的范式，以自然主义为审美最高意向外，意大利人文主义者还系统发展了以人为中心的哲学和伦理学。那一时期，提倡个人主义，自我表现，研习文学、艺术、诗歌、修辞学和逻辑学以发展自己的才能；用文学艺术表达自我

---

① 约翰·马仁邦主编《中世纪哲学》，第 450 页。

② 当时的人文主义者在他们的拉丁语书中谈到所谓"renovation"（renewal），但"renaissance"一词直到 1855 年才为法国历史学家米什莱所首先使用。

③ 参见 Lorenzo Bini Smaghi, *The Springtime of Renaissance, Sculpture and the Arts in Florence, 1400－1460*, Firenze：Fondazione Palazzo Strozzi, 2013, preface, p. 1。

④ Lorenzo Bini Smaghi, *The Springtime of Renaissance, Sculpture and the Arts in Florence, 1400－1460*, preface, p. 1。

情感和理想，并且把对人生和美的理想表达在居住环境上，这些行为蔚然成风。赫伊津哈在其名著《中世纪之秋》中指出，"对美丽生活的向往一般被认为是文艺复兴的典型特征"。① "法国和勃艮第演奏着陈词滥调，但佛罗伦萨却就确定的主题创作出崭新和更加美丽的变奏曲。"②

布克哈特谈到了所谓"佛罗伦萨精神"和"文艺复兴人士"，③后来的学者用"人文主义"来概括这种新的人格精神。彼得·伯克注意到文艺复兴时期人的"自我的发现"。④那一时期，人的情感、精神气质和思想的诸多美好特征被重新肯定，⑤ 文化发展的新思潮就是源起于对人性及其情感的肯定，以及对理想的人格和为此进行的自我教育、自我发展的言说。在用语言文字表现自己的理想和情感时，彼特拉克等着力模仿古典作家的语言修辞风格。随着对古代罗马的西塞罗和维吉尔等作家的文本及其中表现出的思想情感的领悟，人文主义者对古典文化各个方面的兴趣迅速升温。"古代世界的渐进的重新发现"⑥ 拉开了文艺复兴的大幕。

古典文化范式的复活在绘画艺术领域开始于乔托（Giotto，1313－1375）的自然主义。画家们力图重新发现"艺术已经丢失的真正法则"。⑦ 薄伽丘总结说，"乔托使绘画艺术再现光耀，过去许多世纪中，它的光辉被那些只为迎合无知者的眼光，而不是取悦有智慧的人的画家的错误所掩盖"。⑧瓦萨里说，乔托抛弃了古代希腊人的原始风格（rude manners），而继续以自然为师。⑨曼内特评论说，布鲁内勒斯基和乔托的才能和成就超越了古代人。⑩

---

① 转引自玛丽娜·贝罗泽斯卡亚《反思文艺复兴——遍布欧洲的勃艮第艺术品》，第 292 页，注释 183。
② 玛丽娜·贝罗泽斯卡亚：《反思文艺复兴——遍布欧洲的勃艮第艺术品》，第 42 页。
③ 玛丽娜·贝罗泽斯卡亚：《反思文艺复兴——遍布欧洲的勃艮第艺术品》，第 44 页。
④ 参见〔英〕彼得·伯克《欧洲文艺复兴——中心与边缘》，刘耀春译，刘君校，东方出版社，2007，第 234～235 页。
⑤ 参见 Pico della Mirandola, "Oration on the Dignity of Man," (written in 1486) in Ernst Cassirer, Paul Oskar Kristeller, John Herman Randall, JR, *The Renaissance Philosophy of Man*, Chicago and London: The University of Chicago Press, 1948, pp. 223－227。
⑥ Lorenzo Bini Smaghi, *The Springtime of Renaissance*, *Sculpture and the Arts in Florence*, *1400－1460*, preface, p. 1。
⑦ Stephen J. Campbell & Michael W. Cole, *A New History of Italian Renaissance Art*, London: Thames & Hudson, 2012, p. 10。
⑧ Giovanni Boccaccio, *The Decameron*, Penguin Books, 2003, V5.5。
⑨ 〔意〕乔尔乔·瓦萨里：《乔托的生平》，《艺苑名人传：中世纪的反叛》，刘耀春译，湖北美术出版社，2003。
⑩ 参见 Gianozzo Manetti, *On the Outstanding Virtues of Humankind*, bk. II。

斯马费把 15 世纪上半叶称为 "文艺复兴之春"，以 1401 年佛罗伦萨洗礼堂第二道铜门浮雕公开竞标为开端，佛罗伦萨人的艺术创造力被激发。多纳太罗等人的雕塑，马萨丘和菲利波·里皮等画家的绘画掀起了模仿古典时期艺术题材和形式的风潮，进而影响了这个城市的精神风貌、思想甚至政治氛围。① 费西诺（Marsilio Ficino）在 1492 年写道，"佛罗伦萨在 15 世纪进入黄金时期，它复兴了几乎所有被湮灭的人文技艺，语法、诗歌、修辞、绘画、雕塑、建筑、音乐和古代琴弦之歌，所有这一切都在佛罗伦萨可以看到"。② 阿尔贝蒂因此断言，文艺复兴时期的佛罗伦萨已经超越古代的雅典和罗马。③

意大利文艺复兴运动一个很重要的方面，是它对近代科学兴起的推动，但至今对其意义发掘不深。英国科学史家勒夫评论说，文艺复兴时期艺术与科学的相互作用（interplay）推动了科学的进步。"文艺复兴的理工型人才，他们的作品体现了技术发明和艺术创新的完美结合。"④ 17 世纪的科学革命在某种意义上可以说是奠基于 15 世纪发轫的 "视觉艺术革命"。爱因斯坦在谈到近代科学首先在欧洲出现的原因时认为："西方科学发展依据的是两项伟大的成就：一是希腊人发明的形式逻辑体系（见欧几里得的几何学），二是（文艺复兴时期）通过系统实验发现有可能找出因果关系。在我看来，人们不必惊奇中国的圣贤没有采用这些步骤，令人惊奇的是他们（欧洲人）竟然完成了这类发现。"⑤ 爱因斯坦在很大程度上把近代科学在西方的出现归因于文艺复兴时期养成的实验习惯和对数学的运用。

实际上，实验习惯的逐步形成得益于艺术活动的实践。当时，许多杰出的艺术家为了更真实准确地反映自然场景，对人类的视觉、光影变幻的特征以及三维空间在一维画面上呈现的模式进行了大量具有初步科学实验性质的观察和探究。那个时代，很多意大利艺术家都不仅仅从事绘画和雕塑，他们

---

① Lorenzo Bini Smaghi, *The Springtime of Renaissance*, *Sculpture and the Arts in Florence*, *1400 - 1460*, preface, p. 1.

② "Marsilio Ficino to Paul of Middleburg, 1492", quoted from Ficino's Opera Omnia, Basel, 1576.

③ Alberti, "Preface to the Italian Version," *On Painting*，参见 S. U. Baldassarri and A. Saiber, eds., *Images of Quattrocento Florence*：*Selected Writings in Literature*，*History*，*and Art*，New Haven-London：Yale University Press, 2000, pp. 193 - 194。

④ Paolo Galluzzi, *Renaissance Engineers*, *from Brunelleschi to Leonardo da Vinci*, Prato：Giunti Industrie Grafiche S. P. A, 2007, p. 5.

⑤ 参见阿尔伯特·爱因斯坦《致 J. E. 斯维泽的信，1953 年 4 月 23 日》，转引自〔美〕罗伯特·C. 拉姆《西方人文史》，张月、王宪生译，百花文艺出版社，2005，第 3 页。

也从事工程师性质的业务，承担各种民用和市政设施的设计和建造。这些工作常需要解决复杂工程力学和机械学的问题，承担市政建设工程的艺术家/工程师经常向精通古典文献和语言的人文主义者寻求帮助，因为他们发现古典时期已经积累了很多科技知识，可以启发他们攻克工程难题。人文主义者把诸如斯特鲁威的《建筑学》，阿基米德和欧几里得等古典学者的科学著作译为当时使用的语言；工程师们则凭借专业素养帮助人文主义者准确对译复杂的技术词语，并把有关工程结构的描述变成形象的图示。"艺术家/工程师和人文主义者的合作是 15 世纪文化的显著特征。"[1]他们常需要做工程实验，实验的习惯浸透在他们的技术实践中，这种倾向在布鲁内勒斯基和达·芬奇身上都有很好的体现。[2]近代科学作为一种实践活动首先在光学、解剖学、几何制图和力学诸方面出现就不奇怪了，因为这些是他们工作的科技基础。近代科学革命的第一位实验科学家伽利略也是在这种以实验为科学探究基本途径的氛围中受到影响并成长的。

五　文艺复兴在欧洲的传播途径问题

意大利文艺复兴的观念和实践对欧洲各国的影响，并非都通过意大利直接进行。法国和意大利相邻，且同属拉丁语系国家，因此意大利文艺复兴思想和艺术风格对其影响很直接。其他国家则不一定如此，例如英国，因其远离意大利，本土的语言又系源自低地日耳曼和凯尔特语，对意大利文艺复兴的认知和接受有一定的语言阻隔。意大利文艺复兴的思想和艺术风格是通过荷兰，尤其是勃艮第宫廷传播到英国的。这很大程度上是因为英国与荷兰隔海相望，形成一个经济交流的互补体系。当时，勃艮第的艺术发展也毫不逊色于意大利。

15 世纪前后，英国和勃艮第荷兰经常联合起来对抗法国，还曾缔结皇室婚姻联盟，这有助于形成稳定的文化艺术交流通道。都铎王朝的几代君主都把勃艮第宫廷的审美品位、建筑样式和装饰风格奉为楷模。爱德华四世、亨利七世和亨利八世都是"哈荷族"。1470~1471 年，英国国王爱德华四世曾在

---

[1] Paolo Galluzzi, *Renaissance Engineers, from Brunelleschi to Leonardo da Vinci*, p. 15.

[2] 参见 J. H. Randall, "The Place of Leonardo Da Vinci in the Emergence of Modern Science," *Journal of the History of Ideas*, Vol. 14, No. 2, 1953, 以及何平《意大利文艺复兴艺术家与近代科学革命——以达芬奇和布鲁内勒斯基为中心》，《历史研究》2011 年 1 期。

荷兰度过一段流放岁月。后来的亨利七世和亨利八世与爱德华四世一样，在宫廷中聘用大量荷兰画师、建筑师、雕刻师、木匠和玻璃工匠。亨利八世的几任宫廷画师都是荷兰人。在这种审美风尚下，大量荷兰工匠来到英国。王室成员、贵族、商人也经常访问荷兰，购买荷兰挂毯、绘画、雕刻品和书籍等。

爱德华四世修建的一系列城堡、宫殿及其室内装饰都刻意模仿勃艮第宫殿风格。温莎城堡的圣乔治教堂的礼拜堂就是由两位荷兰雕刻师操执修建。亨利七世不仅要求模仿荷兰人的宫殿和宅邸风格，连荷兰宫廷的生活习惯也事无巨细地仿效。他购买了大量荷兰工匠制作的仿效包括拉斐尔在内的意大利艺术家风格的挂毯。英国王室甚至经营代购荷兰挂毯和玻璃制品的业务。伦敦的一些主要建筑，如威斯特敏斯特教堂的礼拜堂、圣彼得教堂和剑桥国王学院的礼拜堂的建造都有荷兰工匠参与。白金汉宫的国宴大厅由建筑师琼斯（I. Jones）于1622年设计，是伦敦首栋意大利帕拉第奥（Palladian）风格的建筑。受荷兰建筑风格影响的英国建筑师克里斯托弗·莱恩（Christopher Wren，1632－1732）设计建造了包括圣彼得大教堂在内的52座英国教堂。

在传播人文主义思想上，"北方文艺复兴"的著名学者、荷兰的伊拉斯谟也发挥了重要作用。伊拉斯谟先后在欧洲多所著名大学，如巴黎大学、剑桥大学、博罗尼亚大学和帕多瓦大学等学习和讲学。他是一位多产的学者，其拉丁文语言优美，著作中有大量讽刺教会和世俗社会的腐败的内容。借助于新的印刷技术，伊拉斯谟的著作被荷兰、巴黎、威尼斯和巴塞尔等地的大出版商印行，成为欧洲的热销书。伊拉斯谟在一位英国贵族的引领下于1499年前往英国，1506年在剑桥大学注册入学，攻读希腊语，期望在剑桥获得博士学位，他后来到意大利都灵大学学习，1509年返英。伊拉斯谟最后是在巴黎大学获得博士学位。1511～1514年，伊拉斯谟再次返英，在剑桥大学任教，讲授希腊语和神学，在此期间与英国学者组建了人文主义者社团，还成立了圣保罗学校传播人文主义思想。他的名著《愚人颂》就是在英国人文主义者莫尔的住处完成的。

六　结语

上述这些情况表明，意大利并不是在西欧多国激荡的、那些我们称之为"文艺复兴"的观念和实践的唯一源头。复兴古代文化的运动（文艺复兴）在 14 世纪的意大利强劲兴起，并深入发展，延续近 3 个世纪，这和意大利与欧洲其他地区不同的社会经济背景和文化语境有关。首先，意大利比其他地区存有更多的古代希腊和罗马文化的遗迹，社会和文化发展的需要出现后，这些遗迹所唤起的记忆，必然影响到社会文化发展的路向。其次，那一时期，意大利形成若干疆域分明的城市国家，它们都图谋发展和壮大，古代雅典和罗马的崛起及其文化对它们的吸引力是不言而喻的。再次，意大利各城市国家互相紧邻，无法无限制地扩张地盘，它们转而在城市建筑的辉煌、文化艺术的繁荣和人才的荟萃等方面展开竞争。统治者们如佛罗伦萨的梅迪奇家族，为此而大力奖掖，赞助艺术。用工艺品来装饰家居环境在当时也成为一种文化风尚，有财力的家庭定制购买工艺品，就像现今各家装修都要购置必要的家电一样。佛罗伦萨至今仍存约 10 万件文艺复兴时期的工艺品，包括价值连城的绘画和雕塑，以及数量众多的仅被视为普通家庭装饰品的艺术品。①最后，意大利北部社会拥有雄厚的财力。新航路开辟以前，意大利是欧洲工商业和金融中心，也是东西方和地中海贸易的枢纽，繁荣所带来的财富支撑着城市建筑的建造和艺术品的生产，也使权贵阶层和市民有财力满足自己较高层次的需求。这一切都构成了文化繁荣的物质基础和社会原因。

一般认为文艺复兴开始于 1350 年，以薄伽丘发表《十日谈》、彼特拉克发表《颂歌》为标志；文艺复兴的结束则被一些意大利学者定在 1600年，以支持"日心说"的布鲁诺被处以火刑为标志。很多意大利学者也认为 1350 年，而不是 1492 年，是中世纪的结束时间。彼特拉克使用了"中世纪"和"黑暗世纪"这两个词，指称从 476 年罗马陷落到他那个时代。在他看来，西罗马帝国灭亡后，欧洲文化有一个显著的衰退，语言的状态（优雅的古典语言被中世纪各国方言取代）展示了文化衰落的严重程度。这种对中世纪始末的划分对意大利来说可能是合理的，至今意大利很多城市中，仍以文艺复兴时期的建筑和城市格局为主，因此把文艺复兴定为意大利"近代"的开端也是合理的。然而，历史的发展在各地区是不均衡的，并没有一个统一的世界历史阶段在各国同时显现，某一时刻，一些国家已经进入

---

① 1420 年起，多纳太罗等艺术大师古典风格的雕塑和绘画被模仿并流行开来，影响了审美风尚。佛罗伦萨大大小小的艺术家工作室和画匠铺生产出大量仿制品，采用各种质材和形式，产生大理石雕塑、镀金泥塑、木雕，房屋装修饰件，等等。参见 Lorenzo Bini Smaghi, *The Springtime of Renaissance*, *Sculpture and the Arts in Florence*, *1400 - 1460*, preface, p. 1。

近代，而另一些国家如东欧仍处在农奴制为主的社会经济发展阶段。

文艺复兴时期，意大利的确出现了一些新的文化精神，这可以从当时的哲学、文学和艺术作品所宣扬的人生观看出。佛罗伦萨高等研究院院长斯蒂法诺·巴尔达萨里（Stefano Baldassarri）认为，之前流行的人格模式显现出三大特征：自我贬低或谦卑（humility，humus）、服膺权威（authority，auctor）和崇拜圣迹（pilgrimage，peregrines）。而文艺复兴时期的作家们则鼓吹个人主义（individualism）、质疑精神（skepticism）和折中主义（eclecticism）。人们因此而注重发扬个性或个体风格，强调自我塑造。自传、传记、肖像画和自画像等的流行就是这种心理的反映。兼收并蓄、海纳百川的精神表现在对来自古典希腊罗马和阿拉伯等的知识的开放态度。实证态度和经验主义精神在当时工匠/艺术家阶层中也十分明显。

然而，在现今一些书的描绘下，仿佛有一个阶层，它以某种意识形态为宗旨，有计划地反封建、反神学，因此而标志着一个欧洲范围内新的时代的降临，似乎有以现代眼光观照文艺复兴并加以模式化之嫌。从当时的文献可以发现，现在我们称之为人文主义的那种思想或知识体系，开始的时候主要是指一套课程体系以及相联系的教育理念。在布鲁尼那个时代，"humanista"指一套人借以提升自身修养的学习科目，包含语法、修辞、诗歌、道德哲学和历史学等。布鲁尼也认为是彼特拉克为意大利人开辟了道路，展示了如何获取完善人生的学问。但当时对此新潮流的解读也仅此而已。现代意义上的"humanism"这个概念，迟至1808年才由德国教育家里特汉（Friedrich Immanuel Niethammer）首先使用，并且经由1859年德国历史学家维格特（George Voigt）出版的一本书流行开来，到19世纪下半叶，"人文主义者"（humanist）这个词才被使用。

可以发现，在欧洲那些承前启后的世纪里，在跨越中世纪学术和文化相对沉寂和僵化状况的努力中，对希腊遗产的总结和继承、对经院哲学的发展，是在12世纪前后牛津和巴黎这样的大学中发生的；8～9世纪以加洛林王朝为中心的"文艺复兴"，为13～14世纪科学和哲学领域的重大发展打下基础。后来的意大利人主要是在艺术、文学和关于人的哲学上形成了新的观念，并在实践中把包括文学、艺术在内的文化发展到极其辉煌的程度。当然，这里并不能绝对否认意大利文艺复兴的伟大意义，正如赫伊津哈所说，意大利文艺复兴时期的文学和哲学作品展现了一个"向往更美丽生活的梦"，① 一个可以使自己变得更好的梦，这个梦至今仍是意大利文艺复兴留给人类的遗产——一个人可以完善自身、全面发展的观念和理想。

（何平，四川大学历史文化学院教授；

夏茜，牛津大学莫顿学院博士）

---

① 玛丽娜·贝罗泽斯卡亚：《反思文艺复兴——遍布欧洲的勃艮第艺术品》，第 43 页。

文艺复兴与政治和谐：人文主义者"和谐国家"设想的重提和再判

朱孝远

在全球化、世界连成一片之际，有一个概念"文艺复兴"，把中国和欧洲联结了起来。在欧洲，文艺复兴是指一场持续 350 年的文化运动。在中国，文艺复兴是指中华民族的伟大复兴。无论是在中国还是在欧洲，在文艺复兴的旗帜下，都在振兴、发展自己，为的是一个共同的目标：建立和谐社会，和谐国家，和谐世界。

如果简单认为加强对于文艺复兴的研究只是一个学术问题，是中国要学习欧洲的经验，那不仅是表面的，而且是肤浅的。事实上，中国的文艺复兴，是以一种振兴国家的姿态出现的。20 世纪，中国政府提出实现"四个现代化"（在 20 世纪末实现工业现代化、农业现代化、国防现代化、科学技术现代化）；在 21 世纪，中国政府提出"要增强中国的综合国力"，其要素分别是经济的影响力、政治的影响力和文化的影响力。文化成为中国综合国力中举足轻重的要素，文艺复兴成为关系到中国的命运和民族复兴的重要元素。

上述目标的调整要求我们把大学办成培养"四会人才"的基地。一个优秀的大学生，不仅要有卓越的专业知识，还应当懂政治、懂经济、懂文化。这种"四会人才"，在国外被称为"领导人培养"，在中国被称为"创新型的综合人才"。在建设世界一流大学的日子里，我们要实现"八个一流"。三个是对外的，即培养一流的大学生、创造一流的科学成果和拥有国内外一流的社会声誉。这三个对外的一流是靠大学内部的五个一流来保证的，即一流的教学、一流的师资、一流的制度、一流的改革模式和一流的大学人文氛围。只有这样，我们才能够为中国文化的振兴做出努力。

这样，我们就开始关注欧洲的文艺复兴。对文艺复兴的作用，学术界有两个观点：一是认为布克哈特"意大利是近代社会第一个产儿"的看法不能接受；二是认为近代政治学产生于 16 世纪，是由马基雅维利开创的，在他之前，伦理学与政治学没有分离，马基雅维利区分了政治学和伦理学，奠定了现代政治学的基础。上述两种观点的共同点是：马基雅维利之前的人文主义政治学并非真正意义上的政治学，那不过是伦理学、道德学、人学，最多只能算是准政治学，并不具有重要的意义和作用。

我们却认为：上述两种观点是有失偏颇的。事实上，人文主义政治学是非常积极的；布克哈特的观点是非常有趣和有意义的。人文主义政治学是一脉相承发展起来的；文艺复兴政治学对欧洲现代国家的产生具有不能忽视的作用；人文主义者要求建立"和谐国家"的设想尤为重要，即通过实现国内与国际、中央与地方、国家与社会、传统精英与专业精英、国家与自然生态、国家与民族之间的"六大和谐"来建立现代国家，这为现代国家的兴起奠定了思想基础。

布克哈特的《意大利文艺复兴时期的文化》是一部写得非常好的经典著作。在书里，布克哈特谈到了人的发现和世界的发现，并且指出了人文主义、理性主义、世俗主义、个人主义是理解文艺复兴新人的关键。这些观点，在今天看来也是非常有意义的。为此，我们可以根据我们的新的理解，来对上述的四个主义，谈些看法。

个人主义反对封建依附制度，要求摆脱依附，摆脱领主附庸制度，摆脱农奴制度。要求人有鲜明的个性，个性有其不可取代性。其内容还包括：要注重人的个人隐私权，要把被动的人变成主动的人，大家团结起来，建立自己的美丽家园。

人文主义是通过教育改造人性。人是单独的一类，即人类，不是动物，也不是被造物。人是"上帝的相像"，因为上帝是按照自己的形象造人的。人是万物之灵，具有人的尊严、人的自由意志和人的创造性。人还必须为自己所做的事情负责。

世俗主义要的是建立人类的美好家园，把人间建设成为真正的天国。世俗主义反对禁欲主义，要求动起来，创建人类美好的家园。

理性主义就是要把知识建立在实验的基础上，这为现代科学的兴起奠定了基础。这也涉及对知识体系的调整。理性主义反对一切愚昧无知的行为，反对人的迷信和自虐，禁欲和没有节制。中世纪社会曾经产生过种种非理性现象，原因就是文化落后，没有科学知识，也没有现代的学科分类和教育手段。人文主义者把学问分成了人文学、自然科学和艺术，这为现代教育、现代科学的崛起铺平了道路。

然而人文主义政治学不仅是批判性的，而且是建设性的。批判性主要表现在对于封建体制的否定。建设性表现在要求实现现代国家的"六个和谐"，分别是：国家与社会的和谐，国家与民族的和谐，中央与地方的和谐，国内与国际的和谐，专业精英与传统精英的和谐，国家与自然生态环境的和谐。

从欧洲古代的历史看，国家的政治资源并不充裕。欧洲古代国家大抵有两种类型：一是像罗马那样的大帝国；二是像雅典、斯巴达那样的希腊城邦。前者不过是军事上的联合体，少数贵族是统治者，缺乏民众、外邦人对于国家政治的参与；后者的民众积极参与了国家事务，但因为地域过于狭小，政治分裂，常常缺乏统一的基础。

罗马帝国瓦解后，中世纪出现了许多日耳曼人的王国，这是欧洲出现的第一种国家形态。但是，这些王国还比较落后，还处在部落向国家转型的时期。政府统治靠的是以国王为核心建立起来的私人政治网络，没有固定的疆域，政治分裂，地方主义盛行，也没有完善的政府机构。更为致命的是公私不分，以权谋私，公共权力常常服务于统治者的私人利益。

11世纪时，这些小王国瓦解了，让位于英国、法国、西班牙那样的领地国家，于是，领地国家成了欧洲出现的第二种国家形态。蛮族的王国为什么会走向衰败？而英、法这些国家为什么能够胜出？答案就在于国家体制的优劣。与蛮族王国相比，后来居上的英国、法国更加国家化、制度化、行政化、官僚化，公权不得私用，这使英、法这样的新兴国家具有优势，它们取代蛮族的王国，成为较有发展前途的新的政治类型。

第三种国家形态是近代民族国家。近代国家有别于中世纪的国家：国家的主权完整、领土完整，政治上实现了统一，还拥有完备的官僚制度，以及完备的政府机构如司法体系和税收体系。这些，都是欧洲近代早期国家的标志。

第四种国家形态是经济国家，运用政府来发展经济的英国是其典范。在这种形态里，政府的功能大大扩展了，政府成为促进经济发展的重要杠杆。

近代国家的特点是政治为经济发展服务，例如英国，是宗教革命、政治革命、工业革命和科技革命的发源地。

第五种国家形态是现代国家，就是上文提到的实现"六种和谐"的国家。这起源于文艺复兴的政治学。在但丁的《神曲》、在彼特拉克的《论统治者应当如何统治》、在布鲁尼的《佛罗伦萨颂》、在托马斯·莫尔的《乌托邦》、在马基雅维利的《君主论》中，我们都看到了要求实现国家与生态环境、与民族、与社会、与国际力量和谐的内容。可以说，现代国家的理念，正是从文艺复兴政治学开始的。

"国家"一词有许多种称谓，如"country"、"kingdom"、"state"和"nation"。"country"是指有人居住的土地，"kingdom"是指以国王为核心的王国，"state"是指政府，指一种政治性很强的国家，"nation"原是指民族。这四个词的含义不尽相同，但在现代社会里，都可以用来称呼国家。

国家与民族的和谐是一个重要的问题。一个国家之中有很多民族。当一个国家中的各个民族都认为是同属于一个国家的时候，就会产生"中华民族""德意志民族"这样的概念，这时，民族也可以指国家。有一本杂志叫"国家地理"，用的就是"National Geography"。

国家与社会之间的和谐也很重要。国家与社会是两个不同的范畴。国家要照管社会，社会也要回报国家。有时，社会常常提出要求，国家要酌情加以解决。例如：社会提出解决穷人问题，国家就制定政策，提高人民工资；社会提出有严重的环境污染，国家就要制定政策，解决环境污染问题。这样的话，国家和社会之间，就能够建立起和谐的关系。

一个国家要发展，每时每刻都离不开国际环境。因此，国内与国际之间必须取得和谐。文化的交流，一是靠文化的优秀性，二是靠文化的互补性。在一个多样化的社会里，国家与国家、国内与国际之间的相互学习和相互补充，是每个国家发展的必经之路。

中央和地方之间也需要实现和谐。中央有中央的考虑，地方有地方的实际问题。这两者之间的和谐，对国家的发展起着关键的作用。

传统精英和专业精英之间也要获得和谐。传统精英有着丰富的政治经验，专业精英则有许多专业化的知识。两者之间实现和谐，一定能够增强执政能力，提高政府的效率。

国家与自然生态环境之间的和谐，现在变得越来越重要。我们都需要白云蓝天，我们也需要干净的空气、干净的水源和健康的食品。国家要采取措施，大力治理环境污染，让生活在国家中的人，都感到生活美好、健康长寿。

那么，如何实现上述的"六种和谐"呢？关键就是"以人为本"。人的主题，情的自觉，能够把国家与社会、国家与人民、中国和世界联结起来，我们都为一个目标而努力，那就是增进世界的和谐。现在，笔者要下几个结论。

第一，为什么文艺复兴运动能够延续 350 年？答案是，人文主义者把文化、艺术、美学的要素植入人们的生活方式。欧洲人认可了这个理念，开始尝试过一种文化的、艺术的生活。就像吃饭、睡觉一样，文化成了人们生活中的要素。人们乐此不疲，不断提高自己的生命质量。舍此，我们想不出还有其他的答案，可以解释为什么欧洲会出现一个长达 350 年的运动。

第二，要改变人们对于人文主义政治学的看法，要对其进行褒奖。人文主义政治学是从伦理学、教育学、道德学开始的，但这并不说明它不是一种真正的政治学。人文主义政治学的目标是改造人，把本能的人改造成为文化的、智性的人。从启蒙时代开始，欧洲运动的目标改变了，人们开始改造制度，以为只要制度好了，人就会变好。我们的问题是，如果制度好，人却不好，那么，还能够收到成效吗？事实上，制度的改造和人性的改造必须同步进行，道德学和政治学也正好互补，两者之间并没有严格的界限。

第三，我们认为，现代国家就是充分实现"六种和谐"的国家，它的起源，可以追溯到文艺复兴的政治学。人的主题，情的自觉，根据民意来建设国家，这是现代政治学兴起和发展的根本途径。这也意味着国家功能的发展，国家从统治民众的政治实体，转变成为人民服务的政治核心。从这个意义上看，文艺复兴的政治学非常重要。

第四，要说一下我们对马基雅维利开创现代政治学的看法。笔者要指出两点，一是必须看到马基雅维利的政治思想与但丁、彼特拉克、布鲁尼思想之间的联系。马基雅维利的政治学只是对后者的一种发展，而不是对后者的一种反动。因此，由但丁一直到马基雅维利的人文主义政治学是一脉相传的，是一种连续性的发展，其中并没有产生过明显的断裂。二是如果一定要说马基雅维利对现代政治学有所贡献的话，那么，这并非表现在他区分了政治学和伦理学，而是他放弃了对于政体形式的争论，把精力集中起来，专门研究政府和臣民的关系。这个特点，在马基雅维利和圭恰迪尼的晚期著作中，能够得到印证。这些著名的政治学家们，在晚年放弃了对共和制和君主制优劣的争论，而关注国家和民众的关系，关注两者各自的职责，以及关注人民生活的质量。这些，才是现代政治学产生的标志。换言之，现代国家是指努力实现"六种和谐"的国家。这也意味着政府功能的现代转型：从一种政治统治的工具，转变成为民众、为社会服务的政治核心。这个转变，才是文艺复兴政治学所揭示的真理，这也是我国学者对文艺复兴政治学格外关注的原因。

（朱孝远，北京大学历史学系教授）

《廷臣论》中的"文雅"教育

李玉成

最近翻译了一本书——卡斯蒂廖内的《廷臣论》，笔者想借此机会，简单谈一下其中的"文雅"（grazia）①问题。这本书最早的出版时间在1528年，后来多次再版，可以说是意大利文艺复兴盛期的代表作之一。作者用十多年时间完成这部作品，经多次修改，去世前一年才发表。但它并不是一篇"理论"的论文，它以对话的形式写成，读起来生动活泼，并不让人感到枯燥。内容涉及当时宫廷的生活和人们的思想等方方面面的问题。它和马基雅维利的《君主论》几乎是同一时期的作品，但卡斯蒂廖内却充满理想主义精神，要培养"完美廷臣"，以道德为中心，鼓励人们把才华用来为君主服务。

16世纪在欧洲是君主国的世纪，这本书易于为欧洲其他国家所接受，产生过持续和深远的影响。欧洲国家宫廷曾把它当作行为规范，译成多种语言，成为廷臣和绅士们手头必备的书。今天了解西方文化的历史，这本书也是重要参考书籍之一。

宫廷作为权力中心，像一个变幻莫测的大海，常常充满傲慢、嫉妒和阿谀逢迎。因此，作者认为，在宫廷中倡导美德非常重要。塑造"完美廷臣"的目的，就是让廷臣获得良好的素质，为君主所喜爱，能够接近君主；逐渐对君主施加积极的影响，使其言听计从；并敢于反对君主有害的主张，使其远离身边的小人、坏人，成为善良、正直、有为的君主，如亚里士多德辅助

---

① "grazia"意思是优美、文雅、优雅，Palazzi辞典的注释是：qualità di ciò piace per certa spontanea e delicata belleza.（某种自然、优美的令人喜爱的素质）。

亚历山大大帝那样，引导君主走上美德和建功立业的道路。

因此，宫廷也就成为规范廷臣行为的地方。贵族青年被送到那里，不仅要学习军事技能，而且要学习文雅的举止和音乐、诗歌方面的基本知识。意大利语中"cortese"（有礼貌的）这个词就来源于宫廷（corte），廷臣在说话、穿衣、走路、跳舞、吃饭等行为中都要表现出"文雅"，让文雅"伴随一切行为"。例如用餐时不要高声说话、不要张大嘴喝酒、懂得目光适度，说话有分寸，爱得有礼貌。当时还出了一些《礼仪手册》之类的书，吃饭用叉子和使用肥皂、牙膏，也是那时的发明。

1504～1513 年，卡斯蒂廖内居住在乌尔比诺的宫廷里，文艺复兴时期那里是一个重要活动中心。后来他离开了那里，出使西班牙。他根据自己的经历和回忆，构思在乌尔比诺宫廷的公爵夫人主持下，做一种"游戏"：让一批精英经过四个晚上的座谈，用语言塑造"完美廷臣"。这样的人除了身体素质好、外貌俊秀外，还要思想高尚、心地善良；既有人的尊严，又举止文雅；并且文武双全，不仅善于使用各种兵器，对形势有很好的判断，而且懂拉丁文、希腊文等多种语言，通晓历史知识；会写诗绘画，能歌善舞，能够演奏乐器和谈情说爱。他可以同每个人进行愉快的交谈，面带笑容，有幽默感，会开玩笑，甚至会翻跟斗、走钢丝等，人见人爱。但他不轻易表现，只有在多次邀请下才偶露才华，并表明那并非自己专长，实际上却是经过长时间精心准备的。

作者认为，在"完美廷臣"的诸多行为中，经常保持文雅和从容自然的态度最为重要。因为文雅具有"深刻的内涵"，而宫廷是众人瞩目的舞台，廷臣的一行一动都在"舞台"上，"要尊重观众的眼睛"。"文雅"（grazia）从词源上看，意思就是"受欢迎的"（grato），文雅的人可以得到君主的宠爱和其他人的欢迎；文雅犹如一面镜子，有强大的复制能力，可再产生出许多文雅；文雅还可以作为减轻罪责的手段，因此它是"普遍适用的规则"。

在文艺复兴时期，文雅曾是一个热门的话题，德拉·卡萨给"文雅"下的定义是："人不仅要满足于做好事，还要研究如何把事做得文雅。所谓文雅几乎是一道反射的光，它来自互不相同但从整体来看又组合恰当的事物。如果没有它作为尺度，善的东西并不美，美的东西也不令人喜欢。"罗梅伊的看法是："文雅主要是通过身体的温柔和秀丽运动表现出来，因此，如果身体不动，它是不会表现出来的。"萨尔多认为："文雅是智慧和理智的表现，当一个人思想活跃，情绪稳定，品德无瑕，体态端庄，语言谦逊，举止温良，以及懂得科学和明察事理的时候，文雅就放射出闪耀的光芒。"①

最大的文雅，就是单纯和从容自然。从容自然会给人一种印象：此人如此轻而易举地完成的事情，比其他人努力完成得都好，如果让他再经过学习和努力，那么肯定会好上加好。因此文雅行为的获得要经过事先的刻苦学习和练习，并用恰当的方式掩盖努力，隐蔽自己的意图，表现出一切都是偶然发生的。例如操练武器，轻松就能进入发力状态；跳舞时只需迈出一步，就可以看出身体的灵活和优美；唱歌时能轻易发出带三四个装饰音的加强音；在绘画中随便画一根不经意的线条或笔触，就能达到要表现的目的。类似的文雅的表现几乎在每个事物中都存在。因此，完美的廷臣要在一切方面给人以优秀的印象。所以这又被视为一种隐藏的艺术，即不像艺术的艺术，具有伪装和表演的性质。例如一个演员，如果让人看出他在表演，就不是好演员。他必须融入角色，掩饰自己的努力，表现出一切都很自然的样子，符合角色本性。宫廷就是这种伪装和表演的大舞台，它把任何过激和粗暴行为都看作不文雅，并从文雅中显示出美德、宽宏大量和高贵。

要尽量避免装模作样或装腔作势，那是最大的不文雅，因为会使人感到办事费劲、固执己见或在炫耀自己。例如，"某些伦巴第人离家在外，一回家时就立刻讲罗马语，有时是西班牙语或法语，这些都来自想显示自己知道得很多，容易招人忌恨"。又如一位佩剑的绅士，态度谦逊，很少说话和称赞自己；而另一位佩剑的绅士，总在自我吹嘘，骄傲地咒骂威胁世界的怪物。毫无疑问，后者是在装腔作势，让人感觉他力大无穷。

文雅被视作一种积极的文化模式，但在实行中又必须配合有"良好的判断"和奉行"中庸"之道。所谓"良好的判断"，就是廷臣要弄清楚自己在做或说的是什么事情，所在的地点、谁在场、发生的时间，为什么要这样做或这样说，自己的年龄和职业，希望达到的目的和为此可能采取的手段。要克制和谨慎，不嫉妒、不诽谤，不通过不光彩的机会寻求好处。应表现出机敏和适度，避免犯某些愚蠢的错误。

作者认为，美德本身是中庸和适度的，如果掌握适度，比成为优秀更值得赞扬。如果走向极端，就会变成恶习。保持诚实和中庸的态度，是避免引起别人嫉妒的盾牌。要让对立的因素和谐起来，使它们相得益彰。如优秀的

---

① 以上参见〔意〕加林《意大利人文主义》，李玉成译，三联书店，1998，第114页。

画家，他们用阴影来显示和突出物体的光线，反过来，光线又可以加深阴影的层次。使用不同的颜色，使物体之间能更好地区别开来；安排相互对立的形象，有助于更好体现画家整体的意图。不懂得谨慎的人，容易走向极端。我们的生活方式有很多种，但其中只有一种是最适合我们的。

作者认为，人需要掌握说话的艺术，总要表现得像是在第一次学说话。不要回避同人们交谈，尊重交谈的对象，持严肃和谦逊的态度。要怀着善意，语调温和，用一些妙语和格言，振奋听者心灵，引导听者喜悦和欢笑。笑的本质是使人高兴，得到休息和恢复体力，不再想那些忧伤的事情。说话的职责应该是"重新塑造听众的心灵"，"使他们愉快和欢笑"，但这种职责同文雅和从容自然的口号紧密相连。外在事物常常是内在事物的体现：生活上不是贪食者或不杂乱无章的人，服装最好倾向于庄重和严肃而非浮华，如果不是黑色，至少也倾向于深色。

与传统妇女相比，宫廷中的女人纺纱、做针线活、沉默和贞洁，已不合时宜。宫廷妇女也应当懂得文学、音乐、舞蹈、绘画，能机智地参与同不同身份人的交谈。适合于"完美廷臣"的规则也适合于她们：聪明、谨慎、不骄傲、不嫉妒、不粗野、不无所事事、不争强好胜，善于从事适合女人的工作。她们会用玩笑话和妙语，恰当地应对所有需要应对的人，应对真爱和假爱的人。要在衣着的帮衬下掩饰身体的缺陷：合理地胖些或瘦些、白些或黑些，表现出娇嫩和优美，但又展示出并非刻意而为。文雅的女人，化妆是清淡的。最可爱的显然是脸上没有任何东西的。头发是不加修饰的、零散的，举止是自然和单纯的，丝毫看不出她曾费心思考过如何更美丽，这就是极其优美的自然纯真，因为人们总是害怕受艺术装饰的欺骗。

培养"完美廷臣"需要通过教育。首先应该从优秀老师那里学会基本原则。然后要和草地上的蜜蜂在草丛中寻找鲜花一样，善于从每个文雅人身上学习值得赞扬的东西。人的精神生活有它的"根"，通过对人文学科的学习可以为丰富的精神生活打下基础。要通过教育让人懂得什么是善，"美"和"善"在某种程度上是同一概念。"美如同一个圆圈，其中心是善。"要唤醒人心中的正义感和羞耻感，使人成为善良的人。科学和道德的完善程度如何，决定着一个国家人民的命运。道德即人与人之间的"真诚关系"，是人们从事任何活动的基础。要使人完善，就要认真学习古代文化和其他人文学科。对人的教育就是要使人们普遍认识人的价值——既尊重人的肉体，也尊重人的思想。皮科洛米尼说，自然科学容易轻视人的内在品德。"热心学习的人往往只从物理、数学和形而上学方面获得知识，而扔下了对我们来说最重要的学科，即我们借以掌握生活的艺术——掌握通向德行和良好风尚之路的学科，而只有这样的学科才会把我们引向快乐和幸福。"

《廷臣论》这本书虽然是 16 世纪的作品，但其中提出的培养"文雅"行为的观点仍值得今天借鉴。当一个人在公共场所的时候，即使自己不情愿，也应当在行为上"尊重"别人的眼睛，表现出礼貌和文雅，因为文雅有强大的复制能力，人人这样做以后便会形成一种良好的社会风气。我们常常通过媒体看到某些人的不文明行为，在国内、国外都造成不良影响。应该借鉴历史上和国外一切好的经验，重树我们作为礼仪之邦的大国风范。

（李玉成，中华人民共和国驻意大利使馆原参赞）

存天理而赞人欲

——意大利人文主义思想家洛伦佐·瓦拉的《论快乐》

李婧敬

一 洛伦佐·瓦拉：以笔为戈的人文主义学者

洛伦佐·瓦拉是15世纪意大利的重要人文主义学者，他才华出众、性情桀骜、人生之路起伏坎坷。

1407年，瓦拉出生于罗马。1429年，22岁的瓦拉本想进入罗马教廷供职，却因"资历尚浅"被拒之门外。是年，他前往意大利北部城市帕维亚，在大学教授雄辩术，由此开始了波澜迭起的战斗人生。1433年，瓦拉在一场法学辩论中因藐视权威开罪于当时的学界泰斗，被迫辞职，先后辗转于费拉拉、米兰等地。1437年起，瓦拉效力于那不勒斯阿拉贡王朝的阿方索国王（Alfonso V d'Aragona，1394 – 1458），其间发表的一系列政治、宗教、伦理学作品数度引起罗马教廷震怒，甚至于1444年遭到那不勒斯宗教法庭审判，直至阿方索五世干预才免于被判罪。1448年，他得偿夙愿，成为教宗加里斯都三世（Callisto III，1378 – 1458）的秘书官。1457年，瓦拉逝世于罗马，1825年迁葬于罗马最为显赫的教堂之一——拉特兰圣若望教堂。

不难看出，洛伦佐·瓦拉一生以笔为戈，其生命轨迹数度跌宕起伏。在《论修道士的誓言》（*De professione religiosorum*）中，瓦拉这样描述自己："我是一名战士，为宗教而战，为教廷而战，也为你而战。"①作为语史学者，

① Mario Fois, *Il pensiero cristiano di Lorenzo Valla nel quadro storico-culturale del suo ambiente*, Roma, Libreria Editrice dell' Universita' Gregoriana, 1969, p. 2.

他极力捍卫经典拉丁文的纯正，抵制中世纪基督教会对拉丁文的粗野态度和对古代文献的肆意篡改，通过校勘、重译和评注古希腊、古罗马文献，使大量古典作品的本真含义得以从中世纪的误传和歪曲中浮现和澄清；作为历史学者，他从分析历史文献内部的词汇和语法入手，从蛛丝马迹中找到确凿证据，指出被基督教会奉为经典的《君士坦丁赠礼》实属伪造，揭穿了基督教历史上的最大谎言，并开创以内证法进行文献辨伪的先河；针对笼罩中世纪的禁欲主义思想，作为伦理学者的瓦拉撰写了《论快乐》，成为文艺复兴时期第一位自觉、主动且明确地从理论层面批判中世纪禁欲主义、捍卫人间幸福的思想家。

二 《论快乐》：一场关于"人生至善"的惊世骇俗之辩

1444 年，那不勒斯宗教法庭以传播异端宗教言论之由对洛伦佐·瓦拉提起诉讼，瓦拉出庭进行自我辩护无果，直到那不勒斯国王阿方索五世出面干预，才最终得以脱罪。毫无疑问，真正惹恼教廷的，绝非时任法官安东尼·达·比敦托（Antonio da Bitonto，1385－1465）所指的瓦拉对基督教《信经》中某条关于使徒传统的不当理解，而是他长期以来对罗马教廷权威的质疑。具体而言，瓦拉 1440 年发表的《〈君士坦丁赠礼〉辨伪》（De falso credita et ementita Constantini donatione declamatio）细数了被罗马教廷奉为经典的《赠礼》文献中的诸多伪造痕迹，而伦理学作品《论快乐》更是一部与中世纪基督教宣扬的禁欲主义格格不入的骇世之作。

据考证，后一作品先后存在 4 个版本，创作修改时间绵延近 20 年。[①]尤为值得一提的是作品标题的变动：第一版题为"论快乐"（De voluptate）；第二版更名为"论真善与伪善"（De vero falsoque bono）；第三版更名为"论真善"（De vero bono）；最后一版再度确定为"论真善与伪善"。简言之，后三版的标题大同小异，但较之原始标题而言，变化较大。作者的修改动机并不难理解：在禁欲主义思潮盛行的社会环境下，"快乐"这一字眼显

---

① 据马里斯泰拉·德·帕尼扎·洛克教授（Maristella De Panizza Lorch）考证：第一版成书于 1431 年，瓦拉当时年仅 24 岁，是帕维亚大学年轻的演说学教授；第二版成书于 1433 年，完成于米兰；第三版完成于 1444～1449 年，是瓦拉在那不勒斯阿拉贡王朝担任宫廷秘书官时期的作品，他呈献给罗马教宗的，正是这一版本；随后，瓦拉又在第三版的基础上进行了最后一次润色，具体成书年代不详。

得锋芒太露（作品第一版发表后的确曾引起轩然大波），或许是为了避免作品遭到教廷的封禁，又或许是为了实现日后进入罗马教廷任职的夙愿，瓦拉最终选择了一个较为柔和中正的标题。然而，作品的核心思想却在第一版标题"论快乐"中得到了直接体现：快乐是唯一的善，以追求快乐为主导的伦理观不仅无罪，而且应得到鼓励和推崇。

该作品以对话体呈现。三位主要对话者分别代表斯多葛派、伊壁鸠鲁派和基督教神学思想发言，就"何谓真正的善"展开辩论，作者本人则巧妙地隐藏于对话者身后，借更有名望的学者之口阐述自身观点。①

全书共分三卷。第一卷由斯多葛派代言人加图·萨库斯开场。他首先向自然发起控诉，将其比作歹毒的继母，令世间恶行泛滥，使其数量远胜于德行。随后，加图责难人类的天性本恶，趋恶避善的本性导致恶人大行其道，少数有德之人却生活艰难；世间的芸芸众生皆是恶人，只有少数硕果仅存的智者才能企及真正的善——"道义"。若要达到该目标，就必须与自然和人之天性对抗，通过禁欲修行，抗拒邪恶诱惑。针对加图的悲观控诉，伊壁鸠鲁派代言人维吉乌斯开始为自然和人类的天性进行辩护。他称赞自然为善良的慈母，令人类天生拥有各种感官，能够享受多种身体快乐和精神愉悦。伊壁鸠鲁派认为，快乐是所有美德的统领，美德若不服务于快乐，便会丧失其存在的意义。

在第二卷里，维吉乌斯开始逐一分析斯多葛派推崇的所谓"道义之举"（为国捐躯、舍身成仁），将其统统解读为以追求快乐或利益为动机的行为。由此，伊壁鸠鲁派夯实了快乐至上、利益至上的结论。

在第三卷中，神学家安东尼乌斯·达洛针对先前两位发言者的观点做出评判，表明两者的观点均有失偏颇，但相较而言，伊壁鸠鲁派的观点更为可取。随后，他提出了基督教的"至善"概念。这一概念并不排斥伊壁鸠鲁派的"快乐至上论"，但将快乐划分为两种："一种存在于眼前的尘世，另

---

① 在 1431 年版的《论快乐》中，列奥纳多·布鲁尼代表斯多葛派，巴勒莫的安东尼乌斯·贝卡德里代表伊壁鸠鲁派，尼科洛·尼科里为基督教神学思想代言。在 1433 年版的《论真善与伪善》中，斯多葛派代言人变为加图·萨库斯，伊壁鸠鲁派代言人变为马菲乌斯·维吉乌斯，而基督教伦理代言人尼科洛·尼科里则被安东尼乌斯·达洛取代。在第三版和第四版中，三位主要对话者保持不变，但在次要人物的设置上，弗朗西斯科·皮奇尼诺的角色被坎迪杜斯·德琴布尔替代。

一种存在于多重天界。"① 最终，基督教神学的代言人将"真正的善"定义为"完美而永恒的天国真福"，并获得了所有对话者的认同。

从作品结构来看，真正能够代表瓦拉思想的，应是第三卷里安东尼乌斯·达洛的发言，即基于基督教信仰的伦理观；然就篇幅而言，伊壁鸠鲁派的论述（包括第一卷的后半部分以及整个第二卷）洋洋洒洒，且相关描述细致入微，直白露骨，甚至有渎神之嫌。此外，作品的第一版标题更是鲜明地体现了作者的立场。难怪作者当年被贴上"纵欲主义"的标签，遭到多方批判和斥责。值得探讨的是，一方面，倘若瓦拉果真单纯主张"享乐纵欲"，为何会以神学家安东尼乌斯·达洛的观点作为结论？他本人为何一心向往进入教廷供职？另一方面，倘若他发自内心地赞同中世纪基督教以"忏悔、放弃、赎罪"为基础的伦理观，又何以借伊壁鸠鲁派之口，宣扬人生的种种快乐和欲望？

三 "存天理而赞人欲"：瓦拉的伦理观与宗教观

显而易见，禁欲主义是瓦拉抨击的对象。然而，瓦拉试图阐述的伦理思想，并非对古希腊享乐主义哲学家的简单复制，而是一种从人之天性出发，同时与基督教信仰相融合的复杂的人文主义伦理观，换言之，瓦拉的真正意图，是在"存天理"的前提下"赞人欲"。

在作品的第一卷，以加图为代表的斯多葛派发表了一系列责难自然、痛斥人性和贬低人世生活价值的言论。

> 首先，恶行的数量远远多于德行，德行再多，也多不过俯拾皆是的恶行；更为可怕的是即使我们有能力战胜最顽固、最深重的罪孽，也不愿这么做，以至于作恶变成一种娱乐，而道义则作为众多美德之首，显得越发艰难、酸楚而苦涩。②
>
> ……
>
> 话说至此，谁能怀疑自然在与我们作对？她根本不是我们的亲娘，

---

① Maristella De Panizza Lorch, *De vero falsoque bono* (*Critical edition*), Bari, Adriatica Editrice, 1970, p. 110.

② Maristella De Panizza Lorch, *De vero falsoque bono* (*Critical edition*), Bari, Adriatica Editrice, 1970, p. 6.

而是继母！她强加于我们的法则比吕库古给斯巴达人制定的法律还要严苛，她伺机向我们要求的义务比向继子、仆人甚至奴隶要求的还多！①

……

母亲大人，他们希望通过我向您祈求，恳请你赐予他们以下两种可能之一：要么限制恶行的数量，令对德行的热爱深入他们的内心；要么减轻惩罚的程度，减少惩罚的种类。他们还想请你答应：在他们活着的时候，让他们好好地生活，不要用残酷的折磨以及无法承受的代价来扭曲他们的人生。只有这样，我们的生存境遇才不会比野兽更加悲惨，才不会有人哀号"我们的处境比畜生不如！"或"我们根本就不该来到这世上！"②

上述言论不仅代表古希腊斯多葛派的观点，而且代表当时社会的主流人生观：事实上，斯多葛主义哲学的禁欲理论曾是中世纪基督教伦理观的一个重要来源。古代斯多葛派主张消除人的一切激情和欲望，通过克制和坚忍抵御各种人生诱惑，实现冷静达观的生活。中世纪时期，这种哲学观点被基督教教廷加以改造并推向极端，成为他们宣传"一切以神为核心"的伦理价值体系的理论依据。正是在这种思想体系的重压下，人的尊严被忽略，人的天性被否定，人的欲望被压抑，人世生活丧失意义，充满了悲观主义色彩。

针对此种消极思想，瓦拉先后借伊壁鸠鲁派发言人维吉乌斯和神学家安东尼乌斯·达洛之口提出了针锋相对的辩驳，大胆而诚恳地表达了一种积极、乐观的人生观和伦理观，突出强调了人的尊严和人生的价值。

瓦拉赞颂自然，称其为人类"慷慨的慈母"，即使人类时常遭受各类自然灾害的侵袭，其原因也并非自然刻意与人类动怒。

请相信我，自然是不会动怒的，她创造毒蛇、毒草和猛兽，绝不是为了降罪于我们。你若仔细思考，便会发现她这么做，反倒是为了我们的健康着想，让我们学会从中取其精华，去其糟粕。

……

---

① Maristella De Panizza Lorch, *De vero falsoque bono* (*Critical edition*), Bari, Adriatica Editrice, 1970, p. 8.

② Maristella De Panizza Lorch, *De vero falsoque bono* (*Critical edition*), Bari, Adriatica Editrice, 1970, p. 12.

你抱怨自己没生得一副不朽之躯，便觉得大自然理应有愧于你。这是什么奇谈怪论？就算亲生父母也不可能为子女事无巨细地准备周全，自然已经竭尽所能赐予你现有的一切，你难道不应为此而感恩吗？也许你不愿每天承受刀枪剑戟、蚊叮虫咬和毒药疫病的威胁，然而，若说不用承受这些，不就与自然和上帝一样，变成神灵了吗？这要求太过分，是自然无法赐予我们的。①

在此基础上，瓦拉大胆肯定人类的天性，表明人类与生俱来的种种欲望均是自然的恩赐。人类需要做的，不是以任何理由和名目压抑欲望、放弃享受，而是善用自然的赐予，遵从天性，追求快乐。

自然母亲赐予了我们各种快乐，并为我们塑造了乐于享受快乐的灵魂。而你们斯多葛派出于病态的心理，不仅不感谢她，还要反咬一口。事实上，自然真是一位慷慨的慈母，你若明智地遵从她的引导，便能享受幸福惬意的人生。②

瓦拉援引伊壁鸠鲁派的观点，将"快乐"定义为"一种由灵魂和身体的愉悦共同构成的，无论何时何地都被人们追求的善"。③ 至于斯多葛派所说的"道义"，是一种"与任何利益、奖赏和成果无关的，纯粹因自身魅力而赢得赞赏的品质"。④在瓦拉看来，以追求某种品质为目的的人生观脱离实际生活，抽象且空洞，而身体和灵魂的快乐却充溢在生活的各个角落：健康的体魄、美丽的外貌、男女之间的两情相悦、悠扬的音乐、丰盛的美酒佳肴、怡人的馨香、愉快的精神生活……瓦拉不惜花费大量笔墨，津津乐道于上述斯多葛派（及其他禁欲主义者）不敢或不齿谈及的享受和快乐。对于尚未完全走出中世纪的欧洲社会而言，这样的论述显然是惊世骇俗之语。然

---

① Maristella De Panizza Lorch, *De vero falsoque bono*（*Critical edition*），Bari, Adriatica Editrice, 1970, pp. 18 – 19.

② Maristella De Panizza Lorch, *De vero falsoque bono*（*Critical edition*），Bari, Adriatica Editrice, 1970, p. 17.

③ Maristella De Panizza Lorch, *De vero falsoque bono*（*Critical edition*），Bari, Adriatica Editrice, 1970, p. 21.

④ Maristella De Panizza Lorch, *De vero falsoque bono*（*Critical edition*），Bari, Adriatica Editrice, 1970, p. 21.

而，恰恰是在这种看似放浪不羁的观点鼓励下，民众逐渐摆脱了世界末日预言的困扰，热情而大胆地正视和拥抱经济繁荣带来的富足生活。面对教廷宣扬的禁欲言论，人们不禁开始质疑：令人身心愉悦的俗世快乐，在道义面前怎会变得一文不值？

> 道义命人不要愁苦，但也不许人快乐，难不成要把活人变成大理石？没错，斯多葛派的教义的确很像美杜莎的头，谁看到它，就会变成石头雕像。噢，斯多葛派的规矩是多么不可理喻啊！①

对于"快乐"的内涵，瓦拉通过论理、举例进行了格外深入的挖掘。他驳斥禁欲主义将肉体享受和精神愉悦割裂开来的二元论，将"快乐"定义为"益处"（uti）与"愉悦"（frui）的结合体，并提出"寻求益处及其带来的愉悦感"是人类行为（包括各类道义之举）的唯一动机，人们从事各行各业，莫不是为了使自己和他人的生活更加快乐。因此，面对世间林林总总的"利益"和"愉悦"，人们无须抗拒、放弃、羞怯遮掩，而应光明正大地积极追求。与当时的禁欲思潮相比，这种实用主义的伦理观的确对经济的发展起到了积极的推动作用。

> 不仅法律条文是为了追求能带来快乐的利益，整个城邦国家的法律系统也是如此，民众不会选择无法为他们谋利的人成为城邦的统治者或管理者。人文科学之外的各种技艺，诸如农业、建筑业、纺织业、绘画、造船、雕塑、印染等，哪种不是为了使人类的生活更为丰富高尚而存在的？又有哪种是为追求道义而服务的呢？人文科学不也是如此？难道数学和声乐能教会我们追求道义？那么医学呢？医者的宗旨是治病救人，并从中谋求利益——当然，他们也得为自己治疗疾病；说到法学家，他们与医生类似，除了谋求利益，还谋求权威；正如贺拉斯所说，诗人通过其作品使自己和他人感到愉悦，从而获得荣耀；历史学家也差不多，收人钱财，为他们树碑立传；雄辩术被称为所有学科之王，其种类有三：前两种是为了教化感动听众（诸位一定明白我的所指），第三

---

① Maristella De Panizza Lorch, *De vero falsoque bono* (*Critical edition*), Bari, Adriatica Editrice, 1970, p. 47.

种则为了带来欢乐，这一点从阿瑞斯提普斯和克律西波斯的名字就能看出来。谈到友谊，其目的何在？自古以来，这种普天之下共同追求、赞颂的美好情谊若不是相互帮助，不是为了彼此的快乐付出与接受，不是在一起说说笑笑，共同努力，又能是什么呢？至于主仆之间，就更是互惠互利的关系了。老师与学生之间又如何？师生关系的融洽基于学生希望从老师那里得到教诲，老师期待从学生那里获得荣耀。老师若无真才实学，只会夸夸其谈，或者对学生不是和蔼可亲，而是处处苛责，就无法赢得学生的爱戴——倘若前者关乎利益，后者则关乎快乐。再来看看父母与子女之间，这人世间最为亲密的关系难道不是靠利益和快乐来维系的吗？①

值得注意的是，瓦拉并不是享乐主义者，也不是单纯的伊壁鸠鲁派，身为人文主义学者的他同时也是基督教徒。《论快乐》是古代人文主义渊源和时代精神结合的产物，其矛头指向禁欲主义，却并不指向基督教本身。瓦拉也从未想过以世俗的人生之乐取代对天国的向往和对上帝的爱。与当时教廷的宣传不同，瓦拉并不认为人间幸福和天国真福之间是以"放弃""忏悔""赎罪"为代价的对峙关系，而是一种和谐的延续。

瓦拉尝试在基督教教义框架内构建一种人文主义伦理观（他甚至想进入教廷供职，从基督教内部实现某种革新）：将天国真福视为人间幸福的极大完善和永恒延续，将对快乐的追求与对上帝的热爱合二为一。在瓦拉那里，基督教呈现明显的人性化色彩：上帝是人类的慈爱之父，天堂生活亦不再抽象，而被描述为一个看得见、摸得着的，极度幸福和完满的世界。基于此，瓦拉提出天国真福固然令人向往，但人间快乐亦是对永恒真福的预演，不应被忽略和放弃。

> 既然上帝制造了快乐，那么爱的过程即快乐的过程。②
> ……
> 快乐正是从身体开始，再上升至未来极乐世界的至乐的。所以说，

---

① Maristella De Panizza Lorch, *De vero falsoque bono* (*Critical edition*), Bari, Adriatica Editrice, 1970, pp. 87-88.

② Maristella De Panizza Lorch, *De vero falsoque bono* (*Critical edition*), Bari, Adriatica Editrice, 1970, p. 114.

我们不能放弃这真真切切的身体之乐，它们在来世可不一定会重新上演：即使有可能复得，我们从今生开始享受，令其变得更为长久些又有何妨呢！总之，我们要尽情欢乐，让我们的眼睛、耳朵、嘴巴、鼻孔、手足和其他所有肢体都享受到极致的愉悦。①

……

所谓极乐世界定然是个充满极致享乐的地方，处处是生龙活虎的竞技、歌舞升平的宴会以及其他娱乐。因此，即便有极乐世界，那也是我们的世界，因为我们的日子与真福者的生活是十分相似的。……我们追求真福者享受的快乐，居然要遭到你们的谴责，简直是不害臊！②

当然，瓦拉所鼓励的人性的自然舒展，并不等于无度纵欲。为了享受更为长久和完满的快乐，适度的节制必不可少。正所谓两利相权取其重，这也体现了瓦拉的实用主义思想。

所以我很谨慎也很克制，不让自己舍本逐末。正如伊索和贺拉斯笔下的乡村田鼠，意识到城里的危险，便宁可待在乡下。不仅是这件事情，在其他方面也得同样保持谨慎。我既不会用食物把自己撑出胃病，也不会让美酒令自己终日涣散。我要控诉那些骄奢淫逸的家伙，他们把餐桌当战场，吃到精疲力竭才起身，醉醺醺地东倒西歪，靠人搀扶。所以说，伊壁鸠鲁派赞扬节制是很有道理的，只有节制，才能更好体会吃的乐趣。诚如他们所言，饥饿和干渴是美酒佳肴的最好伴侣。③

纵观《论快乐》一书，可以发现瓦拉关注的核心，并不仅仅是"人欲"，而是"人生"、"人性"、"人的尊严"以及"人世生活的价值"。事实上，瓦拉绝非某些人眼中的"享乐主义者"和"纵欲主义者"，他之所以冒着被误解的风险，选择谈论"快乐""享受""欲望"等敏感主题，恰恰是

---

① Maristella De Panizza Lorch, *De vero falsoque bono* (*Critical edition*), Bari, Adriatica Editrice, 1970, p. 86.

② Maristella De Panizza Lorch, *De vero falsoque bono* (*Critical edition*), Bari, Adriatica Editrice, 1970, p. 85.

③ Maristella De Panizza Lorch, *De vero falsoque bono* (*Critical edition*), Bari, Adriatica Editrice, 1970, p. 37.

因为它们是人类在生存和发展过程中最为初始的动力，只有肯定它们的价值，才谈得上认可人生的价值和意义，继而承认人类在宇宙万物之中的尊严。事实上，正是因为以瓦拉为代表的一批人文主义学者的勇气，这种乐观而积极的伦理观才得以在文艺复兴时期成为新的社会主流思想，促使欧洲社会迎来一个全新的时期。

四　"实用之伦理，世俗之风尚"：瓦拉伦理观的历史价值

中世纪末期，意大利依旧笼罩着禁欲主义的阴云，新兴的资产阶级刚刚崛起，急需建立与其全新生活方式相匹配的文化体系。在这样的历史背景下，一批人文主义学者将目光投向古希腊、古罗马文化，将古代文明的精髓与时代精神相结合，为崭新的生活方式找到了坚实的理论依据，人文主义思潮由此开始盛行。洛伦佐·瓦拉就是其中一位真正在各个领域中为挣脱禁欲主义桎梏而斗争的人。诚然，他并非唯一一位勇于打破经院哲学派权威，尝试探讨人之尊严和人世生活之价值的学者——早在 15 世纪初，就有科西莫·拉伊蒙迪·达·克雷莫纳（Cosimo Raimondi da Cremona，1400 – 1435）探讨伊壁鸠鲁的享乐主义学说；1486 年，皮科·米兰多拉（Giovanni Pico della Mirandola，1463 – 1494）撰写的《论人的尊严》，号召人们走出书斋，投入沸腾的人世生活，被视作文艺复兴运动的宣言书——然而，瓦拉的可贵之处就在于他率先指出了禁欲主义将身体欲望与精神享受一分为二的荒谬，并通过对"快乐"进行最细致入微的阐述，表明利益与快乐的统一性，从而捍卫了人类需求的整体性。

这是一种颇具实用主义色彩的伦理观，虽一度遭到教廷的压抑，却在后一时期的北欧地区产生了较大影响，逐渐发展为文艺复兴时期的主流思想，促使欧洲社会经历了一系列变革。

在以"利益""快乐"为主导的实用主义伦理观影响下，人们逐渐摆脱抽象空洞的禁欲主义思想的束缚，日益重视对财富和美好生活品质的追求，社会风尚呈现世俗化的态势。《论快乐》中就有大量段落描写人们欣赏美貌、享用美食、陶醉于美酒和音乐的景象（同时代相应的文学作品更是不胜枚举）。

> 众人酒足饭饱之后，决定到维吉乌斯家的后院散步。这园子十分精

致，大家转了两三圈，不由对其和谐之美啧啧称赞。……维吉乌斯的言行举止、穿着打扮、饮食习惯、家宅装饰无一不体现出他对伊壁鸠鲁主义的追捧。谁没听说过伊壁鸠鲁的花园呢？据说他常常在那里谈经论道。如今，我们这位维吉乌斯仿佛是伊壁鸠鲁转世投胎，不仅用语言来论述伊壁鸠鲁的思想精髓，更是用宴饮、美景等精心布置的细节来加以展现。①

在当时的历史背景下，这种世俗化的风尚曾对社会发展起到十分积极的作用。如果说中世纪的禁欲主义令人们消极厌世，无心人世生活，社会经济萧条，死气沉沉，瓦拉提出的"快乐至上论"则让世人积极乐观地面对人生，推动经济繁荣、物资丰富、生活水准提升、社会进步。

从信仰角度而言，瓦拉无意也不可能跳出他所处的基督教环境，他的矛头所指也必然不是基督教本身，而是中世纪被"异化"的教廷。1449年，他曾将作品的第三版（题为"论真善"）呈于教宗，希望教廷能接受他的观点，从某种程度上实现基督教的人性化。尽管瓦拉的愿望并没能在第一时间达成，却在半个世纪后得以广泛流传，甚至成为马丁·路德宗教改革的重要理论依据之一。

此外，瓦拉在《论快乐》中还提出维护女性的地位和尊严。例如，在第一卷的第45章，瓦拉就曾以一位贞女的口吻控诉了男性与女性在"贞洁"问题上遭遇的不平等境遇，表达了朴素的要求男女平等的观念。以上种种，都表明《论快乐》一书中的伦理观对当时历史的发展和社会的进步产生过不容置疑的积极作用。

五　结语

纵越500余年，横跨东西世界，时至今日，在当代中国研究瓦拉的伦理观依然具有现实意义。身处飞速发展的社会，面对高度丰富的物质资源和令人眼花缭乱的精神生活，今天的我们该如何平衡"天性的舒展"与"理性的节制"，如何达到"健康、完整并具有可持续性的身心快乐"？我们虽无

---

① Maristella De Panizza Lorch, *De vero falsoque bono* (*Critical edition*), Bari, Adriatica Editrice, 1970, p. 92.

法在成书于 500 多年前的《论快乐》中找到现成的答案，却能通过剖析瓦拉的伦理思想获得诸多启发，理解以"追求利益和快乐"为主导的伦理观在不同历史时期对人类社会的发展产生的不同影响，并结合我们所处的历史时代进行与时俱进的思索，续写新的篇章。

本文是 2013 年北京高等学校青年英才计划项目（YETP0834）和 2015 年国家社科基金青年项目（15CWW024）成果之一。在写作过程中，本人得到北京外国语大学王军教授、麦克雷教授（Michele Ferrero）、安娜·内托教授（Anna Netto）和张明明博士，中国社会科学院哲学研究所田时纲研究员，中国社会科学院文学研究所吴正仪研究员，意大利那不勒斯东方大学卡罗·卫芥教授（Carlo Vecce），意大利佛罗伦萨大学玛利安杰拉·雷格里奥西教授（Mariangela Regoliosi）、里卡多·福比尼教授（Riccardo Fubini），意大利罗马智慧大学罗贝托·安东内利教授（Roberto Antonelli）的帮助或指正，在此一并感谢。

（李婧敬，北京外国语大学欧洲语言文化学院意大利语系副教授，博士研究生）

概念研究

清末民初现代"社会"概念
在中国的形成与传播

陈启能　姜　芃

近年来，中国史学界在中国史（尤其是中国近代史）的研究中，出现了一种新的探索、新的趋势、新的方法，那就是对一些重要的词汇（所谓关键词）、观念、概念、论断、话语以及它们在社会各阶层中的形成、传播、演变和运行的历史进行分析，并以此作为新的研究视角，对有关的历史现象、历史问题、历史进程进行深入的探讨。这样的研究一般被称为"词汇史""观念史""话语分析"，甚至"知识考古"，并被纳入思想史的范畴。被选中的这类重要词汇或概念不胜枚举。实际上，对词汇、概念等的关注和探讨在中国早已有之，不过近年以来的这种研究却引人注目，相关的作品也已发表了不少。[①]

这种趋势和探索的出现，与西方新史学、新思潮的影响是分不开的。不少学者坦言，他们在做这类研究时不同程度地受到了西方学者、西方学术思潮，诸如后殖民理论、福柯（Michel Foucault）等的启迪或影响。如

[①] 这里举些例子：陈建华《"革命"的现代性：中国现代革命话语考论》，上海古籍出版社，2000；马敏《"绅商"词义及其内涵的几点讨论》，《历史研究》2001 年第 2 期；黄兴涛《民族自觉与符号认同："中华民族"观念萌生与确立的历史考察》，《中国社会科学评论》（香港）2002 年创刊号；刘宪格《革命的起点——以"劳动"话语为中心的一种解说》，中国人民大学国际关系学院政治学系等编《"转型中的中国政治与政治学发展"国际研讨会论文汇编》，2002；侯旭东《中国古代专制说的知识考古》，《近代史研究》2008 年第 4期；黄兴涛《晚清民初现代"文明"和"文化"概念的形成及其实践》，《近代史研究》2006 年第 6 期；等等。

侯旭东就说，他的《中国古代专制说的知识考古》一文的研究"在一定意义上与后殖民理论研究学术史的思路相吻合"，而"知识考古"一词就出自福柯。①

需要指出的是，上述所谓的"词汇史""观念史"等，实际上都可纳入"概念史"的范畴。然而，明确提倡"概念史"却似乎是更为晚近的事。黄兴涛不久前撰文明确提出，要开展"概念史"研究，并强调"概念史""认定那些在社会各阶层中广泛流行的政治、社会和文化概念形成、发展、演变及其运行的历史，具有更为基础和不容忽视的历史研究意义"。②他还指出，"概念史"往往也被称作"历史语义学"，在德国已有几十年发展演变的历程。黄兴涛不仅提倡"概念史"研究，他本人也已经在中国近代思想文化史的"概念史"研究方面发表了不少的研究论文。③然而，总地说来，"概念史"研究在中国的开展还是初步的。至今在书刊上还很少见到对德国"概念史"的主要代表人物、著名历史学家莱因哈特·科塞勒克（Reinhart Koselleck）有关"概念史"理论和作品的介绍，而这对推动中国的"概念史"研究无疑是很有帮助的。

一　清末民初新概念群形成的背景与状况

依照科塞勒克等学者倡导的"概念史"的研究方法，学者们固然需要对所研究的一些历史概念进行语义变化的分析，但更需要通过这种分析来认识现实历史过程中的社会变迁。因为，这些重要的政治 - 社会概念的语义变化，或获得新的意义内容，并不是偶然的，而是与社会历史现实中的变革相适应的。因而，这些概念常常被看作认识社会变迁过程的"指示器"。

还有一种有关的现象值得注意，即在一个社会处在重大变革或发展的时期，这种重要概念的变化往往不是一个两个，而是大批的、成群的。例如，科塞勒克与德国著名历史学家维尔纳·康策（Werner Conze）、奥托·布龙纳（Otto Brunner）联合主编的巨著《历史的基本概念：德国政治 - 社会用

---

① 《近代史研究》2008 年第 4 期，第 5 页。

② 黄兴涛：《"概念史"视野与五四研究》，《中国社会科学院报》2009 年 4 月 16 日。

③ 如黄兴涛《近代中国新名词的思想史意义发微——兼谈对于"一般思想史"之认识》，杨念群、黄兴涛、毛丹主编《新史学——多学科对话的图景》，中国人民大学出版社，2003；《"话语"分析与中国近代思想文化史研究》，《历史研究》2007 年第 2 期等。

语历史词典》（*Geschichtliche Grundbegriffe*：*Historisches Lexikon zur politisch-sozialen Sprache in Deutschland*，Stuttgart，1972 - 1997）（共 9 卷）就是要通过对历史上流行的诸多概念的语义变化的分析来认识 18 世纪以来德国政治革命和工业革命所带来的社会变迁过程。

清末民初的中国也正处于一个重要的历史转折时期。一方面，自鸦片战争以后列强虎视眈眈，对中国的领土和权益垂涎欲滴，侵略蚕食；另一方面，在西学东渐、救亡图变思潮的推动下，中国也开始了现代化的艰难征途。与这种巨大的社会变迁相应，出现了一大批的新词汇、新概念、新观念。当时中国的情况是相当复杂的。中国的社会经济虽然在明代已经相当发达，但是由于种种原因并没有自主地走上现代化的道路。中国是在西方列强的掠夺和压制下走上后发型现代化的道路的。对后发型现代化国家来说，思想观念的“现代化”，不仅是本国社会的巨大变迁的结果，很大程度上还是由先发型现代化国家直接或间接“输入”或催生的。不仅如此，由于中国是一个有着悠久历史文化传统的文明古国，她的向现代化的转型就不可能是一个简单的过程。悠久的历史文化传统对这一转型来说，既是沉重的包袱，又是宝贵的财富。拿具有“现代性”意义的新词汇、新概念的创建来说，就不是简单地从外国“拿来”就行，而是与传统、历史、地域、环境等复杂的因素纠缠在一起，从而呈现一派斑驳的图景。

要了解清末民初涌现的大量新词汇、新概念、新观念，可以从不同的角度进行。譬如，可以从它们的含义出发，看它们是反映中国的现代化进程的，如“议院”“法律”等；还是反映民众的需求或不满的，包括对外国侵略的抗争，对社会变革的企求，对清朝统治的反抗，如“革命”“改良”等。也可以从它们的来源分析，看它们是外来语，还是古义演变，等等。

在这里，我们只限于考察与中国现代化进程关系比较密切的新词汇、新概念，因为这与我们要讨论的“社会”概念有关。关于这类新词汇、新概念，黄兴涛有一个分类。他指出，这些新名词涵带“现代性”的方式大致有四种：一是直接反映现代物质文明成果的，如“蒸汽机”“轮船”“火车”“军舰”“手表”等；二是直接反映现代制度设施的，如“议院”“邮政局”“交易所”“银行”“图书馆”等；三是反映现代核心价值观念的，如“科学”“民主”“自由”“人权”“进步”“民族”“社会”“文明”等；四是反映现代科学知识的学术术语的，如“代数”“化学”“物理学”“逻辑学""哲学""法学"等。①这样的分类自然只是相对的，但是它的确可以说明，清末民初时由于中国社会的巨大变化，相应地出现了众多的新词汇和新概念。

当时出现的新词汇、新概念的数量是十分庞大的。著名语言学家高名凯认为，仅仅从日本传入的外来语就有 849 个，黄兴涛则认为，实际上还要多，至少要翻一番。②这些新词汇、新概念的出现对中国近代社会的发展，对中国的现代化进程的意义是十分重大的。例如，它们可以帮助中国了解西方现代文明的成果和国外新的科学知识体系，并使中国的自然科学和社会科学的术语体系建立起来，从而在语言层面为中外之间在现代的交流和对话创造条件。

这些新词汇、新概念的出现，从词源上说，是比较复杂的。它们的出现，从外部原因来说，无疑是受到西方的巨大影响。日本在这里起了重要的作用。但是，细分起来，情况要复杂得多。我们看到，新词汇、新概念之所以必需，是由于要表达新的事物、新的内涵。人们在此碰到的问题是：如何用汉语来建构新词汇，来进行表达？在这里，日本为我们提供了有用的借鉴。因为，日本也使用汉语，并且现代化走在我们之前。这表明，他们早于我们做了这项工作。也就是说，日本先对西方的新概念进行了汉译，而其中的许多译名又传入了中国。日本的这种中介作用是应该重视的。但是中国的新名词并不都是从日本来的，对此需要做具体的分析。大致说来，中国这些新词汇、新概念的产生，主要可以归纳为以下两大途径。一是本族词，也就是中国古老的、在近代没有中断使用的，在白话中往往也经常出现的词。自然，这些词也常常需要经过古义演变的过程，如"机会""联络""文凭""文法"等。本族词中也有一部分不是汉语古词，是 19 世纪才出现的新词或译词，如"保释""议院""寒暑针""学校""资本"等。二是外来词，以从日本传入的为主。其中又可分直接从日语中传入的，称为"原语借词"；和诞生于中国、后来传入日本，近代又从日本传入的，称为"回归借词"。前者如"干部""市场"等，后者如"义务""世界"等。顺便指出，对许多词的准确的词源在学者中间是有歧见的，在此我们无法详加探究。对我们来说，

---

① 参见黄兴涛《清末民初新名词新概念的"现代性"问题——兼论"思想现代性"与现代性"社会"概念的中国认同》，《天津社会科学》2005 年第 4 期。

② 同上。

重要的是要对当时中国的国情，包括在语言用词方面的新情况有个大概的了解，这样对我们下面具体分析现代的"社会"概念是大有裨益的。

二 现代"社会"概念的形成

现代"社会"概念是在清末民初从西方传入的众多新概念之一，而且是一个重要的概念。要弄清这个重要概念在中国形成的意义，要全面了解这一概念传入中国的过程，就不能脱离当时中国的大背景。这个背景就是中国当时正处在从传统社会向现代社会急剧转变的过程之中，因而"社会"概念在中国的应用，归根到底，牵涉一个根本问题，即在中国的传统社会即将崩溃之际要建立一个什么样的社会的问题。对此，当时中国的有识之士提出了各种各样的方案，特别是借助西方的各种社会思潮设计了各种各样的蓝图。这些情况，我们通过对"社会"概念在当时中国的际遇的分析，可以窥见一二。

从 1840 年鸦片战争英国用炮舰强迫中国打开国门之后，西方文化以前所未有的规模和方式流入中国。一方面，这表现为中国再不能像以前那样高傲自大、无视西方的存在，根据战争后订立的条约，中国必须允许西方人到中国传教和通商；另一方面，战争的失败也使一些有识之士认识到，西方之所以能够战胜中国，必定有比中国强的地方，中国要想不受西方的侵略，就必须学习西方，寻找中国社会今后的发展道路。因此，中国从原来完全被动、不自愿地接受西方文化，开始转变为去主动了解和接受西方文化。

从 19 世纪 40 年代到 20 世纪 20 年代的 80 多年，是中国从传统社会向现代社会迅速转变的时期。这一时期，中国在接受西方文化方面大致经历了三个阶段。第一阶段是洋务运动（1840～1895 年）。推动这一运动的是清政府的官僚，如李鸿章、张之洞等，其思想的主旨在于"中体西用"，即在不触动封建政治体制和道德的前提下只从技术上学习西方，如发展工业、建设现代军队、向西方派留学生，等等。这一过程止于 1895 年中日甲午战争中国战败。

1895 年以后，中国人认识到只从器物方面学习西方是不行的，还要从社会制度和哲学思想方面，也就是形而上的方面学习，于是就有了戊戌变法和从思想、社会制度方面的学习，此为第二阶段。这一阶段在政治方面的代表是康有为、梁启超等改良派，他们的政治主张是建立像日本和英国那样的君主立宪制度。1898 年，光绪皇帝依靠康有为、梁启超等，实行变法。但是，由于保守势力特别强大，变法被慈禧太后武力镇压，维新派有的被杀，有的流亡海外。

第三阶段是在 20 世纪的最初 30 年。戊戌变法的失败证明改良的道路走不通，于是在政治上出现了革命派。1911 年，在中国发生了辛亥革命，推翻了清王朝。但是，与 1789 年的法国大革命不同，这并不是一次群众性的革命运动。辛亥革命以后，没有出现一个能够控制全国的统一的权力机构来取代清政府。因此，不仅出现了袁世凯和张勋的两次复辟帝制，而且，很快就出现了各地军阀混战的局面。直至蒋介石在南京建立相对统一的国民政府，中国才大致地又归于统一。

军阀混战的局面客观上为社会思想的多元化提供了较为宽松的条件，使各种社会思潮得以涌现，加之当时中国正面临帝国主义的侵略，国内爱国图强、革新求变的浪潮日益高涨。1919 年 5 月 4 日，首先在北京爆发了学生反对签订卖国条约的五四运动。五四运动不仅仅是爱国运动，还是新文化运动。新文化运动对中国思想文化的解放、对广大民众的启蒙都起到了重要的作用。正因为如此，有人把五四时期的新文化运动，比作法国的启蒙运动。在这一运动中，由于提倡通俗的白话文，使知识向普通民众普及了。我们所研究的现代"社会"概念的产生和传播，就是在这样一个时期。

要讨论现代"社会"概念的形成，首先要弄清它的来源。这是一个比较复杂的问题。"社会"一词既不可以简单地归为本族词，也不可以简单地看作外来词。那么，它是什么词呢？"社会"一词原本是诞生于古代汉语中的，后来传入日本，因此对于日本来说，它是来自汉语的"原语借词"。然而，进入近代后，这个词在日本又具有了现代的词义，即被用来翻译英文的"society"一词；在它的现代的词义上，这词又被传入中国，成为来自日本的"回归借词"。这种复杂的经历并不限于"社会"一词，如"义务"一词也是这样。

先来看看"社会"一词在中国的起源。"社会"一词在中国是古已有之。不过，在中国的古代典籍中，这两个字往往是分开来用的。"会"是"聚集""集会"。"社"的含义比较复杂，最初是指祭神之所。如《孝经·纬》中载："社，土地之主也。土地阔不可尽敬，故封土为社，以报功也。"这里，"社"是指土地神或祭祀土地神的地方。后来，"社"又可指"人群聚合之地"，如古代有规定"二十五家为一社"。再往后，"社"又有志同道合者聚会之所的含义，如"诗社"。

"社""会"两字连用，大约始于《旧唐书》。《玄宗本纪》中载："礼部奏请千秋节（按指唐玄宗的生日八月初五）休假三日，及村间社会。"这里的"社会"是村民集会的意思。后来，"社会"又有志趣相同者结成的团体之意，如宋孟元老的《东京梦华录·秋社》和明冯梦龙的《醒世恒言·郑使节立功神臂弓》中都用了"社会"一词，意为一群人为了共同的目的聚集在一处进行某种活动。又如，人们引用得比较多的还有，宋代《二程全书》和《近思录》中的"乡民为社会"之说。这里，"社"是指祭祀土地之神的地方，"会"是人群的聚集。因此，"乡民为社会"就是指"乡民聚集于祭祀土地神的地方"。虽然，上述种种用法也有人们因某种目的而集合起来的意义，但是同"社会"的现代含义还有相当的距离。历史证明，中国要越过这段距离，还需要到日本绕一个圈子。

日本的情况是这样的，1874年（明治七年）日本有人从汉语引入"社会"一词，而其源头正是"乡民为社会"。而在1875年，又有人在译英语的"society"一词时用了"社会"一词。当时，还有别的译法，如"世态""会社""仲间""交际"等；此外，民间还有"世间""世上"的用法。最后固定下来的是"社会"一词，虽然在很长的时间里，它是作为学术用词被少数人应用的。

到近代的时候，中国学者在翻译日本的社会学著作时，又把"社会"这个词引入。也就是说，"社会"一词虽然是日本从中国引进的，但是作为现代意义上的"社会"概念，中国又是从日本引进的。这里有个复杂的过程。

前面说过，清末民初许多新词汇、新概念的出现是与中国社会的现代化进程相关的，而这又与从西方引进现代文明成果、新的学术思想，翻译西学作品有关。现代"社会"概念正是在这一过程中引入的。

"社会"一词在西语里，如英语"society"和法语"société"，其词源是拉丁语的"socius"（形容词）和"societas"（名词）。"societas"一词有伙伴、共同、联合、同盟的意思。在英语中，16世纪以来，"society"一词已用于说明"civil society"（"公民社会"，或译"市民社会"）概念。德语中，"社会"一词是"gesellschaft"，其词干"gesell"义为"saalgenoss"，即同一房间中的伙伴，显然与拉丁语"societas"的含义有关。到中世纪后期，该词转义为"人与人的结合"（verbindungen von menschen）。总之，在西语里，这些词已逐渐具有现在理解的"社会"的含义。

要把西语中现代意义上的"society"一词这种高度抽象的词汇译成汉语，首先遇到的困难是，在汉语中很难找到相适应的现成的词汇。在戊戌（1898 年）以前，西方传教士和中国人所编的各种英汉词典中，"society"一词往往被译成"会"或者"社"。只是在以后，在中国人大量翻译西方著作特别是社会学著作时，才从日本又把"社会"一词引进。

"社会"概念是社会学的基本概念之一。近代西方社会学的输入在清末民初，是从主要概念和学说内容的简要介绍开始的，稍后是著作的翻译。早在 20 世纪三四十年代，一些中国学者就提出，严复在 1898 年翻译《群学肄言》（即斯宾塞的《社会学研究》）的前两章和 1903 年译《群学肄言》全书可视为西洋社会学输入中国的开始。由此可见严复在引进社会学和有关概念中的重要作用。我们下面就主要以严复为例对"社会"概念引入中国做些分析。

戊戌维新之后，中国的现代化运动步伐加速，西方新思想的启蒙作用日增。其中，一些先进分子，如严复、康有为、梁启超、谭嗣同等在大力提倡西学上，起了重要的作用，特别是严复。严复是当时重要的思想家，1876 ~ 1879 年他在英国留学，除了学习海军技术之外，他还广泛涉猎西方的哲学，对西方文化有比较深入的了解。他翻译了 8 部重要的西方哲学著作，系统地把西方近代的思想介绍到中国。这 8 部著作包括：Henry Thomas Huxley, *Evolution & Ethics*（《天演论》，1898）；Adam Smith, *The Wealth of Nations*（《原富》，1902）；Herbert Spencer, *A Study of Sociology*（《群学肄言》，1903）；John Stuart Mill, *On Liberty*（《群己权界论》，1903）；Jeremiah Whipple Jenks, *A Short History of Politics*（《社会通诠》，1904）；John Stuart Mill, *A System of Logic*（《名学》，1905）；William Stanley Jevons, *A Primer of Logic*（《名学浅说》，1906）；Charles Louis Montesquieu, *L' Esprit des Lois*（《法意》，1909）。此外，严复还公开宣扬西洋现代文明，称这种文明"其命脉云何？苟扼要而谈，不外于学术则黜伪而崇真，于刑政则屈私以为公而已。斯二者，与中国理道初无异也。顾彼行之而常通，吾行之而常病者，则自由不自由异耳"。①

甲午战争之后，中国开始从日本输入西学。不少社会学著作亦随之传入。如章太炎从日本翻译了《社会学》、吴建常从日本翻译了《社会学提

---

① 严复：《论世变之亟》，《严复集》第 1 册，中华书局，1986，第 1 ~ 2 页。

纲》等。但是严复反对如此做法,认为从日本辗转翻译西学,难免失真。所以,开始时他不同意引入日本的译法,即把"society"和"sociology"译成"社会"和"社会学",而是译成"群"和"群学"。严复对此是有考虑的。他被认为是清末输入西学成绩最大者,但他却深受中国传统文化的熏陶。他在翻译西方著作时常使用"汉以前字法、句法",并常在序、例言、注和按语中论及中国的传统思想文化。如他在首次提到斯宾塞的社会学时,为自己的译法做出解释:"'群学'者何?荀卿子有言:'人之所以异于禽兽者,以其能群也。'""约其所论,其节目支条,与吾《大学》所谓诚正修齐治平之事有不期而合者,第《大学》引而未发,语而不详。"以此表明中国古代文化中也有同样的思想,所以译为"群学"。

但是,严复的译法遭到了所谓"东学"和留日学生的批评。尽管他的译著流行很广,但是他的译名最后保留下来的却很少。一般说来,严复在翻译中需要构造新词时,态度是十分严谨的,往往反复斟酌,但是有一个明显的弱点,就是太传统化,大胆创新不够,而且应用了许多的音译词。因而,他的译法大多没能流传开来。"群学"就是一个明显的例子。严复自己后来也对这个旧译名做了修改。如他在1904年翻译甄克思的《社会通诠》时,书中用了很多"社会"一词,这种译法已超过了"群"的译法。严复并用甄克思书中的理论来分析中国社会,尤其是中国的宗法社会。他指出:"中国社会,宗法而军国者也,故其言治也,亦以种不以国。"可见,严复在这里已是在现代意义上使用"社会"概念。

三 围绕 "社会" 概念的文化论争

清末民初"社会"等新词的传入,虽然有严复等人的积极提倡,但是也遭到了不少人的反对或质疑。可以说,当时围绕着"新词新概念"展开了一场文化争论。这场争论实际上或多或少地反映了有关中国社会发展前途的问题,因而是有关改造中国社会的不同方案之争。

从反对方面看,首先起来反对的是文化保守派,如王先谦、叶德辉等人。其次如洋务派首领张之洞,在其主持制定的《奏定学堂章程·学务纲要》中明确反对"滥用"日本新名词,指出:"日本各种名词,其古雅确当者固多,然其与中国文辞不相宜者亦复不少。近日少年习气,每喜于文字间袭用外国名词谚语,如团体、国魂、膨胀、舞台、代表等字,固欠雅驯。即牺牲、社会、影响、机关、组织、冲突、运动等字，虽皆中国所习，而取义与中国旧解迥然不同，迂曲难晓。"①在这些日本新名词中，对"社会"一词，张之洞是明确反对使用的。他在1904年公布的"癸卯学制"（《奏定学堂章程》）中，就把所有"社会学"都改译成"公益学"。这种争论延续的时间很长，直至1917年，著名社会学家陶孟和对国人滥用"社会"一词仍甚为不满，指出："夫社会一语，宋儒以之诂村人之组织。"今人以之翻译"society"，"其语源，其意味，殆若风马牛不相及"。因此必须"深切研究""社会"之真义。这些反对的声音表面上看似是反对运用"社会"一词，实际上涉及的问题要深刻得多。他们或者是直接反对改革，如王先谦、叶德辉明确反对维新运动，称康有为、梁启超为"乱民""诐士"；或者如张之洞那样，虽然力主洋务，却仍维护封建制度，反对戊戌变法。

与张之洞不同，严复认识到，洋务派所做的事，在西方都是谋求富强之事，但这些举措在中国没有收到效果，原因就在于中国没有适当的环境。为此，根本问题是改变社会环境。他提出"群学"的概念，并不只是为了引进一门学科，而是与改变社会环境有关。他说："故学问之事，以群学为要归，唯群学明而后知治乱盛衰之故，而能有修齐治平之功。"他把社会看成生物有机体，说国是整体（total），民是单位（unite），认为要改造社会的整体，就要先改造个体，也就是改造国民的世界观和心理素质。②为此，严复提出"三民"的思想，即"鼓民力、开民智、新民德"。他认为，这是社会进步最根本的要素。"鼓民力"即要改变重文轻武，"君子劳心，小人劳力"的传统观念，养成国民强健的体魄和坚毅的尚武及冒险精神。他指出，中国求功名的人多，做学问的人少，缺少西方那种"为智慧而智慧"的科学精神和独立思考的习惯。"开民智"，即用西方实证科学的思维方式和进化的世界观来改造中国那种烦琐的八股思维方式。"新民德"即对中国传统宗法家族伦理道德的批判。严复强调，中国的传统道德形成了对个体的压制，培养了奴性，而利己是利群的前提，也就是个体的权利自由是义务责任的前提，只有当国民不再是奴隶，而是主人时，才会把国家看成自己的国家。他提倡利群利己的"开明自营"的功利主义伦理观。③

---

① 参见《东方杂志》1904 年第 3 期。
② 参见郭国灿《思想的历史与历史的思想——严复与近代文化转型论集》，岳麓书社，1998。
③ 参见郭国灿《思想的历史与历史的思想——严复与近代文化转型论集》，岳麓书社，1998。

梁启超继承了严复的思想。他接过"群学"这一概念,写了《说群序》、《群理》和《新民说·论合群》三篇文章,并提出了"群体变用"的政治哲学,来代替洋务派的"中体西用"政治哲学。他说:"群者,天下之公性也。"宇宙之所以存在,是因为各星球的相互吸引,各种物质的存在,也因为原子的聚合,所以,宇宙万物的存在都是因为"合群",这就是"以群为体"。"变者古今之公理",有"自然之变"和"人为之变",后者由于有人的智力投入,所以可以使事物的变化趋向于善。因此,要"合群"和"开智"。梁启超特别批判了那种独善其身的观点,他说:"独故塞,塞故愚,愚故弱。群故通,通故智,智故强。"指出以独术治群,人各自私自利,国民如一盘散沙,国家四分五裂。社会的发展应该是从独术治国进化到群术治国。欧美国家近百年来都是群术治国,而且都臻于完善,国家才兴旺发达。而中国仍然是独术治国,所以在与欧美的竞争中败下阵来,中国的当务之急是合群,只有"群术"治国,才能使民族强盛。这就是他的"群体变用"理论。

在如何建立一种新的群体观念上,梁启超提出要废科举、兴学校、开民智、育人才。他还以生物种群的聚集与生存来比喻文化形态上生命个体与群体之间的关系,提出要从破除家族观念开始,一层一层地扩大,直至树立起社会的观念,这就是"养群德"。"养群德"就是要树立一种新的价值观念,它是与中国传统价值观念不同的。从春秋战国时代开始,中国的知识分子,也就是"士",就信奉修身、齐家、治国、平天下这样的信条。这是从改善个人的道德和才能开始,最后达到"王天下"的目的,显然,这是从个人出发,最后还是达到个人的最高目的。而"群学"理论从一开始就是从社会出发,并依靠社会群体的力量,最后达到整个民族的强盛。所以,"群学"理论的提出,说明中国知识分子已经有了"社会"的观念。一方面,他们认识到封建家族制度已经不适合当时的发展,必须在制度上有所改变(虽然严复和梁启超还都主张保留君主制,主张君主立宪);另一方面,中国传统的"士大夫"价值观念已经不适合时代的要求。中国要强大,必须有整个"社会"国民的教育和心理素质的转变。因此,无论是严复,还是梁启超,不仅都认识到在不改变中国的社会制度的前提下,只从技术上学习西方行不通,而且认识到,甚至只改变社会制度,不改变国民的价值观念和心理素质也不行,而改变国民心理素质的关键,就是要破除个人和"家国"观念,树立以"社会"为眼界的"群体"观念。因此,"社会"观念的产生是中国从传统社会向现代社会转变的开始。这反映了在价值观念方面维新派超越洋务派的地方，其政治哲学也就从"中体西用"，发展为"群体变用"。①

严复和梁启超是最早的系统介绍西方哲学思潮和提出改造中国社会理论的思想家。从现代"社会"概念的运用上看，我们可以看到一种现象，即他们有一段时间没有用"社会"一词来表达"society"，而是用"群"。自然，他们用"群"来表达时，其用意未必与"society"完全一致，但是可以肯定的是，"society"一词的基本含义是包含在内的。此外，如前所述，严复的用词"群"和"群学"并未流传开来，最后流传和固定下来的是"社会"一词。20 世纪初年以降，"社会"一词逐渐被广泛接受。如《东方杂志》1904 年第 10 期刊发"社说"《可耻篇》，认为"无社会"乃是可耻之事，强调"社会者以其能保公共利益也。有公益者为社会，无公益者非社会"。又如，在 1919 年北京大学本科、预科入学试题的作文题目说明中有这样一段话："学问者，大凡分为两途，一为自然之科学，一为社会之科学。前者研究自然，后者研究社会。"②这与张之洞当年明确反对在学校文献中使用"社会"一词的情形已经完全不同。

需要指出的是，在现代"社会"概念传入中国时，如同西方其他现代新概念传入时一样，中国有一个如何理解、接受它的问题，或者说，对它的价值的认同的问题。这是需要专门研究的。这里只想指出一点，即当时中国人对现代"社会"概念含义的理解，偏重于它的一般的含义，即所谓"社会"是指广义的人类生活的共同体以及一部分人组成的社团。"社会"概念包含有"公益""平等""大众"的价值在内。这与中国传统中结社和尚公的精神是相应的。然而，西方现代的"社会"概念不只具有这样的含义。它至少还有个人的"独立性"的含义，以及"与国家相对"的含义，而这些含义在当时并未引起注意。也就是说，现代"社会"概念的普及并不只是一个知识普及的问题，而是有着深得多的含义。有学者指出："'社会'意识的出现，是同传统人际关系网的解体以及人可以自行组织起来相联系

---

① 参见麻天祥等《中国近代学术史》，湖南师范大学出版社，2001。
② 任羽中：《租界、路权、法俄革命与〈论自由〉——从几份民国老卷子说起》，《中华读书报》2009 年 7 月 1 日。

的，它是文化现代转型的一部分。"①不过，凡事不能一蹴而就，而是有一个发展的过程。

虽然现代"社会"概念的若干更深的含义未受重视，但在当时的中国仍有人强调个性的独立和解放，鲁迅就是其中之一。鲁迅是中国新文化运动的代表，他的社会观与严复和梁启超的"群学"思想不同。他认为，要使民族获得解放，首先应该使个性得到解放。他说，中国人向来自大，只有合群的爱国的自大，可惜没有个人的自大，个人的自大即天才，多个人的自大的国民多福气，"多有这'合群的爱国的自大'的国民，真是可哀，真是不幸！""生命的路是进步的，总是沿着无限的精神三角形的斜面向上走，什么都阻止他不得"，"生命是进步的，是乐天的"。他说："人道是要各人竭力挣来，培植，保养的，不是别人布施，捐助的。"他号召国民要不自满，要自省，先改造自己，再改造社会，改造世界。鲁迅强调个性的解放，因而他批判中国的夫权、父权和奴性。在《我之节烈观》中，他说真正做到节烈是极难极苦的，既不利于个人，也不利于社会。他提倡人类追求正当的幸福。在《我们怎样做父亲》中，他对比了欧美和中国的家庭，并依据进化的理论，为了保存、延续和发展生命，他批判父为子纲，号召"先解放孩子"，让他们幸福地度日，合理地做人，然后我们才有"独立的人""觉醒的人""解放的人"，才能"自觉有改造社会的任务"。在《灯下漫笔》中，他批判中国人的"奴性"——既甘心受人奴役，却同时又奴役别人，从而宣扬人人平等。由上可见，鲁迅是主张个人的独立性的。问题是，他的这种主张是否与他对现代"社会"概念的理解联系在一起，这就需要进一步的探讨了。

（陈启能、姜芃，中国社会科学院世界历史研究所研究员）

---

① 金观涛、刘青峰：《从"群"到"社会"、"社会主义"——中国近代公共领域变迁的思想史研究》，《中央研究院近代史研究所集刊》（台湾）2001 年第 35 期。

对印度教的"梵"概念、儒家的"天"概念和道家的"道"概念的比较分析

倪培耕

本文试图对三个重要概念，即"梵"（Brahman）、"天"（Heaven）和"道"（Tao）进行比较分析。这实际上是以宗教和哲学的视角对中国和印度两大古代文明的探讨。我们知道，宗教和哲学是任何文明在意识形态上的重要表现和核心特点，因此以此比较中印文明有充分可施展的余地。

一 "梵"概念和"天"概念

两三千年前，被视为印度最早哲学文献的《奥义书》（*Upanishad*）阐述了婆罗门教（Brahmanism）即早期印度教（Hinduism）的宗教哲学思想的核心概念——"梵"，提出了"梵我同一"理论。在众多的《奥义书》哲人眼里，"梵"是宇宙的本体，是最高的精神实在。万物始于"梵"，又复归于"梵"。与此同时，《奥义书》又规定了人的本质"阿特曼"（Atman）即我或灵魂的精神本体，而人的这个灵魂的精神本体，同样始于宇宙本体"梵"。"我"只是"梵"的显现或创造。这样，两者同源同体，具有不二性。人只有通过瑜伽修炼，克服私欲，才能达到"梵"的境界。这就是始于"梵"、归于"梵"的"梵我同一"的学说。这个学说是婆罗门教后来发展成印度教的宗教哲学及其主流学派吠檀多（school Vedanta）的思想理论基础。

在时间的长河中，"梵"概念经历了许多的变化和转型。"梵"原是婆

罗门教即印度教的三大神之一，是主宰神（Decider God），后经吠檀多学者阐释，被强化为唯一的最高精神实体。近代学者又为之注入人文精神，使"梵"演化为人格神（Personality God），是理想、真理和力量的化身。然而，不管是主宰神或神化了的精神实体还是具有人文精神的人格神，都没有抹去"梵"的神学色彩，只不过是其神学色彩或浓或淡而已。

"天"、"天命"和"天人合一"是中国宗教哲学发展史上的重要命题。"天"或"天命"出现在四五千年前的中国上古文明时期。那是个多神教时代，却推"天"为诸神之上。到西周时期，"天"有两种不同的释义：一指有意志的主宰世界的至上神（Supreme God）；一指自然，苍苍者。后来的中国宗教哲学对"天"的阐释，主要是在这两种意义上的延伸或变异。

与"梵"概念一样，"天"概念也经历了众多的变化和转型。概言之，在中国宗教哲学史上，"天"概念有五种不同的含义：第一种含义，如一般宗教所奉的上帝，"主宰之天"；第二种含义，指宇宙或大千世界的道德原则，"道德之天"；第三种含义，如宗教哲学家称之为宇宙精神的"意识之天"；第四种含义，指自然界及其规律的"自然之天"；第五种含义，指气（gas）之类的"物质之天"，它又可分为有意志的和无意志的两种"天"。

二 "梵"概念和"天"概念的不同

有了以上对"梵"概念和"天"概念的初步了解，我们可以对它们做些比较。

印度教的"梵"概念和儒家的"天"概念，最初都源自对至上神的崇拜，但随着中印两大文明发展的不同的历史语境，两者似乎分道扬镳了。前者沿着神学道路乐此不疲地奔波着，重来世轻今生，对世俗的政治经济淡然处之。而后者所处的儒家是明显带有世俗性的思想体系。它不仅淡化"天"的神学色彩，而且赋予它世俗品性。儒家学者往往借着"天"的名义提出自己的政治主张和政治纲领，如"修己安人"要求君王实施德政仁政。

印度教与儒家一个重宗教，重超越；一个重伦理，重世俗。但这并不妨碍它们对各自文明的形塑、认同、凝聚、内化等功能；也不影响它们在各自文明中的独尊地位：或成为正统思想，或拥有统治思想的地位，对各自文明的政治经济乃至意识形态发挥了举足轻重的影响。譬如，印度政治形态在独立前，总体呈持续分裂、偶尔大一统的格局，印度不断遭到外族的侵犯，然而，印度文明却在这种似乎无休止的刀光剑影中维系着、渐进着。究其原因，印度教及其吠檀多等思想体系拥有维系印度文明连续性的能力。它赋予印度人民一种对母族、国家和文明的认同感和凝聚力。同样，中华文明被世人认为是一个从未中断过的文明。究其原因，除大一统的政治传统和稳定的农业社会外，占据统治思想地位的儒家对民族凝聚力、国家认同、文明观念形态的形塑，以及由此引发的社会秩序稳定和社会生活富庶方面，都起着不可估量的影响。

一个绝对神学理念的"梵"，一个"梵我同一"的超越过程，加上轮回业报、精神解脱、族善舍物、智慧瑜伽以及婆罗门教沿袭下来的种姓制度等观念形态和规范形态，铸成了印度千百年来的生活方式，连同由它孵化出的风俗、习惯、礼仪、情感、心理、价值和人格，构成了特有的文化模式。

同样，围绕义理天的观念，以三纲五常为核心的伦理道德如修己及人、成仁取义、忠君爱国、经世济民、祭祖嗣子等思想及其所形成的风俗、习惯、礼仪、情感、心理、价值和人格，构成中国特有的文化模式。

文化模式是上述元素长期积累渐成的。一旦完形，则具有久恒性，委实是个"长时段"的产物。但这并不是说，它永恒不变，它会随着上述元素的变化而变化，尤其在外来优秀元素融入后，它变化的速度会加快。

总之，中印的文化模式是不尽相同的。这与"梵"和"天"所生发出的神学品性和世俗品性的不同不无关系。

三　"梵"概念和"道"概念

"道"是先秦时期道家学派及其创始人老子思想的核心概念，也是后来在东汉时期建立的道教的教义。老子在《道德经》里说："有物混成，先天地生。寂兮寥兮，独立而不改，周行而不殆，可以为天下母。吾不知其名，字之道。"显然，"道"不像"梵"或"天"，源似至上神。"道"先于宇宙有物存在，独立寂寞地在茫茫太空里，周而复始地游荡着。那么，这个"道"究竟是什么样的物呢？"道之为物，惟恍惟惚"，"无状之状，无象之象，是谓恍惚"，而且它是无名的，是老子加上称谓的。这样，这个"道"应该是无形无状的，无具象的，不可言说的，没有称谓的。换言之，"道"是看不见、听不到、摸不着的一个神秘的精神实体，或是一个绝对理念。

从宇宙本体论和生成论来说，"梵"和"道"都是唯一的最高精神实体。它们都是无形无状，不可言说，不可思议，不可限制，没有任何差别。它们都是世界万物之源。它们创造了包括人在内的现象世界。吠檀多和老子又分别提出了"梵我同一"和"道与人合一"的命题，以及实现合一的途径。可见，"梵"和"道"的本质及有关命题的内涵在许多方面是重合的，相通的。无怪乎印度学者对道家青睐有加。

但是，两者毕竟有着不同的文化环境，因而重合得并不密不透风。首先，"梵"脱胎于印度教的天神，而老子一开始就反对主宰神的观念，而是虚构了一个抽象的精神实体。这样，前者始终脱离不了神学的干系，即使后来许多学者做出努力，使它演化成为一个绝对的最高精神实体，善男信女依旧对神化了的精神实体及其化身保持着绝对信仰，顶礼膜拜，所谓"梵我同一"，不过是把自己的一切奉献给它，回归那个超然的精神实体。而道家历来主张的"道法自然"，自然如此，就是"道"的精神。因而，顺其自然，步入不分差别、不分是非、忘却一切物我的混沌境界，就是与"道"合一的境界。这样"梵"和"道"是有着神与俗的本质差异的。

其次，两者的合一过程也有不同。在"梵我同一"过程中，人处心积虑地、不知疲倦地、无我地历经苦难、严守戒律、苦诵典籍，时刻肩负着神的召唤，走上了超然的与"梵"合一的漫漫征途，而且这个征途是永无止境的。而道家的合一过程却是那么简单自然，只要忘我、静虑、非物，就可迈入混沌境界，即与"道"合一的境地。而且道家历来强调为我、重人生、重养身，而印度教则强调无我、重彼岸、重献身。这似乎表明二者一个是对形而上的索求，一个是对形而下的执着。其实它们之间的异同并不是如此简单。

我们相信，对中印两大文明的观念形态及其文化模式的比较和探讨，应能成为学术界的兴趣点，其学术意义是不言而喻的。我们在这里不过是抛砖引玉而已。

（倪培耕，中国社会科学院世界文明比较研究中心副主任）

历史之窗

国际史学研究论丛

（第 2 辑）

向日本追索赔偿

——周锡卿参与二战后对日索赔工作述略

周用宜

一　赔偿归还原则与机构

第二次世界大战中，同盟国在《波茨坦公告》第 11 条规定，"日本须交付公正的实物赔偿"和"不得维持能使日本再武装的工业"。以此为依据，盟国在战后对日本的基础政策中包括了赔偿及归还政策，并制定了原则规定和建立了相应的两大机构——远东委员会和驻日盟军总司令部。远东委员会是制定战后对日索赔和对日政策的最高决策机构。

中国作为战胜国，于 1945 年派出了一个庞大的驻日代表团，属中国政府行政院、外交部领导。该团主要有 4 个组，第一组为军事组，第二组为政治组，第三组为经济组，第四组为教育组。赔偿及归还工作由第三组经济组经办。①国内有关部门也派员赴日，相互配合，进行调查研究，为对日索赔工作做了充分的准备。

1947 年 2 月，中国设立赔偿归还物资委员会，仍属驻日代表团，业务上受行政院委员会领导。为了便于开展工作，还设立了附属机构：一是日本赔偿及归还物资接收委员会（以下简称接委会），负责在日本办理赔偿拆迁；二是分设赔偿、归还、运输及总务赔偿归还物资督运委员会，该会成立

---

① 周锡卿：《战后对日索赔工作与光华寮案》，《文史资料选编》第 37 辑，北京出版社，1989，第 119 页。

于国内，负责办理从日本拆迁运回的赔偿及归还物资运输事宜；三是归还物资处理委员会，负责归还物资的接收、运回、保管、审核、发还与估价、标售。其间，制定了《中国要求日本赔偿计划》、《紧急要求日本赔偿方案》（作为前者的附件）、《中国政府关于盟国对日索赔之建议的七项原则》，提出了索赔的明确目标。①

工作全面展开以后，代表团第三组，即掌管赔偿、归还、贸易以及日本经济调查的经济组在开展工作时，任务十分繁重。

为审判日本甲级战犯，笔者的父亲周锡卿 1946 年 5 月起曾在东京远东国际军事法庭任翻译。紧张工作告一段落后，时任法庭中国监察官的向哲濬将周锡卿等 4 名翻译介绍到军事代表团任职。经济组的工作开展以来，任务繁重，于是周锡卿于 1947 年 2 月被调至该组接收委员会任技术专员，负责接委会的总务组，办理文书、事务、会计等工作，临时雇员也由该组管理。②他与接委会同人团结一致，认真履行职责，清算日本，完成了索赔与归还工作。

二　美国的干扰与阻挠

第二次世界大战后，国际形势发生了巨大变化，冷战格局形成。这一变化导致对日索赔工作出现反复，经历了一个由积极到消极的过程。美国在盟军对日索赔中居主导地位。二战结束近两年间盟国对此项工作积极，美国 1946 年制定了《临时赔偿方案》和《先期拆迁计划》。随着美国苏联对抗日益加剧，加上国民党政府在内战中节节败退，美国从其自身的利益与战略出发，调整其在亚洲的战略部署和计划，将远东政策由援助中国改变为扶植、利用日本，以日本作为其在亚洲的前卫阵地。自 1948 年起，美国将对日政策由限制、削弱、打击调整为扶植、帮助日本复兴。③另外，日本战后经济陷入困境，美国每年要向日本支付大批救济款，这已成为美国的一个负担。美国想早日结束这种局面。制定《临时赔偿方案》与发布《先期拆迁计划》之目的，就是想确定供赔工厂，以便使未列入的工厂早日复工。这

---

① 张维镇：《战后初期资源委员会与对日索赔》，《文史哲》2003 年第 3 期。

② 周锡卿：《周氏史鉴》（未刊稿）。

③ 卞修跃：《抗日战争时期中国人口损失之初步估计》，《中国社会科学院近代史研究所青年学术论坛》2005 年卷，社会科学文献出版社，2006。

也是美国扶日方针的露骨表现和对赔偿工作的阻挠。[①]

由于拆迁等政策反反复复，迟迟不定，工作无所遵循，因而无法开展。仅选择供赔工作一项，就拖了半年。在申请拆迁期间，美国派斯揣克和强斯顿两个调查团赴日。这两个调查团的报告中，反复强调"日本经济困难"，"应恢复日本人的生活水平"，因此，美国主张大量减少赔偿物资。强斯顿代表团不仅主张日本应恢复重工业，还主张把应拆赔的军需工业转为民用工业。这实际上为日本军国主义复活埋下了祸根。周锡卿及同人对美国袒日政策极为愤慨，花费了很多精力，包括准备材料、充实证据、与盟军总部进行交涉等。当美方斯揣克报告发表后，接委会曾根据有关数据，用英文撰文批驳。还编制各种索赔方案与美国历次调查的建议做比较，有力地揭露了美国政府逐步减少日本赔偿的居心。[②]

1949 年 4 月，美国政府下令停止拆迁。结果先期拆迁计划只完成 10%，执行计划尚不足原计划的 10%，仅为远东委员会通过的临时方案的 30%。更有甚者，在先期拆令中已规定拆迁，甚至已开始拆迁了的部分设备都被强行停止再拆。例如分给中国的吴港海军兵工厂优质电气设备和超重机，已经拆除 20%，也由盟军总部勒令停止拆运。当时接委会人员十分气愤，心情压抑难忍，百思不得其解。主任委员吴半农在《在日办理赔偿归还工作综述》绪言中指出："乃不转瞬间，风云诡幻，世事变迁，向所视为当然之事，竟皆阻滞横生……"

三　爱国尽责有所收获

日本无条件投降后，中国驻日代表团以战胜国的身份赴日参加赔偿归还工作，这是代表四万万五千万中国同胞向日本侵略者清算的正义行为。参与这一工作的人员怀着饱满的爱国热情投入这一伟大的工作。正为吴半农所云："大部分为技术专家，且不乏巨匠在内……此等人员皆视达到上述目的（指参与索赔工作——引者）为一种历史的使命，故当其来日也，无不满怀热望，激昂奋励……"列入编制者称为"技术专员"，临时人员为"专门委员"和"专员"两种。父亲常常怀着敬佩的心情提起一道工作的前辈与同

---

① 周锡卿：《战后对日索赔工作与光华寮案》，第 117 页。
② 周锡卿：《战后对日索赔工作与光华寮案》，第 120 页。

事。如时任赔偿委员会主任委员吴半农、政治组组长吴文藻，赔偿委员、交通部铁路总机厂厂长王树芳，资源委员会的周茂伯，鞍山钢铁公司的邵逸周，兵工署副署长李待深，经济部的中央大学教授唐崇礼等。尤其难忘的是，接委会有一批与他年龄相仿的30多岁的"同龄人"，如交通部的叶梧、王嘉谷，航空工程人员顾德昌（外交家顾维钧之子）、顾以任（顾维钧之侄）、方俊鋆，招商局的陈士金，资源委员会的吴世汉、曹祖忻、吴鼎铭等。经常在日工作人员有三四十人。三年之间，先后参加此项工作者达百人左右。父亲回忆这段难忘的经历时说："接委会同仁有一个共同心愿，就是拆取日本用以从事侵略战争的工业设备，供我国恢复受侵略损失的工厂用，大家都表现出了振兴我国工业的爱国之心。因此，大家团结一致，工作积极努力，仅参观临时赔偿方案中被列入的工厂，就在100次以上，加上调查、申请、检验、签收和交运赔偿归还物资等，大家工作繁忙劳累而无怨言。"①

赔偿工作以"我国自应以索取实物为原则"，②按接委会统一部署，按赔偿拆迁计划做了许多具体工作。

第一，组织人力，调查被劫物资，确定、办理拆迁日本军事工业设备以及战时被劫物资。

美国为赔偿归还工作设置了许多人为的障碍，使得调查工作难以顺利开展。"盟军总部不准盟国人任意前往参观，故其设备情况及生产能力都无法调查。一切资料只能从旁搜集，加之总部禁止日本政府与盟国人员随便来往，致使从旁探听消息亦颇艰难。此外，日本在投降时，下令烧毁了所有重要资料，即使是投降后所保留的仅有之记录，均为美军搜提，加之各大城市都多遭空袭，图书杂志损失甚多，致使搜集资料盛感困难。"③另外，通信工作效率低下。这其中最主要的原因还是拆迁政策迟迟不定，致使工作无所遵循，具体方案，甚至已拟定的工厂也常常更改。

尽管困难重重，但接委会仍然竭尽全力，取得了一些成绩。在调查研究的基础上，整理成调查报告，向国民政府报告；并将报告译成英文，向盟军总部赔偿组交涉；此外，还要出席赔偿咨询委员会会议，参与讨论，提出中国的意见与要求。

---

① 周锡卿：《战后对日索赔工作与光华寮案》，第120页。
② 《最高国防委员会秘书长王宠惠提出索取赔偿办法》，转引自《抗日战争·军事》第2卷（下），四川大学出版社，1997，第2654~2655页。
③ 《外交部档案》，转引自《抗日战争·军事》第2卷（下），第2677页。

第二，在调查日本军事工业后，接委员提出申请，并与国内接收单位接洽，经盟军总部同意后，责成日本政府将拆迁设备和被劫物资运到指定港口，再由国内派船运回本国。此项工作之运作，同样困难重重，十分繁杂。赔偿工厂设备的拆卸以及运送至中国自备的船上的前期工作，由日本负责。但日本政府将拆迁工作承包至民营建筑公司。此类公司多由原退伍军人组成。他们不熟悉拆卸包装机器之技术，加上心理上的对抗情绪，丢失零件或不配套问题常有发生，甚至损坏机器也势所难免。货物至码头后，由中国自行负责运输，又有一些损失。

当然，中国代表团的工作，仍有一定收获。1947 年 6 月 28 日，在东京盟军总部大礼堂公开举行赔偿舰抽签仪式。中国代表团各单位参加的来宾共百余人。当地华侨也兴高采烈地参加了这一活动，他们占出席人数的 60%。据中国海军代总司令桂永清报告所载，第二批中国抽得驱逐舰 2 艘、巡防舰 6 艘，共计 8 艘。第三批中国抽得驱逐舰 1 艘、护航舰 6 艘、运输舰 1 艘，共计 8 艘。至 1947 年 3 批共 24 艘，已先后开至上海和青岛两港接收，第四批也于 1947 年 9 月底开行来华。①

又如，被日本侵华当局劫运到日本的北平永利化学公司的硝酸厂和广东造纸厂的全套设备被拆迁回国。再有逸仙舰和客货轮 11 艘，以及一些机器、车轮、工业原料也被索取回国。②周锡卿参加了多项具体工作，如深入工厂调查研究，办理归还手续，以及整理翻译资料、起草有关文件等。他曾谈及 1948 年与招商局驻接委会代表陈世金等人到名古屋办理签收手续一事。

第三，收回了一批重要文物。其中有古玩字画、银块、铜镍币，包括以汪精卫名义送给日本天皇的国宝翡翠屏风在内；还有原陈列于东京上野公园、在甲午海战中被劫的镇远、定远舰上的炮弹、铁锚等。遗憾的是，虽经父亲等人多方调查，却未能在日本觅获战争期间失踪的"北京人头骨化石"，以致至今其下落成谜。

第四，出版调研成果。接委会曾出版《日本工业丛书》。其中周锡卿编著过《日本纺织工业的发展与外销情况》一书，此书是在广泛搜集资料后完成的。此外，当美国片面宣布终止赔偿拆迁后，接委会的工作已近结束，在主任委员吴半农主持下，还赶编了《在日办理赔偿归还综述》，对此工作

---

① 转引自《抗日战争·军事》第 2 卷（下），第 2679 ~ 2680 页。
② 周锡卿：《战后对日索赔工作与光华寮案》，第 119 页。

进行总结。周锡卿也参加了这项工作。

第五，办理就地出售物资。日本归还的被劫物资，多数如期运回国内，其中也有一小部分存放日本。这批物资，有的日渐腐烂，有的国内并不需要，即使运回来，从经济上来看也很不划算。为使国家多获得一些赔款，于是决定就地出售。共计售出 6 批，其中包括羊皮、羊毛、棉布、棉纱等纤维品，铅、锡、锑、铜等矿产品以及鸦片、吗啡等。周锡卿在回忆就地出售物资时说，记得有位台湾商人拟购买一批废钢铁，接委会在作价时，以低于其他拟购商人的价格卖给了他。

第六，从变卖归还物资价款中，买下了光华寮公寓。

1950 年，居住在京都光华寮（原名洛东公寓）的留日学生请求中国驻日代表团资助购买这座宿舍楼。当时国民政府已迁至台湾，连代表团人员的薪金都无力发放。接委会主任委员吴半农非常同情留学生，征得代表团团长同意后，从变卖归还物资价款中，拨出约 250 万日元买下了光华寮。周锡卿经办了这件事。在 20 世纪 80 年代末，中国外交部曾就光华寮财权请他写过证明材料。他写道："光华寮是用变卖被掠夺的中国人民的物资所得价款购买的。因此，它当然是中国的财产。今天，按《中日联合声明》和《中日和平友好条约》的规定，光华寮理应属于我国政府。"时至今日，光华寮的产权仍为中国所有，为赴日中国留学生和工作人员提供了方便。

四 结语

自 1931 年挑起九一八事变起，日本帝国主义发动侵略战争，中国为维护主权与领土完整，同时为捍卫人类正义与世界和平，艰苦抗战达 14 年之久。在这旷日持久的抗击侵略的战争中，中国遭受了近代以来最大的牺牲和最深重的损失。据不完全统计，在八年全面抗战中，中国军民伤亡达 3500 万人，直接经济损失 1000 亿美元，间接经济损失 5000 亿美元。

尽管国际形势在二战后发生了剧变，受美国阻挠和干扰，对日本的索赔工作未能如愿实现全部目标，虽"苦斗数载，所能得之赔偿设备，略约计之，不过约值美元 2000 万元，共归还物资约值美金 1800 万元，共约 4000 万美元而已。方之我国战时损失，固属九牛一毛，即拟之远东委员会十一个盟国所通过之临时方案，今日所已执行者至多亦不过原案的百分之二三而已"。但是赔偿归还工作的意义、影响是不可以用金钱和物资多少来衡量的。

新中国成立后，笔者的祖父周震鳞得到共产党和毛泽东主席无微不至的关怀和照顾，任全国政协委员、全国人大代表，并在北京定居。看到祖国日新月异的发展与变化，已在日本定居的周锡卿变卖了在东京的不动产，于1954年回到阔别8年的祖国，从事翻译和教学工作，在文化教育事业、祖国统一大业以及中日民间友好往来方面做出了一定的成绩。

在抗日战争取得胜利70周年后的今天，中国的综合国力大大增强，已成为世界上强大的经济实体，在世界重大事务中发挥着越来越大的作用。在以习近平为总书记的党中央带领下，中国人民正在实现"振兴中华"的强国梦。

前事不忘，后事之师。日本右翼势力妄图否定二战时日本的侵略历史，日本安倍政府一直企图修改《和平宪法》，中国人民一定要提高警惕，加强国防建设。日本军国主义势力若重蹈侵略战争的覆辙，等待它的一定会是比70年前更大的失败！是更加严厉的清算！

（周用宜，中国社会科学出版社编审）

二战后世界国际关系中的
雅尔塔—波茨坦体系[*]

〔俄〕亚·奥·丘巴里扬 著

曹特金 译

　　尊敬的同行们！我们听取了许多与雅尔塔会议的历史、它的进程和实际结果有关的有意思的报告。我想引起你们对作为体系的雅尔塔的注意。当时在雅尔塔正在解决两大任务：对战争（正在走向结束）做出总结和决定未来世界的命运。在本次会上已经谈到，在世界史中，各种体系总是相互更替。这是由以下因素决定的。第一，是体系自身的内部构造。第二，是外部环境。本次会上已经提到，维也纳体系在19世纪中叶进入危机与意大利和德国的统一以及克里米亚战争有关，而它实际上停止存在与19世纪末两大集团的建立有关。凡尔赛体系暴露自己的无能为力是在20世纪30年代。若从这个角度来看雅尔塔体系，也是很有意思的。一般来说，今天谈论雅尔塔遗产的说法很多，有怀疑的声音，如有人说，今天不可能有任何雅尔塔。另外，有对大国领袖们在雅尔塔的所作所为的严厉批评。你们知道，这种批评是几年前开始的，主要是在东欧国家。很遗憾，这些国家把罪过都归之于在莫斯科、在苏联所做的事，同时却忘了，在雅尔塔，并没有斯大林个人的决定，决定是协同一致做出的。

　　从这个角度看，我觉得看一下雅尔塔以后发生了什么，雅尔塔体系是如

---

　　* 本文系作者在"雅尔塔会议70周年国际学术研讨会"（2015年2月25～26日，莫斯科）上的发言。

何运作的，是很有意思的。一般来说，在每一个体系里，都有直接的、原有的因素，也有伴随的因素，即同时发生的因素。从根本上说，雅尔塔决议并不要求出现两极世界，雅尔塔体系并不要求出现激烈的对立。相反，它的基础是保持合作。对立等因素只是后来才出现的，虽然应该说，在当时雅尔塔与会同盟国关系中已经出现紧张状况。历史学家知道这点。不管怎样，与会国当时是同盟国，但是它们是有着不同价值体系和目标的同盟国。在本次会上 A. B. 托尔库诺夫谈到斯大林关于丘吉尔的回应和丘吉尔关于斯大林的回应，他们终究是从完全不同的世界来的人。罗斯福体现了美国民主，美国认为自己是世界上主要的民主国家。对丘吉尔来说，帝国是他全部生活的意义所在。斯大林是独裁者。从世界史的观点看，一旦出现别的任务，这三个人之间的合作就会受到侵蚀。我永远记得，意大利自由主义者乔利蒂（Джолитти）在 19 世纪说的，对革命而言最可怕的是它的胜利的曙光。这是对的，在此之前，大家还在一起。雅尔塔的情况是十分相像的。

（亚·奥·丘巴里扬，俄罗斯科学院院士，俄罗斯科学院世界历史研究所所长；曹特金，中国社会科学院世界史研究所研究员）

雅尔塔会议与战后国际关系体系：全球视角

李春放

　　1945 年 2 月 4 日至 11 日，美国、苏联和英国的政府首脑罗斯福、斯大林和丘吉尔在苏联克里米亚半岛的雅尔塔举行会议，商讨反对轴心国的战略，勾画战后世界秩序的蓝图。雅尔塔会议开幕时，苏军兵临柏林城下，大有问鼎西欧之势。罗斯福亟欲斯大林在欧战结束后挥师东进，加入盟国对日作战，以大幅度减少美军伤亡。作为地缘战略大师和一流外交家，斯大林充分利用当时极其有利的形势，在这次"三巨头"会议上为自己的国家争取到惊人的地缘政治利益，苏联成为雅尔塔会议的最大赢家。对莫斯科而言，雅尔塔会议是俄罗斯曾经的超级大国地位的象征，雅尔塔协定被视为苏联和俄罗斯战后边界的法律依据。

　　2015 年是第二次世界大战结束和苏联卫国战争胜利 70 周年，也是雅尔塔会议召开 70 周年。当前，乌克兰危机持续发展，俄罗斯与西方正就克里米亚和东乌克兰问题展开激烈的地缘政治角逐。在此背景下，俄罗斯学界隆重纪念雅尔塔会议 70 周年，其重头戏就是 2 月 25 日至 26 日在莫斯科国立国际关系学院召开的以此为主题的国际学术会议。

　　纪念雅尔塔会议 70 周年莫斯科国际学术会议由莫斯科国立国际关系学院和俄罗斯科学院世界历史研究所联合主办，并得到俄罗斯历史学会和戈尔恰科夫基金会的积极支持。除俄罗斯学者之外，包括笔者在内的十几个国家的学者应邀与会。出席此次会议的还有莫斯科国立国际关系学院的学生和俄罗斯媒体。

会议的安排体现了东道主的良苦用心。2 月 24 日晚，俄罗斯方面就组织刚到莫斯科的外国学者到无名烈士墓献花，举行欢迎晚宴。25 日，会议开幕前，学者们先在会场外享用咖啡，观看"1945 年雅尔塔会议"档案文献复印件展览。俄罗斯国家杜马主席和俄罗斯历史学会会长谢尔盖·纳雷什金、莫斯科国立国际关系学院院长安纳托利·托尔库诺夫、俄罗斯科学院世界历史研究所所长亚历山大·丘巴里扬、法兰西科学院常务秘书海伦·卡雷尔·昂科斯、俄罗斯联邦档案局局长安德烈·阿尔季佐夫以及戈尔恰科夫基金会常务会长列昂尼德·德拉切夫斯基出席了开幕式并致辞。开幕式上还放映了 1945 年拍摄的雅尔塔会议纪录片。

会议研讨的内容十分广泛，包括"三巨头"在雅尔塔、雅尔塔会议与有关地区和国家的问题、雅尔塔协定和雅尔塔体系、雅尔塔会议的影响与后果、有关国家的历史编撰学对雅尔塔会议的述评以及雅尔塔会议和"雅尔塔精神"对当前世界政治和欧洲局势的启迪等。雅尔塔体系问题是会议的主旨，托尔库诺夫院长、丘巴里扬所长和笔者分别做了题为"苏联与雅尔塔体系"、"二战后国际关系中的雅尔塔—波茨坦体系"和"雅尔塔会议与二战后国际体系"的演讲。作为雅尔塔会议的东道主和主要参与方，苏联拥有大量有关该会议的重要机密档案，其史料价值不言而喻。俄罗斯外交部历史与档案司司长和俄罗斯联邦安全局档案馆馆长对其中一些有关解密档案做了介绍。雅尔塔会议的现实意义也受到与会学者比较强烈的关注，俄罗斯科学院欧洲研究所所长阿纳托利·葛罗米柯、意大利比萨大学教授安德里亚·格雅诺提和以色列特拉维夫大学教授鲍里斯·莫洛佐夫等学者就此发表了自己的看法。

乌克兰危机以及俄罗斯与西方之间的"新冷战"为这次国际学术会议投下阴影。在会场上，几乎看不到任何西方著名国际关系学者或世界史家的身影。与会外国学者大多名不见经传，而且相当部分是前苏联加盟共和国和东欧的学者。前苏联加盟共和国学者和东欧学者人多势众，以致俄语实际上成为会议最通用的语言。作为东亚国家的唯一代表和来自俄罗斯的全面战略协作伙伴国的学者，笔者受到俄方的特殊礼遇，被安排在开幕式后首先发言。

由于立场和视角不同，与会学者的观点自然也是多种多样。

俄罗斯学者基本上坚持苏联和俄罗斯对雅尔塔会议的传统观点，强调苏联在雅尔塔会议上的外交胜利和当时反法西斯盟国的团结合作精神，肯定雅尔塔协定和雅尔塔体系的正当性，宣扬"雅尔塔精神"对当今世界的积极意义。

波罗的海国家和东欧国家的学者对雅尔塔会议和雅尔塔协定大多持不同程度的负面看法。比如，波兰克拉科夫大学的 G. 马祖尔教授在题为"从波兰流亡政府的视角看雅尔塔会议"的发言中，描述了波兰民众在获悉雅尔塔会议关于战后波兰领土安排后的震惊与悲愤。

除德国外，雅尔塔安排并未给西方国家在领土主权问题上造成切肤之痛。西方学术界对雅尔塔会议的评价主要出于学术、意识形态和党派等方面的考虑。被邀请的西方学者多数与俄罗斯关系比较密切，其中不乏"俄国通"或同情俄罗斯的人士。在雅尔塔会议问题上，他们往往既不完全赞同西方学术界的"迷思"，对俄罗斯学者的全盘肯定态度也不愿苟同。

笔者对雅尔塔会议在反对法西斯主义和构建联合国体系方面的作用给予了积极评价，同时指出"三巨头"在雅尔塔会议中表现出明显的强权政治和大国沙文主义的倾向。笔者尤其谴责罗斯福和斯大林在雅尔塔会议上违背《大西洋宪章》的宗旨和原则，炮制《雅尔塔密约》，严重损害中国领土主权，支持腐朽的蒋介石政权统一中国的行为。在分析了雅尔塔会议的后果和描述以东西方冷战为主要特征的战后国际体系之后，笔者强调中国革命在突破美苏主导的雅尔塔体系和促进第三世界兴起进程中的重要作用。鉴于第三世界的兴起是当代世界历史的头等大事，笔者最后坦言："与 1945 年的雅尔塔会议相比，1955 年标志第三世界开始形成的万隆会议更值得世界史家，尤其是发展中国家的世界史家的重视和纪念。"

东道主对外国学者的不同观点表现出令人称道的大度和开放态度，尽管东欧学者大多被安排在会议后期发言，而此时俄方的重要人物往往缺席。笔者的演讲以其"亚洲视角"获得普遍好评。会议期间，笔者还就当前中俄关系问题接受了俄罗斯主流电视媒体的采访。

（李春放，中国社会科学院世界历史所研究员）

图书在版编目（CIP）数据

国际史学研究论丛. 第二辑／陈启能主编. －－ 北京：
社会科学文献出版社，2016.12
ISBN 978 - 7 - 5097 - 9860 - 7

Ⅰ.①国…　Ⅱ.①陈…　Ⅲ.①史学－文集　Ⅳ.
①K0 - 53

中国版本图书馆 CIP 数据核字（2016）第 254814 号

国际史学研究论丛（第2辑）

主　　编／陈启能

出 版 人／谢寿光
项目统筹／宋月华　郭白歌
责任编辑／周志宽　徐成志　郭白歌

出　　版／社会科学文献出版社·人文分社（010）59367215
　　　　　地址：北京市北三环中路甲 29 号院华龙大厦　邮编：100029
　　　　　网址：www. ssap. com. cn
发　　行／市场营销中心（010）59367081　59367018
印　　装／三河市东方印刷有限公司

规　　格／开 本：787mm×1092mm　1/16
　　　　　印 张：27.75　字 数：474 千字
版　　次／2016 年 12 月第 1 版　2016 年 12 月第 1 次印刷
书　　号／ISBN 978 - 7 - 5097 - 9860 - 7
定　　价／129.00 元